◇ 现代经济与管理类规划教材

现代金融理论与实务

（第 2 版）

刘金章　刘　伟　主编

清 华 大 学 出 版 社

北 京 交 通 大 学 出 版 社

·北京·

内 容 简 介

本教材全面阐述了现代金融理论与实务，共 28 章，分 7 篇分别论述了货币、信用、金融机构、金融市场、金融业务、国际金融、金融风险监管。每章开头都有重点提示，结尾均有本章小结及复习思考题，以加强对所学知识的理解与掌握。

本教材是专为非金融类专业的国际贸易、经济管理类本科、专科专业学生学习金融知识而编写的教材。本教材内容丰富、系统、全面，可满足各专业对不同重点所讲授内容的选择需要；同时也便于供一些对金融知识有兴趣学生的自学，以扩大知识面；也可供企业经营管理人员在职培训使用。

图书在版编目（CIP）数据

现代金融理论与实务 / 刘金章，刘伟主编. —2 版 . —北京：北京交通大学出版社：清华大学出版社，2018.8

（现代经济与管理类规划教材）

ISBN 978-7-5121-3676-2

Ⅰ.① 现… Ⅱ.① 刘… ② 刘… Ⅲ.① 金融学-高等学校-教材 Ⅳ.① F830

中国版本图书馆 CIP 数据核字（2018）第 179576 号

现代金融理论与实务
XIANDAI JINRONG LILUN YU SHIWU

策划编辑：吴嫦娥　　责任编辑：许啸东

出版发行：清华大学出版社　　邮编：100084　　电话：010-62776969　http://www.tup.com.cn

　　　　　北京交通大学出版社　邮编：100044　　电话：010-51686414　http://www.bjtup.com.cn

印 刷 者：三河市兴博印务有限公司

经　　销：全国新华书店

开　　本：185 mm×260 mm　印张：23　字数：575 千字

版　　次：2018 年 8 月第 2 版　　2018 年 8 月第 1 次印刷

书　　号：ISBN 978-7-5121-3676-2/F·830

印　　数：1～3 000 册　　定价：49.00 元

本书如有质量问题，请向北京交通大学出版社质监组反映。对您的意见和批评，我们表示欢迎和感谢。

投诉电话：010-51686043，51686008；传真：010-62225406；E-mail：press@bjtu.edu.cn。

第2版前言

金融是商品经济的产物。具体来讲，它是货币流通和信用活动及与之相联系的经济活动的总称。金融是经济的核心，它几乎与所有的行业、广泛的民生都有着紧密的关联，在现代经济中起着重要的资源配置与优胜劣汰的作用。而今只有它才能为社会经济的转型提供巨大的、长期的、持续的"核动力"。

金融学，概括而言，它是专门研究货币融通、流通及金融产品定价、金融资源配置的一门学科。具体而言，它主要包括四个方面内容：一是以货币银行为核心的间接融资活动；二是以资本市场为核心的直接融资活动和资产定价活动；三是货币的供求、国际资本的流动问题；四是货币政策、金融开放、金融监管、金融制度安排等金融的宏观调控问题。

金融学作为金融学专业的一门基础理论课、作为经济管理类相关专业的一门必修课或选修课程，其教材编写的首要任务是要给读者能构建起一个现代金融学的整体框架，继而再为读者设计出一位未来金融专业应用型人才应具备的理论知识内容及应知、应会的专业基本技能。

教材是课堂的载体，是课堂教学的依托，也是最为重要的课堂教学资源。教材是围绕专业人才培养目标而编写的，其编写的内容，不应以作者的偏好而随意取舍，而应较全面地反映金融学的全貌，在夯实专业基本理论的同时，还应考虑到读者今后知识能力的自我拓展。

作为高等本科院校应用型人才的培养方式，笔者一贯主张采用"大课本，小课堂"的教学方式。本教材就是本着这样的一个模式编写的。"大课本，小课堂"的模式与我国传统的教学方式有一定差异。传统的模式，是以教师为中心，教师讲，学生听、记、背，教师是主动的，学生是被动的。教师按部就班的讲授，不利于学生思考，其缺点是显而易见的。采取"大课本，小课堂"的方式，是笔者根据多年的教学探索，体会到：它是为启发式教学和讨论式教学，提供配套服务的。它强调的关键问题，是以学生为中心，让学生能积极主动、生动活泼地去学习、去思考。教师着重讲重点、难点和疑点，讲各种基本理论和基本概念的内在联系，讲主要问题的国内、外最新发展及实践中的重点、热点和争论中的焦点。其落脚点是为对学生进行基本功底的培养和思维方式的训练。同时，由于高等院校经管类专业颇多，但为了能适应各类专业的不同要求和侧重点，不能不将现代金融学的基本理论与实务作较全面的介绍，由不同专业根据专业特点和需要做出不同内容的选择或侧重。教材中不作重点讲授的内容可让学生自学参考，以能给读者留下一个比较完整的金融概念。这就是本教材在内容和结构上的一个较突出的特点，这也是我们编写和再版修订本教材的初衷。

本教材在十年前初始编写和这次拟再版修订中，参阅了大量的文献、资料及同行专家的同类著述，甚至有的直接引用了一些他们研究的成果（均有标注），在此谨向被引文的作者表示衷心的感谢！

本教材的修订再版由原书主编刘金章教授和原书副主编刘伟副教授共同完成。原书的其他作者，由于工作变动，故未能参与第 2 版的修订工作，但他们在初版时的劳动付出，对第 2 版的成稿奠定了基础，故在此一并对他们的贡献表示衷心的感谢！同时，在这部"再版书稿"又将画上句号之时，对我这位进入耄耋之年的老人来说，又是一次极大的安慰！这部"再版书稿"的完成，可以说是在我国金融业空前发展的新形势感召下完成的！是在北京交通大学出版社编辑吴嫦娥一再督促"鞭策"下完成的！更是在天津天狮学院经管学院院长刘伟副教授协同下共同完成的。

刘金章（天津财经大学教授）
2018 年 3 月于天津梅江水岸公馆·春花争艳之时

第1版前言

金融，这个字眼，可以说既古老，又现代；既熟悉，又陌生；既简单，又深奥。我们之所以说它"古老"，是因为金融一词虽在我国形成较晚，但它的出现至今也已有近百年的历史；之所以说它"现代"，是因为它是"现代经济的核心"。之所以说它"熟悉"，是因为在现实生活中人们时常与之打交道，须臾不可缺少；之所以说它"陌生"，是因为到底什么是金融，很多人对它的"身世"却都说不清楚。之所以说它"简单"，是因为金融可以用"资金的融通"简单的几个字概括；之所以说它"深奥"，是因为它的理论、它的实务变化、它的运行规律，令人难以捉摸，高深莫测，正如已故的金融学家石毓符教授在他最后的一部遗著中所称："倾吾毕生之精力，未能尽其奥秘"。①

1991年邓小平在视察上海时指出："金融很重要，是现代经济的核心。金融搞好了，一着棋活，全盘皆活。"邓小平同志的上述论断，对当时正在改革开放及经济转轨的关键时刻的中国来说，具有特别重大的意义。

1997年爆发的亚洲金融危机再次印证了金融在经济中的核心地位。核武器代表着近代武器的最高级，而金融危机的破坏力不亚于核武器。韩国在1996年底时人均国内生产总值（GDP）是10 610美元，到1997年底、1998年初时就只剩下6 000多美元了。试想有哪种武器的破坏力能使一国的人均GDP在这样短的时间内下降了40%？当时马来西亚总理马哈蒂尔深有感触地说："金融危机使我们过去十年辛辛苦苦积累下来的财富丧失殆尽。"可见，如果金融出问题，会影响到整个社会经济生活。这也从另一个侧面充分说明了，我们要学习金融、研究金融的意义之所在。

有位经济学家曾说过："在市场经济社会中，作为一名经济理论工作者和经济管理工作者，对于金融学这门学科绝对不能无知，离开了货币、资金和金融活动而研究经济或管理经济，只能是无稽之谈，不管你有多大能耐，也只能是自己欺骗自己、捉弄自己。"我们不认为这些话是耸人听闻，因而才花费了不少时间与精力，为非金融学专业的经济管理类的学生学习金融理论实践业务知识编写了这本具有较强针对性、适用性和普及性的《现代金融理论与实务》。

作为高等院校的教育，我们一贯主张"大课本，小课堂"的教学方式。本书就是本着这样一个原则组织的。"大课本，小课堂"的模式与我国传统的教学方式有较大差异。传统的模式，是以教师为中心，教师讲，学生听、记、背，教师是主动的，学生是被动的。教师按部就班地灌输讲授，不利于学生的思考，其缺点是显而易见的。采取"大课本，小课堂"的方式，是适应教学改革的尝试，是为启发式教学和讨论式教学提供配套服务的。它强调的关键问题是以学生为中心，让学生主动积极地、生动活泼地去学习和思考，教师只讲重点、难点和疑点，讲各种基本理论和基本概念的内在联系，讲主要问题的国内外最新发展及实践

---

① 石毓符. 中国货币金融史略. 北京：中国金融出版社，1982.

中的热点和争论中的焦点，落脚点在于对学生基本功底的培养和思维方式的训练。同时，由于高等学校经济类专业颇多，但为了适应各种专业的不同要求和不同侧重点，不能不将现代金融学的基本理论和实务作较全面的介绍，由不同专业根据不同的专业特点和需要，做出不同的选择。不作重点讲授的部分可由学生自学参考，给学生留下一个比较完整的金融概念，这就是本书在内容和结构上的一个突出的特点，这也就是我们编写此书的初衷。

本书是在刘金章教授于千禧之年编写的《现代金融学教程》（校内讲义）基础上，经过几年的教学实践后，经重新改写、修改、增补而完成的。全书由刘金章教授和孙可娜教授任主编，陈培津、刘伟任副主编。此外，一些高等院校的青年教师也应邀参加了部分章节的撰写。具体的撰写分工是：导论、第1、2、11、12章由刘金章撰写；第3、4章由张雪葳、黄承分别撰写；第5、10、18、20、22章由孙可娜撰写；第6、18章由刘少琳撰写；第7、8、9、13章由陈培津撰写；第14章由郭红撰写；第15、16、17、19章由刘伟撰写；第21章由崔惠贤撰写。

全书由刘金章教授、孙可娜教授总纂，陈培津、刘伟同志协助主编对部分篇章进行了审改。周秀英、王晓珊、朱平锋三位老师协助主编完成了部分章节的输入工作，在此特表谢意。

为方便教师教学，本书配有相应的教学课件，可从北京交通大学出版社网站（http：//press.bjtu.edu.cn）下载，或发邮件至 cbsxxd@jg.bjtu.edu.cn 索取。

在本书的编写过程中，参阅了大量文献、资料，同行专家的著述，甚至直接引用了一些他们的研究成果，在此也谨向引文的诸位作者表示衷心的感谢。

限于编者的水平，书中不妥之处在所难免，恳请同行专家、学者及广大读者朋友不吝赐教，批评指正。

编 者
2006 年 5 月

目　　录

第一篇　货　币　篇

第二篇　信　用　篇

第三篇 金融机构篇

第五篇　金融业务篇

第六篇　国际金融篇

第七篇　金融风险监管篇

导论

金融概述

通过本章的学习，重点理解金融的概念及其构成要素；了解金融范畴的形成过程，掌握现代金融的科学含义及其启示；了解金融未来发展趋势及其在现代经济中的作用；领会与把握金融学的科学概念及其学科的构成。

0.1 金融及其构成要素

0.1.1 金融的概念

金融（finance），一般地说，是指货币资金的融通，即货币、信用以及与银行直接相关的经济活动的总称。具体地讲，货币的发行与回笼，货币资金的借贷，国内外资金的汇兑与结算，金银、外汇的买卖，有价证券的发行与转让，贴现市场、同业拆借市场的资金运作及保险、信托、租赁等，都是金融活动。

货币资金的融通按其有无媒介作用，划分为直接金融和间接金融两大类。直接金融（直接融资）是指没有金融机构作为媒介的融通资金的方式，如融资双方直接协商买卖有价证券，赊销商品和预付货款，直接的货币借贷等。间接金融（间接融资）是指以金融机构作为媒介的融通资金的方式，如银行通过吸收存款来发放贷款，保险公司把投保人交纳的保险金提供给需要资金的单位等。直接金融与间接金融的关系如图0-1所示。

随着社会经济的不断发展，以及由于直接金融方式与间接金融方式的不断演变，促进了银行与其他金融机构及金融市场的不断完善与创新，大大便利了社会资金的流动。在现代社会，为了促进金融的健康发展，维护融资双方的利益，各国都先后设立了中央银行和其他金融监管机构，对金融活动进行协调与监督。

综上所述，金融这一概念的含义主要涉及货币、信用、银行这三个既相互区别又密切联系的经济范畴。因为融通的主要对象是货币和货币资金；融通的方式是有借有还的信用方式；而组织这种融通的机构则为银行及其他金融机构。

其实，在现代经济中，金融不只是指货币资金的融通，它有着更广泛的含义。金融是一个纵横交叉、多维性、多层次的立体系统，是由多种要素组合而又相互制约、相互作用的大系统。

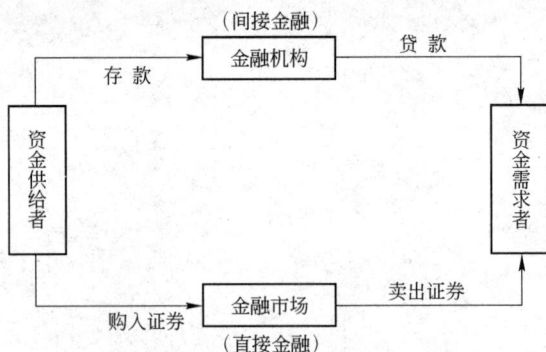

图 0-1　直接金融与间接金融的关系

那么，什么是大系统的金融？简单说，就是指货币资金的筹集、分配、融通、运用及其管理。具体讲，它包括：货币的流通及其管理；货币资金的筹集；财政、银行的资金分配和企业内部的资金分配；资金的直接融通和间接融通，纵向融通与横向融通，国内融通与国际融通；资金的配置和调度，信贷资金结构的调整与管理，资金周转速度及资金运用效率的管理等。所以，从这个意义上说，凡是有关货币资金的筹集、分配、融通、运用及其管理的各种活动，都是金融活动，它存在于整个社会的经济活动之中。作为大系统的金融学，它与一些学科是交叉的，比如国家有关货币资金的筹集、分配、融通、运用及其管理活动，是国家金融（国际上称为公共金融或政府金融），与财政学有交叉；工商企业有关货币资金的筹集、分配、融通、运用及其管理，是企业金融，与企业财务学有交叉；居民有关货币资金的筹集、融通与管理，与个人理财学有交叉；至于专业的金融机构（主要是银行及非银行金融机构）的资金活动及管理，则是专业金融。可见，金融的内涵是极其广泛的，既包括专业金融活动，也涵盖国家的、企业的、个人的金融活动，这些方面相互联系、相互制约、相互交叉、相互渗透，共同融汇成整个社会的资金运动。而专业金融机构则是整个社会资金运动的枢纽，国民经济重要的调节器，商品生产和商品交换的催化剂，更是经济发展的推动器。

从以上研究问题的角度出发，可以把货币资金的融通称为狭义的金融，把货币资金的筹集、分配、融通、运用及其管理称为广义的金融。在这里，把广义的金融作为研究问题的出发点，来观察货币银行与其他各种金融活动的紧密联系及其相互影响。以狭义的金融作为问题研究的立足点，主要探索货币、信用、银行的活动及其规律性，从而突出金融是现代经济的核心这一主题思想。

0.1.2　金融的构成要素

金融作为国民经济的重要组成部分，其本身是由多个要素构成的。

1. 金融的对象是货币

离开了货币，就没有货币资金的融通。在金融范畴的形成中，最早出现的就是货币。货币的出现，使最原始的物物直接交换过渡到以货币为媒介的商品交换。所以说货币是与商品经济相联系的经济范畴，是在长期商品生产与交换过程中产生与发展的。只要是商品经济社会，就必然存在货币。货币作为一般等价物，具有价值尺度、流通手段、支付手段、贮藏手段和世界货币五大职能。其中，价值尺度和流通手段是货币最基本的两个职能。

2. 金融的方式是信用

信用是以偿还和付息为条件的借贷行为，以还本付息为前提。在债权人与债务人之间所进行的债权债务的买卖，即为信用交易。没有这种信用关系，就没有现代商品经济的货币资金融通甚至货币流通；同时信用关系的存在是以时间的间隔为前提的，即一方提供一定的价值符号、价值物，另一方只能在一定时期内归还价值符号和价值物并加付一定的利息。所以若无授受信用在时间上的适当配合，信用活动就难以正常进行。另外，信用交易需要借助一定的信用工具（即金融工具）建立和转移信用关系。

3. 金融活动的主体是所有的经济活动主体

金融活动作为一种经济活动必然需要有一定的经济活动主体。金融活动的主体主要是从事各种经济活动的企业、单位、个人和政府部门等。在现代经济社会中，各经济活动主体无不被卷入各种金融活动之中，日益熟练和频繁地参与金融活动。

4. 金融的中介是银行和非银行金融机构

经济主体作为货币供需的双方，其联系既需要通过一定的工具作为媒介，也需要通过专门机构来沟通，这种专门的机构就是银行和非银行金融机构。历史上最早的银行业是货币经营业，随着货币保管和汇兑业务的扩大，货币经营者已从简单的保管和汇兑业务发展为一种中介机构，既保管钱财又兼办贷款，从而产生了最早的银行业。而现代的金融活动主要是通过银行和非银行金融机构的各种业务活动实现的。金融机构既是货币信用业务的经营者，也是货币信用活动的组织者。在国民经济中充当资金融通的媒介，是资金分配和调节的中心。

5. 金融活动的场所是金融市场

货币供需双方的沟通客观上需要有一个形成纵横交错融通网络的场所。现代的金融市场，不仅可以有具体的交易场所，如在某一金融机构的大厅内进行；而且也可以在无形的交易场所，即通过现代通信设施建立起来的网络进行。第二次世界大战以后，随着科学技术的迅猛发展和世界经济的飞速变化，金融市场变得越来越成熟、越来越发达，显示出其充分的现代化，并呈现出金融市场全球化、融资活动证券化、金融创新多样化、金融业务多元化的特点。

0.2 金融范畴的形成与发展

0.2.1 金融产生及其发展的简要回顾

"金融"一词产生于近代，由日本传入我国。我国古代没有"金融"这个词，但货币、信用及其有关活动则起源很早。在近代，中国银号、钱庄常有金融融通之说，其意义与金融相近，但正式用"金融"一词来表达事物的是在我国近代银行业。1912 年的财政部文件中曾有"自去秋以来，金融机关一切停滞"之语，那时"金融"这个词的含义仍不明确，也没有在社会上广泛使用。1915 年编写的《辞源》中收有这个词条，解释为"今谓金钱之融通曰金融，旧称银根。各种银行、票号、钱庄曰金融机关。"那时，"金融"还是个新鲜的词儿。1920 年政府发行"整顿金融公债"用以解决中国银行、交通银行停止兑换的风潮，以后"金融"一词就与银行业务活动结合在一起，形成一个与"财政"相区别的概念，被广泛地运用。

0.2.2 金融概念在西方的规范及其发展

在西方，金融从物质生产部门中分离出来，初步形成独立的产业是在 17 世纪，它的发展以物质生产规模和水平为基础。在金融业发展的初期，它还不是一个独立的产业，从传统金融产业过渡到现代金融产业经历了约两个世纪，在此期间，"金融"这一概念逐步进化演变。"金融"在英文中叫 finance。finance 的源头是拉丁词 finis（英语意思为 end）。finance 的直接来源是古法语词 finance。在西方，很难找到一个词来确切表达"货币资金的融通"这一概念，通常把 finance 翻译为"金融"。finance 的本意是"货币资财及其管理"，由于货币、银行和金融活动的起源和发展变化，与个人、企业和政府的理财和融资的客观需要是分不开的，是由个人、企业和政府的理财和融资需要引起的。所以，finance 在不同的地方有不同的含义：个人理财（personal finance）指个人的储蓄、存款投资于各种证券，购买人寿保险单，利用分期付款购买住房和消费品及其他消费贷款等；企业理财在现代股份公司产生和发展起来之后，成为公司理财（corporation finance），包括公司如何筹资、利用银行贷款、发行公司债券和新股票、分配盈利和积累发展资金等；政府理财即财政（public finance）是指各级政府征集税收、财政开支、发行国债和国库券等。这些个人的、企业的、政府的理财活动及他们的收支等都需要货币、银行和金融活动来实现。由于"货币资财及其管理"具有不同的主体（个人、企业和政府），对此我们翻译为政府金融、企业金融和家庭金融。所以，有时把 finance 翻译为"金融"，有时又把 finance 翻译为"财政"。

0.2.3 金融概念的权威规范及其评价

在我国，应当说对金融的概念进行权威注释的是《中国金融百科全书》"金融"词条，该词条的注释是："货币流通和信用活动以及与之相关的经济活动的总称"。这样的定义超出了"货币资金融通"之说，而且把货币流通和信用活动与金融连在一起，它把金融看成是与货币流通相关的经济活动，即货币流通作用于生产、分配、消费和交换的全过程；同时，在信用制度下，人们对货币的需求实际上是对信用流通工具的需求，是建立在正常的信用关系的基础上的。这样的注释有其一定的合理性。但必须看到，有些货币资金融通不是建立在信用关系上的，而是建立在"政府行为"上的。同时，仅仅从货币流通和信用活动方面定义金融的概念，也有其局限性。局限性之一是缩小了融通主体，因为按经典（经济学家）的概括，货币资金只是存在于物质产品生产流通领域，这样需要融资的主体，便是工商企业；局限性之二是把金融的功能限于调剂货币资金的余缺，这和现实不相吻合；局限性之三是淡化了市场的作用，特别是淡化了利息的作用。

在《新帕尔格雷夫经济学大辞典》中，"金融"一词被定义为"资本市场的运营，资本资产的供给与定价"。该辞典指出"金融"的基本内容有 5 个方面，即有效率的市场、风险与收益、替代与套利、期权定价、公司金融。其"金融"概念的中心点是资本市场的运营、资本资产的供给与定价。这样给"金融"定义，走上一个极端，抛弃了货币和信用，舍弃了金融宏观管理与政策，这意味着金融是独立于货币和信用之外的范畴，其涵盖的不是政府行为活动，而是储蓄者与投资者的行为活动。这样给金融定义是由融资活动的发展变化推进的：

① 金融工具的多样化和融资方式的发展使融资活动与投资活动呈统一的趋势，资本市场是实现两者统一的系统；

② 直接融资在融资活动中的比重增大，间接融资的比重缩小，且间接融资与直接融资相互渗透，为资本市场的运营创造了条件；

③ 发达国家金融经济相关度的提高，意味着人们持有的资产中金融资产的比重增大，品种的多样化，追求的多元化，既要追求回报又要回避风险，还要保持它的流动性，在这种状况下创造资本资产的供给，人们的融资活动自然选择在市场；

④ 融资活动需讲求效率，而效率高低反映信息的掌握程度和收益与成本的比较，这样就需要通过预期、定价，所以资本资产的定价成了金融活动的主要内容。

0.2.4　现代金融的概念及其启示

如何给出现代金融的概念？我们认为应从经济、金融活动实践出发，进行理性的概括和总结。

从经济运行的层面看，由于现代经济是以货币、信用为媒介的经济，银行、保险、证券等各类金融机构的活动自然成为整个金融活动的基础。没有它们提供广泛的金融服务及支付清算的支持，社会储蓄就难以高效地转化为社会投资，社会资源就难以实现合理配置，生产、流通、消费、分配就难以实现良性循环，经济和社会的发展目标就难以实现。

从表现形式上看，现代金融主要有：货币的借贷、兑换、买卖，款项的支付，票据的流通，证券的买卖，金融衍生工具的交换，实物的租赁，事物的保险，贵金属的交换等，尽管不同的形式有各自的特点，但它们都是一种资产，其价值都要以货币计量，其增值状况都以利息为尺度，并且它们的活动形成了交易市场。进入市场的主体，既有企业又有个人，还有政府，活动的目的不仅是调剂货币资金的余缺，还要获得资产的流动性、安全性和营利性等。

从上述两个方面看，可以认为现代金融是以货币或与货币相关的交易工具形式存在的资产的流通。这样定义金融，强调金融是市场行为，是人们资产的变换，是以利息为交换尺度的权利与义务的承诺。总之，金融的含义取决于金融活动的发展、运作及人们对它的认识、评价，而金融活动的发展又取决于经济金融化的程度。

0.2.5　当今世界金融业发展的概况

第二次世界大战以后，随着科学技术的迅猛发展，世界经济发生了很大的变化。近几十年来，特别是自20世纪80年代以来，国际金融业也随之发生了巨大而深刻的变化，有人将其称为金融革命，也有人叫作金融创新。究竟如何来概括这场金融变革，仍需进行深入研究和探讨。这里，将其归纳为以下10个方面。

（1）金融商品多样化。

传统的金融业务是存、贷、汇，业务品种比较单一。近几十年来，新品种不断涌现。若按大类划分，就有单位存款、储蓄存款、信用贷款、抵押贷款、信托、投资、保险、租赁、债券、股票、国内及国际汇兑等，各大类下的具体品种更为丰富，其中风行世界且在我国也已举办的，如CDs（certificate of deposit，大面额可转让存单）、存贷结合的信用卡、旅行支票等，另外，如证券交易中的股票指数期货和期权交易，国际金融市场的利率互换和货币互换（SWAP）等。

（2）金融服务扩大化。

以上各种业务当然都是金融服务，但现在的金融服务范围已扩大到代发工资、代收房租、税金、水电费等，而且还包括代为保管财物、代为家庭预算及收支，代办旅游、提供信息和咨询，以及家庭银行服务等众多项目。

（3）金融体系多元化。

这是指不仅有中央银行、专业银行、商业银行、投资银行，而且有更多的综合性银行；同时，还有众多的非银行金融机构；不仅有银行持股公司，而且有跨国银行；不仅有大的集团银行，而且有形形色色的中小银行或其他信用机构。同时还有一些所谓"金融超级市场"或"金融百货商店"，如美国的美林里奇证券公司，已发展成为全面提供各种金融业务的企业，犹如超级市场一样，商品品种繁多，可以满足多种需求。

（4）金融机构多功能化。

过去各种金融机构分工明确，而现在它们之间逐步渗透，业务交叉。在西方国家，短期信贷银行与长期投资银行的界线逐步消失，银行办保险业务，保险公司办银行业务，金融机构逐步向综合型、多功能的方向发展。

（5）融资证券化。

过去间接融资在金融交易中占主导地位，现在直接融资所占的比重逐步增大，以致有出现"脱媒"现象的说法，即融资活动脱离银行这个媒介机构。过去，长期资金主要靠发行有价证券，短期资金主要靠银行贷款，现在有些国家短期资金融通也主要靠买卖有价证券进行。以美国为代表的发达国家直接融资比重已超过间接融资，而直接融资更趋向于证券化，这是当前国际金融领域中一个最深刻的变化。

（6）金融国际化。

伴随商品生产和交换的国际化，金融市场也日益国际化。国际金融中心除传统的伦敦、纽约等外，一批新的国际性金融中心不断崛起，如新加坡、中国香港、巴哈马等。金融市场随着计算机及光纤通信的发展，将全球连为一体，一天24小时都可以进行证券外汇交易。再加上离岸金融市场（off shore financial market）的不断出现及发展，金融市场已呈现全球一体化的趋势。此外，银行的跨国兼并、收购，超大型的跨国金融集团的出现也体现了金融国际化的趋势。

（7）金融操作计算机化、网络化。

金融业是最早使用计算机的产业，起初只是用作处理内部业务，之后用于票据交换、证券交易、外汇交易、信息传递。现已发展到使用自动柜员机（ATM）、零售店终端机（POS）、电子资金转账系统等。20世纪70年代建立的世界银行同业金融电讯协会（SWIFT），更使资金转账和信息传递形成世界范围的计算机网络。近年来，互联网络（internet）和企业内部网络（intranet）的发展，以及美国花旗、大通银行推出的"网上银行"等，加之我国各大银行都推出并日益普及的"网上银行"，使金融操作和服务已进入网络化阶段。

（8）金融业务信息化。

这是指随着信息时代的到来，相当多的金融机构建立了信息管理系统、信息检索系统、数据库管理系统等。这使得信息来源更为迅捷、可靠，金融业的管理水平迅速提高。

（9）金融自由化。

随着世界经济全球化、一体化趋势的不断发展，不少国家放松了金融限制，有的国家还取消了各种限制，即使银行和非银行金融机构从政府的严格管制下解放出来，使金融市场能够全面地建立起来并健康地发展，这就是金融自由化。

（10）金融作用深化。

主要是指金融对国民经济各个部门所起的促进或阻滞作用的力度日益加强，其渗透到各行各业及居民、非居民的范围日益扩大。在许多国家，不仅金融业工作人员要具备应有的金融理论及金融知识，而且各行各业的管理者乃至多数居民都有一定的金融意识，日益熟练和频繁地参与金融活动。人们越来越清醒地认识到金融对一国乃至对整个世界经济及社会生活的影响及作用。

0.3　金融与经济

0.3.1　金融与经济发展的关系

早在 1848 年，马克思、恩格斯在《共产党宣言》中就提出，无产阶级夺取政权后，必须"通过拥有国家资本和独享垄断权的国家银行，把信贷集中于国家手中"[1]。列宁在分析帝国主义时代的银行时，也曾指出：银行已成为"现代经济生活的中心，是全部资本主义国民经济体系的神经中枢"[2]。他还认为无产阶级夺取政权后"……应该逐渐地、但是不断地把银行变为统一的核算机构和调节机构，调节全国按社会主义方式组织起来的经济生活"[3]。从理论上指明了社会主义的国家银行在社会主义建设事业中具有重要的作用。1991年 1 月，邓小平同志在视察上海时指出："金融很重要，是现代经济的核心。金融搞好了，一着棋活，全盘皆活。"这深刻地揭示了金融在现代经济生活中的地位和作用。

西方经济学家在研究发展中国家的金融与经济问题方面比较有名的有 R. I. 麦金农（R. I. Mckinnon）的金融深化论、爱德华·S. 肖（Edward S. Shaw）的金融压制论，以及赫瑞克（Bruce Herrick）和金德尔伯格（Charles P. Kindleberger）的金融阻滞论。尽管他们各自的观点不尽一致，但有一点是共同的，即都认为：金融体系与经济发展之间存在着相互促进、相互影响的关系。健全的金融体系能有效地动员社会储蓄，并将其投入到生产中，因此，对经济发展起促进作用；另一方面，随着经济的发展，人们的收入增加和对金融服务需求的增长，对金融业又起到了刺激作用。这种良性循环被称为金融深化。反之，如果压制金融的发展，则由于金融的落后，其效率不利于经济的发展，同时经济阻滞又不利于金融业的发展。这种恶性循环，被称为金融压制。

总之，金融与经济发展的关系可表述为：金融是现代经济的核心。经济决定金融，经济的发展水平决定金融的发展水平。但是，金融在服务于经济的过程中，又反作用于经济，或对经济发展起促进作用，或起阻滞作用。金融的发展和信贷结构影响着经济发展的速度和结

---

① 马克思恩格斯选集. 第 1 卷. 北京：人民出版社，1972：272.

② 列宁选集. 第 3 卷. 第 2 版. 北京：人民出版社，1972：136.

③ 列宁全集. 第 27 卷. 北京：人民出版社，1958：204.

构。从我国经济运行的结果，特别是近四十年来金融改革的实践来看，金融在我国国民经济中已居举足轻重的地位，发挥着越来越重要的作用。

0.3.2　金融在现代经济中的作用

金融在现代经济生活中究竟发挥着哪些作用？可以将其主要概括为以下几个方面。

（1）筹集融通资金的作用。

经济发展离不开资金的积累。现代经济发展必然要从资金的积累开始。金融是集资和投资活动的一个重要枢纽，加速金融业的发展能够直接起到促进经济增长的作用。一般来说，在一定的技术水平条件下，如果消费者的储蓄偏高、投资风险大小均为不变因素，则金融机构与金融商品越丰富，人们的选择机会就越多，人们从事金融活动的欲望就越强烈，社会资金积累速度就越快，金融活动对经济的渗透力就越强，经济发展的速度也就越快。

（2）引导资金流向，优化资源配置的作用。

金融市场的运作过程中，投资者通过各种金融工具收益率的差别，来了解资金使用者的经济效益、技术水平和管理经验，从而选择和改变投资方向，把资金投到经济效益更高的地方去。投资者往往购买收益率高和具有增长性的金融工具，而抛售收益率低、缺乏增长潜力的金融工具，这种趋利行为使效益好、有前景的企业能得到充裕的资金；而那些效益差、没有发展前景的企业就得不到资金，从而就推动了生产要素的重新配置与组织，使社会资源得到合理有效地利用，提高了国民经济的整体效益。

（3）调控经济的作用。

在现代市场经济条件下，金融已成为调节国民经济的重要杠杆。金融不仅可以调节经济总量，也可以调节经济结构。由于金融活动渗透到社会再生产的全过程，与各行业、各地区、各单位的经济活动息息相关，因此，它可以灵敏、及时、全面地反映社会经济活动的状况，提供各种信息，为微观经济活动和宏观经济决策提供重要依据。同时，借助各种金融政策工具，通过金融政策的紧缩或放松，不仅可以调节社会资金的供求总量，从而调节社会总供给与总需求的关系；而且还可以通过调节经济结构，促进国民经济稳定、协调、高速地发展。

（4）对经济增长的促进作用。

发达的金融业对经济增长的促进作用，是通过提高储蓄、投资总水平和有效配置资金等渠道实现的；反过来，经济的增长则是保持一定储蓄、投资水平和资金效益的重要条件。一定的经济发展水平提高了社会对信贷资金的需求程度，刺激了企业及公众对金融服务需求的增长，从而促进了金融业的进一步扩展。

然而在现实经济中，由于大多数发展中国家的货币金融制度非常落后，以致在金融领域存在着许多不正常和不合理的现象。金融业的落后和低效益，也就难以起到促进经济增长的作用。另外，一些国家经济发展的阻滞又使社会储蓄和投资维系在一个较低的水平上，使有限的资金难以实现最佳配置，导致社会资源的大量闲置与浪费。而经济的落后，反过来又制约了金融业的扩展。造成这种状况的根本原因，主要是发展中国家经济制度上存在着缺陷和政府当局政策的失误。可见，在现代市场经济条件下，加快经济体制特别是金融体制的改革，使之适应经济发展的需要是广大发展中国家的当务之急。

0.4 金融学及其学科构成

0.4.1 金融学的概念

从金融概念的产生、演进及其构成要素的扩展中，使人们越来越清楚地观察到金融作为一门独立的经济学科之一，它的形成与完善的过程；同时也使人们越来越深切地感受到它自身特有规律运行的客观性与独特性。因此，金融学的概念可以概括为：金融学是专门研究金融领域各要素及其基本关系与运行规律的一门专业基础理论学科。其涵盖面很宽，凡与金融相关的经济范畴几乎都可包含在内。

0.4.2 金融学科的内容

在我国，金融学科，就其理论部分的内容来说，包括以下三个部分①。

① 对有关金融诸范畴的理论论证，即关于货币、信用、利息与利率、汇率，乃至金融本身这些范畴的剖析和论证。

② 对金融的微观分析，这大体包括：对金融市场的分析；对金融中介机构的分析；论证金融市场与金融中介机构相互渗透的必然趋势；金融功能分析，即通过揭示稳定的金融功能来探讨金融在经济生活中的地位等。

③ 对金融的宏观分析，这大体包括：货币需求与货币供给，货币均衡与市场均衡，利率形成与汇率形成，通货膨胀与通货紧缩，金融危机，国际货币流动与国际金融震荡，名义经济与实际经济，虚拟经济与实体经济，货币政策及其与财政政策等宏观调控的政策的配合，国际金融的制度安排与国际宏观政策的协调等。

0.4.3 金融学科的创新

随着全球金融业的迅速发展和我国金融改革与开放的深入、金融理论与实务方面都正在发生深刻的变化，原有的货币银行学框架已经越来越难以覆盖所需要研究的范畴。因此，如何架构一个更加合理的体系，如何更好地安排该学科的课程内容，是摆在广大金融学理论工作者特别是金融学教育工作者面前的重要课题。

○ 本 章 小 结 ○

1. 金融的概念有狭义与广义之分。狭义金融是指货币资金的融通；广义金融是指货币资金的筹集、分配、融通、运用及其管理。金融学是以广义金融作为研究问题的出发点。

2. 金融作为国民经济的重要组成部分，其本身是由多个要素构成的。金融的对象是货币；金融的运行方式是信用；金融活动的主体是所有的经济活动主体；金融的终结是银行和非银行金融机构；金融活动的场所是金融市场。

---

① 黄达. 金融学. 精编版. 北京：中国人民大学出版社，2004：65.

3. 金融范畴的形成与扩展是在货币与信用的发展到一定程度上，而出现并逐步完善的。金融范畴也同时在向投资和保险等领域覆盖。

4. 当前世界金融业的发展正在经历着一场变革。这种变革表现在金融商品多样化，金融服务扩大化，金融体系多元化，金融机构多功能化，融资证券化，金融国际化，金融操作计算机化、网络化，金融业务信息化，金融自由化，金融作用在深化。

5. 金融在现代经济中发挥着重要作用，这些作用体现在筹资融资方面的作用；引导资金流向，优化资源配置方面的作用；调控经济方面与对经济增长的促进作用。

复习思考题

概念题

直接金融　间接金融　狭义金融　广义金融　金融学

思考题

1. 什么是金融？金融的构成要素有哪些？
2. 金融这个范畴是如何产生的？
3. 现代金融的概念应如何表述？
4. 当今世界金融业出现了哪些新的特征？
5. 金融在现代经济中有哪些主要作用？
6. 试述金融学涵盖的基本内容。

货 币 篇

第1章

货币概述

本章重点提示

货币是商品经济发展的必然产物，随着商品经济的发展而不断发展。在现代社会生活中，货币不可或缺。然而并不是每个人都能真正认识货币、了解货币。本章我们从讨论货币的产生和发展入手，探究与解析货币的起源与发展，本质、职能与作用；货币形态的演变，以及现代货币层次的划分与计量。

1.1 货币的起源与货币的定义

1.1.1 货币的起源

货币问世已有几千年的历史。对于货币的产生，人们的看法各有所异，形成了不同的货币起源说。

1. 中外古代或早期的有关货币起源说

（1）中国古代货币起源说。

中国古代关于货币起源的研究主要存在两种观点：一是"先王制币说"，认为是圣王先贤为解决民间交换不便而创造出来的。"先王制币说"在先秦时代十分盛行。二是"自然产生说"，代表人物是司马迁，他在《史记·平准书》中写道"维币之行，以通农商"，意思是货币是用来沟通产品交换的手段，是为适应商品的需要而自然产生的。

（2）西方社会关于货币起源的学说。

在马克思的货币起源说发表之前，西方关于货币起源的学说，大致可以概括为三种观点：一是"创造发明说"，认为货币是由国家或先哲创造出来的；二是"便于交换说"，这种观点认为货币是人们为了解决直接物物交换的困难而共同选择出来的，因此也被称为"共同选择说"；三是"保存财富说"，该观点指出，货币是为了保存、计量和交换财富而产生的。

2. 马克思的货币起源学说

马克思认为，商品经济内部存在着商品的使用价值和价值之间的矛盾，从而商品交换中价值必然要求得到表现，必须有商品价值的表现形式，即价值形式。而价值形式随着商品交换的发展而发展，经历了四个阶段的长期演变，最终产生了货币。

　　（1）简单价值形式。最初，在人类社会生产发展到刚刚有点剩余产品时，偶然会发生个别的剩余产品的交换行为，一种商品价值偶然地、简单地表现在另一种商品的使用价值上，这就是简单价值形式，简单价值形式产生了货币的胚胎。

　　（2）扩大的价值形式。随着社会生产力的提高，商品交换变得经常而丰富，参加交换的商品逐渐增多。一种商品不再是偶然地与另一种商品相交换，而是和越来越多的商品相交换，由更多商品来表现自己的价值，称为扩大的价值形式。此时，货币的胚胎虽然开始发育、成长，但是还没有分离出一种固定充当一般等价物的商品。

　　（3）一般价值形式。当商品交换在更广泛、更经常的条件下发展时，人们在商品世界的共同活动中，从众多商品里分离出一种市场上最常见、大家最乐意接受的商品作为一般等价物，所有商品都由这一种商品表现价值的价值形式，即一般价值形式。这里，某一处商品被分离出来，成为一般等价物，作为表现其他一切商品的统一、一般的材料，充当商品交换的媒介。商品的直接物物交换，变成以一般等价物为媒介的间接交换，一般等价物已经具有了货币的一般性质。但一般等价物在初期是非固定的，在不同时期、不同地区由不同商品充当，妨碍了商品交换更大范围、更深程度上的进一步发展。

　　（4）货币形式。经过长期的商品交换活动的演变，一般等价物固定在贵金属身上，由贵金属来固定地充当商品交换的媒介，这就是货币价值形式。货币形式是商品交换发展的必然产物，是商品价值形式发展的结晶。由于金银的自然属性适合于执行一般等价物的职能，因此，自然地分离出来固定地充当一般等价物，货币就产生了。至此，商品的内在矛盾对立完全转变为外部对立，价值在这里获得了独立的表现形式。

1.1.2　货币的定义

　　有关货币的定义，也就是对货币本质问题的界定，这也是一些经济学家经常争议的问题之一。由于其研究的角度和方法不同，对货币的定义在表述上就往往会有较大的差别。

　　1. 货币在人们日常生活中的各种含义

　　在日常生活中，人们经常使用"货币"一词，但在不同的实际场所，人们往往会对货币有不同的理解。其主要代表性的含义有三种：一是指通货，如"你带钱了吗？""这东西值多少钱？"老百姓日常有句俗语，即"有嘛别有病，没嘛别没钱"等，这种理解显然有其片面性，其理解范围过于狭窄；二是把货币看成是财富的同义语，如"某某人很有钱""家财万贯"等这种理解有些片面，范围又过于宽泛；三是把货币等同于收入，如"某人月收入多少元""某人炒股赚了多少钱"等。

　　2. 货币的理论定义

　　1）西方经济学中常见的货币定义

　　在西方经济学中有关货币定义的一些主要代表性观点有以下几种。

　　（1）货币金原论。

　　这种观点认为货币就是贵金属，贵金属就是货币。其理论源于古希腊的哲学家亚里士多德朴素的金属学说。他们认为，只有金银才是一个国家的真正财富。

　　（2）货币名目论。

　　货币名目论亦称符号论。该定义否认货币的商品属性和货币的实际价值，认为货币只是一种便于交换的技术工具，是由法律规定的换取财富的价值符号，是一种观念的计算单位，是一种票券。其代表性观点是"货币国定论"，即货币是由国家法律和行政力量强制形成的，真正的货币则是国家纸币。

（3）货币数量论。

该观点认为货币价值是由货币供给的数量所决定的。其代表观点是现代货币数量学派的代表人物弗里德曼提出的"货币是购买力的暂栖所"。这里的"暂栖所"隐含了价值的贮藏职能，因为各种存款都是潜在的购买力，甚至债券、股票及各种不动产也会转化成购买力，只是这些资产暂栖的时间长短不同，因此说这一职能并非货币所独有，其他资产也有这一职能。因此，此定义范围过宽。

（4）货币职能论。

该观点是从货币职能或用途来给货币下定义、解释货币本质的。比如货币是交易的媒介，货币是质量的标准，货币是保存价值的手段，货币是延期支付的手段等。现代经济学家中较多的人采取这种定义法。

2）马克思的货币定义

马克思在通过对货币起源问题分析的基础上，科学地揭示了货币的本质，并把货币定义为：货币是从商品世界中分离出来的、固定地充当一般等价物的特殊商品，它体现一定的生产关系。其对货币的定义或本质的表述包括以下几个要点。

（1）货币是商品。

货币与商品世界的其他商品一样，都是人类劳动的产物，是价值和使用价值的统一体。虽然马克思分析的是金属本位制及以前的货币，那时的货币是商品货币，同时又是特殊商品。

（2）货币是一般等价物。

货币是一种特殊的商品，它与普通商品的区别在于：一方面，货币是表现一切商品价值的材料，而普通商品则没有这种作用；另一方面，货币具有直接同其他一切商品相交换的能力，成为一般的交换手段，这也是普通商品所没有的。这说明货币商品"使用价值二重化"[①]。其一般的使用价值是指由它的社会职能产生的使用价值，它是表现和衡量一切商品价值的材料，具有同其他一切商品相交换的能力，起着一般等价物的作用。而其特殊的使用价值是指它有金的天然属性的使用价值，如可以用于镶牙，可做饰物的材料，可以作奢侈品的原料等。货币不能表现自身的价值，它要表现自身的价值只能通过与其他商品的交换比例，即"货币购买力"得到表现。

（3）货币是固定地充当一般等价物的商品。

它是在一个国家或民族市场范围内长期发挥一般等价物作用的商品。

（4）货币体现一定的生产关系。

货币本身无阶级性，在不同社会形态里，货币反映着不同的社会生产关系。货币所反映的多种社会形态里的不同社会生产关系，并不是货币本身所固有的社会属性，而只是不同的社会生产关系在货币上的反映。货币之所以反映不同的生产关系，是因为它是充当一般等价物的特殊商品，作为一般等价物，必须为社会所公认，必然为全体社会成员的商品生产和商品交换活动服务，它对于全体社会成员必须一视同仁。

---

① 马克思.资本论：第 1 卷［M］.北京：人民出版社，1975.

1.2　货币的职能与作用

1.2.1　货币的职能

由货币的本质规定性决定了货币的职能，货币职能是货币本质的具体体现。一般地说，货币具有价值尺度、流通手段、贮藏手段、支付手段和世界货币5个职能。

1. 价值尺度

价值尺度，即货币具有表现商品价值并衡量商品价值量大小的职能。货币之所以能充当价值尺度，是因为货币本身也是商品，具有价值，就像衡量长度的尺子本身也具有长度一样。货币执行价值尺度职能的特点是，只需要想象的或观念上的货币，并不需要现实的货币存在，即商品在流通之前，要先定价格，对商品进行标明货币数量的标价工作。这只是观念上的准备，并不是将商品转化为货币。

2. 流通手段

货币在商品流通中作为交换的媒介时，执行流通手段职能，其特点有两个方面。首先，作为流通手段的货币必须是现实的货币，因为必须用现实的货币进行交换，才能实现商品的价值；其次，流通手段起的是媒介作用，是转瞬即逝的过程，完全可以用不足值的或没有价值量的符号代替。

3. 贮藏手段

货币退出流通领域后，被人们保存、收藏起来，成为储蓄的货币，执行贮藏手段职能。在金属货币流通条件下，充当贮藏手段的货币，必须是具有价值的金币或银币，所以货币贮藏的典型形式是金银窖藏。在金属货币与纸币同时流通的条件下，贮藏的方式发生了变化，采取了流通手段准备金、支付手段准备金和世界货币准备金的形式。在经济发达的社会中，储蓄已成为家庭、企业和政府的一种普通的形式。但纸币的贮藏手段职能要能正常发挥作用，必须具备一定的前提条件，即货币的币值较为稳定，贮藏货币可以带来稳定的收益。

4. 支付手段

货币的支付手段职能，是指货币作为偿还债务或单方面支付时的手段。货币充当支付手段最初是由赊购方式引起的，即在买卖行为完成后，经过一段时间购买者才支付货币，买卖关系成为债权债务关系。随着商品经济的发展，又形成了货币借贷关系，货币本身成了商品，货币商品的借贷之间成了两个独立的行为，货币的借入者在借款到期后必须偿还本息，货币的偿还债务手段更为明显。货币执行支付手段职能的特点有两个方面。首先，等值的商品和货币不是同时进行交换，货币不再是交换的媒介，而是作为补充交换行为的一个环节，是价值单方面的转移；其次，商品的价格是订立支付契约时就已确定的，买者必须按契约规定的金额清偿债务，这是一种信用形式。

5. 世界货币

货币在国际市场上发挥一般等价物的作用时，执行世界货币职能。作为世界货币必须具有内在的价值（如黄金），或币值相对稳定的国际广泛使用的货币（如美元）。世界货币职能的主要内容有：作为国际的支付手段，用来支付国际收支差额；作为国际的一般购买手段，一国单方面购买另一国商品，货币商品直接同另一国的一般商品相交换，实现社会财富在国际的转移，如资本转移、对外援助等，货币作为转移手段发挥作用。

1.2.2　货币的作用

货币产生以来，对人类生活发挥的重要作用是显而易见的。单从货币的多个功能来看，货币的积极作用一是降低了产品交换成本，提高了交换效率；二是降低了价值衡量和比较的成本，为实现产品交换提供了便利；三是提供了最具流动性的价值贮藏形式，丰富了贮藏手段。然而货币对人类社会的影响还不仅仅限于以上几点，它对人类的生产方式、生存方式，乃至思想意识的发展都发生了重要影响。

首先，货币成为推动经济发展和社会进步的特殊力量。它使人们的生产和生活突破了狭小的天地。因为在缺少货币的社会，人们积累的是实物财富，而实物财富的转移相对困难，这必然会限制人们行动的自由，人们的思想也多受禁锢；货币出现以后，人们的活动领域得到了很大的扩展，货币"使臣轻背其主，而民易去其乡"①，与此同时，人们的思想也就不再受一地传统习俗及偏见的束缚，激发了人们的想象力和创造力，对商品生产的扩大，思想文化的进步产生了积极的作用。另外，也是更重要的一点，人们可以利用货币去进行财富的积累和承袭，这就激发了人们创造财富的无限欲望，随之而来的，它为扩大再生产创造了条件。没有货币的出现，就没有资本的积累和社会资本的利用。因为若只有物质财富的累积，人们只能在简单再生产的小圈子内循环，不可能出现扩大的社会再生产。所以货币对社会和经济的发展起到了重要的推动作用。

其次，货币在整体经济社会运行中发挥着重要作用。在商品生产和交换占主导地位的现代社会中，货币的作用已经渗透到社会经济的各个角落。在生活中人们所需要的各种商品，都需要用货币去购买；人们所需要的各种服务，也需要支付货币来获得；人们劳动工作所获得的报酬——工资，也是用货币支付的；人们积累财富，保存财富的主要方式是积攒和存储货币（银行存款）。除个人外，企业、行政事业部门的日常运行同样也离不开货币，现代财政收支也都用货币形式，整个经济运行状况也与货币相关，如果货币供求失衡发生通货膨胀或通货紧缩，就会制约经济运行和发展。各国政府运用各种政策对经济进行调控时，都要利用货币信用形式，而货币政策本身就是最重要的经济政策。不仅国内的各种经济活动离不开货币，国际经济贸易和各种交往活动也需要货币。因此，货币对经济发展、充分就业、物价稳定和国际收支都具有重要的作用。

1.3　货币的形态及其演变

货币形态，也称货币形式，是指以什么货币材料（即币材）来充当货币。不同的货币形态适应了不同的社会生产阶段和历史阶段的需要。纵观货币的发展历史，货币形态的发展演变，大体上经历了实物货币（含金属货币）、代用货币、信用货币三个阶段，这个过程也是货币价值不断符号化的过程。

---

① 彭信威. 中国货币史. 上海：上海人民出版社，1965.

1.3.1 实物货币

实物货币是人类历史上最古老的货币。任何货币，如果作为非货币用途的价值，与作为货币用途的价值相等，而统称为实物货币，又称"足值货币（full-bodied money）"。在人类经济史上，许多商品曾在不同时期不同国家扮演过货币的角色，如牲畜、贝壳、布帛、粮食、金属等都充当过货币。我国最早的货币是贝，因此，至今很多与财富有关的汉字，其偏旁也多从"贝"，如货、财、贸、贷、贫、贱等；在日本、东印度群岛及美洲、非洲的一些地方，也有用贝作为货币的历史。在古代欧洲的雅利安民族，在古波斯、印度、意大利等地，都有用牛、羊作为货币的记载。拉丁文的"Pecunia"（意为"金钱"）来源于"Pecus"（意为"牲畜"）；印度现代的货币名称"Rupee"则来源于"牲畜"的古文"Rupye"。此外，如古代埃塞俄比亚曾用盐作货币；非洲和印度等地曾以象牙为货币；而在美洲，曾经充当古老货币的有烟草、可可豆等。

1.3.2 金属货币

实物作为货币，存在着笨重、携带不便、不能分割、质地不一、易遭损失等缺陷。因此，随着商品交换的发展和扩大，实物形态的商品货币就逐渐由内在价值稳定、质地均匀、易于分割、便于携带的金属货币所代替。世界各国货币发展的历史证明，金属作为币材，一般是从贱金属（如铁、铜等）开始的，最普遍、使用时间最久的是铜钱，我国最古老的金属铸币也是铜铸币。后来，这些贱金属逐步让位于金、银等贵金属，这是一个普遍的规律，因为金银所具有的天然属性最适宜于充当货币商品。金属货币最初没有固定形状和重量，而是采用条块或块状形式，每次交易时都要重新鉴定其成色和重量，相当烦琐。因此，这类金属货币又称为"秤量货币"。随着商品交换的发展，人们把货币金属铸成具有一定形状、一定重量，并具有一定成色的金属铸币，大大便利了流通。

金属铸币在流通使用中，也有其自身的缺陷和不足。一是交易额小于铸币面值时，难以行使交换媒介手段职能；二是大额交易时，携带大量铸币又显过于沉重且有相当风险；三是由于流通中磨损等原因而减轻分量，使铸币面值与实际价值不符。为了克服上述缺陷，出现了用耐磨损的贱金属铸造的辅币（如铜钱等），以满足小额交易需要；出现了某种可随时兑换为金属货币的信用凭证（如银票等），以满足大额交易之需要。于是，渐渐地出现了代用货币。

1.3.3 代用货币

代用货币是黄金等贵金属货币的替代品，代表黄金等贵金属发挥货币的职能。代用货币本身的价值低于它作为货币的价值。

代用货币的出现是商品交换日益扩大的结果。在贵金属货币流通时期，有专门经营货币的行业出现。它们替客户保管金银、鉴别成色、兑换铸币等。在替客户保管金银时，需向客户出示相应的保管凭条。这些保管凭条最初只是作为客户取回其保管金银的一种书面证明。随着商品交易活动的日益频繁，交易规模的日益扩大；在现实商品交易中，为避免兑换程序上的烦琐，保存金银的客户，不再先用保管凭条去兑取金银，而是直接用保管凭条进行商品劳务的购买与支付。于是，保管凭条开始在市场上流通，取代金银发挥货币的各种职能。保管凭条就是典型的代用货币。

代用货币解决了贵金属数量上的不足。一些国家借助于国家权力，以黄金为准备金发行纸币，规定流通中的纸币按一定的比例兑换成黄金，比如，36 美元 = 1 盎司黄金等。这些以贵金属为基础发行的纸币，都是代用货币。

典型的代用货币是可兑换的银行券。这种银行券首先出现于欧洲，发行银行券的银行保证随时按面值兑付金属货币。代用货币较实物货币或金属货币有明显的优点：一是印刷纸币比铸造金属货币的成本大大降低；二是纸币比金属货币更易携带和运输；三是避免金属货币流通所产生的一些问题。19 世纪末、20 世纪初，在银行券广泛流通的同时，贵金属货币的流通数量日益减少，显现出代用货币终将取代实物货币或金属货币流通的趋势。在第一次世界大战前，只是在战时或经济动荡的非常时期，一些国家才会停止银行券的兑现。然而，由于代用货币的发行数量取决于金属准备量，不能满足增加货币量的需求，而且大量闲置的金属准备只存放在仓库里，造成巨大的浪费。因此，在第一次世界大战中，世界各国普遍出现了银行券停止兑现的现象。第一次世界大战后，有些国家虽曾一度实行有条件兑换金块或外汇的制度，但随着 20 世纪 20 年代末和 30 年代初金本位制的崩溃，世界主要国家的银行券完全不能兑现黄金，现代信用货币终于取代代用货币而成为世界货币舞台上的主角。

1.3.4　信用货币

信用货币是以信用作为保证，通过一定信用程序发行，充当流通手段和支付手段的货币形态，是货币发展中的现代形态。可见，信用货币产生的客观基础是信用关系的存在和发展。信用货币本身价值低于其货币价值，而且不再代表任何贵金属，不能与金属货币兑换。实际上，信用货币已经成为一种货币价值符号。信用货币作为货币形态的进一步发展，是目前世界上几乎所有国家都采用的货币形态。

从历史观点而论，信用货币是金属货币制崩溃的直接后果。1929—1933 年的世界性经济危机和金融危机，迫使各国相继放弃金本位制，实行不兑现的纸币流通制度，所发行的纸币不能再兑换金属货币，于是信用货币应运而生。除了历史因素外，信用货币的演进也有其经济发展内在的根源。随着现代信息技术手段的广泛使用和信用方式的深化，信用货币已经成为当今时代的重点特征。信用货币包括了以下种类。

1）辅币

多用贱金属制造，目前世界上几乎都由政府独占发行，由专门的铸币厂铸造。其主要功能是担任小额或零星交易中的媒介手段。

2）现钞

多数由一国中央银行印制发行。其主要功能是承担人们日常生活用品的购买手段。

3）银行存款

存款是存款人对银行的债权；对银行来说，这种货币又是债务货币。存款除在银行账户的转移支付外，还要借助于支票等支付。当然，支票与银行存款是有区别的。支票只是一种票据，起着存款人向银行发出支付指示的作用，它本身并不是货币。银行存款主要是活期存款才是真正的交易媒介的支付手段。所以，在交易双方不熟悉的情况下，支票未必能为对方所接受。但在信用制度高度发达的社会，这些技术上的困难已被种种信用工具，如各种支票和信用卡等所克服。目前在整个交易中，用银行存款作支付手段的比重几乎占绝大部分。随着信用的发展，一些小额交易，如顾客对零售商的支付、职工的工资等，也广泛使用这种类型的货币。

4）电子货币

电子货币是以计算机及其网络为基础，以信息技术为手段，采用电子数据形式实现流通手段和支付手段功能的货币形式。由于科技飞速发展和电子计算机技术的运用，货币的结算和支付方式进入了一个崭新的阶段。人们大量地利用计算机网络来进行金融交易和货币支付活动，产生了各种各样的信用卡、储值卡、电子钱包等，与此同时还可借助于网络的计算机、自动柜员机或用电话操作来对货币存储额进行补充。货币由记在纸制凭证上的金额变成了存储在计算机系统中的一组加密数据。

电子货币是信用货币的延伸，是信用货币发展到信息时代高级阶段的产物。电子货币具有安全保密、运用广泛、使用方便快捷等特点，适应了现代经济规模迅速扩展所带来的资金流空前增长的需要，节省了大量的现金流通，加快了资金的循环周转。它的使用不仅增加了银行的服务功能，提高了银行的服务效率和经济效益，节约了顾客的时间和精力，而且对人们的货币观念和商业银行的运行模式、管理方式、经营理念也产生了巨大的影响，使金融体系和金融产业的格局发生了一场深刻的革命。

在电子货币不断演变的新常态下，我国抽象结算货币，其发展的速度越来越快。转账交易占比迅速增长。据统计截至2015年第三季度末，中国人民银行开立结算账户71.45亿户，环比增长3.22%；银行卡在用卡52.52亿张，同比增长10.66%，全国人均持有银行卡3.85张；银行卡交易223.57亿笔，金额173.13万亿元；电子支付业务保持快速增长，电话支付、移动支付业务涨幅明显，全国银行业金融机构处理电子支付业务271.38亿笔，金额553.07万亿元。在2016年1月份召开的人民银行数字货币研讨会指出，在我国当前经济新常态下，探索央行发行数字货币具有积极现实意义和深远历史意义。发行数字货币可以降低传统纸币发行、流通的高成本，提升经济交易活动的便利性和透明度，减少洗钱、逃漏税等违法犯罪行为，提升央行对货币供给和货币流通的控制力，更好地支持经济和社会发展，助力普惠金融的全面实现。未来，数字货币发行、流通体系的建立还有助于我国建设全新的金融设施，进一步完善我国支付体系，提升支付清算效率，推动经济提质增效升级。①

1.4　现代货币层次划分与计量

1.4.1　货币层次的划分

1. 货币层次划分的依据

货币的层次划分，是指将流通中各种货币形式按不同的统计口径划分为不同的层次。各国中央银行在对货币划分层次时，都以流动性作为划分的依据和标准。所谓流动性，是指金融资产能够及时转变为现实购买力，而使持有人不蒙受损失的能力。流动性越强的金融资产，现实购买力也越强。例如，现金就是流动性最强的金融资产，具有直接的现实购买力；定期存款则需要经过提现或者转成活期支票存款才有现实购买力，故流动性较弱。流动性程

---

① 陈宝山. 货币形态演变背景下的现钞 ［N］. 金融时报，2016-02-01 （12）.

度不同的金融资产在流通中周转的便利程度不同，形成的购买力强弱不同，从而对商品流通和其他各种经济活动的影响程度也就不同。因此，按流动性的强弱对不同形式、不同特性的货币划分不同的层次，是科学计量货币数量、客观分析货币流通状况、正确制定实施货币政策、及时有效地进行宏观调控的必要措施。

随着市场经济的不断发展，尤其是自 20 世纪五六十年代以来，由于新的金融工具层出不穷，金融创新浪潮风起云涌，许多新的金融工具都不同程度地具有"货币性"，有的能够直接作为货币发挥作用，有的略加转化就能发挥流通手段和支付手段职能，要想十分清晰地划分货币层次越来越困难，货币层次及其计量也只能是相对精确。

2. 货币层次划分的特点

从我国及其他国家货币层次划分状况来看，货币层次划分具有以下几个特点。一是随着流动性强弱的变化，货币的范围也在变化。流动性越强，所包括的货币的范围越小，如大部分国家流动性最强的货币只有现金。随着流动性的减弱，货币包括的范围在扩大。二是金融制度越发达，金融产品越丰富，货币层次也就越多。经济发达国家的货币层次就多于经济欠发达的国家。三是每个国家各个货币层次里所包含的货币的内容不同，这是由于各个国家都有各自独特的金融产品，无论是产品的名称还是产品的功能都有差异，因此即使是两个国家流动性相同的货币层次，实际所包含的具体内容也有很大的差别。四是货币层次的划分不是固定不变的，随着金融产品的创新，经济环境的改变，原有的货币层次可能就无法准确地反映货币的构成状况，需要对货币层次进行重新划分。金融产品创新速度越快，金融体制的变化越大，对货币层次进行修订的必要性也就越大，例如美国、英国等国家的货币层次划分的变动就很频繁。

3. 国际货币基金组织的货币层次划分

按国际货币基金组织的口径，一般情况下，可以将货币层次作如下划分。

（1）现钞。

现钞（M0）不包括商业银行的库存现金，而是指流通于银行体系以外的现钞，即居民手中的现钞和企业单位的备用金。由于这部分货币可随时作为流通手段和支付手段，因而具有最强的购买力。

（2）狭义货币。

由现钞（M0）加上商业银行活期存款构成。由于活期存款随时可以签发支票而成为直接的支付手段，所以它是同现金一样最具有流动性的货币。各种统计口径中的"货币"，通常是指狭义货币（M1）。狭义货币（M1）作为现实的购买力，对社会经济生活有着最广泛而直接的影响，因此，许多国家都把控制货币供应量的主要措施放在这一层，使之成为政策调控的主要对象。

（3）广义货币。

广义货币（M2）由狭义货币（M1）加准货币构成。所谓准货币，一般是指由银行存款的定期存款、储蓄存款、外币存款及各种短期信用工具，如银行承兑汇票、短期国库券等构成。准货币本身虽非真正的货币，但由于它们在经过一定的手续后，能比较容易地转化为现实的货币，加大流通中的货币供应量，故又称之为亚货币或近似货币。显而易见，广义货币相对于狭义货币来说，范围扩大了，它包括了一切可能成为现实购买力的货币形式。广义货币（M2）层次的确立，对研究货币流通整体状况具有重要意义。特别是对金融制度发达国家货币供应的计量及对货币流通未来趋势的预测均有独特的作用。近年来，许多经济和金融发达国家，就出现了把货币供应量调控的重点从狭义货币（M1）向广义货币（M2）转移的趋势。

4. 我国货币层次的划分

我国从 1994 年开始划分货币层次，并按照货币层次进行货币量统计，目前我国货币划分为四个层次，具体内容如下：

M0＝流通中现金；

M1＝M0＋企业、单位支票存款＋基本建设存款；

M2＝M1＋储蓄存款＋企业、单位定期存款＋财政金库存款；

M3＝M2＋商业票据＋短期融资债券。

M1 是通常所说的狭义货币供应量，M2 是广义货币供应量，M3 是考虑到金融不断创新的现状而增设的，其中商业票据和短期融资债券属于准货币。

我国货币供应量层次的划分，借鉴了西方国家的成功经验，但由于各国信用制度发展、经济运行及管理体制有差异，在货币层次的划分上必然是有差异的。我国货币层次的划分与西方国家主要存在两方面的差别。其一是我国单独设置了流通中现金 M0 指标，而西方国家是没有这个指标的，英国曾编制过 M0，但表示的是基础货币。我国之所以设置 M0 是由于我国金融业还处在发展阶段，信用制度还相对落后，现金在狭义货币供应量中所占比量超过30%，远远高于西方国家，因此现金发行的多少对我国消费品市场和零售物价的影响很大。超过经济增长的现金发行在很大程度上会造成物价上涨。其二，从总体上看，西方的金融制度和信用制度比较发达，货币供应量的统计比我国划分得细。将货币供应量划分为若干不同层次，是为了给中央银行调控货币流通选择重点。

1.4.2　货币的计量

在进行货币量统计和分析的时候，我们常常会碰到这么几个概念，即狭义货币量、广义货币量、货币存量、货币流量、货币总量与货币增量等。这几个概念分别有不同的经济含义，对它们进行统计分析的经济意义也不同，下面对此进行介绍。

1. 狭义货币量与广义货币量

狭义货币量通常是指货币层次中的现金与银行活期存款。狭义货币量反映了整个社会对商品和劳务服务的最直接的购买能力，它的增减变化对商品和劳务的供应会形成直接的影响，因此狭义货币量是中央银行在制定和实施货币政策时监测和调控的主要指标。在我国，狭义货币量是指 M1 层次的货币量。

广义货币量是指狭义货币量加准货币。准货币是指可以随时转化成货币的信用工具或金融资产。准货币的流动性小于狭义货币，它反映的是整个社会潜在的购买能力。在我国，准货币是指企业定期存款、居民储蓄存款和其他存款。广义货币量所统计的货币的范围大于狭义货币量，它不仅包括了社会直接购买力，而且还包括了社会的潜在购买力。广义货币量指标可以更全面地反映货币流通状况。

2. 货币存量与流量

货币存量是指一国在某一时间点上各经济主体所持有的现金、存款货币的总量。我国中央银行公布的年度货币供应量就是货币存量。对货币存量或货币总量的统计分析还可以根据货币层次分为狭义货币存量和广义货币存量。

货币流量是指一国在某一时期内各经济主体所持有的现金、存款货币的总量，它表现为一定时期内（如一年）的货币流通速度与现金、存款货币的乘积。

货币总量是指货币数量的总额。货币总量可以是某一时点上的存量，也可以是某一时期内的流量。我国目前在金融统计中的实际做法是：货币供应量的统计范围是除国家开发银行、中国进出口银行、证券公司、保险公司以外的金融机构，具体将货币划分为四个层次。

货币增量是指不同时间点上的货币存量的差额，通常是指今年与上年相比的增加额。在我国，中国人民银行公布的货币量统计指标通常分为两部分，一部分是货币存量即货币总量指标，另一部分是货币增长率指标。货币增长率指标反映了货币供应的增长状况。通过对货币增量的统计分析，可以为中央银行掌握货币流动状况提供另一个新的角度。

3. 货币总量与增量[①]

货币总量，包括：货币（M_1）= 流通中现金（M_0）+活期存款

准货币（M_2）= 定期存款+储蓄存款+其他存款

狭义货币量、广义货币量、货币存量、货币流量、货币增量与货币总量是从不同的角度对货币状况进行统计和观察的指标。其中，狭义货币量与广义货币量侧重于从货币结构的角度分析货币流通状况；货币存量与货币流量关注不同时间中的货币流通状况；货币总量与货币增量则是从数量变化的角度对货币状况进行分析。把这几个指标综合起来分析，能够相对全面地反映一国的货币流通状况。

4. 货币大数据与实体货币

货币自身都是数字、数据。实体货币、纸币、硬币属于固定数字、数据；抽象货币属于虚拟数字、数据。只有在动态情形下，以支票、本票、汇票、银行卡，POS 机、手机移动支付等电子货币形式运行起来，并依赖物联网、互联网平台才能显现数字、数据，构成货币。实体货币泛指现金、现钞、纸币、硬币；抽象货币泛指以三票一卡、电子货币形式为载体的转账结算货币。两种货币的数量构成为 1 : 9。实体货币为 1，抽象货币为 9。实体货币可用具体张数和金额双重计算。

本 章 小 结

1. 货币的产生经历了一个漫长的过程，是商品交换长期发展的必然产物。

2. 马克思在通过对货币起源问题分析的基础上，科学地揭示了货币的本质，并把货币定义为：货币是从商品世界中分离出来的、固定地充当一般等价物的特殊商品，它体现一定的生产关系。

3. 现代货币的定义一般表述为：凡是在商品与劳务交易和债务清偿中，可作为交易媒介与支付工具被普遍接受的手段就是货币。

4. 从货币的发展历史来看，货币先后经历了实物货币、金属货币、代用货币、信用货币、电子货币等几个阶段的发展。货币的这种由初级到高级形态的发展过程，是商品经济发

---

① 查每年货币的总量和增量，可查阅《中国金融年鉴》。

展的必然结果，新的货币形态同时克服前一种货币形态的缺点。

5. 货币的职能即货币所具有的功能，是货币本质的具体体现。在货币职能的界定上，学者们普遍认同货币职能有五个，即价值尺度、流通手段、贮藏手段和支付手段、世界货币。

6. 按国际货币基金组织的口径，在一般情况下，货币可区分为 M0、M1、M2 三个层次。对货币供应量层次的划分具有重要的现实意义。

7. 对货币量进行统计时，会遇到这么几个概念，即狭义货币量、广义货币量、货币流量、货币存量、货币总量和货币增量等。

8. 货币大数据、实体货币、虚拟货币。

复习思考题

概念题

货币　价值尺度　流通手段　贮藏手段　支付手段　世界货币　实体货币　虚拟货币

思考题

1. 货币是怎样产生的？大体经历了几个阶段？
2. 马克思是如何对货币定义的？
3. 货币具有哪些职能？
4. 何谓货币形态？货币形态发展经历了哪几个阶段？
5. 现代货币层次是如何划分的？
6. 何谓货币大数据？
7. 何谓实体货币？何谓虚拟货币？

资料阅读

数 字 货 币

数字货币，顾名思义，并非真实的货币，而是存在于数字化、网络化的世界中。但是，它不能完全等同于局限在网络游戏等虚拟空间中的虚拟货币，它经常被用于真实的商品和服务交易。目前全世界发行有数千种数字货币。

数字货币中知名度最高的要属"比特币"了。比特币通过计算机的特定算法产生，不依靠特定机构发行，是一种虚拟货币。据了解，任何人都可以通过相关的软件"制造"比特币，然后利用电子签名的方式来实现流通。目前，在全球范围内，比特币可以通过多个线上的交易所和服务商进行兑换交易。

2013 年，我国央行等五部委专门下发的《关于防范比特币风险的通知》指出，"比特币是一种特定的虚拟商品，不具有与货币等同的法律地位，不能且不应作为货币在市场上流通使用。"但也同时指出,比特币交易作为一种互联网上的商品买卖行为,普通民众在自担风险的前提下拥有参加的自由。

　　事实上,迄今为止世界各国还没有央行发行的数字货币。目前的数字货币或者电子货币,都是民间推出并在一定范围内应用的数字货币,基本上都不能得到法律保护,不能作为货币流通。

第 2 章

货币制度

本章重点提示

货币本身是商品生产和交换的产物，随着商品生产和交换的发展，货币的形式及货币发行、流通和使用等内容也在不断地发生变化，从而形成了不同的货币制度。

2.1 货币制度及其构成要素

2.1.1 货币制度及其形成

货币制度简称"币制"，是一个国家以法律形式确定的该国货币流通的结构、体系与组织形式。它是一国经济制度的重要组成部分。因此在人类社会经济不断进步的同时，货币制度也表现出一系列的演变发展过程。

货币制度是历史的产物，是随着一国货币经济的发展而逐步形成和完善的。最初的货币是实物货币，在人类经济发展史上，各种商品，如粮食、牲畜、贝壳、布、农具等，都在不同时期、不同程度上充当过货币的角色。但这些实物货币或者体积笨重不易运输和携带，或者质地不良，易腐烂变质和磨损，不适于用作价值标准和价值储藏。随着经济的发展，实物货币逐渐被金属货币所代替，并在很长一段时期内，金属货币流通占主要地位。关于金属货币的材料，很多国家先是用贱金属，如铁、铜等，然后改用贵金属白银和黄金。关于金属货币的形状，先是条块状，以重量为其价值单位，每次交易都要鉴定成色，称一称重量，然后按照交易额的大小，把较大的金属块分割成小块。这些称量货币分割不易，成色鉴定也不一，容易引起交易麻烦及纠纷。于是一些富商巨贾凭借自己的实力和信誉，在金属条块上标明成色和重量并加盖印戳，在熟悉和了解这些商人的地区流通这些金属货币，人们不必称量和鉴定就可以直接进行交易，非常方便。但是随着商品交易的扩大，突破地区范围时，这种商人印记信誉的局限性就日渐显现。这时需要有超过商人信誉局限性的机构来铸造金属货币，于是国家以自己的权威和更高的信誉，开始铸造货币，铸币就此产生。

铸币是经过国家证明，标有国家印记，具有一定的重量、成色，并铸成一定形状，标明面值的金属货币。

在公元前 7 世纪，小亚细亚西部古国里底亚（现土耳其境内）就出现了铸币。世界各国的铸币，最初品质不同，形状各异，以后随着商品交换的发展，为了方便使用，诞生了平面圆形的铸币。在前资本主义社会，铸币的流通具有三大特征：一是铸造权分散；二是铸币材料主要是用银、铜等价值较低的贱金属；三是铸币不断变质，随意降低成色或减轻重量，所以那时的货币流通是极其分散和混乱的。

我国铸币的产生还早于里底亚，殷周时出现最原始形态的铸币——铜贝（仿海贝形状），继之出现的是春秋战国时期的刀币（仿猎刀）、布币（仿铲子）等。我国战国时期的魏秦等国出现过平面圆形的环钱，秦统一中国后，废贝、刀、布币和环钱，将方孔圆廓、重十二铢的"半两"钱推行全国。

到了资本主义社会，上述货币流通制度已不适应资本主义的生产发展和贸易扩大，在客观上对货币流通产生了变分散为统一，以定型代替紊乱的要求，需要建立一个统一的、稳定的货币制度。

2.1.2　货币制度的构成要素

资本主义国家开始建立的统一的货币制度，一般由 4 个要素构成。

1. 货币材料

即统一规定采用某种金属作为货币材料。不同的货币金属，构成不同的货币本位制度，如用金、银或金银并用，就分别称为金本位制、银本位制和金银复本位制。确定货币金属是金属货币流通条件下整个货币制度的基础，但是货币金属的确定也不是随意的，要受客观经济发展条件的制约。在资本主义经济发展过程中，货币金属由贱金属向贵金属过渡，国家在制定货币制度时，往往将货币单位与某种特定的金属保持固定的关系，并将其作为衡量价值的标准。

2. 货币单位

规定货币单位的名称及其所含的货币金属的重量。如英国的货币单位定名为"英镑"，1816 年 5 月的金币本位法案规定，1 英镑含成色为 11/12 的黄金 123.274 47 格令（含 7.97克）。我国在 1914 年的《国币条例》中规定，货币单位为"圆"，每圆含纯银为库平 0.648两（含 23.977 克）。

3. 货币铸造、发行和流通程序

通货就是流通中的货币，包括金属货币、纸币、各种信用货币和银行券、支票、商业票据等。货币制度对这些通货的铸造、发行和流通程序都做出了规定。

1）金属货币的铸造、发行和流通程序

金属货币分为主币和辅币。

（1）主币。

主币又称本位币，其特征是：按照国家规定的货币金属和货币单位而铸造的铸币，是该国法定作为价格标准的基本通货，如英镑、美元、欧元、法郎、比索等。主币是以名义价值与实际价值相一致为基本特点的一种足值的货币，通常用贵金属铸造。对主币一般有三项规定。

第一，主币可以自由铸造。通常实行金属货币制度的国家，主币由国家垄断铸造，但是其法律规定公民有权把货币金属块送到国家造币厂请求铸造成主币，不受数量限制，造币厂免费代铸，或仅收取少量的制造费。

第二，主币具有无限的法定支付能力，主币是一国计价结算的唯一合法的货币单位和基本通货，各国法律规定，在商品交易和一切经济交往中，每次支付的金额无论大小，用主币支付，收款人都不能拒绝接受，使主币具有无限的法偿效力。

第三，规定磨损公差。为避免重量不足的铸币自由流通而导致主币贬值，各国的货币制度中，一般都规定了每枚铸币磨损后实际重量与法定重量之间的差额，即磨损差额不能超过规定的最大限度。这种法律允许的磨损程度即为磨损公差。

（2）辅币。

辅币的特征是：它是主币以下的，供零星小额交易的通货，辅币通常是用铜、镍等贱金属铸造的不足值的铸币，其名义价值（面值）高于实际价值。辅币也有三项规定。

第一，辅币限制铸造。一方面由于辅币的实际价值低于其名义价值，由国家用国库的金属铸造，以保证铸造辅币的收入由国家垄断；另一方面限制铸造可以防止实际价值较低的辅币把实际价值较高的主币排挤出市场。辅币若可以自由铸造，不足值的辅币就会充斥流通界，而足值的主币则会被排除于流通界之外，所以辅币不能自由铸造。

第二，辅币是有限的法偿币，法律规定其有限的支付能力。在一次支付行为中，规定辅币支付的最高金额，如超过这一金额，对方有权拒绝接受。这种限制是为了防止价值较低的辅币把价值较高的主币排挤出流通界，同时也是为了避免携带收付的不便。但如果是向国家纳税和向银行兑换时，则无此限制。

第三，与主币自由兑换。辅币通过法律形式与主币建立固定的兑换比例，并可以自由兑换主币，从而保证辅币可以按它的名义价值进行流通。如美国的辅币是分，1美元等于100美分；1972年以前，英国的辅币是先令、便士、法新，1英镑等于20先令，1先令等于12便士，1便士等于4法新。

2）信用货币的发行和流通程序

随着资本主义经济的发展，商品生产和商品流通的增长超过了贵金属存量的增长，金属货币日益不能满足商品流通对流通手段和支付手段的需要，于是便出现了纸币和银行券等信用货币。

纸币是国家发行并依靠国家权力来强制流通的货币符号。银行券是在商业信用基础上由银行开出的用来贴现商业汇票的一种银行票据，具有兑换的性质，即持有者随时可用它向发行的银行兑换金属货币。银行券最初由商业银行发行，后为保证它的信用度，改由中央银行集中发行。由国家发行的纸币和中央银行发行的银行券是法定的支付手段，不能拒绝接受。其他如非中央银行发行的银行券、商业票据、支票等，都不是法定的支付手段，可以拒绝接受。

4. 准备制度

为稳定货币，各国都建立准备制度，主要是建立金准备制度，或称黄金储备，集中于国家金库或中央银行。金准备主要有三方面的用途：一是作为国际支付（或世界货币）的准备金，二是作为国内金属货币流通规模变化的准备金，三是作为支付存款和兑换银行券的准备金。同时，在强化国际支付的准备金中，各国还建立了外汇储备，如以美元、英镑等作为准备金。

目前，各国中央银行发行的信用货币虽然不能再兑换黄金，但仍然保留着发行准备制度。各国准备制度不同，但归纳起来，作为发行准备金的有黄金、国家债券、商业票据、外汇等。

2.2　货币制度的演进及类型

历史上最早出现的货币制度是金属货币制度，经过较长的历史演进才发展到纸币制度。金属货币可分为单金属本位和双金属本位。单金属本位是指由国家法律规定，用具有一定重量、成色和形状的金或银为单一本位币的货币制度。双金属本位是指法律规定同时用金和银两种金属为本位币的货币本位制度。货币制度的分类见图 2-1。

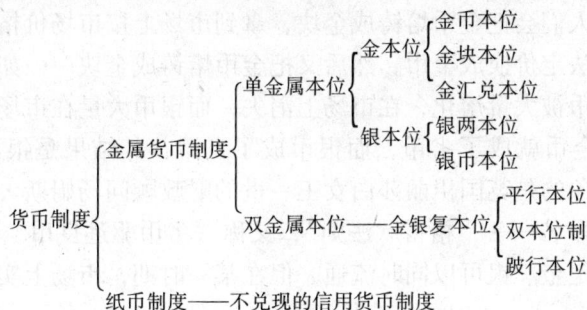

图 2-1　货币制度分类

2.2.1　银单本位制

银单本位制是一种以银为本位币的货币制度，简称银本位制。在货币制度萌芽的中世纪，许多国家采用这种制度。银本位制的缺点是白银的价格不很稳定，使得货币单位价值不能相对固定，不能满足货币制度稳定性的要求。到 20 世纪初，一些主要资本主义国家纷纷放弃这种制度，改用金银复本位制或金单本位制。

2.2.2　金银复本位制

金银复本位制是法律规定金银两种金属同时作为本位币的材料。其特点表现为：金、银币都可以自由铸造；金、银币都有无限法偿力；金、银都可以自由输出、输入国境。金银复本位制在 16—18 世纪流行于西欧各国。在封建社会，货币材料主要是白银，当封建社会向资本主义社会过渡，商品生产和商品交换有了较大的发展，小额交易日益增加，对白银的需要量相应增加；另外，资本主义大工业和批发商业迅速发展，对价值较高的黄金货币需要也大幅增长，这就客观上产生了建立金银复本位制的要求；同时在 16—17 世纪，墨西哥、秘鲁的银矿和巴西的金矿先后被发现并开采，金、银产量大增，并从美洲大量流向欧洲，也为金银复本位制的实行创造了条件。

在金银复本位制下，由于金、银同时流通，需要建立金、银的比价，于是形成了金银复本位制下的两种类型：其一是平行本位制，即金、银按照它们内在的实际价值量流通，两者的兑换比例随金、银市场价格的变动而变动；其二是双本位制，是国家通过法律规定金、银的比价，金、银按照它们的法定比价流通。

在金银复本位制下，无论是平行本位制，还是双本位制，都是一种不稳定的货币制度。从本质上说，货币具有排他性和独占性的特性，而金、银同为货币金属，就违背了货币这一特性。在平行本位制下，金、银两种铸币各按其所含的价值流通，使市场上的各种商品出现两重价格——按金币计价和按银币计价，并且这两种价格会随着金、银的市场比价的变动而变动，从而引起价格混乱，给商品交易带来麻烦。为了克服这种困难，有的国家将平行本位制改为双本位制，用法律规定金、银的比价，但这又与价值规律的自发作用发生矛盾。当两种实际内在价值不同而面额价值相同的通货同时流通时，实际价值较高的通货成为良币，实际价值较低的通货就成为劣币。在价值规律的自发作用下，良币会退出流通，劣币会充斥市场。例如，美国1792年规定金和银的比价为1：15，若市场比价为1：16，则金币就成了良币，银币成了劣币，人们会把金币熔铸成金块，拿到市场上按市场价格换回更多的白银，再把白银铸成银币，按法定价换成金币，然后又把金币熔铸成金块……如此周而复始，人们就可获得厚利。结果金币被大量熔化，在市场上消失，而银币大量在市场上出现。反之，若市场比价为1：14，则金币就成了劣币，而银币成了良币，其结果是银币收敛，金币充斥市场。最早发现这一现象的是英国伊丽莎白女王一世的财政顾问汤姆斯·格雷欣爵士，于是这一规律就以他的名字命名——"格雷欣法则"，又称"劣币驱逐良币"规律。因此，在金银复本位制下，虽然规定金、银可以同时流通，但在某一时期，市场上实际流通的往往只是一种金属铸币。

2.2.3 金单本位制

金单本位制又称金本位制。在金本位条件下，流通中的金属货币除了金币外，往往也有银币，但此时银币或者不能自由铸造，或者既不能自由铸造也不具有无限法偿力，实际上已变为金币的符号。金本位制包括金币本位制、金块本位制和金汇兑本位制，但金币本位制是典型的金本位制。

1. 金币本位制

金币本位制，是以黄金为货币金属，实行金币流通的一种典型的金本位制。金币本位制的特点表现为以下几个方面。

（1）金铸币为本位货币，可以自由铸造，自由熔化。其作用是：可以自发调节流通中的货币量，保证金币的名义价值和实际价值相一致，使物价较为稳定，保证黄金在货币制度中的主导地位，克服了金银复本位制下金银频繁交替地执行价值尺度职能的混乱现象。

（2）辅币、银行券和金币同时流通，辅币和银行券可按面值自由兑换金币。其作用是：保证了价值符号能稳定地代表一定数量的黄金，防止价值符号的贬值。

（3）黄金和金币可以自由地输出、输入国境。在金币本位制国家之间，各国本位币法定含金量的比例一般称为"金平价"或"铸币平价"，它是确定外汇行市的基础，外汇行市波动幅度仅限于"黄金输送点"，即铸币平价加减黄金的输送费用，外汇行市一旦突破这个幅度，就会引起黄金在国际的流动，从而使外汇行市回复到这个幅度内。黄金自由输出、输入的作用是：保证了世界黄金市场的统一和外汇行市的相对稳定。

金币本位制是货币制度史上比较稳定的货币制度，对资本主义经济的发展具有积极的促进作用。首先，通货价值的相对稳定，能精确计算成本、价格和利润，评价生产经营的效益，选择投资方向和规模，同时有利于商品流通的扩展，反过来又会促进生产的增长；其次，币制的稳定可使债权债务免受通货贬值和物价波动的影响，债权债务的稳定，可开展和运用多样化的信用形式，调剂资金的余缺，使信用制度正常发展，并为工商业的进一步发展创造条件；最后，黄金自由输出、输入，可以为平衡各国国际收支和稳定物价，调整黄金在各国的分配，稳定汇价，保障对外贷款和投资等提供了自动调节机制，于是就可促进国际贸易和资本输出的发展。

随着资本主义由自由竞争向垄断的发展，资本主义国家的固有矛盾激化，使金本位制的基础受到削弱，表现为以下三个方面。

（1）资本主义各国经济发展的不平衡，使黄金分配极不均衡，少数大国拥有世界上大多数的黄金，如 1913 年年底，美、英、法、德、俄 5 国掌握了世界黄金存量的 2/3，同时由于各国经济发展不平衡，促使许多国家竭力从流通中吸收黄金，充实国库，使国内流通中的金币减少，金币的自由铸造、自由流通和黄金的自由输出、输入都无法实现。

（2）经济危机更加剧烈和频繁，财政支出激增，一方面使各国迫切需要集中黄金来巩固中央银行的实力并充实国库，另一方面滥发银行券，破坏了银行券与黄金的兑换的基础。

（3）国际关系中盛行严格的外汇管制、外贸管制和关税壁垒，阻碍了商品的输出、输入和资本的输出、输入，也在相当程度上阻碍了黄金在国际的自由流动。

上述破坏金币本位制的各种因素，在第一次世界大战前已露出端倪，但其普遍性和严重性直到第一次世界大战后才完全暴露出来，20 世纪 30 年代中期金币本位制终于寿终正寝。

2. 金块本位制和金汇兑本位制

经历了第一次世界大战，各参战国都发生了严重的通货膨胀，恢复金币本位制可望而不可即。1924—1928 年资本主义世界进入相对稳定时期，出现了企图恢复金币本位制的呼声，但实行金币本位制的条件仍不具备，只能实行变通的金本位，或者说是残缺不全的金本位——金块本位制和金汇兑本位制。

金块本位制是指国内不铸造也不流通金币，只发行和流通代表一定重量黄金的银行券或纸币，银行券或纸币不能自由兑换黄金或金币，只能按一定条件向发行银行兑换金块。这种制度又称生金本位制。在货币制度史上，英国于 1925 年 5 月率先实行，然后法国、荷兰、比利时等国步其后尘。

金汇兑本位制是指国家仍规定货币单位的含金量，但国内不铸造也不使用金币，而是流通银币或银行券等，银币或银行券在国内不能兑换黄金，只能兑换外汇，然后用外汇可在国外兑换黄金。实行这种制度的国家的通货与某一实行金币（块）本位制的国家的主币保持固定比价，并在该国存放外汇或黄金作为外汇基金，而在国内则通过无限制供应外汇来稳定外汇行市和本国货币的币值。这种制度又称虚金本位制。在货币制度史上，最早实行的是荷兰殖民地爪哇（1877 年）、印度（1893 年），后来菲律宾、马来西亚、泰国、墨西哥等国也相继实行。

之所以说金块本位制和金汇兑本位制是残缺不全的不稳定的货币制度，是因为以下三个原因。

（1）金币不流通，银行券的兑现受到限制，丧失了货币作为贮藏手段的自发调节作用，减弱了国内货币流通的自发调节机制。

（2）银行券不能自由兑换黄金，货币单位的内容随时可以改变，使银行券的发行失去控制。

（3）同一黄金储备，既是金块本位制国家的国际货币储备，又是金汇兑本位制国家的国际货币储备，一旦实行金块本位制国家的货币不稳定，会动摇实行金汇兑本位制国家的货币币值。同时，如果实行金汇兑本位制的国家大量提取外汇储备兑换黄金，会威胁实行金块本位制国家的币值的稳定。

因此，金块本位制和金汇兑本位制只实行了很短一段时期，终于在1929—1933年发生的资本主义世界经济危机冲击下崩溃。1929年10月，纽约证券交易所股票行市暴跌，货币信用危机迅速波及欧洲各国，大批企业破产、银行倒闭、黄金外流，一些国家的黄金储备急剧减少，在这种情况下，德国率先于1931年7月放弃了金汇兑本位制，同年9月，英国放弃了金块本位制，于是一系列与英镑有联系的国家和地区相继放弃了金汇兑本位制。1933年3月，美国再次爆发货币信用危机，4月，也放弃了金本位制，并实行美元贬值。同时，欧洲大陆的法国、荷兰、意大利、比利时、瑞士、波兰诸国也先后把金块本位制和金汇兑本位制弃之于东墙。至此，金本位制全面瓦解，代之而起的是纸币制度。

3. 布雷顿森林体系

第二次世界大战爆发后，整个资本主义世界各国无一例外地都出现了剧烈的通货膨胀。战后，欧洲各国因受战争破坏，生产设备短缺，物资匮乏，为恢复和发展国内经济，只得从美国进口商品。美国在扩大其商品输出的同时，又乘机限制商品输入，形成大量贸易顺差。因此，美国的黄金储备迅速增长，约占当时资本主义各国黄金储备的3/4。西欧各国为弥补巨额贸易逆差需要大量美元，出现了"美元荒"。国际收支大额逆差和黄金外汇储备不足，导致多数国家加强了外汇管制。显然，这种情况对美国的对外扩张是个严重阻碍。美国力图使西欧各国货币恢复自由兑换，并为此寻求有效措施。

1944年7月，在美国新罕布什尔州的布雷顿森林召开由44国参加的"联合国联盟国家国际货币金融会议"，通过了以"怀特计划"为基础的《国际货币基金协定》和《国际复兴开发银行协定》，总称《布雷顿森林协定》。这个协定建立了以美元为中心的资本主义货币体系，即布雷顿森林体系。

布雷顿森林体系的主要内容如下所述。

（1）以黄金作为基础，以美元作为最主要的国际储备货币，实行"双挂钩"的国际货币体系，即美元与黄金直接挂钩，其他国家的货币与美元挂钩。美元与黄金挂钩是指，美国政府保证以1934年1月规定的35美元等于1盎司的黄金官价兑付其他国家政府或中央银行持有的美元。其他国家货币与美元挂钩是指，根据35美元等于1盎司黄金的价格确立美元的含金量，其他国家也以法律形式规定各自的含金量，然后通过含金量的比例，确定各国货币与美元的兑换比例。

（2）实行固定汇率制。各国货币对美元的汇率一般只能在平价上下1%（1971年12月17—18日后调整为2.25%）的幅度内浮动，各国政府有义务在外汇市场上进行干预，以维持外汇行市的稳定。只有在一国国际收支发生根本性不平衡时，才允许贬值或升值，但必须经过国际货币基金组织批准。实际上，在平价10%以下的变动可自行决定，在10%～20%间需经国际货币基金组织同意，在72小时内做出决定，更大变动则不受时间限制。

（3）国际货币基金组织通过预先安排的资金融通措施，保证向会员国提供辅助性储备供应。会员国份额的25%以黄金或可兑换成黄金的货币缴纳，其余75%以本国货币缴纳。会员国认缴的份额越多，所得货款越多。货款只限于为会员国解决国际收支困难。

（4）会员国不得限制经常性项目的支付，不得采取歧视性的货币措施。这个货币体系实际上是美元——黄金本位制，也是一个变相的国际金汇兑本位制。

以美元为中心的布雷顿森林体系，对第二次世界大战后资本主义经济发展起过积极作用。首先，美元作为国际储备货币等同于黄金，起着黄金的补充作用，弥补了国际清偿能力的不足。其次，固定汇率制使汇率保持相对的稳定，为资本主义世界的贸易、投资和信贷的正常发展提供了有利条件。最后，国际货币基金组织作为这一体系正常运转的中心机构，在促进国际货币合作和建立多边关系方面发挥积极作用，特别是其对会员国提供各种贷款，暂缓会员国的国际收支困难，有助于世界经济的稳定增长。

但是随着时间的推移，布雷顿森林体系的种种缺陷也渐渐地暴露出来。

（1）美国利用美元的特殊地位，扩大对外投资，弥补国际收支逆差，操纵国际金融活动。

（2）各国以美元作为主要储备资产，这本身就具有不稳定性。各国储备的增加主要靠美国，美国国际收支持续出现逆差，必然影响美元信用，引起美元危机。如果美国要保持国际收支平衡，稳定美元，则又会断绝国际储备的来源，引起国际清偿能力的不足，这是一个不可克服的矛盾。

（3）固定汇率有利于美国输出通货膨胀，加剧世界性通货膨胀，而不利于各国利用汇率的变动调节国际收支平衡。因为在这种汇率制度下，各国要么消极地管制对外贸易，要么放弃稳定国内经济的政策。其实，从各国利益出发，这两种做法都不可取。

20 世纪 60 年代以后，美国政治、经济地位逐渐下降，特别是外汇收支逆差大量出现，使黄金储备大量外流，到 20 世纪 60 年代末出现黄金储备不足抵补短期外债的状况，导致美元危机不断发生。各国在国际金融市场大量抛售美元，抢购黄金，或用美元向美国挤兑黄金。进入 20 世纪 70 年代，美元危机更加严重，尽管美国政府和国际金融组织为挽救美元采取了许多应急措施，但都未能见效。1971 年 8 月 15 日美国公开放弃金本位，同年 12 月美国又宣布美元对黄金贬值 7.89%，黄金官价从每盎司 35 美元提高到 38 美元。1972 年 6 月到 1973 年初，美元又爆发两次危机，同年 3 月 12 日美国政府再次将美元贬值 10%，每盎司黄金官价提高到 42.22 美元。在这种情况下，资本主义各国从各自的利益出发，纷纷宣布放弃固定汇率，实行浮动汇率，不再承担维持美元汇率的义务。1974 年 4 月 1 日起，国际协定上正式取消货币与黄金的固定关系，以美元为中心的布雷顿森林体系彻底瓦解。

2.2.4 纸币制度

纸币是在货币的流通手段职能的基础上产生的。货币作为流通手段，只是交换的媒介，人们真正需要的是购买的商品，而不是货币本身，只要关心自己的商品卖出去，换成的货币能买回与货币面额相等的商品就行了，货币只是转瞬即逝的，并不需要关心币材本身有多少价值，在此，货币就变成象征性的了。但是货币符号代替真实货币是有条件的：一是必须取得社会公众的认可，但不是任何个人发行的货币都能取得社会公认的，一般先是靠有社会信誉的商人，然后是靠国家的强制力，使它获得国内公众的认可；其次是纸币的广泛流通必须有地区市场的存在，广泛的地区市场是吸纳货币符号的场所。例如，我国北宋的商业比较发达，形成了统一的地区市场，是交子代替铁钱流通的条件。

银行券原是一种代替金属货币充当支付手段和流通手段的信用货币，在商品经济不断发展的基础上，对货币的需要量增多，但金属货币的增加受产量的限制难以相应增加而不能满足流通对货币的需要。同时，在商品交易中，经常出现赊账，卖者成为债权人，买者成为债务人，买卖行为转化为信用行为，出售商品后换得的是写明金额的、证明债权债务关系的信用凭证——汇票。在汇票流通的基础上，本票、支票等各种形式的信用流通工具相继出现。当商业票据的持有者在票据到期前急需现金时，可持票向银行请求贴现，银行可支付现金，也可开出随时可向银行兑换现金的票据，这种由银行开出的票据就是银行券。银行券的发行基础是商业票据，它的流通与商品流通的扩大或收缩是同步的，同时它又能兑换金属币，所以，银行券不会发生贬值。

纸币与银行券同是货币符号，但它们也是有区别的，表现在以下几个方面。

（1）纸币是在货币的流通手段职能的基础上产生的，是价值符号的完成形式；银行券是在货币的支付手段职能基础上产生的，其基础是信用关系。

（2）纸币是由政府依靠国家权力强制发行并流通的，往往成为政府弥补财政赤字的手段；银行券是银行通过贴现商业票据而发行的，是为商品流通服务的。

（3）纸币是不能兑现的；而典型的银行券是能随时兑换金属货币的。

（4）纸币发行过多，就会发生贬值；银行券是适应商品流通的，不会发生贬值。

当今社会金本位制已垮台，金银不再流通，银行券的兑现条件已不存在，因此商业银行已丧失银行券的发行权，由中央银行集中发行。

2.2.5　我国的货币制度

人民币是我国长期以来唯一的法定货币，是不兑现的信用货币。在我国的社会主义经济生活中，人民币执行货币的基本职能。人民币作为现代不兑现的信用货币，其特征如下所述。

人民币是一般等价物，作为不兑现的纸制的信用货币，本身并没有价值，之所以能表现和衡量商品价值，就在于它是一种价值符号。人民币是通过银行信贷程序发行的信用货币，是由现金和银行存款构成的，而现金和存款都是银行的负债，因此是一种债务货币。人民币是我国唯一的法定货币，任何单位和个人都不能发行或变相发行其他形式的货币，任何单位和个人也不能拒收人民币。

1. 我国香港特别行政区的货币制度

1997 年 7 月 1 日，我国政府恢复了对香港行使主权，香港特别行政区成立。我国的货币制度改为实行一个主权国家两种社会制度下的两种货币、两种货币制度共存的货币制度。在内地仍然实行人民币制度，在香港实行独立的港币制度，在货币发行、流通与管理等方面分别自成体系，人民币和港币分别作为内地和香港的法定货币在两地流通。由于香港仍然实行原来的资本主义制度，因此按照我国目前的外汇管理规定，港币仍然属于外汇范围，港币在内地以外币对待；同样，人民币在香港也以外币对待。

港币制度的基本内容主要包括以下几个方面。

（1）以"港元"为香港的法定货币；港币发行权归属于香港特别行政区政府，中国银行、汇丰银行、渣打银行为港币发行的指定银行，港币的发行必须有百分之百的准备金。

（2）香港货币单位为"元"，简称港元，用符号"HKD"表示。

（3）港元实行与美元联系的汇率制度，7.8 港元兑换 1 美元。香港特别行政区的外汇基金由香港特别行政区政府管理、支配，主要用于调节港元汇价。

（4）香港特别行政区不实行外汇管制，港币可以自由兑换，外汇、黄金、证券、期货市场完全开放。

2. 我国澳门特别行政区的货币制度

1999 年 12 月 20 日，我国政府恢复了对澳门行使主权，澳门特别行政区成立。由于澳门仍然实行资本主义制度，因此，按照我国当时的外汇管理规定，澳门货币仍属于外汇，澳门货币在内地以外币对待，同样，人民币在澳门也以外币对待。

澳门的货币称澳门元。澳门货币制度的基本内容包括以下几个方面。

（1）根据《中华人民共和国澳门特别行政区基本法》，澳门元为澳门的法定货币，澳门元的发行权属于澳门特别行政区政府。中国银行、大西洋银行为澳门元发行的指定银行。

（2）澳门元用符号"MOP"表示。纸币面额有 5 元、10 元、50 元、100 元、500 元和 1 000 元 6 种，硬币亦有 1 角、2 角、5 角、1 元、5 元和 10 元 6 种。各种货币可自由出入境，不受任何限制。

（3）澳门元实施的是与港元挂钩的联系汇率制，103 澳门元兑换 100 港元。1983 年 10 月 17 日，香港宣布实行与美元挂钩的联系汇率制，这样，澳门元实质上也就与美元建立了间接的联系汇率制。

3. 我国台湾地区的货币制度

我国台湾在 1949 年 6 月 15 日，公布《台湾省币制改革方案》及《新台币发行办法》，新台币的发行主要有以下几方面内容：① 指定新台币的发行机关为台湾银行；② 实行与美元联系的汇率制度；③ 新台币以黄金、白银、外汇及可以换取外汇的物资做十足准备。

2000 年前，台湾曾委托台湾银行发行新台币，现在由台湾地区货币政策主管机关发行。当今，台湾流通的硬币有 5 角、1 元、5 元、10 元、20 元、50 元六种。纸币有 50 元、100 元、500 元、1 000 元和 2 000 元 5 种。

本 章 小 结

1. 货币制度是一个国家以法律形式确定的货币流通的组织形式。它的内容主要包括货币金属，货币单位，通货的铸造、发行与流通程序，准备制度等。

2. 货币制度自产生以来，从其存在形态看，经历过银本位制、金银复本位制、金本位制和不兑现的信用货币制度等类型。货币制度的演变是与商品经济发展密切相关的。货币制度由金属货币制度演变为不兑现的信用货币制度，揭示了许多深刻银行学原理，当今的许多纸币理论是由金属货币理论演化而来的，因而了解货币制度的演变可以进一步加深对货币本质的理解。

3. 我国银行的货币制度是一个主权国家两种社会制度下实行的不同种货币和货币制度。这是一种特殊形式的货币制度。

➤ 复习思考题 ◀

概念题

货币制度　铸币　本位币　金银复本位制　金本位制

思考题

1. 货币制度的构成要素是什么？
2. 我国货币制度有何特色？

第 3 章

货币供求与货币流通

货币的供求均衡，是保障货币流通健康运行的前提。

3.1 货币的需求与供给

在金属货币流通条件下与在信用货币流通条件下，人们对货币需求的动机与数量的要求是不同的。与货币需求对应的是货币供应，是谁控制货币供应？是什么因素导致货币供应发生变化？如何对货币供应进行控制？货币需求和货币供应的变动事关整个经济的健康运行，因此，货币供求理论成为整个货币理论的重要组成部分，也是中央银行制定货币政策的重要依据。

3.1.1 货币需求及其确定

1. 货币需求

在商品经济社会，大多数人都希望货币越多越好，因为它可以购买到很多自己所需要的商品；但经济学上的货币需求并不是从这个角度上讲的。在经济学上，"需求"这个词不是指在资产（或商品）免费供应的前提下，你需要多少，而是指一种资产相对于你所需要的其他资产的需求，即在资产数量既定的情况下，如果持有较多的货币，就只能持有较少的其他资产，这时你愿意持有多少货币？当人们在选择不同的资产作为财富的保有方式时，必然会考虑各种资产的特性。由于每个人对不同资产的偏好是不同的，所以人们保有财富的方式也是不同的，表现在持有各种资产的数量和比例结构是不同的，而且处在不断变化之中，因此，整个社会的货币需求在量上是不稳定的。一般地，通货和活期存款是最基本意义上的货币，因此，凡是以通货和活期存款形式保有资产的行为，都被称为对货币的需求。

下面先来看简单的货币需求量的计算方法。假设一个人把他所有的收入都以货币形式保存，只限于把货币用于预期的交易，并且只采用最机械、最规则的方法，在两次收入的间隔期内把这些货币都用完。如果他每月能得到 1 000 元的收入，并均匀地把这些收入用于每一天的日常生活，到月末正好用完最后一分钱，那么他的平均货币需求量的计算方法为：

$$平均货币需求量 = (月初的货币收入 + 月末的货币量)/2$$
$$= (1\,000 + 0)/2 = 500(元)$$

这种计算方法虽然简单，但在实际生活中并不典型。首先，他没有考虑效用最大化原则，没有将月初时手中较多的货币用于投资增值，而是闲置在手中；其次，任何理智的人，都不会将每月的收入都用罄，而会积累一部分用于防病养老、防意外或购买大额消费品等，除非他的收入仅够每月的日常支出；最后，他没有考虑生活中常常会发生一些意外的货币需求，会打乱正常的货币使用计划，如学期开始需要交付一笔学费，生病住院需要一笔预付保证金等，使每月的支出并不是那么有规律。因此，我们对社会各个阶层的人们持有货币的数量应进行认真的观察与研究，分析影响货币需求的因素，为政府的决策提供依据。

2. 决定货币需求量的因素

在商品货币经济条件下，决定和影响货币需求量的因素是多种多样的，概括起来主要有以下几方面。

(1) 收入状况。

收入状况是决定货币需求量的主要因素之一。一般地，货币需求量与收入量是成正比的，当收入增加时，对货币的需求量也会增加；收入减少时，对货币的需求量也会减少。同时，除了收入量外，取得收入的时间间隔也会影响对货币的需求，如果人们取得收入的时间间隔延长，对货币的需求量就会增大；相反，如果间隔时间缩短，则对货币的需求量就会减少。例如，在工资总额确定的情况下，每月发放一次工资所需的货币量，要比每月发放两次工资所需的货币量大。

(2) 信用状况。

信用发达程度与货币需求量成反比。在一个社会信用发达、信用制度健全的国家，人们需要货币时很容易取得现金或贷款，那么，整个社会所需的货币量可以较少一点；相反，在信用不发达、信用制度不健全、人们取得现金或贷款不容易或很麻烦的国家，人们手头就需要较多地留一些货币，这就增加了社会货币需求量。

(3) 消费倾向。

消费倾向是指人们收入中消费所占的比重。如果收入 1 000 元，其中 700 元用于消费，消费倾向为：700/1 000＝0.7。在一般情况下，消费倾向与货币需求量成正比，社会消费倾向越大，货币需求量就越大；反之则越小。

(4) 货币流通速度。

货币需求量与货币流通速度成反比。当其他条件不变时，货币流通速度越快，货币需求量就越少；货币流通速度越慢，货币需求量就越多。

(5) 社会商品可供量。

一般地，货币需求量与社会商品可供量成正比。商品可供量增加，货币需求量也增加；商品可供量减少，货币需求量也减少。

(6) 市场物价水平。

货币需求量与市场物价成正比。市场物价水平越高，所需的货币量就越多；市场物价水平越低，所需的货币量就越少。

(7) 市场利率水平。

货币需求量与市场利率水平成反比。市场利率上升，人们就会选择储蓄或投资有价证券，减少现金的持有量，减少货币需求量；市场利率下降，人们会减少储蓄和投资，而增加货币的持有量。

（8）心理预期和偏好。

预期是一种主观意识，这种意识因人而异，而且会受到各种因素的影响。预期包括对市场利率变动的预期、对物价的预期、对投资利润率的预期。人们对市场利率上升的预期，会增加货币需求，因为利率上升，一方面意味着有价证券价格会下跌，有价证券投资收益将减少；另一方面为了能在未来低价买进有价证券，现在就必须保持较多的货币；预期物价将上涨，就会减少对货币的需求；预期投资利润率将上升，也会减少对货币的需求。人们的偏好也是因人而异的，有的人偏好货币，就会增加对货币的需求，有的人偏好其他金融资产，就会减少对货币的需求。

3. 货币需求动机

（1）交易动机。

交易动机是指人们的收入和支出往往不是同时发生的，需要在这个时间间隔期经常保持一定量的货币以供日常交易之需。这一动机的货币需求量取决于人们收入的多少及收入间隔期的长短。一般地，收入较少而收入间隔期较短，则交易动机的货币需求就较少；反之则较多。

（2）预防动机。

未来是不确定的，常有各种意外情况出现，如意外的紧急支出，未能预见的有利的购买机会等。因此，人们除了保持日常交易所需的货币之外，还必须再保持一定量的货币，这就是预防动机的货币需求。这一动机的货币需求量主要取决于人们的收入水平。

（3）投资（投机）动机。

如果人们只能在货币和有价证券之间进行选择，由于有价证券的价格与利率成反比，与有价证券收益成正比，因而预期利率上升者将保存货币，因为利率上升时人们能以较低的价格买进有价证券从中获利；而预期利率下降者则将保存有价证券，因为利率下降时，人们就能以高价卖出有价证券而获利。当利率变动时，企业也会作出相应的反应，利率下跌，企业会吸收资金，增加投资。这种因利率变动而改变融通资金意向的持有货币的行为，有人称之为投资（投机）动机。显然，投资（投机）动机的货币需求与利率呈反向变动。

3.1.2 货币供给与通货创造

货币供应量通常是指一国经济中的货币存量，由货币性资产组成。

1. 货币存量

西方国家的货币总量，是金融当局出于管理金融的需要和货币政策上的考虑，根据本国货币金融的具体情况，而公布的货币总量的统计口径。各国在设计货币供应量各项指标及解释其含义时，总是力图做到以下几点：一是理论上兼收各种观点，所公布的各项指标均以不同的货币定义作为其理论基础；二是使公布的各项指标有利于货币当局对货币供给量的控制；三是根据本国具体的金融条件，设计各项指标。

2. 通货创造

下面具体分析通货创造的情况。

第一种情况：由国家的财政部授权国家印钞厂印刷出通货，然后把它们"出售"给中央银行。当某家商业银行需要通货时，须经过一定程序到中央银行领取通货，随后该商业银行通过对顾客进行支付，把这些通货投入到市场上，一旦通货到了非银行的社会公众手中，它就成为货币供给的一部分。

第二种情况：当某人存进某家商业银行 100 元现金，是否会使这家银行的存款增加额正好等于 100 元呢？货币的重要形式——可开列支票存款的出现，使社会公众可以随时把持有的可开列支票存款转化为通货，也可以随时把通货转化为可开列支票存款。由此，当某人存入 100 元的通货后，就会形成几百元的存款，如果通货和存款都属于货币的范围，就会使货币量"无中生有"地增加。下面来分析以下存款的实际情况。

存款实际是什么？它并不是像通货那样的实体物质，而仅仅是银行账簿上的一笔以会计分录为凭的财产权利。当将存款转成通货时，提取的是一个有形的实体物质的通货；而当提款、存款时，往往仅仅是银行所创造的没有实体的银行会计分录的变化，在一笔存款或贷款提取的同时，又变成了另一笔存款。

我们知道，为了保证客户提取存款的需要，银行吸收存款后是要保留一部分准备金的。如果法律要求银行保持 100% 的准备金，当存入 100 元的通货后，会出现什么情况呢？可以用代表银行资产负债表的简化形式——T 形账户来分析，并且把其他的项目都省略，仅仅列出我们所要了解的项目，这时的 T 形账户表示为以下几种情况。

（1）当实行 100% 的存款准备金时。

资产		负债	
通货	100 元	存款	100 元

该银行现在处于平衡状态，刚好保留了法律规定的对其存款必须持有的准备金，但是这里没有存款的多倍创造，即创造出的 100 元存款正好用作 100 元通货的准备金，这时的比率是 1∶1，没有产生任何的倍数，没有货币的增加。

（2）当实行部分存款准备金时。

如果法律规定不需要 100% 的准备金，而只需部分准备金，情况就会发生变化。假如法律规定银行必须保留 20% 的准备金，则银行只需保留 20 元的准备金，达到 20% 的比例，其余的 80 元可以用于贷款，从而增加银行的盈利。如果 A 银行将 80 元的存款资金用于贷款，其 T 形账户表示为：

资产		负债	
通货	20 元	存款	100 元
贷款	80 元		

此时，A 银行的账户发生了变化，但仍保持平衡，只是这时存款依然没有增加。

（3）当借款方将获得的贷款不以通货形式而是以转存款形式存入银行时。

继续前面的例子，A 银行保留 20% 的准备金后，剩余的 80 元用于贷款，并且把贷款金额记入借款人的存款账户。当借款方将获得的贷款不以通货形式而是以转存款形式暂时存入在 B 银行的存款账户上，假设 B 银行也是保留 20% 的准备金，另外 80% 的存款用于购买债券，则 B 银行的 T 形账户表示为：

资产		负债	
通货	16 元	存款	80 元
投资	64 元		

此时，该银行的账户也是平衡的，但是原来 100 元的通货，在上述两家银行存款账户上变成了 100+80=180 元。同样，假如 C 银行、D 银行、E 银行等都是如此操作，如此类推，则 100 元的存款最后会变成：

$$100+80+64+51.2+40.96+32.77+26.21+20.97+16.18+\cdots$$

每一个数都是前一个数的 80%，于是就产生了多倍存款的创造，这样一个序列构成一个等比级数：

$$R[1+(1-r)+(1-r)^2+(1-r)^3+\cdots]$$

其和为：

$$D=(1/r)\cdot R$$

其中，D 为存款，r 为存款准备金率，R 为初始存款。于是，在存款准备金为 20% 时，存款的创造总额为：

$$\frac{1}{20\%}\times100=500(元)$$

这里的 $1/r$ 就是存款乘数，当 r 较大时，创造的存款货币额就较小；当 r 较小时，创造的存款货币额就较大。

3.1.3　货币供求均衡

货币均衡是指货币供给量与国民经济对货币需求量基本一致。关于货币供求之间的关系，一般有三种情况，即货币供给与货币需求基本一致，货币供给大于货币需求或货币供给小于货币需求。

当货币供给与货币需求基本一致时，表现为经济持续增长，物价稳定；当货币供给大于货币需求时，表现为经济增长速度减缓，物价上涨速度超出人们在经济上和心理上可承受的程度；当货币供给小于货币需求时，表现为经济增长停滞甚至负增长，商品的严重滞销，失业率上升。可见，货币均衡具体表现为物价相对稳定、经济稳定增长的长期趋势。

货币均衡的经济意义是要保持物价的相对稳定，经济的稳定增长。因此，货币均衡不仅仅是指货币供给与货币需求总量上的大体一致，而且还应包括货币供求结构上的均衡。货币供给或市场需求既表现为一个总的货币量，还表现为对各种不同品种商品需求的分量。同样，货币需求或市场供给既表现为一个抽象的价值总量，又表现为以各种不同使用价值为基础的分量。或者说无论货币供给，还是货币需求，自身都有一个总量和表现结构的分量。而且总量的均衡是受结构的均衡制约和影响的，只有总量的均衡而无结构的均衡只能是一种表面的、虚假的均衡。

要实现货币均衡需要一定条件。由于货币流通与商品流通是一种作用力与反作用力的关系，因此货币均衡不能离开商品劳务供求的均衡，即研究货币均衡实质上要结合三方面的均衡：商品劳务供求的均衡、货币供求的均衡、货币与物资供求均衡。只有实现了这三方面的均衡才能最终实现社会总供给与社会总需求的均衡。

在货币经济中，商品劳务总供给与总需求的平衡不能通过其自身的运动来实现，必须借助于货币流通来实现。而货币供求的均衡也绝对不是单就货币流通本身而言，事实上它包含了商品劳务供求的均衡，它是商品劳务总供给与总需求的综合反映。在商品经济条件下，商品劳务的总供给受制于商品劳务的总需求。当然，商品劳务的总需求不能是无限度的，它必须受现有经济资源与现有生产能力的制约，而对商品劳务总需求的测量与调控，是由货币供应量所组成的各种有支付能力的购买力来体现的。所以，货币供给量的测量与控制的正确与否，最终影响着商品劳务总供求的平衡；同时，也通过商品劳务供求的均衡来体现货币供求的均衡。

3.2 货币流通与流通规律

3.2.1 货币流通与商品流通

1. 货币流通及其构成

在商品交换中，货币执行流通手段和支付手段的职能在不同所有者之间连续不断地转手运动，就是货币流通。

在现实经济生活中，货币流通的范围很广，但概括起来由以下 5 种货币收支构成，即：以经营单位为中心的货币收支，以个人（或家庭）为中心的货币收支，以财政为中心的货币收支，以银行为中心的货币收支，一切对外货币收支。

以上 5 个方面的货币收支是紧密联系的，此收彼支，彼收此支，连绵不绝，形成一个不能分割的货币流通整体。

2. 商品流通与货币流通的关系

以货币为媒介的商品交换就是商品流通。由于货币是商品交换的媒介，因此商品流通与货币流通总是紧密地联系在一起的。它们的基本关系就是：商品流通引起货币流通，是货币流通的基础并决定货币流通；货币流通为商品流通服务，反映商品流通并反作用于商品流通。

商品流通决定货币流通主要表现在以下几个方面。

（1）商品的数量和价格水平决定流通中所需要的货币量。当商品流通扩大，价格水平提高时，流通中所需要的货币量就相应增加；反之则相应减少。

（2）商品流通的范围决定货币流通的范围。商品流通范围越大则货币流通的范围越广泛。

（3）商品流通的方向决定货币流通的方向。例如，商品从城市流往农村，则货币沿着与其相反的方向从农村流往城市。

（4）商品流通的结构决定货币流通的结构。生产资料和消费资料、工业品和农业品等在全部商品流通中所占的比例不同，则货币流通也形成相应的结构。

（5）商品流通速度决定货币流通速度。商品流通速度加快，货币流通速度也加快，反之亦反。

以上 5 个方面说明了商品流通对货币流通的决定作用，但这并不是商品流通与货币流通关系的全部。在它们的关系中还有货币流通对于商品流通关系的反作用。这种反作用主要表现为正常的货币流通可以给商品流通提供一个稳定的价值尺度和适量的流通手段及支付手段，这是生产顺利发展、商品流通正常进行的必要条件。若货币流通不正常，货币量少于商品流通的必要量，流通手段和支付手段不足，就会在一定程度上阻滞商品流通，不利于生产乃至国民经济的正常运行；反之，货币量过多，超过了生产与商品流通的客观需要，必然导致商品价格上涨，货币贬值，从而带来一系列的不良后果。

3.2.2　货币流通规律

货币流通规律就是一定时期流通中货币必要量的规律。由于货币流通是由商品流通决定的，因此货币流通规律是研究商品流通与货币流通关系的规律。

1. 决定货币必要量的因素

决定货币必要量的因素包括商品数量、商品价格和货币流通速度。

商品数量对货币必要量的影响是：需要进行交换的商品数量越大，所需要的货币数量就越大，反之则越小。因此，商品数量与货币必要量成正比例的变化。

商品价格对货币必要量的影响是：需要进行交换的商品价格越高，所需要的货币数量就越大，反之则越小。因此，商品价格与货币必要量成正比例的变化。商品价格乘以商品数量就等于商品价格总额。商品价格总额是计算货币必要量的基础。

货币流通速度对货币必要量的影响是：货币流通速度越快，所需要的货币数量就越小，反之则越大。因此，货币流通速度与货币必要量成反比例的变化，这是因为货币流通与商品流通的情况是不同的。商品流通是商品从生产领域进入流通领域，经过流通领域后就进入消费领域，新的商品不断加入流通，又不断退出流通。而货币流通则不同，货币经过一次流通后并不退出流通领域，而是可以继续留在流通领域，不断地为下一次商品交换服务。由于一定时期内需要交换的商品，并不都是同时进行交换的，而是在时间上相继发生的。因此在一定时期内，一元货币可以反复充当商品交换的媒介。这样，流通中所需要的货币量就可以小于商品价格总额。一定时期内货币在实现商品交换中的流通次数，就称为货币流通速度。在有众多的货币进行流通的情况下，每一元货币的流通速度是不同的，在计算货币必要量时，应以平均的货币流通速度为依据。

2. 货币流通规律的公式

根据对决定货币必要量的上述分析，一定时期内流通中所必要的货币量可以用公式表示为：

$$一定时期流通中的货币必要量 = \frac{商品价格总量（或商品总量 \times 商品价格水平）}{同单位货币的平均流通速度（次数）}$$

此公式表明，一定时期流通中的货币必要量是由商品数量的多少、价格的高低及货币流通的快慢三个因素共同决定的。在现实生活中这三个因素是不断变化的，因此在计算一定时期流通中的货币必要量时，必须对三个因素的变动情况进行周密的调查和进行综合分析后，才能得出正确的结论。所以此公式看似简单，实则具体运用不易，需要解决许多计算中的具体问题。

货币流通分为现金流通和非现金流通（银行转账结算）两种形式。这两种形式在本质上是相同的，都在商品交换中发挥着货币的职能，构成统一的货币流通。同时，两种形式的货币流通可以相互转化，例如，以现金存入银行，就由现金转化成了非现金；向银行提取现金，就由非现金转化成了现金。因此，货币流通规律不仅适用于现金，同时也适用于非现金（银行存款）。无论是现金还是非现金，其中任何一种出了问题，都会影响到货币流通的稳定。

货币流通不仅体现货币发挥流通手段职能，而且还包括货币发挥支付手段职能。货币的支付手段职能是和商品的赊销相联系的，是以价值的独立形式进行单方面转移的，它和商品运动在时间上分离。基于以上的理解，货币流通在加进支付手段因素后，货币必要量的公式为：

$$\text{一定时期流通中的货币必要量} = \frac{\text{商品价格总额} - \text{赊销商品价格总额} + \text{到期支付总额} - \text{相互抵消的支付总额}}{\text{同单位货币作为流通手段和支付手段的平均流通速度}}$$

货币流通规律公式计算的都是货币流通的必要量，是客观性质的量，不取决于人们的主观意志。一个国家的政府可以决定把多少货币投入流通，但不能改变货币的客观需要量。因此，它和货币流通量是两个不同的概念，不能混淆。货币流通量是指市场上实际存在的货币数量，包括各单位的库存现金和居民手持现金。在纸币流通制度下，纸币不能自发调节货币流通量，只能依靠人为的措施而增加或减少货币流通量。在现实生活中，货币流通量是执行国家经济政策、国民经济计划和货币发行指令的结果，它的数量是否过多或过少，必须以货币需要量作为检验的客观标准。因此，如何组织和调节货币流通量并使之与货币需要量相一致，以保证货币流通的正常稳定，为经济运行和发展创造一个良好的环境，就成为对宏观经济进行调控的重要方面，也是我们研究货币流通规律的目的所在。

3. 纸币流通规律

纸币是由国家发行并强制进行流通的。纸币本身没有内在价值，是用来代表金属货币发挥流通手段和支付手段职能的，因而是货币符号。纸币的价值只有在流通中才能体现出来。因此，纸币一旦被发行出来，无论发行多少，过多的纸币不会自动退出流通而形成贮藏。

既然纸币是金属货币的代表，是价值符号或货币符号，它既不能和金、银兑现，又不能自动发挥贮藏手段职能，不能自发地和流通中所必要的货币量相适应，因此，无论纸币发行数额多大，都只能代表流通中所必要的金属货币的价值，即金属货币量。由于纸币所代表的金属货币的价值等于流通中所必要的金属货币的价值，单位纸币所代表的金属货币的价值（或量）的公式为：

$$\text{单位纸币所代表的金属货币的价值(或量)} = \frac{\text{流通中所必要的金属货币的价值（或量）}}{\text{流通中的纸币总量}}$$

由此可见，纸币流通规律实际上是金属货币流通规律的特殊表现形式。该公式表明，纸币虽然可以按照人们的主观意志发行，但它所代表的金属货币价值（或量）完全受客观规律所制约。当制约着流通中的货币必要量的宏观经济条件不变时，过多的纸币发行必然引起单位纸币实际代表的金属货币的价值（或量）低于其名义所代表的价值（或量），这就是纸币贬值。当流通中的货币必要量不变时，纸币发行越多，单位纸币贬值的程度就越大。纸币贬值的结果反映在物价上就是物价上涨。

3.3　通货膨胀与通货紧缩

3.3.1　通货膨胀

1. 通货膨胀的概念与类型

通货膨胀是指在纸币流通情况下，货币供应量超过了流通中所必要的货币量，每单位纸币所代表的价值减少，引起货币贬值和物价持续上涨的经济现象。理解这一定义，要把握好以下几个要点。

（1）通货膨胀是纸币流通条件下独有的经济现象。在金属货币制度下，不会出现通货膨胀。

（2）货币供应量超过了流通中所必要的货币量是导致通货膨胀的直接原因。

（3）通货膨胀表现为物价普遍地、持续地上涨。季节性、暂时性或偶然性的价格上涨，不能视为通货膨胀，对通货膨胀的测度一般以消费价格指数或销售价格指数来衡量。

根据通货膨胀的程度不同，可划分为以下几种：

① 爬行通货膨胀，一般是指年物价上涨率在 2% 左右的通货膨胀；

② 温和通货膨胀，一般是指年物价上涨率在 4%～6% 的通货膨胀；

③ 快步通货膨胀，一般是指年物价上涨率在 6% 以上，并可能在短期内达到两位数的通货膨胀；

④ 奔腾通货膨胀，一般是指物价水平急剧上升，年物价上涨率保持在两位数，甚至接近或达到三位数的通货膨胀；

⑤ 恶性通货膨胀，一般是指物价连续暴涨，平均每月物价上涨率超过 50%，年物价上涨率超过 600%，甚至达到天文数字的通货膨胀。

2. 通货膨胀的成因

造成通货膨胀的最直接原因就是货币供应量过多。货币供应量与货币需求量相适应，是货币流通规律的要求。一旦违背了这一经济规律，过多发行货币，就会导致货币贬值，物价水平持续上涨，导致通货膨胀。

通货膨胀的深层原因则主要有需求拉上、成本推动、结构因素及供给不足、预期不当、体制制约等。

（1）需求拉上。

这是指经济运行中社会消费支出和投资支出激增，总需求过度增加，超过了既定价格水平下商品和劳务等方面的供给，从而引起货币贬值、物价总水平上涨，形成通货膨胀。

（2）成本推动。

这是指由于生产成本上升引起的物价持续上涨的现象。成本提高的原因主要是工会力量要求提高工资及垄断行业和垄断大公司为追求垄断利润而制定的垄断价格。所以又把成本推动的通货膨胀分为工资推进型通货膨胀和利润推进型通货膨胀。

（3）结构因素。

除了总量因素之外，即便总需求和总供给处于平衡状态时，由于经济结构方面的问题，也会使物价水平持续上涨，导致通货膨胀。对于这类通货膨胀的分析主要有两种模型。一种是以北欧一些开放经济的小国为对象的北欧模型。由于小国是世界市场上的价格接受者，世界通货膨胀从小国的开放经济部门传递到不开放经济部门，从而导致全面通货膨胀。另一种是以传统农业部门和现代工业部门并存的发展中国家为对象的二元经济结构模型。在二元经济中资本短缺、市场化程度低、货币化程度低等结构因素的制约下，要发展经济，往往要靠赤字预算、多发货币来积累资金，从而带动物价全面上涨，引发通货膨胀。

如果以消费物价总水平变动作为通货膨胀的代表性指标，那么我国近年来的通货膨胀主要是需求拉上型的，但是成本推进、结构失调、制度变革及微观经济主体的不合理提价行为等因素也形成了促使物价全面上升的强大合力，所以，应该说我国近年来的通货膨胀的原因是多种因素混合的。

3. 通货膨胀对经济的影响

（1）通货膨胀对生产的影响。

通货膨胀对生产的影响主要表现在两个方面，一方面，通货膨胀破坏社会再生产的正常进行。在通货膨胀期间，由于物价上涨的不平衡造成各生产部门和企业利润分配的不平衡，使经济中的一些稀有资源转移到非生产领域，造成资源浪费，妨碍社会再生产的正常进行。同时，通货膨胀妨碍货币职能的正常发挥，由于币值不稳和易变，货币不能真实表现价值，市场价格信号紊乱，不利于再生产的进行。另一方面，通货膨胀使生产性投资减少，不利于生产的长期稳定发展。预期的物价上涨会促使社会消费增加、社会储蓄减少，从而缩减了社会投资，制约了生产的发展。

（2）通货膨胀对流通的影响。

通货膨胀打破了流通领域原有的平衡，使正常的流通受阻。通货膨胀会鼓励企业大量囤积商品，人为加剧市场的供求矛盾。而且由于币值的降低，潜在的货币购买力就会转化为实际的货币购买力，加快货币流通速度，也进一步加剧通货膨胀。

（3）通货膨胀对分配的影响。

通货膨胀改变了原有的收入分配的比例和原有的财富占有比例。它使得依靠固定收入的人群在整体收入分配中所占的比例变小了，以货币形式持有财富的人也受到损害。通货膨胀影响到国民收入的初次分配和再分配环节。通货膨胀通过"强制储蓄效应"把居民、企业持有的一部分收入转移到发行货币的政府部门。货币供应总量增加使社会名义总收入增加，社会实际总收入不会增加。不同的阶层有不同的消费支出倾向，必然会引起国民收入再分配的变化。

（4）通货膨胀对消费的影响。

通货膨胀使居民的实际收入减少，这意味居民消费水平的下降，物价上涨的不平衡性和市场上囤积居奇和投机活动的盛行使一般消费者受到的损失更大。

4. 通货膨胀的治理

由于通货膨胀对于经济的正常发展有相当不利的影响，所以许多国家都十分重视平抑通货膨胀。主要的治理措施如下所述。

（1）控制货币供应量。

由于通货膨胀作为纸币流通条件下的一种货币现象，其最直接的原因就是流通中的货币量过多，所以各国在治理通货膨胀时所采取的一个重要对策就是控制货币供应量，使之与货币需求量相适应，减轻货币贬值和通货膨胀的压力。

（2）调节和控制社会总需求。

对于需求拉上型通货膨胀，调节和控制社会总需求是个关键。这主要通过实施正确的财政和货币政策来实现。在财政政策方面，就是通过紧缩财政支出，增加税收，谋求预算平衡，减少财政赤字来实现。在货币政策方面，主要是紧缩信贷，控制货币投放，减少货币供应量。财政政策和货币政策相配合综合治理通货膨胀，其重要途径就是通过控制固定资产投资规模和控制消费基金过快增长来实现控制社会总需求的目的。

（3）增加商品有效供给，调整经济结构。

治理通货膨胀的另一个重要方面就是增加有效商品供给，主要的手段有降低成本，减少消耗，提高经济效益，提高投入产出的比例；同时，调整产业和产品结构，支持短缺商品的生产。

（4）其他政策。

治理通货膨胀的其他政策包括限价、减税、指数化等。

3.3.2　通货紧缩

1. 通货紧缩的含义与成因

通货紧缩是与通货膨胀相对立的一个概念，通常意义上是指一般物价水平的持续下跌。在西方经济学教科书中，通货紧缩被定义为一段时期内"价格总水平的下降"或"价格总水平的持续下降"。巴塞尔国际清算银行提出的标准是：一国消费品的价格连续两年下降可被视为通货紧缩。

在实际生活中，对于某个时期是否发生了通货紧缩的判断及通货紧缩程度的衡量，多数经济学家认为，主要应看物价总水平是否下降即通货膨胀率是否转变为负数，以及物价水平下降的幅度和时间长度。部分商品和劳务价格的下降，可能是由于这些商品和劳务的供大于求，或者是由于技术进步、市场开放或生产效率提高从而降低了成本所引起的，显然这不是通货紧缩；即使是商品和劳务价格暂时或偶然的普遍下跌，也许是受到诸如消费心理变化、季节性因素等某些非实质因素影响而致，与货币流通和实质经济没有必然联系，所以也不是通货紧缩。只有物价水平持续下降超过了一定的时限，才可断定是通货紧缩。这一时限有的国家定为一年，有的国家定为半年。我国的通货膨胀潜在压力较大，这一时限一般以一年为界。

在以物价总水平持续下降作为判断通货紧缩主要标准的同时，也可以用货币供应量和经济增长率作为衡量通货紧缩严重程度的辅助指标。因为按照货币流通量的计算公式，有：

$$通货存量=\frac{商品价格总额}{货币流通速度}=\frac{商品数量×商品价格}{货币流通速度}$$

或

$$商品价格=\frac{通货存量×货币流通速度}{商品数量}$$

从上述公式来看，物价总水平下降必然表现为上述三个因素的相对变化：一是由于货币供应绝对或相对减少使流通中的货币存量减少（相对于商品数量）；二是其他因素如商品供求关系、居民的消费与储蓄结构及货币供应和流通渠道的变化等使货币流通速度放慢；三是经济增长使商品数量绝对或相对增加（相对于通货存量）。由此可见，在商品数量和货币流通速度不变的条件下，物价水平的下降的确可由货币供应的减少而引起，因此可用通货存量作为参考指标；但在商品数量和货币流通速度发生变化的情况下，物价水平的下跌也有可能与货币供应的适度增长并存。同样，在通货存量和流通速度不变的条件下，物价水平下降与商品数量增加密切相关，因此经济增长率可作为参考；但在通货存量和流通速度发生变化的情况下，物价水平的下跌也可能与商品数量的减少并存。

对于通货紧缩通常可以按照其持续时间、严重程度和形成的原因等进行如下分类。

（1）按持续时间长短进行分类。

可分为长期性通货紧缩、中长期通货紧缩与短期性通货紧缩。历史上，一些国家曾经发生历时达几十年的长期性通货紧缩（尽管其中包含个别年份价格水平的上升）。如英美两国1814—1849年长达35年的通货紧缩、美国1866—1896年长达30年的通货紧缩、英国1873—1896年长达23年的通货紧缩等，都属于长期性通货紧缩。一般将10年以上的通货紧缩划分为长期性通货紧缩，5～10年为中长期通货紧缩，5年以下为短期性通货紧缩。

（2）按通货紧缩严重程度进行分类。

可分为轻度通货紧缩、中度通货紧缩和严重通货紧缩。如果通货膨胀率持续下降并转为物价指数负增长的时间不超过两年即出现转机，可视为轻度通货紧缩；如果通货紧缩超过两年仍未见好转，但物价指数降幅在两位数以内，则可视为中度通货紧缩；如果通货紧缩超过两年并继续发展，且物价降幅超过两位数，或者伴随着比较严重的经济衰退，则应视为严重的通货紧缩。例如，美国在第一次世界大战后经济衰退时期的物价下降幅度达15%以上，在20世纪30年代的大萧条时期物价降幅更是达30%以上。

（3）按通货紧缩与经济增长状况进行分类。

可分为增长型通货紧缩与衰退型通货紧缩。如果与通货紧缩相伴随的是经济的持续增长，如英国1814—1849年、1873—1896年的通货紧缩，以及美国1814—1849年、1866—1896年的通货紧缩，则属于增长型通货紧缩；如果与通货紧缩伴随的是经济的衰退，如美国在1920—1933年的通货紧缩，则属于衰退型通货紧缩。

（4）按通货紧缩的成因进行分类。

可分为政策紧缩型、产业周期型、需求拉下型、成本压低型、体制转轨型、外部冲击型和混合型。

2. 通货紧缩的成因

尽管不同国家不同时期的通货紧缩有着不同的原因，但从国内外经济学家们关于通货紧缩的理论分析中，仍可概括出引致通货紧缩发生的一般原因。

（1）紧缩性的货币财政政策。

一国当局采取紧缩性的货币政策或财政政策，大量减少货币发行或削减政府开支以减少赤字，会直接导致货币供应不足，或加剧商品和劳务市场的供求失衡，使"太多的商品追逐太少的货币"，从而引起物价下跌，出现政策紧缩型的通货紧缩。

（2）经济周期的变化。

经济周期达到繁荣的高峰阶段，生产能力大量过剩，供大于求，可引起物价下跌，出现经济周期型通货紧缩。

（3）生产力水平的提高和生产成本的降低。

技术进步提高了生产力水平，放松管制和改进管理降低了生产成本，因而会导致产品价格下降，出现成本压低型通货紧缩。

（4）投资和消费的有效需求不足。

当预期实际利率进一步降低和经济走势不佳时，消费和投资会出现有效需求不足，导致物价下跌，形成需求拉下型通货紧缩。金融体系的效率降低或信贷扩张过快导致出现大量不良资产和坏账时，金融机构"惜贷"或"慎贷"引起信用紧缩，也会减少社会总需求，导致通货紧缩。

（5）本币汇率高估和其他外部因素的冲击。

一国实行盯住强币的汇率制度时，本币汇率高估，会减少出口，扩大进口，加剧国内企业经营困难，促使消费需求趋减，导致物价持续下跌，出现外部冲击型的通货紧缩。国际市场的动荡也会引起国际收支逆差或资本外流，形成外部冲击型的通货紧缩压力。

（6）体制和制度因素。

体制和制度方面的因素也会加重通货紧缩，如企业制度由国有制向市场机制转轨时，精简下来的大量工人现期和预期收入减少，导致有效需求下降；住房、养老、医疗、保险、教育等方面的制度变迁和转型，都可能会影响到个人和家庭的收支和消费行为，引起有效需求不足，导致物价下降，形成体制转轨型的通货紧缩。

（7）供给结构不合理。

由于前期经济中的盲目扩张和投资，造成了不合理的供给结构和过多的无效供给，当积累到一定程度时必然会加剧供求之间的矛盾。一方面许多商品无法实现其价值，迫使价格下跌；另一方面大量货币收入不能转变为消费和投资，减少了有效需求，就会导致结构型通货紧缩。

3. 通货紧缩的危害与治理

（1）通货紧缩的危害。

通货紧缩对经济的破坏力与通货膨胀是一样的，甚至有过之而无不及。首先，通货紧缩会加速经济的衰退。由于物价的持续下跌，必然导致人们对经济前景的悲观预期，持币观望，使消费或投资进一步萎缩。其次，物价的下跌还会提高实际利率，加重债务人的负担，即使名义利率下降，资金成本仍然会比较高，致使企业不敢贷款投资，或难以偿债。银行则出现大量坏账，并难以找到盈利的项目提供贷款，经营效益不断滑坡，甚至因"金融恐慌"和存款人挤兑而被迫破产，使金融系统濒临崩溃。个人因担心银行倒闭更倾向于持有现金，从而导致"流动性陷阱"的产生，并因而造成经济持续衰退，失业率进一步提高，工人工资收入下降，陷入痛苦的困境。通货紧缩还会由于需求的持续下降使进口萎缩而被输出到国外，引起全球性的通货紧缩，反过来又会影响本国的出口，造成国际收支逆差扩大和资本外流，使国家外汇储备减少，偿债能力削弱，甚至发生债务危机。可见，通货紧缩对经济的危害同样也是极大的。因此要保证经济的健康运行，不仅要抑制通货膨胀，也要治理通货紧缩。由于通货紧缩形成的原因比较复杂，往往并非由某一方面的原因所引起，而是由多方面的原因共同作用所致，并伴随着经济的衰退，因此治理的难度比通货膨胀甚至更大。

（2）通货紧缩的治理。

治理通货紧缩必须根据不同国家不同时期的具体情况进行细致的分析，才能采取有针对性的措施加以治理。一般而言，通货紧缩的治理措施主要包括以下几个方面。

一是通过积极的财政政策和稳健的货币政策，扩大国内投资和消费需求。所谓积极的财政政策，包括：既可增加基础设施的投资和加强技术改造投资，以扩大投资需求，又可通过增发国家机关和企事业单位职工及退休人员的工资提高居民特别是中低收入者的现期收入，以扩大消费需求；既要适度扩大财政支出的总量，又要注重优化财政支出的结构；既要增加中央政府投资，又要鼓励和带动地方和民间投资；既坚持立足内需为主，又千方百计开拓国际市场，积极扩大外需；既要解决需求不足的问题，又要解决供给刚性和产业结构问题。

二是改进汇率机制，真正实行以市场供求为基础的管理浮动汇率制度。合理的汇率制度不仅有利于防范外汇风险，而且有利于出口和扩大外需，进而引进外资和促进经济增长，因此应该不断完善汇率的形成机制，减轻外部冲击对通货紧缩的压力。

三是加强金融机构的监管，建立金融机构内部管理制度，完善金融风险防范措施。目前我国金融机构资产质量严重下降，金融风险有增无减，尤其是中小金融机构的存款下降严重，出现了向四大国有商业银行集中的现象，一旦出现金融恐慌，后果不堪设想。因此，建立金融机构存款保险制度，谨慎处理有问题金融机构的破产倒闭，提高人们对金融机构的信心，是维持金融机构流动性和正常运转，扩大信贷和投资的重要保障。

四是调整信贷结构，扩大信贷范围，解决这一问题的主要方法有两方面：一方面要确定新的消费热点，引导居民扩大消费需求；另一方面要确定正确的投资方向和投资重点，加大信贷支持力度。从目前来看，既要有重点地支持国家基础设施项目的建设和高新技术产业的发展，又要根据新的消费热点扩大消费信贷；既要继续增加对国有企业的贷款投入，以支持国有企业改革转制，又要加大对非国有经济的贷款扶持。

五是定期和及时地向社会披露财政货币政策信息，公布规范的金融统计数据，提高政策透明度，主动引导和影响公众对经济走势的预期。

本 章 小 结

1. 在金属货币与信用货币流通条件下，人们对货币需求的动机与数量的要求是不同的。因此，要研究与货币需求相对应的货币供应问题。货币需求与货币供应的变动事关一个国家的整个经济的健康运行，因此，货币供应理论成为整个货币理论的重要组成部分，也是中央银行制定货币政策的重要依据。

2. 在经济生活中的货币流通是一条不断流动的货币长河，它有主流、支流纵横交错，相互贯通，构成了众多货币流通渠道。货币流通是由商品流通决定的，流通中需要的货币量与实际进入流通的商品量密切相关。因此，就出现了在不同货币（金币或纸币）流通条件下，如何适应、驾驭货币流通规律的问题。

3. 货币流通规律是客观的，不依人们意志为转移。在经济开放的条件下，由于对外经济因素的加入，货币流通中实际的数量往往会有所改变，因此便会有通货膨胀或通货紧缩产生。

复习思考题

概念题

货币需求 货币供应 货币均衡 货币流通规律 纸币流通规律 通货膨胀 通货紧缩

思考题

1. 试述金币流通规律、纸币流通规律和货币流通规律的关系。
2. 通货膨胀造成的原因是什么？如何治理？
3. 通货紧缩的成因是什么？如何治理？

信 用 篇

第4章
信用基础理论

信用是现代市场经济的基础、纽带和灵魂。在一个发达的商品交换社会中，一切经济活动的开展都离不开信用，信用已成为现代市场经济的一个基本构成要素。因此，可以说，在现代市场经济条件下，人无信不立，企业无信不长，社会无信不稳，国家无信不兴。

通过本章的学习，要了解信用的基本概念；掌握信用的特征、本质；了解信用是如何产生的，掌握信用发展的三种形态；理解信用在现代经济生活中的双重作用；了解各种信用形式的含义，掌握各种信用形式的特点；了解商业信用的局限性及银行信用为何不能取代商业信用；了解国家信用、国际信用、消费信用、民间信用的作用；掌握相关的信用工具。

4.1 信用的含义及其本质

4.1.1 信用的含义

"信用"一词，在汉语中有两种含义：一是信任使用。我国古籍中，有"其君能下人，必能信用其民矣"[①] 的话；二是遵守诺言，实践成约，从而取得他人的信任，"与朋友交而不信乎？"（《论语·学而》）。在古代西方，与汉语"信用"一词相对应的词汇是"credit"。

在现代经济社会，"信用"仍然沿用着英文"credit"，但其含义明显属于典型的经济范畴。

对于信用的含义，可简要概括为：信用是一种借贷行为，是不同所有者之间建立在信任基础上的以偿还本金和支付利息为条件的价值单方面让渡，是一种债权债务关系。

4.1.2 信用的本质

信用的本质就是一种债权债务关系。这体现在以下几个方面。

（1）信用不是一般的借贷行为，而是有条件的借贷行为。对于信用，马克思指出："这

---

① 朱伯崑. 先秦论理学概论 [M]. 北京：北京大学出版社，1984.

个运动——以偿还为条件的付出——一般地说就是贷和借的活动。"这说明，人们互相不计息的借贷行为和借贷关系不是信用和信用关系。只有有条件的借贷行为即必须偿还和支付利息，才是信用。现实生活中有时也有无利息的借贷，但这是由于政治目的或某种经济目的而采取的免除利息的优惠，是一般中的特殊。西方不少国家的银行对企业的活期存款也往往不付利息，但存款者可以享受银行的有关服务和取得贷款的某些权利，所以实际上还是有利息的。

（2）信用是价值运动的特殊形式。价值运动是通过一系列的借贷、偿还、支付过程实现的。贷出的货币或商品的所有权并没有转移，只是让渡使用权。借贷行为发生时，并没有进行对等的交换；而只是价值单方面的转移。借方一定时期后必须还本付息，贷方得到了价值增值。

（3）信用是一种债权债务关系。借贷行为发生后，借方是债务人，有付款的法定义务；贷方是债权人，有要求付款的权利。所以借贷关系反映债权债务关系，信用关系是债权债务关系的统一。

（4）信用以收益最大化为目标。[①] 信用关系赖以存在的借贷行为是借贷双方追求收益最大化或成本最小化的结果。从借贷关系双方来看，授信人将闲置资金或商品贷出，是为获取闲置资金或商品的最大收益，避免资本闲置造成的浪费；受信人借入所需资金或商品同样是为了扩大经营或避免资金不足带来的经营中断，从而获取最大收益。

4.2　信用的特征与作用

信用是一种以偿还和付息为条件的价值单方面的运动。信用的基本特征包括借出、偿还、期限和利息4个方面，因此通常将信用的基本特征简单概括为还本付息，即以收回为条件的贷出，或以归还为义务的借入。贷者之所以贷出，是因为可以获得利息，借者之所以可以借入，是因为承担了付息的义务。

4.2.1　信用的特征

对借贷双方来说，信用是与使用权转移相伴的付出与回报，是等价交换原则的体现。其特征可以归纳为以下几个方面。

（1）信用的标的是一种所有权与使用权相分离的资金。它的所有权掌握在信用提供者手中，信用的接受者只具有使用权，信用关系结束时，其所有权和使用权才统一在原信用提供者手中。

（2）以还本付息为条件。信用资金的借贷不是无偿的，而是以还本付息为条件的。信用关系一旦建立，债务人将承担按期还本付息的义务，债权人将拥有按期收回本息的权利。而且利息的多寡与本金额大小及信用期限的长短紧密相关，一般来讲，本金越大，信用期限越长，需要支付的利息越多。

（3）以相互信任为基础。信用是以授信人对受信人偿债能力的信心而成立的，借贷双

---

① 以政府为主体的国家信用除外。政府的目标比个人、企业的目标更复杂，经济上的收益往往不是其最重要的目标。

方的相互信任构成信用关系的基础。如果相互不信任或出现信任危机，信用关系是不可能发生的，即使发生了，也不可能长久持续下去。

（4）以收益最大化为目标。信用关系赖以存在的借贷行为是借贷双方追求收益（利润）最大化或成本最小化的结果。不论是实物借贷还是货币借贷，债权人将闲置资金（实物）借出，都是为了获取闲置资金（实物）的最大收益，避免资源闲置所造成的浪费；债务人借入所需资金或实物同样为了追求最大收益（效用），避免资金不足所带来的生产中断。

（5）信用具有特殊的运动形式。

产业资金的运动形式是：
$$G—W\begin{cases} A \text{-----} P \text{-----} W'—G' \\ P_m \end{cases}$$

在上述公式中，G 表示货币，W 表示商品，A 表示劳动力，P_m 表示生产资料，P 表示生产过程，G' 表示增值了的货币，W' 表示包含有剩余价值的商品，虚线表示流通过程的中断。

商业资金的运动形式是 $G—W—G'$，而借贷资金的运动形式则是 $G—G'$。从表面上看，信贷资金的运动只表现为一种简单的"钱生钱"的过程，但这只是一种表面现象。信贷资金从来没有单独的运动，而总是以产业资金运动和商业资金运动为基础而运动的，它有两重付出和两重回流，即：
$$G—G—W \text{-----} P \text{-----} W'—G'—G'$$

4.2.2　信用的作用

随着商品经济的发展，信用在经济运行中所发挥的作用越来越大，已经成为经济生活中不可缺少的部分。信用在商品经济中所发挥的作用，既有积极作用，也有消极作用。

1. 积极作用

（1）合理配置资源。

市场经济体制要求社会资源得到最充分有效的合理配置，信用是配置资源，使其合理化的重要工具。信用配置资源不改变资源的所有权，而是利用资源所有权和使用权相分离的特点，通过有偿使用，改变对资源的实际占有权和使用权，改变资源的分配布局，以实现对社会资源的重新组合和合理运用。在经济运行中，任何一个时期社会都会存在三种经济主体：一是收大于支的盈余主体，有闲置资本增值的要求；二是收不抵支的赤字主体，为维持正常生活有举债的要求；三是收支基本相等的平衡主体。因此要使资源得到充分利用，解决不同经济利益主体之间的盈余与赤字的矛盾，就必须利用信用，通过利息使资本有偿使用，将盈余单位的资金转移给赤字单位使用，通过银行信用和金融市场等手段调剂资金余缺，使资源得到合理配置。

（2）实现储蓄向投资的转移。

资本存量的增长和技术进步是经济增长的两个主要源泉，要维持稳定持续的经济增长，必须使资本存量不断增加。要使资本存量增加就离不开储蓄，但如果储蓄起来的资金没有用于生产产品以增加资本存量，则资源还是可能被闲置或浪费。因此必须进行投资，把储蓄起来的货币或产品转变为资本积累。在储蓄转化为投资的过程中，信用成为促进经济发展、推动资金积累的有利杠杆。信用一方面可以使分散的小额资金集聚成为巨额资金，满足现代化大生产的需要；另一方面可以使社会上的闲置资金转化为经营资金，充分发挥资金的使用效益。此外，信用还可以通过利率机制使资金从低效益部门流向高效益部门，使有限的资本发挥更大的作用。

（3）提高消费总效用。

不同的家庭对现在的消费与将来的消费可能有不同的要求，每个家庭都必须根据收入的多少，合理地安排消费。一些家庭可能对现在的消费要求很高，甚至愿意牺牲大量的未来消费来满足现在的多消费，结果使现在的消费超过当期的收入。另一些家庭可能刚好相反，他们宁愿现在节俭度日，以备将来消费之需。对于结余型家庭和赤字型家庭来说，他们对现在消费和将来消费的估价不同，利用信用关系，就可以把现时消费和未来的消费相交换，结余家庭可以把他们本期的储蓄转交给赤字型家庭，待到一定期限，后者把资金归还给前者，并用利息作为补偿，使双方都感到满意。在这个过程中，信用使这两类家庭把他们的消费按时间先后作了最恰当的安排，既满足了消费需求，又有助于消费结构的合理化，从而提高了消费的总效用。

（4）创造流通工具和节省流通费用。

随着商品经济的发展，现代信用制度使债权债务的清算采取不动用现金的转账结算方式成为可能，既迅速方便，又大大节省使用现金的各种消耗。在转账结算基础上发展起来的期票、汇票、支票等信用工具代替了货币执行流通媒介和支付手段的功能，从而大大地节约了印制、运送、保管货币现钞的费用，节约了交易和流通成本，提高了商品交换效率。此外，信用还加快了商品的周转速度，加速实现商品价值，减少了商品保管和相关的各种费用。在经济高速发展的今天，生产规模的扩大，商品范围的国际化，而各国又多采用外汇管制，不愿输出现金，因此票据的流通范围更加广泛，同时因为现金输送少，盗贼的掠劫、水火的损坏，均可避免，提高了资金的安全性。随着货币信用化的加深，信用工具不再只是货币的补充，而已经与货币融为一体。货币信用化，信用工具货币化已经成为这个时代的金融特征。

（5）调节国民经济运行。

在现代发达的商品经济条件下，信用既可以调节国民经济的总量，又可以调节国民经济的结构，成为调节国民经济的杠杆。当经济繁荣时，资金需求旺盛，供不应求，市场利率上升，从而自动抑制信用规模，调节了过热的投资；当经济萧条时，资金供过于求，市场利率下降，吸引了投资，刺激了需求，经济复苏。通过对信贷规模和货币供应量的调节，使货币供应量与需求量相一致，以促进货币均衡和经济均衡。信用作为分配资金的形式，通过各种信用方式来满足整个社会再生产所需的资金，保证再生产的顺利进行。此外，通过信用再分配的作用，可以促进社会再生产的进一步发展，如通过再分配就可以使那些资金不足但前景广阔的企业得以发展。信用的这种再分配的作用已经成为企业的资金来源和提高资金使用效益的重要途径。

2. 消极作用

信用在促进商品货币经济高速发展的同时，也在一定程度上加深了商品经济的各种矛盾，使经济危机的可能性增大。

首先，信用增大了商品经济中生产过剩的可能性及程度。信用调动了经济生活中所有的闲置资本和货币收入，使其得到了充分的利用，使生产规模达到了最大限度的扩大。通过借贷，企业可以不受自身资本的限制，很容易导致生产的盲目扩大。企业间的赊销活动和居民的消费信贷，表面上看来经济活动频繁，需求增长，企业生产扩大，但实际上容易造成市场和生产的虚假繁荣，使生产和消费、供给和需求脱节。其次，由于利益的驱使，使资本容易投向利润率比较高的部门，造成那些部门的生产过度膨胀，破坏了原有的比例关系，加重经济各部门间的不平衡。最后，信用在一定程度上刺激了投机。在金融市场和商品市场上，投机者往往利用信用融资的机会进行投机操作，扰乱了经济秩序。

综上所述，信用在现代商品经济中的作用具有双重性，需要不断完善社会的经济管理制度，对信用兴利除弊，发挥信用的积极作用，减少和克服信用自发作用的种种弊端。

4.3　信用的形式

信用作为一种借贷行为，通过一定的形式对经济活动产生影响。在复杂的经济活动中，由于借贷当事人不同，借贷的目的和用途不同，信用的具体形式也不相同。按照不同的划分标准，信用形式种类繁多。如以期限为标准，有长期信用和短期信用；以地域为标准，有国内信用和国际信用；以信用主体为标准，主要有商业信用、银行信用、国家信用、消费信用、民间信用等。以下将重点介绍常见的几种信用形式。

4.3.1　商业信用

1. 商业信用的概念

商业信用是工商企业间相互提供的，与商品交易直接联系在一起的信用形式。商业信用的表现形式很多，如赊销商品、委托代销、分期付款、预付定金等。归纳起来可以分成商品赊销和贷款预付两大类。

商业信用是整个信用制度的基础和最基本的信用形式。商业信用早在简单商品生产条件下就已经存在，只是随着社会分工的进一步发展、社会化大生产的深入才有了更为广泛的发展。在小商品经济条件下，为解决暂时的商品生产和流通中出现的不协调，商业信用只是个别、零星的社会经济现象。在现代市场经济条件下，为了使社会再生产顺利进行，商业信用得到更广泛的发展，成为普通、大量的社会经济现象，无论在各国国内交易中还是国际贸易中都广泛存在。

2. 商业信用的局限性

商业信用的存在是社会再生产过程顺利进行的客观要求，在调剂企业间资金余缺方面发挥着重要的作用，但这种与商品买卖紧密联系在一起的信用形式，由于自身的种种特点，又存在一定的局限性。

（1）规模和数量上的限制。

因为商业信用存在于企业之间，因此其规模要受到企业所掌握的资本数量的限制，以产业资本的规模为度，他们只能对现有资本进行再分配，而不能在现有资本总额之外获得新的补充资本，因此，其最高限度是全社会工商企业现有的资本总额。但是，在绝大多数情况下，一个企业决不会将全部商品资本都用于提供商业信用，因此商业信用在规模和数量上受到了较大的限制。

（2）提供信用方向上的限制。

商业信用的客体是商品资本，因此商业信用要受到商品流转方向的限制，这种信用只能由商品的生产者提供给商品的需求者，而不能相反。一般来说，是上游企业向下游企业提供信用，例如，面粉厂可向面包厂提供信用，但反之却不行，面包厂不能提供信用给面粉厂，因为面粉厂的生产不以面包为材料。诸如此类，许多企业很难从这种信用形式中得到支持。

（3）使用范围和期限上的限制。

商业信用的使用范围受企业信用能力的制约，在有商品交易关系的企业之间，如果买方企业的债务不能被卖方企业所信任和接受，其资信状况受到质疑，那么商业信用就很难成立；并且企业暂时闲置的资金时间很短，如不能尽快收回资金，就会影响产业资本的正常循环周转。因此，商业信用只能是短期信用。

3. 商业信用工具

商业信用工具是商业票据，它是载明债务人按期无条件支付一定款项给债权人的信用凭证，具有法律效力。市场经济较完善的国家，都颁布有票据法，以保护商业信用中有关当事人的利益。商业信用主要依靠商业票据，包括汇票、本票，建立信用关系。

汇票是债权人向债务人签发的、命令债务人在约定期限支付一定款项给指定的收款人或持票人的支付命令书。由于汇票的出票人不是付款人，为了保障债权债务双方当事人的正当利益，汇票必须在债务人认可后才能生效。由债务人（或付款人）在汇票上签字盖章承认付款的手续和过程，称为承兑。

本票也称期票，是债务人向债权人签发的，承诺在约定期限支付一定款项给债权人的付款保证书。因为期票是由债务人主动向债权人签发的，所以无须办理承兑手续即能生效。

商业票据在到期前经背书后，可以转让，也可以通过贴现转让给银行，以取得货币资金。

4.3.2　银行信用

由于商业信用的种种局限性，无法满足社会再生产的需要，于是当经济发展到一定程度时，一种以全社会资金为后盾的信用形式——银行信用应运而生。

银行信用有广义与狭义之分。广义的银行信用是指银行及其他金融机构以货币形式通过存、放款等业务方式与企业单位等方面发生的信用行为。狭义的银行信用是指银行提供的信用。在银行信用中，银行等金融机构是信用活动的中间环节，起着媒介的作用，这种信用形式的债权债务关系中，一方是银行等金融机构，另一方是企业、单位和个人，双方交替充当着债权人和债务人。从筹集资金角度看，银行等金融机构是债务人，企业、单位、个人是债权人；从贷放资金角度看，银行等金融机构是债权人，企业、单位、个人是债务人。

1. 银行信用的特点

（1）银行信用是一种间接信用。

银行信用的借贷双方，债权人是银行和非银行金融机构，债务人是企业和个人，银行等金融机构是中介人，他们集中筹集资金以货币形式提供信用，而且这些货币资金不是处于产业资本循环过程中的，而是从产业资本循环过程中游离出来的货币资本和各阶层用作储蓄的货币收入。因此，银行和其他金融机构可以把货币资金提供给任何需要的企业和部门，不仅可以把上游企业的闲置资金贷给下游企业，也可以把下游企业的闲置资金贷给上游企业，克服了商业信用在方向上的限制。

（2）银行具有创造信用的功能。

银行信用规模巨大，其规模不受金融机构自有资本的制约，突破了其他经济实体只有先获得货币资本或商品资本才能提供信用的限制，它不仅可以根据其资金来源安排资金运用，还可以创造货币供应量，直接创造资金来源，以满足需要。

（3）银行信用的动态与产业周期及产业资本的周转动态往往是不一致的。

因为银行信用贷出的货币资本是处于个别资本的循环周转以外的独立的借贷资本。生产繁荣阶段，银行信用并不一定扩张或不一定同程度扩张，萧条时期和危机时期也都如此，银行信用都与产业资本的动态不尽相同。

（4）银行信用具有广泛的接受性。

相对于企业而言，银行等金融机构更普及并且拥有雄厚的资金实力，同时银行及其他金融机构作为专业的信用机构，具有较强的专业能力和识别、防范风险的能力，因此拥有更好的信誉，它的债务凭证具有最广泛的接受性，被视为货币，充当流通手段和支付手段，比商业票据具有更大的流通空间，所以较企业而言更值得信赖。其信用数量相当大，成为主要的信用形式，而且是其他信用形式赖以正常运行的支柱。

2. 银行信用工具

（1）银行券。

银行券是在商业票据流通的基础上产生的，用以替代商业票据的银行票据。由于商业票据的局限性，持票人支付现款时需要向银行办理贴现，随着商品经济的发展对信贷需求的扩大，商业银行所吸收的客户存款往往不能满足企业的贴现需要，于是便凭其信誉发行银行券以取代商业票据。对于收款人来说，银行券可视同现款。马克思说："银行券无非是向银行家开出的，持票人随时可以兑现的，由银行家用来代替私人汇票的一种汇票。"①

（2）支票。

支票是出票人向其开户行签发的，在见票时无条件从其存款中支付确定的金额给收款人或持票人的票据。支票的基本当事人有三个：出票人、付款人和收款人。支票的种类很多，按出票人不同，可分为公司支票和个人支票；按是否指明收款人，可分为记名支票和不记名支票；按支付形式，可分为现金支票和转账支票等。

（3）银行汇票和本票。

银行汇票是由银行签发，收款人借以向指定银行兑取款项的汇款凭证。具体而言，就是付款人将款项交给银行，由承兑银行向收款人所在地银行发出的向收款人支付一定金额款项的凭证。银行本票是由银行签发，并由该银行付款的票据。

3. 商业信用与银行信用的关系

商业信用先于银行信用产生，银行信用是在商业信用发展到一定水平的基础上产生和发展的，它克服了商业信用的种种局限。在现代经济中，绝大部分商业票据都是向银行贴现或用以取得抵押贷款，银行信用以其特有的优势成为主导的信用形式，然而它并不能完全取代商业信用。

首先，商业信用是一种直接融资形式（如商业票据的发行），是解决买方企业流通手段不足的最便利的方式。商业信用直接与商品生产和流通相联系，直接为产业资本的循环周转

---

① 中央编译局. 马克思恩格斯全集：第 25 卷. 北京：人民出版社，1974.

服务，在有着密切联系的企业之间，它相对于银行信用来说更为直接、更为方便，是企业优先采用的信用形式。所以，在企业的购销过程中，能通过商业信用融通资金时，则不会求助于银行信用。同时，由于资金供求双方直接形成债权债务关系，债权方会十分关心债务方的经营活动，债务人直接面对债权人监督的压力下，会加强经营管理，促进资金使用效益的提高。因此商业信用既可以作为银行信用的有力补充，在银行信用渗透不到的领域，为商品流通提供媒介手段；同时又可以加强企业间的横向联系。

其次，单一的银行信用不利于经济的发展，会助长落后的资金供给制。在我国曾出现过信用集中的过程，所有信用都集中于银行，并规定企业只准和一家银行发生信用关系，这样的目的是把资源的分配权完全掌握在国家手中，是计划经济的产物。这种模式在特定的历史条件下有一定的积极作用，但是这种体制不利于银行效率的提高，不能满足社会各方面的需要，极大限制了银行作用的发挥。因为单一的信用形式必须对应着单一的金融资产，而单一的金融资产难以满足储蓄者不同的资金需要，其筹资能力是有限的。因此，如果资金融通的社会化程度没有达到高度集中的要求，那么过于集中的银行信用则可能是缺乏效率的。

信用的集中，特别是集中于银行，是信用制度发展到一定阶段的必然趋势，但商业信用仍在其适当的领域内发挥着积极作用，在实际生活中，商业信用与银行信用相辅相成、共同发展，银行信用不仅没有取代商业信用，还以承兑、贴现、提高利率、增设二级市场等方式支持各种信用形式的发展，使信用制度进一步完善。

4.3.3 国家信用

国家信用又称政府信用、财政信用、公共信用，是指以国家政府为主体所形成的信用，是一种由信用分配转化为财政分配的特殊信用形式。在现代社会，国家信用已不可缺少。它包括国家以债务人身份取得信用和以债权人身份提供信用两个方面，即国家筹资信用和国家投资信用，前者的主要形式有发行政府债券、向银行借款和透支等，后者主要有财政基本建设投资的拨改贷、财政周转金、援外贷款等形式。在现代社会中，国家信用主要是指国家筹资信用，即国家的负债。

1. 国家信用的特点

（1）国家信用主体是国家，而不是企业或居民。

（2）国家信用的目的是弥补财政赤字和筹措重点建设项目资金，具有"取之于民，用之于民"的性质。

（3）国家信用的安全性较强，风险较小，相应的收益率较低。国债的还本付息属于政府预算支出的常规项目，除非国家政局有重大变动，按期还本付息是有保障的。

（4）国家信用是带有一定程度的强制性的信用，尤其在政权不够稳定的情况下越发凸显这种强制性，因此国家信用常常可以动员到银行信用难以筹集的资金。

（5）国家信用的利息由纳税人负担，这与其他信用形式利息由借款人支付大不相同。

（6）国家债券的流动性较强，因此有较强的交易性能。由于国家债券的信誉高，在金融市场上是优良的交易对象，广受欢迎，交易量也最大。

2. 国家信用的形式

国家信用的基本形式是发行政府债券。在西方国家，政府债券主要有两类：一类是公债，这是一种中长期债券，期限在一年以上，这是国家信用的主要形式，其发行目的多种多样，主要目的是弥补财政赤字和支持国家重点建设；另一类是国库券，这是一种短期债券，期限在一年以内，所筹资金的主要用途是解决财政年度内先支后收的资金需要。在我国，公债和国库券没有严格区别。政府发行的债券，都以国库券为名，期限有短期也有中长期。另外，还有专项债券，即政府特为某个项目或工程发行的债券。在国家发行了以上三项债券仍不能弥补财政赤字时，余下的赤字即可向银行透支和借款，透支一般是临时性的，有的在年度内偿还，而借款一般期限较长。目前，资本主义国家的中央银行只向本国政府提供短期借款，并且规定了政府在一定时期内能从中央银行获得短期贷款的最高限额。我国银行法不允许财政向银行透支和借款，以弥补赤字。

3. 国家信用的作用

首先，国家信用是调节经济的重要手段，是实现宏观调控的重要杠杆。国家通过发行债券，引导社会资金的流向，促进国民经济结构更加合理化；国家通过发行债券，用以执行经济政策，包括货币政策和财政政策，如中央银行通过公开市场业务，即在金融市场上买卖政府债券来调节货币流通；利用国家信用在总量上调节总需求，从而达到调节经济的目的。当经济出现衰退的征兆时，私人投资常常裹足不前，经济增长因有效需求不足而萎缩，这时通过国家信用筹集资金，增加政府的消费和投资支出，可以对经济起扩充作用。反之，如果流通中货币过多，财政可通过发行公债并将吸收的货币暂时储存起来，对过热的经济起抑制作用。

其次，国家信用是弥补财政赤字、调节财政收支不平衡的重要手段。一旦政府的收支出现不平衡，尤其是出现赤字时，政府通过国家信用，可以为财政筹集巨资，从而支持国家建设。

最后，国家信用是促进整个国民经济长期持续、稳定、协调发展的重要手段。利用国家信用，进行重点基础建设，如修筑道路和水利工程、发展教科事业等，这是银行信用投资功能所无法实现的，因为银行贷款更多地考虑投资项目的微观效益和借款人的偿还能力；而国家信用所进行的投资更多地侧重于项目的宏观经济效益和社会效益，对经济的可持续发展起到重要的作用。

4.3.4　国际信用

国际信用是各国官方（政府）、非官方（企业、银行）之间相互提供的信用，还包括国际金融机构提供的信用，是适应市场经济发展、国际贸易扩大及经济全球化的需要而产生和发展的，是国际经济关系的重要组成部分，并对国际经济贸易关系有着重要的影响。国际信用实际上是一国中已存在的商业信用、银行信用、国家信用等扩展到世界范围所形成的。

1. 国际间政府信用

国际间政府信用主要指一国政府向他国政府提供的具有援助性质的贷款。这种贷款的条件一般比较优惠：利率低（或无息）、期限长（可达20～30年，有的还有宽限期）。但这种贷款的政治性较强，附加条件较多，常常规定贷款用途，如只能从贷款国进口商品或引进技术等。由于利率低、期限长、款项大，比较适用于借款国进行长期性、投资量大的基本建设项目，如能源开发、铁路和港口建设等。此外，在国际金融市场上流通政府债券也属于国际间政府信用。

2. 国际银行信用

（1）出口信贷。

出口信贷是国际贸易中的一种中长期贷款形式，是一国政府为了增强出口商品竞争能力，支持本国商品出口，对由本国进出口银行提供给本国出口商或外国进口商或进口国银行的低利率贷款给予利息补贴，并且其信用风险由出口国官方或半官方信贷保险机构承担。其特点是：必须用贷款购买出口国商品；贷款利率低于国际金融市场利率；贷款期一般5～8年，属于中长期贷款；贷款金额一般只占合同金额的80%～85%，其余15%～20%要求进口商付现汇。

出口信贷根据补贴和贷款的对象不同，分为以下几种形式。

① 卖方信贷：出口国的商业银行或外资银行对出口商提供的中长期信贷。因此，出口商在报价时，除机器设备本身价款外，还要把其支付给银行的利息、保险费及汇价风险等都计算在货价内。

② 买方信贷：出口国银行直接向进口商或进口商往来银行或进口国的政府部门发放贷款，并指定贷款用于购买发放贷款国的商品。如果向进口商提供贷款，通常需要进口商银行提供担保。

③ 福费廷：在延期付款大型设备贸易中，出口商把经进口商承兑的期限在半年以上到五六年的远期汇票，无追索权地授予出口商所在地的银行，提前取得现款的一种资金融通形式。

④ 信用安排限额：出口商所在地的银行为了扩大本国一般消费品出口，给予进口商所在地的银行以中期融资的便利，并与进口商所在地的银行配合，组织较小金额业务的成交。

⑤ 混合信贷：多种信用方式混合使用的一种资金融通形式。

(2) 国际银行贷款。

国际银行贷款即由一国借款人向另一国家的银行直接借款。国际银行贷款是国际投资中普遍运用的一种方式，它的优点在于借款人可以不受限制地使用贷款，方式灵活，手续也很简便。但它也有缺点，如利率较高、不能享受出口信贷的优惠利率等。对于金额大、期限长（期限一般为5～10年，金额一般为1亿～5亿美元）的贷款，为了分散风险，一般要组织银团贷款，其利率为浮动利率，即以伦敦银行同业拆放利率（London Inter-Bank offered rate，LIBOR）为基础，再加上一定的加息率。

(3) 国际银行间贷款。

国际银行间贷款是两国银行间贷款，有两种主要方式：一年以下的银行同业拆借、双边贷款。

(4) 市场信贷。

市场信贷是由国外的一家银行或几家银行组成的银团代理进出口企业或银行在国际金融市场上通过发行中长期债券或大额定期存单来筹措资金的信用方式。随着国际金融市场的一体化，这种方式越来越普遍。

3. 国际金融机构信用

国际金融机构信用指联合国所属的国际金融机构和区域性开发银行对其成员国提供的信贷。主要包括：国际货币基金组织、世界银行、国际开发协会、国际金融公司、亚洲开发银行等。这些国际金融机构按各自的宗旨，对成员国提供各种有特定用途的贷款。其特点是：信贷条件优惠，贷款对象必须是其成员国，并承担一定的义务，如认缴一定的份额。例如，国际货币基金组织的贷款主要有：用于解决会员国一般国际收支逆差的短期资金需要的普通贷款，用于解决会员国国际收支困难的中长期资金需要的中期贷款，用于解决发展中国家的初级产品因市场价格下降而面临的国际收支不断扩大的出口波动补偿贷款及为支持发展中国家的经济发展而设立的信托基金贷款。世界银行的贷款主要有对成员国中的发展中国家提供的长期建设项目开发贷款等。

4. 国际租赁信用

国际租赁是一种跨国的、融资与融物相结合的筹资形式。根据融资方式可分为金融租赁和经营租赁。金融租赁是由租赁公司应用户要求购进设备，以分期付款方式出租给用户使用，租期期满后承租人可任意选择退租、续租或留租三种方式。经营租赁，也称使用租赁，是出租人将自己的设备和用品出租给承租人的租赁方式，租赁物件的所有权始终归出租方，不能转移，一般需多次出租才能收回全部设备投资。

国际信用的范围十分广泛，种类繁多，并且随着经济全球化和区域集团化发展，国际信用关系无论在深度和广度上都将进一步发展，其形式也将越来越多。

4.3.5 消费信用

消费信用是工商企业、银行或其他金融机构以商品、货币和劳务的形式向消费者提供的信用，用以满足其消费支出的货币需求，这是一种暂不付款，凭信用获得商品和劳务的信用方式。这种信用形式与商业信用和银行信用无本质区别，只是提供信用的对象和债务人不同。消费信用的存在是社会生产力的发展和人们消费结构变化的客观要求。随着人们生活水平的不断提高，人们的消费需求逐渐从对低层次的消费品（吃、穿等）上升到对耐用消费品、房屋等的需求。而此类高档消费品的价格是普通家庭无法一次性支付的，这时消费信用便给这种消费（即超前消费），提供了可能性。

1. 消费信用的主要形式

消费信用主要有三种形式：分期付款、消费贷款和信用卡形式，其中分期付款属于商业信用，消费贷款属于银行信用，而信用卡形式则既包含商业信用又包含银行信用。

（1）分期付款。

分期付款是最常见的、运用较为广泛的消费信用形式，多用于购买高档耐用消费品，如汽车、房屋等，属于中长期信用。其具体操作步骤为：买者先支付一部分（通常有规定的比率）货款，并与卖方签订分期付款合同；然后由卖方交付货物，但在货款付清前，消费品的所有权仍属于卖方；最后，买方按合同规定分期付清本息后，获得商品所有权。如美国一般规定，购买一部小汽车，第一次付款为总车款的 10%～20%，其余部分可按固定比例在 12～48 个月按月偿还。

（2）消费贷款。

一般属于中长期信用。按接受贷款对象划分，可分为买方信贷和卖方信贷：前者是对消费品的购买者所发放的贷款；而后者是指以分期付款单证作为抵押，由银行直接对销售企业发放的贷款。按是否需要抵押品又可划分为信用贷款和抵押贷款。前者是指不需提供任何抵押品，仅凭消费者的信誉所发放的贷款；而后者是指由消费者以赊购的商品或固定资产、金融资产等财产作抵押发放的贷款。

（3）信用卡。

信用卡业务目前在国内发展迅速，它是银行或其他金融机构发给信用合格者使用的，持卡的消费者可在约定企业购买商品，支付劳务，定期由银行同消费者和企业结算清偿。它是一种供顾客赊购的凭证，上面印有持卡人的姓名、签名等。根据消费者的个人信用能力还可以向发卡银行或其代理行透支不等的小额现金。各类企业或银行每天营业终了时向发卡机构索偿款项，发卡机构与持卡人定期结算。

2. 消费信用的作用

消费信用的积极作用是显而易见的，并主要表现在以下方面。

一是提高消费者消费水平和质量，加快人们生活水平的提高。消费信用可适当缓解消费者有限的购买力与对现代化生活需求的矛盾。在一般情况下，人们对耐用消费品的消费需较长时间的货币积累，甚至可能是几十年的时间；而引入消费信用后，人们可以先消费，再支付货款，或者说，人们可使用一部分未来的收入去消费当前尚无力购买的消费品，从而提高了人们的消费水平。另外，对耐用消费品的消费情况通常体现了人们生活水平的高低。

二是调整消费结构，引导消费结构合理化。从宏观经济的角度看，消费结构和生产结构有一个相互适应的过程，通过利用消费信用，可以调节消费结构，即各种消费支出占消费支出总额的比重，引导消费结构朝着适应生产结构的方向发展，并且适当地运用优惠政策也可起到间接优化生产结构的作用。

三是促进商品的生产和销售，进而促进经济增长。由于消费信用的存在，消费者可以在取得货币收入以前提前购买消费品，这样就暂时人为地扩大了一定时期内商品劳务的总需求规模，从而在一定程度上刺激了生产的发展。另外，消费信用加速了消费品的价值实现，从而可以加速资金周转和促进再生产的发展。

四是消费信用对于促进新技术的运用、新产品的推销及产品的更新换代等，也具有一定的作用。

消费信用除具有上述积极作用外，如果其发展过快，会对经济发展产生消极作用。如在繁荣时期，消费信用方式使得商品销量扩大。而到了萧条时期，一方面，借贷双方都减少这种借贷数额，使商品销售更加困难，导致经济更加恶化；另一方面，消费信用难以收回，加剧信用授予者的支付困难和支付危机，引发债务危机。另外，消费信用并没有从根本上解决生产与消费的矛盾，只是把问题掩盖起来，结果可能加深供求脱节的矛盾，助长信用膨胀，形成市场的虚假繁荣。如果消费需求过高，生产扩张能力有限，消费信用则会加剧市场供求紧张状态，促使物价上涨，形成虚假的繁荣，引发需求拉动型通货膨胀，增加经济的不稳定。因而对消费信用的运用，应做适当地控制和管理，使其能更好地为经济发展服务。

4.3.6 民间信用

民间信用，也称个人信用，是指个人之间以货币或实物相互提供的信用。其存在的经济基础是个体经济和多种经营方式的存在。

民间信用历史悠久，是世界上最早出现的信用形式，它存在于奴隶社会以来的各个历史阶段。民间信用随着经济的不断发展也在不断地发展变化，尤其在农村，民间信用活动十分活跃，已成为商业信用和银行信用的重要补充。

1. 民间信用的特点

（1）民间信用的主体是独立从事商品生产经营活动的个体或组织和一般家庭个人消费者。

（2）民间信用多与生产和生活的急需资金相关，期限一般较短。

（3）民间信用的活动范围有限。因为民间信用是个人之间的货币借贷行为，不仅要受贷方经济实力的限制，也要受借方信誉能力的限制。

（4）民间信用的利率浮动很大，无明确的上下限。民间信用的利率以银行利率为指导，一般高于同期银行利率，这主要取决于资金的供求关系。

（5）民间信用一般具有自发、盲目、分散的特点，因此具有较大风险性。主要原因是信用程序难以规范，往往采用口头信用形式（口头承诺由于缺少确凿的债权债务关系证明，易发生纠纷），金融管理部门对其无法进行有效的管理，因而违约的情况较严重。

2. 民间信用的形式

民间信用在我国主要有 3 种形式。

（1）个人及个体经济之间的相互直接借贷，它包括居民之间由于各种急需而在资金上的互通有无。

（2）个人之间通过中介人担保进行货币借贷。中介人起着联络、征信、传递的作用，一般要收取一定的介绍费或手续费。

（3）有一定组织程序的货币合会。合会是一种有组织的注重以货币资金的时间价值为尺度的，体现差别的群体借贷。在一般情况下，会主（发起人）优先取得会金，而会脚（合会会员）则依顺序依次取得会金。

3. 民间信用的作用

民间信用在以下方面具有积极作用。

（1）有利于发展商品生产、动员社会闲散资金。随着商品经济发展和多种经济成分的出现，广大城乡经济、个体经济、私营经济等需要大量的资金，而相当一部分人因收入的大量增加或其他原因而积存大量的货币需要寻找出路。民间信用由于其具有面广、点多，能够广泛吸纳资金的优点而能满足这方面的需求。

（2）增加了社会融资渠道，弥补银行信用的不足，其较高的利率也能激励借款者努力提高经营效益。

（3）民间信用把竞争机制引入金融领域，有利于金融体制改革的深入。

但是，民间信用同时又具有自发性、盲目性和不稳定性，由此加大了国家宏观调控的难度，不利于国家稳定货币流通，发展生产；部分贷出者只重视本息的归还，不关心资金的用途，致使资金可能被用作不正当活动，更有不法分子利用群众的无知，聚敛了大量钱财，去做投机倒把生意，或者肆意挥霍，或者携款潜逃，给群众造成损失，影响社会安定。因此，需要国家银行加以业务引导和监督，趋利避害，防止出现高利贷等影响社会安定的不良因素，同时应大力发展各种形式的金融机构，以有组织的融资活动来代替这种落后的融资形式。

4.4　信用工具

在现代信用经济活动中，信用工具作为信用形式的重要载体，有力地促进了国民经济的发展。信用工具是在发达的商品经济条件下，随着信用关系的发展以及货币支付手段职能作用的发挥而产生和发展的。

4.4.1 信用工具概述

信用工具又称金融工具或融资工具，是指用来证明或载明债权债务关系或所有权益的具有法律效力的书面凭证。信用工具作为一种债权债务的法律契约，通常要载明债务人身份、债务金额、到期日期和偿还的利率等内容。信用工具经历了从口头承诺、立字为据、挂账到法律凭证的演进，在一定程度上解决了早期信用工具无风险约束的问题，同时，信用工具从最初仅仅作为支付手段和结算工具，不可以买卖转让，发展为可以在金融市场上流通转让的金融工具或金融产品，即金融市场上的交易对象，也正是因为信用工具的可流通性，解决了金融工具的流动性问题，促成了金融市场的发展，从而大大推动了现代股份信用制度的建立。

1. 信用工具的特征

随着货币信用经济的发展，信用工具的数量和种类也越来越多，它们各有自己的特点，但从整体上看，信用工具一般具有以下共同特征。

（1）偿还性。这是指信用工具的发行人或债务人按期归还全部本金和利息的特性，这是信用工具最基本的特征。各种信用工具（除股票和永久性债券外）一般都载明到期偿还的义务和期限，它是由债务人一方或债权人与债务人双方根据融资需要确定的，期限有长有短，各不相同。不同的偿还期体现着它的变现能力的大小，这对债权人与债务人具有不同的意义。不同期限的信用工具，能满足广大投资者的不同需求。而且对于信用工具的持有人来说，还可以通过买卖转让信用工具，把无期限转化为有期限，长期转化为短期，实现信用工具偿还期限的转换。

（2）流动性。这是指信用工具可以迅速变现而不致遭受损失的能力。凡能随时变现且不受损失的信用工具，其流动性大；凡不易随时变现，或变现中蒙受价格波动的损失，或在交易中要耗费较多的交易成本的信用工具，其流动性小。可见变现的速度和成本是衡量信用工具流动性的重要指标。一般地说，流动性与偿还期成反比，即偿还期越长流动性越差；流动性与债务人的信用能力成正比，即债务人的资信等级越高，流动性就越强。因此，中央银行发行的纸币和商业银行活期存款具有最充分的流动性，政府发行的国库券也具有较强的流动性。

（3）安全性。这是指投资于信用工具的本金安全收回的保障程度，或者说避免风险的程度。任何信用工具都存在程度不同的风险，主要有违约风险、市场风险、购买力风险及流动性风险等。违约风险又称信用风险，是指发行公司不按合同履约，或是公司破产等因素造成债券持有人蒙受本息方面损失的风险。市场风险是指由于市场利率变动，造成证券价格下跌的风险。购买力风险是指债券本金和利息收入所表示的实际购买力水平由于通货膨胀等因素造成下降的风险。流动性风险是指在市场上，债券不能以接近市场价值的价格迅速转让，而造成其流动性下降的风险。

（4）收益性。这是指投资于信用工具能定期或不定期地给投资者带来收益的能力。信用工具的收益主要有固定收益（债券、存单等）和不固定收益（股票）两种。收益的大小是通过收益率来反映的，收益率是净收益对本金的比率。不同的信用工具有不同的收益率，多种信用工具的存在有利于投资者对不同收益率的合理选择。

以上四个特征中，偿还性是最基本的特征，是信用工具的本质要求。要求实现信用工具的偿还性，就要正确处理好另外三个特征之间的关系。其中，流动性与收益性成反比，与安全性成正比，如短期国债，流动性较强，安全性也较高，但收益性较低。而信用工具的收益性与安全性往往成反比，如股票，收益性高，但安全性较低，是高风险高收益证券。因此，投资者选择购买什么样的信用工具，应根据自己的偏好权衡利弊，灵活选择。

2. 信用工具的分类

信用工具种类繁多，按不同标准进行分类，主要有以下几种。

（1）以信用工具的偿还期限为标准，可分为短期信用工具和长期信用工具，这是一种常用的分类方法。短期信用工具是指偿还期限在一年以内的信用凭证，在金融市场上又称为货币市场工具。长期信用工具是指偿还期限在一年以上的信用凭证，在金融市场上又称为资本市场工具。

（2）以信用工具发行者的性质为标准，可分为直接信用工具和间接信用工具。前者是指非金融机构，如工商企业、政府或个人为筹集资金直接在市场上发行的信用凭证，后者是指金融机构所发行或签发的信用凭证。

（3）以信用工具的付款方式为标准，可分为即期信用工具和远期信用工具。前者是指见票即付的信用凭证，后者是指规定一定期限付款的信用凭证。

（4）以信用工具运用目的为标准，可分为消费信用工具和投资信用工具。前者是指直接用于以消费为目的的信用凭证，后者是指直接用于以生产经营为目的的信用凭证。

随着金融创新不断发展，区别于传统的信用工具，但又依托于传统信用工具而形成的衍生信用工具得以快速发展。

4.4.2 常用的信用工具

信用形式的多元化发展，催生了大量复杂而繁多的信用工具。下面介绍几种最为基础、常用的一些短期与长期的信用工具。

1. 短期信用工具

短期信用工具属于在货币市场交易的主要品种，又称货币市场工具。其常见的类型可分为以下几种。

（1）国库券。

国库券是国家财政为了弥补财政收支差额或解决临时需要而发行的一种短期政府券。

在美国，期限为 3 个月、6 个月的国库券按周发行，9 个月和 1 年期的国库券按月发行。其最小票面金额为 1 万美元。一般由财政当局委托联邦储备银行承办，大多数采用公开招标方式发行。投标分为竞争性投标和非竞争性投标两种。竞争性投标是以投标者提出欲购国库券的价格和数量，成交时以财政部接受的全部竞争性投标者标明的价格，从高到低的顺序排列并加以分配，竞争性投标多为大公司和大银行参加。非竞争性投标是投标时只标明数量而不标明价格，成交时以财政部接受的竞争性投标价格的平均数作为成交价格，非竞争性投标多为小公司和小银行或个人参加。

（2）商业票据。

商业票据是商业信用的工具，它是在用信用买卖商品时证明债权债务关系的书面凭证，现在的商业票据已不仅限于在商业信用中使用，而是逐渐演变为一种在金融市场上筹措资金的工具。商业票据有商业本票和商业汇票两种。

商业本票又叫期票，是指债务人向债权人开出的，以发票人本人为付款人，承诺在一定期间内偿付欠款的支付保证书。票面上注明支付金额、还款期限和地点，其特点是见票即付，无须承兑。

商业汇票是由债权人发给债务人，命令他在一定时期内，向指定的收款人或持票人支付一定款项的支付命令书。它一般有三个当事人。一是出票人（即债权人），二是受票人或付款人（即债务人），三是收款人或持票人（即债权人或债权人的债权人）。由于商业汇票是由债权人发出的，所以必须经过票据的承兑手续才具有法律效力。承兑是指在票据到期前，由付款人在票据上做出表示承认付款的文字记载及签名的一种手续。承兑后，付款人就成了承兑人，在法律上承担到期付款的义务，同时，汇票即成为承兑汇票。在信用买卖中，由购货人（债务人）承兑的汇票，称商业承兑汇票，由银行受购货人委托承兑的汇票，称为银行承兑汇票。

（3）银行票据。

银行票据有银行本票和银行汇票两种。

银行本票是由银行签发，也由银行付款的票据，可以代替现金流通。银行本票按票面是否记载收款人姓名分为记名本票和不记名本票；按票面有无到期日分为定期本票和即期本票，除银行本票外，还有由邮局、公司和合作组织等所签发的本票，如旧中国钱庄签发的本票称为"庄票"。

银行汇票是银行开出的汇款凭证，它由银行发出，交由汇款人自带或由银行寄给异地收款人，凭此向指定银行兑取款项。

（4）大额可转让定期存单。

大额可转让定期存单（large-denomination negotiable certificate of deposit，简称 CDs）是银行发行的记载一定存款金额、期限、利率，并可以转让流通的定期存款凭证。它由普通的银行存单发展而来。这种存单是 20 世纪 60 年代以来金融环境变革的产物，当时，由于市场利率上升而美国商业银行受 Q 条例的存款利率上限制，不能支付较高的市场利率。各大公司财务主管为了增加临时闲散资金的利息收益，开始减少在商业银行的存款，投资于国库券、商业票据和其他较高利率的货币市场工具。针对存款资金来源的减少，美国花旗银行设计了具有其他货币市场工具类似特点的大额定期存单，吸收大公司，富裕个人和政府的闲散资金，并取得政府证券经销商的支持，为可转让大额定期存单提供二级交易市场。持有存单的投资者，在需要资金时，可以随时在市场上转让流通，以后英国、日本等国家的商业银行也先后开办了这种业务，而且发行额增加极快，甚至经常超过银行承兑票及商业票据的流通数额，成为货币市场中优良的信用工具。

大额可转让定期存单的主要特点是：① 期限短而且灵活。大部分存单期限在 1 年以内最短的只有 14 天，一般可分为 30 天、60 天、90 天、120 天、150 天、180 天、1 年等。② 面额较大。在美国最小面额为 10 万美元，而二级市场交易的存单面额通常为 100 万美元。③ 种类多样化，如美国有四种形式的存单：美国银行在美国境内发行的国内存单大，外国银行通过其美国分行发行的扬基存单，大的储蓄贷款机构和其他非银行储蓄机构发行的储蓄存单。④ 利率较一般存款利率略高，并且分为固定利率，存单和浮动利率存单。⑤ 不可以提前支取。但可以转让流通。

（5）信用证。

信用证是银行根据其存款客户的请求，对第三者发出的、授权第三者签发以银行或存款人为付款人的凭证。信用证包括商业信用证和旅行信用证两种。商业信用证是指在国际或国内贸易中，银行用来保证买方支付能力的一种凭证。客户申请开立信用证时，必须预先向开证银行缴纳一定的保证金。在国内商业中，购货商申请银行开发商业信用证后送交卖方，卖方可按信用证写明的条款向银行开发汇票收取货款。在国际贸易中，商业信用证是开证行有条件付款的凭证。从而确保受益大的安全收汇是国际贸易中的一种主要支付方式。

旅行信用证又称货币信用证，是银行为方便旅游者在国内外旅游时取款而发给客户据以支取现款的一种凭证。旅行者在出国前，将款项交存银行，由银行开出旅行信用证。在开证明，旅行者须在信用证上留下自己的印鉴或签字，当旅途中发生支付需求时，旅行者可凭信用证向指定的所在地银行取款。旅行者取款时所出具的收据上的印鉴和签字必须与信用证上留下的一致。

（6）信用卡。

信用卡是银行或专业公司对具有一定信用的顾客（消费者）所发行的一种赋予信用的证书。需要使用信用卡的消费者一般要向银行或经办公司提出申请，经审查合格后取得，是近年来较为常见的一种新的消费信贷业务。信用卡上有持卡人的姓名、签字及号码等。持卡人可在当地或外地指定的商店、公司、旅馆等处凭卡签字购置各种商品、车票、就餐、住宿等，也可以向发卡银行的分支行或代理行透支小额现金。那些与银行签有合约的商店、公司等商业部门凭持卡人签字的账单向银行收款，再由银行送持卡人核对，在规定的期限内付清，如到期未付清，发卡银行就按期计算欠款利息，直到持卡人全部付清欠款和利息为止。

（7）回购协议。

回购协议（repurchase agreement-repos）是指按照交易双方的协议，由卖方将一定数额证券临时性地售于买方，并承诺在日后将该证券如数买回；同时买方也承诺在日后将买入的证券售回给卖方。回购价格可以内含利息，从而买回价大于出售价，其差额就是回购利息；也可以与售价相等，但需另付利息。由于买方也有可能违约，为保证卖方的权益，卖方卖出证券时通常要求买方交存一定的保证金。也就是说，卖方出售证券实际获得的资金是证券价值减除保证金的差额。尽管回购协议涉及证券的买卖，但从性质上说，它相当于一笔以证券为抵押品的抵押贷款。

每一笔回购交易都是由一方的回购协议和另一方的反向回购协议组成。反向回购协议（reverse repurchases reverse repos）是从买方角度来看的同一笔回购协议交易，即买方按照协议向卖方买进证券，并承诺在日后将该证券以商定的价格卖回给卖方。

回购作为一种特殊的资金融通方式，有着重要作用。首先，对于中央银行来说，是贯彻宏观货币政策、调控货币供应量、实施公开市场操作的主要方式。例如，当中央银行发现各商业银行的存款准备金有大量剩余，就可以进行回购交易，出售其持有的政府证券给商业银行，从而吸引了过剩的存款准备金；反之，当中央银行发现各商业银行的存款准备金大量紧缺时，就可以利用反向回购协议，先买入金融机构持有政府证券，向商业银行提供大量的资金支持，从而缓解各商业银行存款准备金的紧缺状况。其次，利用回购协议来融通所需短期资金也是商业银行对外借款业务的一种重要方式。回购协议融资方式的期限灵活，短则 1 天，长可至几个月，通常是商业银行调整短期准备金头寸的工具，但有时也是商业银行取得长期贷款资金的一种方式。而且，有些国家不要求对政府证券担保的回购协议资金缴纳存款准备金，可以降低融资成本。

2. 长期信用工具

长期信用工具是指主要在资金市场交易的品种，又称资本市场工具，其包括两个主要种类：债券和股票。

1）债券

债券是债务人依照法定程序发行，承诺按约定的利率和日期支付利息，并在特定日期偿还本金的书面债务凭证。它反映了筹资者和投资者之间的债权债务关系，是有价证券的重要组成部分。由于债券的偿还具有明确的期限性，加之债券的发行人一般是政府或有关的公用事业单位、银行和信用较高的大企业，具有较高的安全性，同时利率一般高于储蓄存款利率，因而是一种受到普遍欢迎的主要证券品种之一。

根据发行单位不同，债券一般可分为政府债券、公司债券和金融债券。

政府债券是政府为筹集资金而发行的债务凭证。它又可以分为中央政府债券和地方政府债券。中央政府债券（government bonds），又称国债，是政府为了筹集预算资金而发行的债券，具有最高的信用度，几乎没有任何信用风险。然而债券名称和时间并不划一，以美国为例，美国联邦政府发行的主要债券就有：国库券（treasury bills），还本期限 1 年以内，一般为 3 个月，6 个月，9 个月和 12 个月，是美国政府发行的期限最短的一种债券，属于短期证券性质；国库兑换券（treasury notes），还本期限 1 至 5 年，属中期证券性质，其面额 1 000 美元或更多；国库债券（treasury bonds），还本期限在 5 年以上，属长期证券性质，其发行单位的最低面额也是 1 000 美元。

国库券起源于英国，1877 年，英国经济学家巴佐特（Walter Baghot）发明并首次在英国发行，满足于政府对短期资金的需求，之后在世界各国推广。国库券的风险小，流动性大，期限短，成为各国中央银行公开市场操作的对象。我国于 1981 年开始发行国库券，但与西方国库券期限上有很大的不同，主要是 2~5 年期的，属于中期证券性质。

地方政府债券（Municipal Bonds），又称市政债券，是由州、市、镇以及其他地方政府为兴办公共事业、市政建设和发展本地经济需要等筹集资金而发行的债券。其还本付息一般由政府担保，故信用也很高。我国浦东建设债券就属于这个类型。

公司债券又称企业债券，是公司为筹措资金而发行的债务凭证。主要用于长期投资和扩大生产规模。发行者多为一流的大公司。但其信用度与上述债券相比仍不够，因此风险较大，利率一般高于其他债券。公司债券又可以分很多种，如抵押债券、无抵押债券、偿债基金公司债券、转换公司债券、无息债券等。

金融债券是银行或其他金融机构作为债务人发行的债务凭证。金融债券是金融机构一种较为理想的筹集长期资金的信用工具，其安全性、流动性较好。利率略高于同等期限的定期存款，是颇受公众青睐的信用工具。但其发行额定一般须经中央银行批准，因为作为信用组织的金融机构经营的是特殊商品，其风险性一般意义上要大大小于普通商品。

由于受到时间知识和信息的限制，广大投资者无法对众多债券进行分析和选择，因而债券有专门的信用评级制度，有助于投资者衡量投资风险，评估投资价值。同时帮助管理机构加强管理。

目前，国际上公认的最具权威性的信用评级机构主要是美国的标准普尔公司（Standard & Poor's Co.）和穆迪投资服务公司（Moody's Investors Services Co.）。由于它们拥有详尽的资料，采用先进的科学分析技术，又有丰富的实践经验和大量专门人才，因此它们所做出的信用评级具有很高的权威性和参考价值。标准普尔公司信用等级标准从高到低可划分为：AAA 级、AA 级、A 级、BBB 级、BB 级、B 级、CCC 级、CC 级、C 级和 D 级。穆迪投资服务公司信用等级标准从高到低可分为 Aaa 级、Aa 级、A 级、Baa 级、Ba 级、B 级、Caa 级、Ca 级和 C 级。两家机构均划分前四个级别债券信誉高、违约风险小，是"投资级"债券，从第五级开始的债券信誉低，是"投机级"债券。

2) 股票

（1）股票的含义与特征。

股票是股份公司签发的，证明股东按其所持股份享有权利和承担义务的所有权凭证。股票持有人即公司的投资者，即股东。

股票作为一种有价证券具有以下特征。

① 无期性。股票没有还本期限。股票一经购买，股东便不能要求公司返还股金。股票购买者能否获得预期报酬，完全取决于公司经营状况。股东若想收回股资，只能将股票转卖他人。对于股份公司破产的情况，股东得到的清偿也不一定大于其投入的本金。

② 参与性。股票是代表股份资本所有权的证书，是投资入股的凭证，因此股票持有者享有相应的对公司决策的参与权。如一般普通股股票的股东有参加股东大会、股票表决权、盈余分配权、剩余资产分配权、股票转让权、新股承购权等权利。而权利的大小，则取决于股东所掌握的股票的数量。

③ 流动性。股票的流动性是指股票可以在不同的投资者之间自由买卖和转让。股东在需要资金时可随时出售股票。一般而言，一国证券市场越发达，股票的流动性就越强。

④ 风险性。股票持有者能否获取收益，主要取决于公司经营效益和股票的市场价格。如果公司经营不善，或由于其他意外原因使公司利润减少，股票的收益就会下降。而股票的市场价格易受到公司经营状况及相关的经济、政治、社会、心理等诸多因素的影响，经常处于波动之中，具有较强的风险性。

⑤ 收益性。股票的风险性相伴的是股票的收益性。由于债权人的收益固定，而股份公司盈利增长的大部分收益归公司股东享有；同时，公司盈利增长会带来公司股价的上涨，这又为股东带来获取股票买卖差价即资本利得好处。因此，股票持有者在承担较大投资风险的同时，也拥有获得较高投资收益的机会。

⑥ 投机性。由于股票价格的波动性大，其盈利性和风险性也比其他证券都大，股票持有者可以利用股票市价的波动，低价买入高价卖出，获得差价收益，进行投机。当然合理的投机可以活跃市场，可以使社会资金得以合理、有效的配置，而不合理的投机，甚至以欺诈等手段操纵股市，则会加剧股市波动，扰乱市场秩序。

（2）股票的分类。

股票种类繁多，可以按不同的标准来划分不同的种类，最常见的分类包括以下几种。

① 按股东权益分为普通股和优先股。普通股是最普通的股票形式，是股份公司最重要的股份，是构成公司资本的基础。普通股股东主要享有以下三方面的权利：一是对股份公司的经营决策权，即股东可参加股东大会，对公司重大经营决策问题进行表决，可按出资比例投票选举董事等。二是对股份公司的利润和资产的分配权。股东可以从公司获得利润中分配到股息，在公司破产或解散时，还可分享公司的剩余财产。三是在公司增发普通股股票时，有新股优先认购权。这个权利可以维持股东在公司的表决权和选举权的比重不变。

优先股是公司在筹集资本时，给予投资者某些优惠特权的股票。一般在公司利润分配和公司解散或破产时的剩余财产分配等方面，优先股要优先于普通股。但优先股的股息是事先预定的。不随公司经营业绩的变化而变化，因此不能享受公司利润增长带来的额外收益。此外，优先股股东一般不能参加公司的经营决策，在公司董事会的选举中，没有选举权和被选举权。

② 按持有主体分为国家股、法人股和个人股。这是我国特有的分类方法。国家股即国家持有股，指有权代表国家投资的政府部门或机构以国有资产投入公司形成的股份。法人股是指企业法人以其依法可支配的资产投入公司形成的股份或具有法人资格的事业单位和社会团体以国家允许用于经营的资产向公司投资形成的股份。个人股是社会个人或本公司内部职工以个人合法收入投入公司形成的股份。

我国目前的股票种类主要有普通股票、面额股票和记名股票。此外还有 A 股、B 股、H 股、N 股之分。A 股是以人民币标明面值，以人民币认购和进行贸易，供国内投资者买卖的股票。B 股又称为人民币特种股票，是指人民币标明面值，以外币认购和进行交易，专供外国和中国香港、澳门、台湾地区的投资者买卖的股票。H 股是指由中国境内注册的公司发行，直接在香港上市的股票。N 股是指由中国境内注册的公司发行，直接在美国纽约上市的股票。

股票和债券都是重要的融资工具，但它们既有相同之处又有区别。相同之处主要表现在三个方面：一是都能定期地给所有者带来收益，且可转让。二是对于发行者来说，都是筹资的手段，通过股票和债券可获得所需的资金，并为此付出一定代价。三是对投资者来说，都是投资工具、并可按期获得报酬。他们的区别主要表现在三点：第一，从投资性质上看，股票表现对公司的所有权，其持有者即股东拥有股票权，可出席股东大会，参与公司的经营管理决策，实行对企业的控制。而债券持有者所表示的只是一种债权，没有股东的这种权力。第二，从获得报酬的先后次序看，公司支付利息之前必须首先偿还债券的利息，当公司破产清算时，也必须首先偿还债务，如有剩余财产，再分配给股东。第三，从投资的风险和报酬看，股票的风险大于债券，但其报酬却也可能大大高于债券。

4.4.3 金融衍生工具

金融衍生工具（financial derivatives）在形式上均表现为一种合约，在合约上载明买卖票方同意的交易品种、价格、数量、交割时间及地点等。目前较为流行的金融衍生工具合约主要有远期、期货、期权和互换这四种类型。

1. 远期合约（forwards）

它是相对最简单的一种金融衍生工具。远期合约是指买卖双方约定在未来某一日期按约定的价格买卖约定数量的相关资产。远期合约通常是在两个金融机构之间或金融机构与其客户之间签署的。远期合约的交易一般不在规范的交易所内进行。目前，远期合约主要有货币远期和利率远期两类。

在远期合约的有效期以内，合约的价值随相关资产市场价格的波动而变化，若合约到期时以现金结清的话，当市场价格高于执行价格（合约约定价格）时，应由卖方向买方按价差支付结算金额；当市场价格低于执行价格时，则由买方向卖方支付结算金额。

2. 期货合约（futures）

期货合约与远期合约十分相似，实质上是一种标准化的远期合约，它也是交易双方按约定价格在未来某一期间完成特定资产交易行为的一种方式。两者区别在于：远期合约交易一般规模较小，较为灵活，交易双方易于按各自的愿望对合约条件进行磋商；而期货合约的交易是在有组织的交易所内完成的，合约的内容，如相关资产种类、数量、价格、交割时间、交割地点等，都有标准化的特点，这使得期货交易更规范化，也便于管理。

无论是远期合约还是期货合约，都为交易人提供了一种避免因一段时期内价格波动带来风险的工具，也为投机人利用价格波动取得投机收入提供了手段。17 世纪以后，标准化的合约开始出现，也逐渐形成了完整的结算系统，期货交易得以发展。进入 20 世纪 70 年代，金融市场的动荡和风险催生出金融期货，如利率期货、外汇期货、股票价格指数期货等。

3. 期权合约（options）

它是指期权的买方有权在约定的时间或时期内，按照约定的价格买进或卖出一定数量的相关资产，也可以根据需要放弃行使这一权利。为了取得这一权利，期权合约的买方必须向卖方支付一定数额的费用，即期权费。按照相关资产的不同，金融期权可以有外汇期权、利率期权、股票期权、股票价格指数期权等。

期权分看涨期权（call options）和看跌期权（put options）两个基本类型。看涨期权的买方有权在某一确定的时间以确定的价格购买相关资产，看跌期权的买方则有权在某一确定时间以确定的价格出售相关资产。此外，期权又分美式期权和欧式期权。按照美式期权，买方可以以期权的有效期内任何时间行使权利或者放弃权利；按照欧式期权，期权买方只可以在合约到期时行使权利。由于美式期权买方有更大的选择空间，因此被较多的交易所采用。

期权这种金融衍生工具的最大魅力，在于可以使期权买方将风险锁定在一定范围之内，因此，期权是一种有助于规避风险的理想工具。当然，它也是投机者理想的操作手段。如果不考虑买卖相关资产时的佣金等费用支出，对于看涨期权的买方来说，当市场价格高于执行价格时，他会行使买的权利，当市场价格低于执行价格时，他会放弃行使权利，所亏不过限于期权费；对于看跌期权买方来说，当市场价格低于执行价格时，他会行使卖的权利，反之则放弃权利，所亏也仅限于期权费。因此，期权对于买方来说，可以实现有限的损失和无限的收益，对于期权的卖方则恰好相反，损失无限而收益有限。

4. 互换合约（swaps）

互换合约也译为掉期或调期，是指交易双方约定在合约有效期内，以事先确定的名义本金额为依据，按约定的支付率（利率、股票指数收益率等）相互交换支付的约定。以最常见的利率互换为例，设确定的名义本金额为 1 亿元，约定：一方按期根据以本金额和某一固定利率计算的金额向对方支付，另一方按期根据本金额和浮动利率计算的金额向对方支付——当然实际只支付差额。互换合约实质上可以分解为一系列远期合约组合。

本 章 小 结

1. 经济学中的信用是与商品货币经济相联系的范畴，指的是一种借贷行为，是以偿还和付息为条件的价值运动的特殊形式，即商品或货币的所有者（贷者），把一定数量的商品或货币按约定的条件和期限让渡给需要者（借者），在约定期满时还本付息的行为。

2. 信用是一种以偿还和付息为条件的价值单方面的运动。信用的基本特征包括借出、偿还、期限和利息4个方面，因此通常将信用的基本特征简单概括为还本付息，即以收回为条件的贷出，或以归还为义务的借入。信用的本质就是一种债权债务关系。

3. 信用在现代商品经济中的作用是双重的，可以促进经济的发展，但过度盲目的信用是导致经济危机的隐患。因此要不断完善社会的经济管理制度，对信用兴利除弊，发挥信用的积极作用，减少和克服信用自发作用的种种弊端。

4. 商业信用是指企业之间以赊销商品和预付货款等形式提供的信用。商业信用的具体表现形式很多，如赊销商品、委托代销、分期付款、预付定金等。商业信用是一种直接的融资形式，是解决买方企业流通手段不足最便利的方式，但仍有不足之处。

5. 广义银行信用是指银行及其他金融机构以货币形式通过存、放款等业务方式与企业单位等方面发生的信用行为，狭义的银行信用是指银行提供的信用。银行信用弥补了商业信用的不足，但不能取代商业信用。两者相辅相成，在经济生活中发挥着重要的作用。

6. 国家信用是指以国家政府为主体所形成的信用。国家信用具有安全性高、流动性强的特点。其主要形式有公债、国库券、专项债券、向银行透支和借款。

7. 国际信用是各国政府、企业、银行及国际金融机构之间相互提供的信用。实际上是一国中已存在的商业信用、银行信用、国家信用等扩展到世界范围所形成的。随着经济全球化和区域集团化发展，国际信用作为国际经济关系的重要组成部分，无论在深度和广度上都将得到进一步的发展。

8. 消费信用是工商企业、银行或其他金融机构以商品、货币和劳务的形式向消费者提供的信用。适当合理地利用消费信用可以提高消费者消费水平和质量，加快人们生活水平的提高；调整消费结构，引导消费结构合理化；促进商品的生产和销售，进而促进经济增长；促进新技术的运用、新产品的推销及产品的更新换代。但过度发展，可能会引发需求拉动型通货膨胀，增加经济的不稳定。

9. 民间信用是指个人之间以货币或实物相互提供的信用。民间信用有利于动员社会闲散资金，增加社会融资渠道，弥补银行信用的不足。但民间信用的自发性、盲目性和不稳定性，不利于国家稳定货币流通和发展生产，有可能给群众造成损失，影响社会安定。

10. 信用工具是信用活动发挥其作用的有效载体，偿还性、流动性、安全性和收益性是其主要特征。随着金融活动的深入开展，信用工具结合先进的技术手段取得更大的创新，其种类日益多样化。信用工具可以按照不同的标准进行分类。

11. 票据是实际经济活动中最常用的信用工具。有汇票、本票和支票。其中汇票有银行汇票和商业汇票之分。商业汇票按照承兑人的不同有商业承兑汇票和银行承兑汇票。大面额定期存单、信用卡、信用证、回购协议、国库券、股票和债券也是常用的信用工具。

▶ 复习思考题 ◀

概念题

信用　高利贷　商业信用　银行信用　国家信用　公债　国库券　国际信用　国际间政府信用

卖方信贷 买方信贷 福费廷 信用安排限额 混合信贷 市场信贷 国际金融机构信用 国际租赁信用 消费信用 消费贷款 信用卡 民间信用 信用工具 股票 债券 银行承兑汇票

思考题

1. 为什么说信用是一种以偿还和付息为条件的价值运动形式？

2. 信用具有哪些特征？

3. 简述高利贷信用的历史作用。就你所知，我国现在还有高利贷吗？

4. 高利贷与资本主义信用的区别是什么？

5. 简述商业信用的特点和局限性。

6. 简述银行信用的特点。

7. 银行信用为什么不能取代商业信用？

8. 简述国家信用的特点及基本形式。

9. 简述国际银行信用的基本表现形式。

10. 说明消费信用的基本类型和经济意义。

11. 信用工具有哪些基本特征？信用工具有哪些基本分类？在实际经济活动中如何选择信用工具？

12. 股票和债券各有哪些种类？

第 5 章

利息与利息率

本章重点提示

通过本章的学习，要了解利息的来源、本质及借贷资本的运动过程；掌握利率的概念及影响利率决定的各种宏观、微观因素；了解利率按照各种不同标准所划分的种类；熟悉利率的作用与其发挥作用的条件及我国利率杠杆的使用情况。

5.1 利息及其本质

5.1.1 利息的产生和发展

利息作为一种占有使用权的报酬，伴随借贷行为的出现而产生。那时的借贷活动多以实物形式进行，利息也以实物形式支付。当社会经济发展到资本主义阶段，信用活动渗透到社会经济生活的各个方面，成为连接社会再生产过程各个环节的纽带，借贷资本运动成为信用的主要形式，利息遂成为与借贷资本密切相连的经济概念。资本所有权与资本使用权分离，借贷资本成为资本商品是利息产生的经济基础。在资本主义商品经济活动中，必然产生货币资本的闲置和对闲置的货币资本的需要。在闲置货币资本属于不同经济利益所有者的情况下，必然产生资本所有权与资本使用权的分离。也就是说，这种分离使产业资本家真实地占有货币资本，实际地拥有资本的使用权。在这种情况下，货币资本转化为真实资本进入生产过程，实现保值和增值，利润才划分为企业主收入和利息两部分。由此可见，在资本主义条件下，货币转化为资本，借贷资本成为资本商品，资本所有权与使用权分离，形成货币资本家与产业资本家的对立，构成了利息产生的经济基础。

5.1.2 有关利息本质的理论

贷出货币收取利息，货币因贷放而增值，这使人们产生一种观念，即货币具有资金增值的能力，这就引发了关于利息的来源或者说利息的本质的争论。长期以来，一些资产阶级经济学家都试图解释利息的本质。

威廉·配第认为，利息是因放弃货币的使用权而获得的报酬。西尼尔提出节欲论，侧重从资本来源于储蓄，储蓄来源于节欲的思路上去分析利息的本质，认为利息是资本所有者不将资本用于消费所获得的报酬。庞巴维克在边际效用基础上提出时差利息论，将时间因素导入利息分析，认为同一种类和数量物品的现在价值和未来价值之间存在差别，由于时间的推移，这些物品的边际效益显著不同，因而出现了利息。马歇尔提出了均衡利息论，认为利息是资本家牺牲现在等待将来而应得的报酬。凯恩斯提出的流动性偏好理论更明确地把利息看成是一种纯粹的货币现象，认为利息是放弃货币灵活性和承担风险的报酬。萨缪尔森则用资本净生产率来解释利息的存在。马克思则是从借贷资本的特殊运动形式的分析中，揭示了利息的源泉，分析了利息的本质，在人类历史上第一次揭开了利息的神秘面纱。

"利息不外是一部分利润的特定名称、特别项目；执行职能的资本家不能把这部分利润装进自己的腰包，而必须把它支付给资本的所有者。"马克思揭示的这一原理是商品经济条件下普遍适用的理论，无论何种生产方式下，利息在本源上都是剩余价值或利润的一部分，是货币所有者（债权人）因贷出货币或货币资本而从借款人（债务人）处获得的报酬。对债权人来说，利息是其放弃和牺牲眼前的消费而在经济上得到的补偿和报酬；从债务人的角度来看，利息则是借入货币或货币资本所付出的代价（必须支付的成本）。

5.2　利率及其决定因素

在 5.1 节中我们了解了利息及其本质，那么利息的多少究竟如何计量呢？这就引入了利率这个更重要的概念。在日常生活中，利率是一个备受关注的经济变量。它是金融资产的价值表现，是一个十分复杂的经济变量。可以毫不夸张地说，几乎所有的金融现象都与利率有着或多或少的联系。下面将详细考察利率及其与其他经济变量的作用与反作用。

5.2.1　利率的定义

利率，也称"利息率"，是一定时期内利息额与本金额的比率。它是衡量利息的量的尺度，体现着借贷资本或生息资本增值的程度。利率的高低对资金借出者来说意味着收益的多少；对资金使用者来说，则意味着成本的高低。

利率的表示方法有年利率、月利率和日利率。年利率按本金的百分之几表示，通常称为"分"；月利率按本金的千分之几表示，通常称为"厘"；日利率按本金的万分之几表示，通常称为"毫"。

利率的计算公式为：

$$i = \frac{r}{G} \times 100\%$$

式中，i 为利率，r 为利息额，G 为预付借贷资本（本金额）。

5.2.2　利率的决定及其影响因素

利率的决定受各种因素的影响，但究竟是哪些因素在影响利率，以及如何影响利率，经济学界对此看法不一。下面以马克思的利率决定论为基础，借鉴其他学派的利率决定理论，综合考虑影响利率变动的各种因素，得出决定利率水平的因素有以下几个。

1. 决定利率的基本因素——平均利润率

利息是平均利润的一部分，所以平均利润率成为决定和影响利息率变化的最基本因素。

平均利润率是在市场经济发展到一定程度下自然形成的。市场经济的主体都以追求最大利润为目的，由于资金可以自由流动，资金会从低利润率的行业流向高利润率的行业中去，最终使各行业的利润率趋于均衡，形成平均利润率。一般在其他条件不变的情况下，利息率与平均利润率成正比。在通常情况下，利率无论如何不会与平均利润率相等，更不会超过平均利润率；否则，企业取得的利润就要全部付给银行，企业必然不会借入这笔资金。因此，平均利润率构成了利息率的上限。同时，利率的最低界限不能低于或等于零，否则借贷资本就由于无利可图而不会将钱借给职能资本家。因此，利率总是在平均利润率和零之间上下波动。至于某一具体时期利息率的决定取决于职能资本家和借贷资本家之间对利润的分割。

2. 影响利率决定的其他因素

1）借贷资金的供求与竞争

在商品货币经济条件下，利息作为借贷资金的价格，必然受到其供求关系的影响。当借贷资金供不应求时，利率上升；反之，当供过于求时，利率下降。所以，资金供求状况是影响利率变动的重要因素，它决定着某一时刻利率的高低。

2）物价水平及通货膨胀预期

由于货币形式的借贷资金体现着一定量的货币购买力，因而物价升降引起货币购买力的变动必然影响借贷双方对资金价格即利率的评价。物价上涨时，如果利率保持不变，必然给资本所有者造成本金和利息的损失。特别是如果名义利率低于物价上涨率，其实际利率就是负利率。这样，资金所有者不仅得不到实际收益，甚至本金也会受到损失。而对资金使用者来说不仅不用支付利息，还能获得收益。因此，在这种情况下，资金供给将减少，需求将增大，最终会导致利率上升。而物价下跌时情况正好相反，资金的供给将增加，需求将减少，最终导致利率下降。

通货膨胀预期就是预测未来的物价水平，它的上升会导致资金供给的减少、需求的增加，最终导致利率水平有很强的上升趋势；反之，利率水平将趋于下降。这种通货膨胀预期变化引起利率水平发生变动的效应称为"费雪效应"。

3）政府预算赤字

如果其他因素不变，政府预算赤字与利率水平将会同方向运动，即当政府预算赤字增加，可贷资金需求将增加，导致利率上升；反之，可贷资金需求减少，利率则会下降。并且较大规模的预算赤字将会引起通货膨胀预期上升，产生"费雪效应"，拉动利率上升。

4）国家经济政策和法律制度

西方资本主义国家在经过 20 世纪 30 年代的经济大危机以后，在很长一段时期内实行较严的利率管制，通过银行立法和货币政策影响市场利率，利率不能完全根据市场供求自由涨落。这种状况一直持续到 20 世纪 70 年代。

目前大多数西方发达国家已逐步消除了利率管制和实行了利率市场化，但利率仍然不可能不受国家经济政策的影响。一方面政府要支持什么地区、支持什么产业，可以用低利率政策来体现；反之，则用高利率政策来限制。政府要实行扩张的经济政策可适当调低利率；反之，则提高利率等。这些都是国家直接对利率的调整。另一方面，通过运用各种货币政策和财政政策工具，调节货币供应量，可以间接地影响整个市场利率水平的变动。

5）国际利率水平

在国际经济联系日益加深的现在，国际间的利率具有很强的联动性，或者说，利率在国际间有严重的传染性。国际利率水平对国内利率的影响是通过资金在国际间的流动实现的。由于资本增值的本性和国际商人套利的天性，国际资本会自发地向高利率的国家流动。此时，高利率的国家资金供给增加，在资金需求不变的情况下，利率将开始下降，而利率较低的国家情况正好相反，在资金需求不变的情况下，资金供给减少，利率将开始上升，最终两国利率趋于一致。

6）国际间的协议或默契

国际间订立的协议会对特定条件的贷款利率进行限制。例如，经济合作与发展组织（OECD）国家于 1976 年达成了政府间的"出口信贷君子协定"，对出口信贷条件进行适当的限制，以减少竞争。该协定规定了出口信贷的最高限额，协调了出口信贷的最低利率。另外，第二次世界大战后，为支持发展中国家建设的许多贷款，包括政府间的双边贷款和通过国际金融机构提供的多边贷款，利率水平均较低，这已形成了国际间的一种默契。

此外，借款期限和风险、担保品、借款企业的信誉、人们对利率的预期、边际消费倾向及银行成本也会对利率的决定产生影响，在此不再详细介绍。

总之，影响利率决定与波动的原因很多，往往是多种因素交错在一起，综合影响利率的变动。

5.3　利率的种类与作用

5.3.1　利率的种类

利率按照不同的标准，可以划分为不同的种类。

1. 名义利率和实际利率

按照利率与通货膨胀的关系，利率可以划分为名义利率与实际利率。

名义利率与实际利率是 20 世纪 30 年代，美国经济学家欧文·费雪在研究利率与价格理论中提出的。名义利率，也称货币利率，是以名义货币表示的利率，即市场通行使用的票面利率。我们平常所见的借贷契约及有价证券上载明的利息率都是名义利率。实际利率是名义利率剔除物价变动（通货膨胀）因素计算出来的利率。它是表明投资者实际所得及债务人实际所付的利率。名义利率与实际利率之间的关系可用简单的计算公式表达，即：

$$i = r - p$$

其中，i 为实际利率，r 为名义利率，p 为通货膨胀率。但考虑到通货膨胀对利息部分也有使其贬值的影响，应将上式调整为：

$$i = \frac{1+r}{1+p} - 1$$

这是目前国际上通用的计算实际利率的公式。

例如，某一年的通货膨胀率是 2%，名义利率是 4%，实际利率为：

$$\frac{1+4\%}{1+2\%} - 1 \approx 1.96\%$$

虽然我们日常使用的是名义利率，然而实际利率才是资金占用的真实成本，因此对经济关系产生实质影响的是实际利率。

2. 官方利率和市场利率

按照形成方式的不同，利率可划分为官方利率与市场利率。

官方利率也称法定利率，是指由政府金融管理部门或者中央银行确定的利率。它是国家实现宏观调节的一种政策手段，在一定程度上反映了官方强制力量对利率的干预。市场利率是指在金融市场上，由资金供求双方自由竞争所形成的利率，包括借贷双方直接融资时商定的利率和在金融市场上买卖各种有价证券时的利率。

一般情况下，官方利率比较稳定，在整个利率体系中处于主导地位，对市场利率起着导向作用。而市场利率则起伏波动较大，由于它反映了借贷资金供求状况，因此国家在制定官方利率时要参照市场利率的变动情况。典型的市场利率是银行同业拆借利率，其中伦敦银行同业拆借利率（LIBOR）是国际金融市场上影响比较大的市场利率。

3. 固定利率与浮动利率

按照管理方式的不同，利率可划分为固定利率与浮动利率。

固定利率是指在整个借贷期内，无论借贷资金的供求状况如何，利率始终保持不变。浮动利率又称可变利率，是指借款期内，利率随着市场利率的波动而定期调整（一般调整期为半年），借款双方在借款时协定作为调整基础的市场利率。

由于固定利率在整个借款期间不发生变化，因而它的主要优点是容易计算，简便易行，比较适用于短期借款或市场利率变化不大的情况。浮动利率定期调整，借款人在计算借款成本时比较困难，利息负担不易确定。但由于借贷双方可以共同承担利率变化的风险，利息的负担与资金供求状况密切结合，加之现代计算技术的发展，浮动利率越来越多地被采用，尤其是在中长期贷款中。

4. 基准利率和非基准利率

按照作用的不同，利率可划分为基准利率与非基准利率。

基准利率是指在多种利率并存的条件下起决定作用的利率，这种利率发生变动，其他利率也相应变动。西方国家的基准利率通常是指中央银行的再贴现率，我国的基准利率是中国人民银行对商业银行再贷款的利率。基准利率以外的利率被称为非基准利率。

5. 一般利率与优惠利率

按照是否带有优惠性质，利率可划分为一般利率与优惠利率。

一般利率是指金融机构按一般标准执行的存贷利率，而优惠利率则是指低于一般标准的贷款利率和高于一般标准的存款利率。其中，优惠贷款利率一般提供给信誉好、经营状况良好且有良好发展前景的借款人；而优惠存款利率更多的是各金融机构为争取客户和存款的竞争手段。在我国优惠贷款利率的执行对象一般都是国家政策扶持的行业、企业和项目，与国家的产业政策相联系。

6. 短期利率与长期利率

按照借贷期限的不同，利率可以划分为短期利率和长期利率。

短期利率是指融资时间在一年以内的利率，长期利率是指融资时间在一年以上的利率。一般长期利率高于短期利率。因为从贷者角度看，融资期限越长，市场变化就越大，经营风险就越大，导致的投资风险也就越大；而从借者角度看，融资期限越长，使用借入资金经营获得的利润就可能越多，所应支付的利息就应越多。

7. 单利利率与复利利率

按照计算方法的不同，利率可划分为单利与复利。

单利是指不论期限长短，均按本金计算利息，所生利息不再计入本金计算利息。其计算公式为：

$$R = P \cdot i \cdot N$$

式中，R 为利息，P 为本金，i 为利率，N 为借贷期限。

复利是指计算利息时按照一定的期限，将利息加入本金，再计算利息，逐期滚算，俗称"利滚利"。其计算公式为：

$$R = P[(1+i)^N - 1]$$

用单利计算利息除计算简便外，还有利于减轻借款者的利息负担；然而复利才真正反映了利息的本质。用复利计算利息，有利于提高资金利用的时间观念，更好地发挥利率杠杆提高使用资金效益的作用。

此外，利率还可按对象划分为存款利率与贷款利率，按期限划分为日利、月利、年利等，在此就不再详细介绍。

5.3.2　利率的作用

在现代经济中，利率发挥着极其重要的调节作用，并主要表现在以下各个方面。

1. 利率对宏观经济的调节作用

（1）聚集社会闲散资金。

聚集和积累资金是利率最主要的作用。银行对存款支付利息提高了银行聚集借贷资本的能力，合适的利率可把社会再生产过程中暂时闲置的货币资金和社会各阶层闲置的货币收入集中起来，形成巨大的社会资金，通过信贷资金的分配，满足生产发展的资金需要，促进经济快速发展。

（2）调节借贷资金的供求。

借贷资金供求关系影响着利率的决定，而利率一旦确定后又会对借贷资金供求发挥积极的调节作用。当资金供给小于资金需求时，中央银行会调高再贷款或再贴现利率，商业银行在借入成本增加的情况下为保持其利润，会同时提高其存贷款利率。贷款利率的高低与企业收益率成反比，贷款利率的提高必然使企业收益减少，进而导致企业的投资兴趣减小，贷款规模随之收缩。而存款利率的提高，则会使存款增加。这样，在资金需求减少的同时，资金供给却在增加，从而资金供求就会趋于平衡。当资金供给大于资金需求时，情况则正好相反。由于利率具有调节借贷资金供求的作用，所以银行总是不失时机地运用利率杠杆，作为扩张和收缩借贷资金规模的调节器。

（3）调节信贷资金结构，优化资源配置，优化产业结构。

在市场经济条件下，利率的变动会引起投资成本的变化进而影响企业的投资行为。只有当企业投资的预期收益率大于或至少等于利息率，企业投资才有实际意义。因此，利率作为资金的价格，会自发地引导资金流向利润率较高的部门，实现社会资源的优化配置。同时国家还可以自觉地运用差别利率及优惠利率政策来调节产业结构：对国家急需重点发展的产业、企业及有关的项目和产品，降低贷款利率予以支持；对于国家要限制或压缩的产业、企业及有关项目和产品，提高贷款利率予以限制。在利率机制的驱动下，企业投资会逐渐转向高收益的产业、部门和产品，从而优化产业结构，实现社会资源的优化配置，进而促进国民经济协调、稳定发展。

（4）稳定物价。

在商品经济中，国民收入分配都是以货币形式进行的价值分配，客观上存在着分配后形成的有支付能力的社会需求与商品可供量在总量和结构上不相适应的可能性，潜藏着危及物价稳定的因素。利率稳定物价的作用可从货币和商品两方面来体现。

① 调节货币供求。利率的高低直接影响银行的信贷总规模，而信贷规模又直接决定货币供应量。当流通中的货币量大于商品流通所决定的货币需要量时，单位纸币必然贬值，商品价格就上涨。此时调高贷款利率，收缩信贷规模，减少货币供应量，可促使物价稳定。另外，通过调整存款利率的高低，在总量和结构上对货币需求进行调节，对实现供求平衡和物价稳定有重要作用。

② 调节商品供求。例如，要降低某种商品价格时，可以降低生产这种商品的企业的贷款利率，以增加企业收入，促使企业扩大生产，增加商品供应量，使其价格下跌。

（5）平衡国际收支。通过运用利率杠杆，可以调节国际收支。

例如，当国际收支逆差较严重时，可以提高本国利率吸引外国短期资金流入本国，同时也可以阻止本国资金的流出。但是，当国际收支逆差发生在国内经济衰退时期，如果提高利率就会缩减投资，加剧经济衰退。此时应通过调整利率结构的方法达到预期目的，即在提高短期利率改善国际收支的同时，降低长期利率，鼓励投资，发展生产，促进经济发展。

（6）调整积累、消费的比例，促使经济持续增长。

在给定的资源和产出的条件下，切实安排好消费与积累的比例才能使经济保持持续稳定增长。过多的消费会损害将来更高的经济增长；而过多的积累则损害人民的生活水平。因此，合理的消费与积累比例是至关重要的。通过调节利率可以使消费和积累相互转化，从而进行积累和消费之间比例的调整。在调整中促进供给方的增长，从而拉动需求方的提高，使双方呈螺旋状上升，在更高的层次上达到平衡。

2. 利率对微观经济的调节作用

（1）利率可以激励企业提高其资金使用效率。

对企业而言，利息是其利润的抵减因素。而利息与企业借款金额、借款时间及利率直接相关。在这三个因素中，利率是核心因素。利率上升时，企业为减轻利息负担，增加利润，就必须加强经营管理，加速资金周转，降低借款规模。这在客观上对企业产生约束和激励的作用，促使他们努力提高经济效益和劳动生产率。另外，银行运用罚息与优惠利率促使企业加强经营管理，这对于提高资金使用效益有十分重要的作用。

（2）利率影响个人的经济行为。

主要表现在两方面：一方面，利率能够诱发和引导人们的储蓄行为。合理的利率能够增强人们储蓄的愿望和热情，因此利率的变动在一定程度上可以调节个人的消费倾向和储蓄倾向。另一方面，利率可以引导人们选择金融资产。在金融商品多样化的今天，人们在选择金融资产时，通常会考虑资产的安全性、流动性与收益性。因此在保证一定安全性、流动性的前提下，决定收益性的利率就成为人们着重考虑的因素。在这种情况下，金融商品的利差成为引导人们选择金融商品的有效依据。

3. 利率发挥作用的客观条件

如上所述，利率作为一个经济杠杆，对宏观经济运行和微观经济运行都具有重要的调节作用。但是在不同国家、不同的时期及不同的利率管理体制下，利率作用发挥程度也不一样。那么，要使利率的能量充分地释放出来，究竟需要哪些客观经济条件呢？

（1）经济的货币化、信用化程度。

一般而言，经济的货币化、信用化程度越高，利率对经济的调节作用就越大；反之则越小。因为利率本身属于货币信用的范畴，只有经济的商品化达到一定程度时，货币与信用才成为连接价值利益关系的重要枢纽。通过调节利率、调节货币信用关系才能达到调节价值和利益关系，进而调节微观经济活动和宏观经济总量的目的。

（2）经济的开放程度。

经济的开放程度取决于两点：资本流动自由度与市场分割程度。如果一国政府实行严格的外汇管制，限制资本的流出流入，就使得该国的利率体系孤立起来，失去了与世界利率体系的有机联系。在这种情况下，利率体系就失去了汇率效应。同样，如果由于资金流动受到限制，导致市场形成了条块分割，利率体系构成部分之间就失去了有机联系，整个体系也就失去了弹性，作用的发挥就有了很大的局限性。

（3）稳定的货币环境。

如果货币不稳定，例如，发生了恶性的通货膨胀，利率杠杆就很难起作用，即使有一定的作用，也会遭到严重扭曲。只有在货币稳定、金融稳定、市场稳定的前提下，利率杠杆的作用才能有效地发挥出来。

（4）资金借贷双方都是自主经营、自负盈亏的法人主体。

利率是通过利益机制的传导而发挥作用，只有资金的借贷双方都是具有健全的利益驱动和风险约束机制的法人主体，他们才会为了追求各自的利润最大化而选择最有利的交易对象进行资金的借贷活动，才会对利率变化信号做出灵敏的反应，相应调整自己的经营与投资行为。

（5）完善的金融市场。

利率作为资金的价格以金融市场的存在为前提，其作用的发挥由金融市场的发展程度所决定。只有在较发达的金融市场上，即具有足够多的买者和卖者，交易对象（金融资产）的种类和数量有了一定的规模，利率杠杆才能有其形成和存在的基础。

（6）利率市场化。

利率杠杆要有效地发挥作用，整个经济管理体制应该是一种间接管理体制而不是直接管理体制，而利率的市场化则是其基本前提。因为在市场经济条件下，由市场因素确定的利率才能够真正灵敏地反映社会资金供求状况，才能真正成为借贷资金的价格，促进资金合理流动，从而发挥其各种调节作用。

此外，企业与银行的联系程度的紧密与否，利率政策是否得当，利率水平是否合适，以及宏观经济的间接调控机制是否完善等都会对利率杠杆作用的发挥产生影响。

本 章 小 结

1. 利息在本源上是剩余价值或利润的一部分,是货币所有者(债权人)因贷出货币或货币资本而从借款人(债务人)处获得的报酬。对债权人来说,利息是其放弃和牺牲眼前的消费而在经济上得到的补偿和报酬。从债务人的角度来看,利息则是借入货币或货币资本所付出的代价(必须支付的成本)。

2. 利率是一定时期内利息额与本金额的比率,体现着借贷资本或生息资本增值的程度。利率按划分标准不同可分为:名义利率与实际利率、固定利率和浮动利率、官方利率与市场利率、一般利率与优惠利率、基准利率与非基准利率、短期利率与长期利率、单利和复利等。

3. 决定影响利率的因素主要有:平均利润率、借贷资金的供求与竞争、物价水平及通货膨胀预期、政府预算赤字、国家经济政策和法律制度、国际利率水平、国际间的协议或默契。此外,借款期限和风险、担保品、借款企业的信誉、人们对利率的预期、边际消费倾向及银行成本也对利率产生影响。

4. 利用利率杠杆国家可以从宏观和微观两方面对经济进行调节。但利率杠杆要真正发挥其作用需要一定的客观经济条件。经济的开放程度,经济的货币化、信用化程度,货币环境是否稳定,资金借贷双方是否是自主经营、自负盈亏的法人主体,金融市场是否完善,利率决定是否市场化等都会对利率杠杆作用的发挥产生影响。

◥ 复习思考题 ◢

概念题

利息　利率　名义利率　实际利率　固定利率　浮动利率　官方利率　市场利率　一般利率优惠利率　基准利率　非基准利率　短期利率　长期利率　单利　复利　平均利润率

思考题

1. 马克思如何解释利息的本质?
2. 解释下列因素如何影响利率:恶性通货膨胀;美联储降息。
3. 现代经济中利率的杠杆作用表现在哪些方面?
4. 名义利率、实际利率及通货膨胀率之间有什么关系?
5. 根据利率发挥作用的客观经济条件,试分析我国目前存在哪些阻碍利率发挥杠杆作用的客观因素。应如何解决?

第6章
社会征信与社会征信体系建设

本章重点提示

近年来，社会上出现的一些违反信用原则的失信行为越来越引起人们的关注，人们越发要求从制度上规范经济主体的信用行为，为社会信用的不断完善和健康发展提供保障。需求产生了供给，社会经济的发展对信用信息的强烈要求使得对个人和机构的信用的评估、统计和管理活动出现。这也是征信活动产生及发展的时代背景。

6.1 征信的概念与起源

6.1.1 征信的概念

征信是指为了满足从事信用活动的机构在信用交易中对信用信息的需要，由专业化的征信机构依法采集、调查、保存、整理，提供企业和个人的信用信息活动，根据不同需要可分为企业征信和个人征信。

6.1.2 征信的起源

"征信"一词，最早见于《左传》。在《左传》一书中有"君子之言，信而有征，故怨远于其身"的话。其意是说，一个人说话是否算数，是可以得到验证的。就信贷行为来说，就是贷款人（债权人）对借款人（债务人）能否还款情况的调查，这是信用交易过程的一个环节。现代经济活动中的征信主要是第三者征信，或者叫征信所征信，实践中表现为专业化的机构依法收集、调查、保存、整理，提供企业和个人的信用信息，并对其资产状况进行评价，以此满足从事信用活动的机构在信用交易中对信用信息的需要，解决借贷市场信息不对称的问题。

6.1.3 征信活动的特点

征信活动主要具有独立性、信息性、公正性、时效性等特点。

6.1.4 征信采用的形式

征信的形式主要有：个人信用调查、企业资信调查、资信评级和商业市场调查四种形式。

6.1.5　征信产品成果

与不同征信形式相对应，主要的征信产品包括：信用报告、信用咨询、信用评分、信用评级等。

6.2　征信机构与征信业务

6.2.1　征信机构

征信活动是通过征信机构来完成的。征信机构是指依法设立的专门从事征信业务即信用信息服务的机构。它可以是一个独立的法人，也可以是某独立法人的专业部门，包括信用信息登记机构（有公共和私营两类，私营信用信息登记公司在国际上也被称为征信局）、信用调查公司、信用评分公司、信用评级公司。实践中出现的征信机构主要包括：企业资信调查机构、消费信用调查机构、资产调查机构、资信评级机构、市场调查机构、信用管理咨询机构等。

在现代征信机构出现之前，从事征信工作的机构是"征信所"。这是当时西方资本主义国家及旧中国对顾客专门提供有关企业、团体、个人等信用状况的情报机构。"征信所"在西方国家于1830年首创于英国的伦敦。美、法、德、日等国先后相继成立。1932年旧中国的上海各大银行也先后创设中国征信所，其主要业务是调查工厂、商号的生产、营业、亏损状况，以及个人信用情况，向特约订户提供调查报告；接受委托对指定对象进行调查，向委托人提出单独报告。征信所的收入，主要依靠提供情报所得的报酬和银行等所给予的津贴。

6.2.2　征信业务

征信机构的业务范围包括：对当事人指定的有业务关系的企业规模、资产负债、信用状况、社会评价、出资人情况等进行调查并出具专业报告书；对债务人或担保人名下的企业或个人资产进行秘密调查，出具资产调查报告；对金融机构、债券、行业和国家主权信用进行评级；对企业和个人信用状况（主要针对还款能力）进行评级；对某个产品或行业的市场状况、趋势、竞争对手和消费者等情况进行深入调查和专业分析；为客户提供信用管理诊断、信用管理机构建立、信用政策制定、组织机构整合、信用分析与决策咨询等顾问服务。

6.3　征信监管与失信惩罚

6.3.1　征信监管

征信监管就是指政府对征信业的监督管理。征信活动与社会经济活动及国家经济信息安全等都有密切联系，其重要作用和机构活动的特殊性使得国家必须对其实施严格的监管。其必要性体现在：首先，征信业需要政府的有效监管来保证公众利益和国家经济信息安全；其次，征信业是一个需要社会公信力的行业，信誉是征信业的生命，需要政府的有效监管规范征信业的行为，以确保征信业的社会公信力；再次，征信业是一个需要有一定条件和门槛的行业，需要政府对其开办条件和资质进行认定；最后，征信业是一个必须保护适度竞争的行业，市场的培育需要一个过程，征信机构的过多、过滥会导致信息分割和市场秩序的混乱。

从各国征信监管的实际情况来看，征信监管的主要范围和内容包括四个方面：征信机构的市场准入，这是监管的基本内容，征信行业的特殊性也决定了国家必须对其实施较为严格的市场准入管理；经营合规性监管，主要包括征信数据收集、披露程序和手段的合规性，对采用违反法律规定的程序和手段采集和使用数据的行为，有权进行处罚；对征信信息安全性的监管，世界各国都把征信信息作为国家经济信息安全的管理范围，对征信机构数据库的安全性以及征信数据的跨国流动进行严格的检查和监督；对征信信息真实性问题引起的纠纷进行行政裁决。

我国征信监管的工作主要由中央银行来完成。这主要是因为银行现在仍是我国信用需求的主体，中央银行具备征信管理的基础。

6.3.2 信用缺失与失信惩罚

我国经济尚处于转轨阶段，市场上曾一度出现了大量的经济失信行为和现象，严重限制了信用交易规模的扩大，使市场参与者的交易成本加大，效率降低。这是任何非市场经济体制向市场经济体制过渡阶段必然会出现的问题。即使市场经济体制建设得比较完善了，失信现象也难以完全根治。

社会信用体系建设的最重要的任务之一，就是建立失信惩罚机制。失信惩罚机制是社会信用体系中最重要的"部件"之一，它的作用就是经济手段和道德谴责手段并用，惩罚市场经济活动中的失信者，将有严重经济失信行为的企业和个人从市场的主流中剔除出去。同时，失信惩罚机制使政策向诚实守信的企业和消费者倾斜，间接地降低重合同、守信用的企业获取资本和技术的门槛。失信处罚机制有两个组成部分：一是企事业法人和自然人信用记录的联合征信数据库，包括对不良信用记录进行合法且有效公示的手段；二是针对失信者的社会联防，造成失信的企事业单位的事业难以发展和失信自然人在社会上的生活不便。

6.3.3 社会征信体系建设及其意义

一般来说，社会征信体系应该包括征信法律、机构、市场、业务、标准、管理和科研等许多方面。建设社会征信体系也应当从这些方面着手，完善整个征信体系。具体来讲，首先应该健全法律法规，使征信体系建设和征信业发展具有制度上的保障；其次应加强对征信业务的科研，开发出更多更好的征信产品，制定出适应征信业发展的行业标准和规范，使征信业适应社会主义市场经济发展的需求和需要；最后还应加强行业监督管理，利用国家强制力量来规范市场行为。

社会信用及企业和个人信贷征信体系的建设，最直接的目的就是降低商业银行的不良贷款，是商业银行金融安全及国家宏观金融安全的一个重要屏障。企业和个人征信体系作为社会信用体系的重要组成部分，其主要作用就是通过提高信贷市场信息共享程度，降低贷款机构收集信息的成本，提高信贷市场效率，防范金融风险，促进经济增长。征信体系通过长期保存企业和个人的信用记录，使企业和个人过去的偿还历史对未来新的信用活动产生直接影响，守信者得到奖励，失信者遭到处罚，是约束企业和个人重合同、守信用的制度基础，对形成良好的信用文化和社会诚信体系建设具有深远意义。

从长远来看，企业和个人征信应当成为商业银行控制信用风险、加强金融监管和维护金融稳定的支柱制度之一，而对企业和个人信用状况的评价是企业和个人征信的重要内容。因此，作为专业化的征信机构对企业和个人信用状况信息进行收集和整理，并对其信用等级进行科学、准确的评定，将为商业银行有效控制信用风险提供有力的保证。同时，企业和个人征信系统的建立和完善还将有利于解决中小企业融资难的问题，促进个人消费信贷业务的健康发展和个人消费的持续健康增长，改善经济增长结构。

本 章 小 结

1. "征信"一词在中国早已有之，最早见于《左传》一书。可见人们历来对"借贷"行为中"诚信问题"的关注。"征信"一词，其英文为 credit checking 或 credit investigation。其意就是贷款人（债权人）对借款人（债务人）能否还贷情况的调查，是信用交易过程中的一个环节。

2. 征信是指为了满足从事信用活动的机构在信用交易中对信用信息的需要，由专业化的征信机构依法采集、调查、保存、整理，提供企业和个人信用信息的活动。根据调查对象的不同（法人或自然人），征信可以分为企业征信和个人征信。

3. 征信体系是指由与征信活动有关的法律规章、组织机构、市场管理、文化建设、宣传教育等共同构成的一个体系。征信体系的主要功能是为借贷市场服务，但同时具有较强的外延性，也服务于商品交易市场和劳动力市场。征信体系模式主要有市场主导、政府主导和会员制三种模式。

4. 我国的征信和社会征信体系建设已经取得了长足的进步。央行从1998年起就启动了企业征信体系建设，由专门机构采集、保存、整理、分析、使用企业的信用信息，以防范信用风险，保持金融市场稳定。2006年开始，央行又着手建立中小企业信用体系，希望将征信体系覆盖那些和金融机构没有信贷关系的中小企业。2006年，我国组织建立了全国统一的个人信用信息基础数据库。2009年10月14日出台了《征信管理条例（征求意见稿）》。经过多年的发展，我国征信体系建设成效显著。这主要体现在以下几个方面。

一是构建了征信管理的基础框架，征信业的雏形显现。主要标志是征信业的法律基础和标准化体系逐步建成，人民银行作为我国征信业主要管理者的地位得到确立。

二是初步建立了中国特色征信的数据库并开始向全社会提供服务，形成了具有中国特色的金融征信模式。全国统一的企业和个人信用信息基础数据库已经顺利建成。

三是建成了一支具有较高专业水平的征信队伍和一系列行之有效的规章制度，为征信事业积累了重要的人力资本和制度保障。

在征信体系逐步完善的同时，完备的法律法规和行业标准是征信行业健康发展的保障。我国征信业起步较晚，征信市场的快速发展和征信产品的不断丰富迫切要求在推出征信标准的同时，根据征信体系建设和征信市场管理的需要，建立与之发展相适应的征信法律法规体系。

"十三五"期间要以社会成员信用信息的记录、整合和应用为重点，将建立健全覆盖全社会的征信系统，全面推进社会信用体系建设。主要任务是加快征信立法和制度建设，制定

《征信管理条例》及相关配套制度和实施细则，制定信用信息标准和技术规范。

复习思考题

概念题

征信　征信机构　社会征信体系　征信所

思考题

1. 征信是如何产生的？
2. 征信活动具有哪些特点？
3. 征信的形式有哪些？征信产品的表现形式有几种？
4. 征信机构的发展历程如何？
5. 征信机构的业务范围包括哪些内容？
6. 何谓征信监管？征信监管的主要范围和内容有哪些？
7. 为什么要建立失信惩罚机制？它的作用是什么？
8. 社会征信体系建立的意义是什么？

金融机构篇

第 7 章

金融机构体系

从事各种金融活动的组织，林林总总，统称为金融机构，亦称金融中介机构。

7.1 金融机构概述

7.1.1 金融机构的含义

关于金融机构的含义，有广义和狭义之分。一般将狭义的金融机构定义为金融活动的中介机构，即在间接融资领域中作为资金余缺双方交易的媒介，专门从事货币、信贷活动的机构，主要指银行和其他从事存、贷款业务的金融机构。

广义的金融机构则是指所有从事金融活动的机构，包括直接融资领域中的金融机构、间接融资领域中的金融机构和各种提供金融服务的机构。直接融资领域中金融机构的主要任务是充当投资者和筹资人之间的经纪人，即代理买卖有价证券；有时本身也参与证券交易，如证券公司和投资银行等。

7.1.2 金融机构的产生

金融机构的发展有需求追随型和供给领先型两种路径。早期的金融机构发展基本属于需求追随型的。历史的考察表明，早期金融机构是在商品经济和货币信用的发展过程中自发产生的，如中世纪的货币兑换商。逻辑的分析揭示出，金融机构产生的原因在于满足经济社会发展的客观需要，主要有商品生产和交换发展中的支付需求、社会经济活动中的融资需求和投资需求、经济社会生活中的风险转移与管理需求、经济和金融活动扩大过程中对信息服务的需求等。随着商品经济发展，内生的金融需求逐渐增加，金融活动的专业化发展使专门从事金融活动的机构逐渐从兼业经营转向专业经营，金融机构由此产生，如工业革命以后的新式银行、证券公司、保险公司等。

7.1.3 金融机构的性质

从金融机构产生的历史过程看，它是一种以追逐利润为目标的金融企业。之所以说它是企业，是因为它与普通企业相同，经营的目的都是以最小的成本获取最大的利润；之所以说它是金融企业，是因为它所经营的对象不是普通商品，而是一种特殊的商品——货币资金。

金融机构与普通工商企业所不同的是：

① 它的业务活动领域是货币信用领域，信用业务是其经营活动的主要特征；

② 它和普通工商企业取得利润的方式不同，不是直接从生产和销售过程中取得，而是通过金融活动来取得。

7.1.4　金融机构在经济发展中的地位

金融机构是商品经济发展的产物，因而随着商品经济的发展，其在现代经济体系中的地位和作用也越来越突出。

（1）金融机构是一国资金活动的总枢纽，它通过筹集和融通资金，引导资金流向并优化资源配置，提高生产要素的利用效率，促进经济发展。从第 1 章的资金流量表中可见，现代经济活动中各部门始终存在资金供求矛盾，金融机构利用自身分布广泛的分支机构，一方面通过开展资产负债业务来调剂社会资金的余缺，将零散、短期、闲置的资金筹集起来并转换为大额、长期、稳定的资金供给；另一方面，按照本国的经济、金融政策，在政策导向和市场机制的作用下将资金投入效益好而又急需资金的部门，最大限度地促使各部门之间储蓄向投资的转化，保证资金的合理流向和使用，支持经济的可持续均衡发展。

（2）金融机构是金融产业的载体，它们以自有资本为基础，充分运用社会资本，吸纳各种人才就业，在为社会创造金融工具、提供金融服务的过程中创造价值，获取利润。它们不仅是第三产业最重要的部门，也成为各国经济发展中的支柱产业。

（3）金融机构是一国政府调节、管理经济活动的主要对象，是一国经济健康、有序、稳定运行的保证。金融机构尤其是银行通过其业务活动成为联系国民经济各部门的纽带，金融机构的经营状况也成为反映国民经济活动的"寒暑表"。政府各部门通过引导、利用金融机构的业务活动，可以对国民经济各部门施加直接或间接的影响，从而实现政府的意图。一国政府通过促进金融机构的合理设置、科学管理、高效运作，可以达到金融与经济社会稳定发展的目标。

7.1.5　金融机构的职能与作用

1. 金融机构的职能

金融中介机构不仅是间接融资的桥梁或纽带，而且在直接金融市场上发挥着重要中介作用。因为不仅存款、贷款要找银行，而且有价证券的发行和交易也要有金融机构的参与。金融机构作为一个特殊的企业，它在金融市场中发挥着重要的职能。

（1）信用中介职能。

信用中介职能是金融中介机构最基本的职能。这一职能是指通过金融机构的负债业务，把社会上的各种闲置货币资金集中起来，再通过资产业务把它投向各个部门。金融机构是作为货币资金的贷出者和借入者的中介人，来实现资金的融通，并从吸收资金的成本与发放贷款的利息、投资收益的差额中获取利差收入，形成其利润的。通过信用中介职能可发挥下面几个方面作用。一是把暂时从再生产过程中游离出来的闲置资金，转化为执行生产职能的资金，在不改变社会资金总量的条件下，通过改变资金的使用量，扩大再生产规模，促进经济增长。二是把社会各阶层的节余集中起来，变为可以投入再生产过程中的资金。如果没有金融中介机构，这部分节余只能转化为一般的货币储藏；但通过金融机构可以把这部分节余集中起来，投入再生产过程，从而实现增值，货币就转化为资金，扩大了社会资金总量，加速了生产的发展。三是把短期资金转化为长期资金。社会再生产中的闲置资金，其闲置期限各不相同，有的闲置时间较长，可能超过几个月和几年；也有的闲置时间很短，可能只有几天，难以进行运用。但金融机构在社会范围内筹集资金，有的原来存储的资金被提用了，同时又会有闲散资金存储进来，在存取川流不息的交错中，短期闲置资金也会形成一部分经常可供使用的资金。

（2）支付中介职能。

支付中介职能是指为工商企业办理与货币运动有关的技术性业务。如通过存款在账户上的转移，代理客户支付；在存款的基础上，为客户兑付现款等，成为工商企业、团体和个人的货币保管者、出纳者和支付代理人。支付中介职能的发挥，大大减少了现金的使用，节约了社会流通费用，加速了结算过程和货币资金的周转，促进了再生产的扩大。

（3）信用创造职能。

信用创造职能是指通过贷款和投资活动创造存款货币，扩大信用规模的功能。金融机构利用其所吸收的存款发放贷款，在支票流通和转账结算的基础上，贷款又转化为存款，在这种存款不提取现金或不完全提取现金的情况下，就增加了银行的资金来源，最后在整个银行体系形成数倍于基础货币的派生存款。

信用创造职能的发挥，使银行可以超出自有资本和吸收资金的总量而扩大信用业务。当然，这种扩大不是无限的，它要受银行现金准备状况和经济发展对信用的客观需要的限制。

2. 金融机构的作用

资金融通有两种方式。一是直接融资方式，即有资金短缺的一方直接向有盈余的一方借贷。在现代商品经济中，直接融资形式如企业通过发售债券、股票的方式向有资金盈余的个人和单位借入资金。二是间接融资方式，即有资金盈余的一方先将资金提供给金融中介机构，然后再由它提供给资金短缺的一方。所谓金融中介就是介于债权人和债务人之间的发挥融资媒介作用的机构。金融中介机构的作用主要体现在以下几个方面。

（1）调节借贷数额。

直接融资的成交需要贷者可贷出的资金数量与借者需要借入资金的数量一致；否则，便不能达成借贷协议。但是，金融中介机构可以先以自身负债的形式（如吸收存款）把各个方面不同数额的闲置资金集中起来，然后再把资金转贷给需要资金的单位和个人。这样，金融机构担起了借贷数额的调节工作，借贷数额不再是融资的障碍。

（2）调节借贷期限。

直接融资的成交还需要借贷双方对借贷期限的要求一致，否则，也不能达成借贷协议。但是，如果通过金融机构借贷，问题就容易解决。金融机构一方面购入由需求资金单位发售的指定期限的金融工具；另一方面向资金盈余的个人或单位发售各种期限的金融工具。这样，就可以很好地满足借贷双方对借贷期限的要求。在这个过程中，金融机构起了借贷期限差距的调节作用。

（3）减少交易费用。

要达成一项直接交易，借贷双方必须对交易数额的多少、借贷时间的长短等要素都具有一致的需求，而要找到一对完全相互吻合的借贷对手并非易事，在寻找过程中，双方都可能花费很多的人力、物力和时间，从而导致交易成本高昂，资源的浪费。如果有金融中介为双方牵线，情况就要好多了，既可以省去借贷双方的许多麻烦，又可以降低一些费用。

（4）降低信用风险。

在直接融资交易方式下，借款人对贷款人的任何一次违约都将使贷款人蒙受重大损失。如果有金融机构作中介，就可以分散投资，降低风险。举例来说，假如有 100 笔已放出的贷款，且有理由预期其中的 99 笔将会偿还，那么每个贷款人都会担心自己将会成为那个得不到偿还的不幸者。但是，如果这些贷款人把他们的资金通过金融机构联合起来贷放，那么每个贷款人将损失的只是这笔贷款的 1% 而不会更多。因而，通过集中存款人的资金，金融机构减少了分散贷款的风险。

随着金融对经济影响的日益加深，金融逐渐渗透到社会生活的各个领域，人们也赋予了金融中介更广阔的定义，即在经济生活中起中间媒介作用的金融活动主体——金融机构。

7.2　金融机构体系的含义与类型

7.2.1　金融机构体系含义

金融机构体系是指在一定的历史和经济条件下，各种金融机构（银行和非银行金融机构）的组成及其相互联系的统一整体。如果从金融机构的角度来分析，一国的金融体系便是金融机构体系。金融机构体系是一国金融体系的基础。

由于国家和地区的历史文化背景、经济制度和经济发展水平存在差异，在世界上形成了三种金融机构体系模式：① 以中央银行为核心的金融机构体系，目前大部分国家普遍采用这种模式；② 高度集中的金融机构体系，我国改革开放前采用这种模式；③ 没有中央银行的金融机构体系，目前只有少数国家和地区实施这种模式，如新加坡。

7.2.2　金融机构体系的类型

按照不同的标准，金融机构可划分为以下几种不同的类型。

（1）按照金融机构的管理地位，可划分为金融监管机构与接受监管的金融企业。例如，中国人民银行、银行业监督管理委员会、保险监督管理委员会、证券监督管理委员会等是代表国家行使金融监管权力的机构，其他的所有银行、证券公司和保险公司等金融企业都必须接受其监督和管理。

（2）按照是否能够接受公众存款，可划分为存款性金融机构与非存款性金融机构。存款性金融机构主要通过存款形式向公众举债而获得其资金来源，如商业银行、储蓄贷款协会、合作储蓄银行和信用合作社等。非存款性金融机构则不得吸收公众的储蓄存款，如保险公司、信托金融机构、政策性银行以及各类证券公司、财务公司等。

（3）按照是否担负国家政策性融资任务，可划分为政策性金融机构和非政策性金融机构。政策性金融机构是指由政府投资创办、按照政府意图与计划从事金融活动的机构。非政策性金融机构则不承担国家的政策性融资任务。

（4）按照是否属于银行系统，可划分为银行和非银行金融机构；按照出资的国别属性，又可划分为内资金融机构、外资金融机构和合资金融机构；按照所属的国家，还可划分为本国金融机构、外国金融机构和国际金融机构。

本 章 小 结

1. 金融机构是指专门从事各种与融资活动有关的金融中介服务组织。金融机构体系是指在一定的历史时期和社会经济条件下，由各种不同的银行和非银行金融机构有机结合形成的不同层次的彼此间相互联系的整体系统。

2. 金融机构，从产生看它是一种以追逐利润为目标的金融企业。之所以说它是企业，是因为它与普通企业相同，经营的目标都是以最小的成本获取最大的利润。它与其他企业不同的是，它经营的对象不是普通商品，而是一种特殊的商品——货币资金。

3. 金融机构在现代经济体系的地位和作用越来越突出。

4. 金融机构体系有三种类型：① 以中央银行为核心的金融机构体系；② 高度集中的金融机构体系；③ 没有中央银行的金融机构体系。

▶▶ 复习思考题 ◀◀

■ 概念题

金融机构　金融机构体系　金融机构类型

■ 思考题

1. 如何理解金融机构体系？

2. 金融机构有哪些分类？银行金融机构与非银行金融机构的主要区别是什么？

3. 金融机构在经济发展中具有何种地位？

4. 金融机构具有哪些职能、作用？

5. 金融机构具有哪些基本类型？

第 8 章
现代国家金融机构体系

随着商品经济发展、内生金融需求的扩大及其多样化，种类各异的金融机构逐渐产生并发展起来，金融业内部的竞争以及分工和协作关系不断深化，由此形成了作用巨大的金融机构体系。现代金融机构体系分为国家金融机构体系和国际金融机构体系两大类。

8.1 现代国家金融机构体系的一般构成

国家金融机构体系是指在一个主权国家或独立经济体里存在的各类相互关联的金融机构。各国的金融机构体系因国情和经济、金融发展水平的差异而各有特点，但在机构种类和构成上大致相同。目前按国际货币基金组织的统计分类，各国金融机构体系主要分为存款类金融机构和非存款类金融机构两大类。

8.1.1 存款类金融机构

存款类金融机构是能够吸收存款并以存款作为其营运资金主要来源的金融机构。存款类金融机构包括以下几种。

1. 中央银行

中央银行是货币金融管理机关，具有管理金融机构的职能。它在发挥国家的银行和银行的职能时，保管政府、公共机构以及金融机构的存款，既是其主要的负债业务，也是其资金的主要来源，故属于存款类金融机构。

2. 商业银行

商业银行是以经营企业和居民的存、贷款为主要业务，为客户提供多种金融服务的金融机构。由于商业银行以吸收存款为其主要负债，可签发支票的活期存款占其总存款的比率高，同时这类银行还具有派生和结转存款货币的功能，故又被称为存款货币银行。商业银行因其机构数量多、业务涵盖面广和资产规模庞大而成为金融机构体系的主体。商业银行业务和经营管理有专门的课程进行深入讨论。

3. 专业银行

专业银行是指专门从事指定范围内的业务或提供专门服务的金融机构。它是银行业内部专业化发展的产物，有助于提高金融服务水平与效率，促进国民经济各行业领域均衡发展。目前各国的专业银行主要有以下几类。

（1）储蓄银行。储蓄银行是专门经办居民储蓄并为居民个人提供金融服务的金融机构。这类银行以居民储蓄存款为主要资金来源，资金运用主要是提供消费信贷和住宅贷款，此外也进行公债投资等活动。各国的储蓄银行名称不一，有互助储蓄银行、国民储蓄银行、信贷协会、信托储蓄银行等名称。

（2）开发银行。开发银行是专为满足长期建设项目投融资需要并提供相关服务的金融机构。开发银行按其业务活动区域的不同分为国际性开发银行、区域性开发银行和国内开发银行三种，如国际复兴开发银行、亚洲开发银行、中国国家开发银行。开发银行多属于政府出资建立的政策性银行，不以盈利为经营目标，其宗旨是通过融通长期性资金进行开发性项目促进本国或本地区的经济发展。

（3）农业银行。农业是国民经济的基础产业，同时农业又很脆弱，需要金融体系提供长期、稳定、专业化的金融支持。农业银行就是专为支持农业发展而设立的金融机构。它多为政策性的，也有商业性的，资金来源于吸收存款、发行债券、政府借款、同业拆借等，资金运用于农业贷款、农业投资、担保和补贴等，如中国农业发展银行。

（4）进出口银行。随着生产力的发展和贸易扩大，进出口贸易成为许多国家经济增长的引擎，发展进出口贸易需要金融体系的支持。进出口银行就是专门为对外贸易提供信用支持的金融机构。政府投资设立的进出口银行具有政策性，旨在支持本国的对外贸易和经济发展，中国进出口银行就属于这类政策性银行。

4. 信用合作社

信用合作社是以社员认缴的股金和存款为主要负债、以向社员发放的贷款为主要资产并为社员提供结算等中间业务服务的合作性金融机构。由于信用合作社以存贷款业务为主，所以它也列入存款类金融机构中。

5. 财务公司

财务公司是兼有部分商业银行和投资银行业务的非银行金融机构，但国内外财务公司的业务内容有较大差异。国外财务公司是办理长期债券的发售、进行短期借款、发放消费信贷的非银行金融机构；而国内财务公司是由大型企业集团成员单位出资组建，为成员单位提供存款、放款、投资、结算、票据贴现、融资租赁服务的非银行金融机构。

6. 金融租赁公司

金融租赁公司是以融资租赁业务为其主要业务的非银行金融机构。融资租赁，是指出租人根据承租人对租赁物和供货人的选择或认可，将其从供货人处取得的租赁物按合同约定出租给承租人占有、使用，向承租人收取租金的交易活动。我国金融租赁公司可以吸收（非银行）股东 1 年期（含 1 年）以上定期存款。因此，我国的金融租赁公司也归入其他存款类金融机构之列。

8.1.2　非存款类金融机构

非存款类金融机构是指不以吸收存款为主要资金来源的金融机构，亦称其他金融性公司。其类别庞杂、主营业务各异，市场份额较大的非存款类金融机构有以下几种。

1. 保险公司

保险公司是根据合同约定、向投保人收取保险费并承担投保人出险后的风险补偿责任、拥有专业化风险管理技术的经济组织。保险公司按其从事的业务险种或业务层级可以划分为人寿保险公司、财产保险公司、存款保险公司、再保险公司等类型。

2. 信托投资公司

信托投资公司是以收取报酬为目的，接受他人委托以受托人身份专门从事信托或信托投资业务的金融机构。

3. 证券机构

证券机构是专门从事证券业务的金融机构，包括证券公司、证券交易所、基金管理公司、证券登记结算公司、证券评估公司、证券投资咨询公司、证券投资者保护基金公司等组织。按能否从事证券自营业务还可以将证券公司分为综合类证券公司和经纪类证券公司。这些证券机构各司其职，分工协作，共同支撑证券市场的日常运作。

4. 金融资产管理公司

金融资产管理公司主要是指处理不良资产的金融机构。我国的金融资产管理公司是指经国务院决定设立的收购国有银行不良贷款、管理和处置因收购国有银行不良贷款形成的资产的国有独资非银行金融机构。

5. 期货类机构

期货类机构是从事商品期货合约、金融期货合约、期权合约交易及其他相关活动的经济机构，包括期货交易所、期货公司及其他期货经营机构、非期货公司结算会员、期货保证金安全存管监控机构、期货保证金存管银行、交割仓库等市场相关参与者。期货交易所是不以盈利为目的、不参与期货交易、实行自律管理、以其全部财产承担民事责任，专门为期货交易提供场地、设施和服务的金融机构；期货公司则是按法律规定设立的经营期货业务的金融服务机构。

6. 黄金投融资机构

黄金投融资机构是指主要从事黄金投融资交易，提供交易场所、设施和相关服务的金融机构，包括黄金交易所、黄金结算所（公司）、黄金经纪公司、从事自营业务的会员和非会员黄金投资机构等，如黄金交易所交易基金（黄金 ETF）。其中黄金交易所、黄金结算所、黄金经纪公司是黄金市场的三个重要组成部分。

7. 专业融资公司

专业融资公司指为特定用途提供融资业务的机构。它们以自有资金为资本，从市场上融入资金，多以动产、不动产为抵押发放贷款或提供资金，主要有不动产抵押公司、汽车金融公司、典当行等。

8. 信用服务机构

信用服务机构是指为接受信用提供服务的机构，主要包括信息咨询公司、投资咨询公司、金融担保公司、征信公司、信用评估机构等。此外，律师事务所、会计师事务所等机构也属于广义的信用服务机构。

8.2　金融机构的经营体制及其演变

20 世纪 30 年以来，随着政府对金融机构监督和管理的增强，各国以立法的形式对金融机构经营的业务范围作出规定，由此形成了现代金融机构的两种不同体制：分业经营和混业经营。

8.2.1　分业经营与分离银行制度

分业经营是指对金融机构业务范围进行某种程度的分离管制。按照分业管制的程度不同，分业经营有三个层次：一是指金融业与非金融业的分离，金融机构不能经营其他业务。二是金融业中分离银行、证券和保险等子行业，如商业银行、证券公司和保险公司只能经营各自的银行业务、证券业务和保险业务，一个子行业中的金融机构不能经营其他子行业的业务。三是进一步分离银行、证券和保险等各子行业的内部业务。比如在银行业内部，经营长、短期银行存贷款业务的金融机构相分离，经营政策性业务和商业性业务的金融机构相分离；在证券业内部，经营证券承销、交易、经纪业务和证券做市商业务的金融机构相分离；在保险业内部，经营财产保险、人身保险、再保险业务的金融机构相分离等。通常所说的分业经营是指第二个层次的分离。实行分业经营的金融制度被称作分离银行制度（fragmented banking）。

8.2.2　混业经营与全能银行制度

混业经营是指允许各类金融机构业务范围有交叉，可以进行综合经营的金融制度。混业经营也有三个层次，即金融业与非金融业之间的混业经营，银行、证券和保险等行业之间的混业经营以及银行业、证券业和保险业等内部的混业经营。由于历史上银行业一直是金融业的核心，故混业经营又被称作全能银行制度（universal banking）。

8.2.3　经营体制对金融机构的影响及其争论

1. 经营体制对金融机构的主要影响

实行分业经营还是混业经营对金融机构具有重要影响。

在严格的分业经营体制下，银行、证券和保险等各类金融机构之间泾渭分明，界限清楚，一种金融机构不能擅自经营其他金融机构的业务。分业经营的优点在于有利于提高业务的专业技术和专业管理水平，有利于避免竞争摩擦和混业经营可能出现的内部协调困难问题，有利于保证金融机构自身及客户的安全，有利于控制金融机构的业务风险等。其不足之处：一是以法律形式造成两种业务相分离的运行系统，难以开展必要的业务竞争，具有明显的竞争抑制性。二是分业经营使各行业之间无法优势互补，如证券业难以利用、依托商业银行的资金优势和网络优势，商业银行也不能借助证券公司的业务来推动其业务的发展。三是分业经营不利于本国金融机构进行公平的国际竞争。例如，面对规模宏大、业务齐全的大型全能银行时，单纯的商业银行在国际竞争中相对不利。

2. 混业经营与分业经营的主要争论

混业经营对金融机构的影响与分业经营的利弊正好相反。因此，在选择分业经营还是混业经营的问题上一直存在激烈的争论。主要集中在以下几个问题。

（1）这两种经营体制对金融机构稳健经营的影响究竟是有利还是不利？主张分业经营者认为混业经营会扩大金融机构的风险，并影响金融体系的稳定；主张混业经营者认为，多元化经营有利于分散金融风险，从而有利于金融体系的稳定。

（2）混业经营是否会产生利益冲突？主张分业经营者认为，混业经营必然产生利益冲突问题，并损害投资者或存款人利益，影响银行和金融体系的稳健；反对者认为混业经营尽管存在潜在的利益冲突问题，但由于市场的约束机制与有关监管制度的存在，它们不会成为现实。

（3）哪种体制有利于加强竞争和提高效率？主张分业经营者认为，混业经营会产生规模巨大的超级金融机构，在市场上占据较大的份额从而形成垄断，不利于公平竞争，分业经营有利于形成多元化金融中介体系，有利于金融机构的创新活动，因而有利于提高金融体系的效率；主张混业经营者认为，分业经营体制下少数大金融机构也可以占据很大的市场份额，形成事实上的垄断，而允许各金融机构之间业务交叉经营，可以增加金融服务的供给，有利于市场竞争，金融机构也可以更便利地创新复合性金融产品，有利于提高金融机构的经营效率。

（4）哪种体制更具有规模经济和范围经济优势？有人主张混业经营具有规模经济和范围经济的优势，特别是范围经济。因为各金融机构在信息收集和处理、受托监控、风险管理等方面的主要功能是相同的，同一金融机构经营多种业务可以重复利用信息、资本、销售网络以及声誉等资源。但有人认为，金融机构规模太大会产生规模不经济，而且金融机构的投入品具有专有性，业务范围太广反而提高了经营风险，造成范围不经济。

关于分业经营与混业经营的理论争论目前尚未取得共识，因此，各国在法律和制度安排上也各不相同。

8.3　现代各国金融机构体系的发展趋势

20世纪70年代以来，以西方发达国家为代表，金融业出现了大规模、全方位的金融创新，极大地提高了金融机构运作的效率，金融机构的盈利能力大为增强。与此相应，金融机构的发展也出现了许多新的变化。

8.3.1　业务、组织、技术和管理不断创新的发展趋势

1. 业务创新趋势

20世纪70年代以来，西方主要发达国家在金融创新过程中，各类金融机构不断调整业务结构，开发出许多新业务、新金融工具和新服务项目满足顾客的需要，如商业银行在存款业务中出现了大额可转让定期存单、自动转账服务、可转让支付命令账户等创新，在资产业务中出现了贷款证券化等创新；而支付业务的电子化创新则加快了资金周转速度，一笔国际结算甚至在几秒钟之内就可完成，相关信息及分析也可通过计算机及时显示出来。

2. 组织形式创新

金融电子化在引起金融服务和金融业务处理方式产生全新变化的同时，还带来了金融机构组织形式的创新，出现了虚拟化发展的现象，如屏幕式的证券交易所及各类电子银行、网上银行等，使得客户足不出户即可办理各种金融业务。

3. 金融创新的专业化程度和技术含量日益提高

当今的金融创新技术含量越来越高，电子科技在创新中得到充分运用，并成倍提高金融业从事各种经营活动的能力和效率，金融服务的电子化使金融创新的技术含量越来越高。由

于现代金融市场的交易种类和交易方式越来越复杂；金融机构的风险管理和投资行业务越来越依赖于数理方法和工程技术分析，金融创新的专业化程度越来越高。

4. 经营管理频繁创新

从 20 世纪中后期开始，金融机构在业务程序、机构设置、管理方法等方面都进行了创新。例如，金融机构的业务制度、操作程序不断改进；金融机构的内部机构设置也在不断变化，撤并旧部门，设立新部门，各部门之间的权限与关系被重新配置。此外，经营管理理论研究与金融发展相适应，不断推出新的管理方法，如 20 世纪 60 年代的负债管理、70 年代的资产管理和资产组合管理、80 年代的资产负债综合管理、90 年代的全面质量管理和全方位客户满意管理等。经营管理的频繁创新增强了金融机构的经营能力和市场适应能力，提升了金融机构的产业发展能力。

8.3.2　业务综合化发展趋势

在业务创新的基础上，一些实行分业经营的国家的金融机构逐渐打破了职能分工的界限。例如，日本 1981 年的新银行法允许商业银行、长期信贷银行、信托银行经办证券业务；美国 1986 年允许所有金融机构均能参加证券交易所交易；而美国 1999 年《现代金融服务法案》的颁布，使金融机构之间的业务交叉最终得到法律上的认可。特别是商业银行与投资银行业务的结合，为客户提供了更全面的服务，使银行最终发展成为全能性商业银行；同时，非银行金融机构通过业务创新开始涉足银行业务，使金融机构的业务发展更趋综合化。

8.3.3　注重兼并重组的发展趋势

进入 20 世纪 90 年代后，金融创新使金融机构之间的竞争越发激烈，各国金融机构在激烈的竞争中通过兼并重组，将各自的优势结合起来，走强强联合的发展之路，以期适应形势的变化及新要求。金融机构的兼并重组，有的在银行与银行之间进行，有的在投资机构之间进行，有的在银行与投资机构之间进行，有的在银行与保险机构之间进行。以美国为例，1998 年 4 月 6 日，花旗银行与经营保险、证券业务的旅行者集团合并成为美国最大的金融机构——花旗集团；接着第一银行与第一芝加哥银行合并为新的第一银行，成为全美第五大银行；稍后，国民银行与美洲银行宣布合并为新的美洲银行，一跃成为全美第二大银行集团。在其他发达国家，如日本、德国，甚至在拉美许多发展中国家也都出现了金融机构合并的案例。进入 21 世纪后，银行合并的浪潮仍在各国延续。2006 年 1 月 4 日，日本东京三菱银行与日本联合银行合并，成为当时世界第一大银行集团——三菱东京联合银行。

随着 2007 年美国资贷危机的影响日益加深和在全球的扩散，新一轮的金融并购活动已经展开。

8.3.4　经营全球化的发展趋势

国际贸易的迅猛发展推动了国际投资和国际金融的发展，特别是生产一体化和经济全球化的发展，使得金融全球化的发展势头更加强劲。金融全球化趋势的表现之一就是金融机构及其业务活动的国际化，各国的金融机构纷纷在其他国家或地区设立分支机构，从事国际金融业务，成为跨国金融机构。同时国际资本流动规模和国际金融风险也随之增大。

本章小结

1. 金融机构是专业化的融资中介组织，作为专业化的融资中介人，以发行融资证券的方式汇集多种期限和数量的资金，并对资金集中运行，投向社会需要资金的各社会部门，使融资双方的融资交易活动得以顺利进行，促使资金从盈余者向短缺者流动。

2. 金融机构是特殊的企业。金融机构与一般经济单位之间既有共性又有区别，主要体现在经营对象与内容、经营关系与原则、经营风险与影响等方面。

3. 金融机构的基本功能是：便利支付结算，促进资金融通，降低交易成本，改善信息不对称，转移与管理风险，创造信用和存款货币。

4. 金融机构体系可分为国家金融机构体系和国际金融机构体系。国家金融机构体系主要包括：存款性金融机构和非存款性金融机构。国际金融机构可分为全球性金融机构和区域性金融机构两类。

5. 以银行业务创新为主的金融创新活动在西方国家不断深入展开，并扩展到全球；各种新机构、新工具、新服务、新观念直接冲击了传统的金融业务活动与经营方式，并对金融机构的发展产生了深刻的影响。

复习思考题

概念题

存款类金融机构　中央银行　商业银行　财务公司　开发银行　金融租赁公司分业经营　混业经营

思考题

1. 存款类金融机构主要包括哪些？
2. 非存款类金融机构主要包括哪些？
3. 何谓金融机构的分业经营？
4. 何谓金融机构的混业经营？
5. 金融业混业竞争与分业经营争论的焦点是什么？
6. 现代各国金融机构体系有何共同发展趋势？

第 9 章
我国当今的金融机构体系

本章重点提示

自从中国人民银行于 1948 年 12 月诞生以来，中国金融中介体系历经几十年后，终于建立起了比较健全的金融机构体系，各类金融机构有了相当程度的发展。从 1978 年经济体制改革以来，我国已形成了以中国人民银行（中央银行）为领导，政策性金融与商业性金融相分离，以国有独资商业银行为主体，多种金融机构并存、分工协作的金融组织体系。

9.1 管理性金融机构

9.1.1 中国人民银行

中国人民银行是我国的中央银行，是在国务院领导下制定和实施货币政策，对金融业实施监管的国家机关。

中国人民银行是在革命根据地银行的基础上于 1948 年 12 月 1 日在河北省石家庄正式成立的。1949 年 2 月，中国人民银行总行由石家庄迁入北平。1949 年 9 月，中国人民政治协商会议通过《中华人民共和国中央人民政府组织法》，把中国人民银行定为政务院直属单位，接受政务院财经委的指导，与财政部保持密切的联系，从而确立了中国人民银行作为中华人民共和国国家银行的法定地位。

从 20 世纪 50 年代中期到 1978 年末，我国实行的一直是"大一统"的银行体制，即银行基本上只有中国人民银行一家。在这个阶段，中国人民银行既行使中央银行的职能，又办理一般商业银行的业务，属于一身二任。这种体制与当时我国实行的高度集中的计划经济体制是相适应的，它通过资金的集中分配保证了国家经济计划的实现，在当时的历史条件下发挥过积极的作用。

1979 年，我国开始进行经济体制的改革，"大一统"的银行体制显然不能适应经济改革的要求。为适应经济形势的变化，我国的金融体制也开始进行相应的改革，首先是要打破多年来的"大一统"的格局。从 1979 年到 1983 年，我国陆续恢复和建立了一些专业银行和其他金融机构。但这时中国人民银行仍然一身二任，既行使中央银行的职责，又继续兼办工商信贷、城镇储蓄和结算等业务，这就不可避免地削弱了中央银行对金融业的管理和宏观调控的职能。

1983 年 9 月 17 日，国务院发出《关于中国人民银行专门行使中央银行职能的决定》，正式确立中国人民银行为我国的中央银行，原由中国人民银行办理的工商信贷、城镇储蓄和结算业务由新成立的中国工商银行来办理。从 1984 年 1 月 1 日起，中国人民银行正式专门行使中央银行职能。至此，新中国真正意义上的中央银行制度得以确立。

1995 年 3 月 18 日，中华人民共和国八届人大三次会议通过了《中华人民共和国中国人民银行法》，这是新中国成立以来制定的第一部金融大法，填补了我国金融立法的空白，是新中国金融发展史上一块重要的里程碑。《中国人民银行法》的颁布，为把中国人民银行建成真正的、规范的中央银行提供了有力的法律保障，开创了我国中央银行制度的新纪元。随后，我国的中央银行制度进行了一系列的改革。1998 年 11 月，为适应形势发展和监管的需要，中国人民银行对其管理体制进行了改革，撤销了省级分行，按经济区域设置了 9 家分行（大区行）。这样，我国的中央银行体制逐步走向了完善。

2003 年 3 月，十届人大一次会议决定将银行监管职能从中国人民银行中分离出来，单独成立中国银行业监督管理委员会，对银行、金融资产管理公司、信托投资公司及其他存款类机构实施监管。中国人民银行在剥离了监管职能后，作为中央银行在宏观调控体系中的作用将更加突出，将加强制定和执行货币政策的职能，不断完善有关金融机构运行规则和改进对金融业宏观调控政策，更好发挥央行在宏观调控和防范与化解金融风险中的作用。

9.1.2 金融监管机构

20 世纪 80 年代以前，大多数国家的中央银行是金融业或银行的监管。现在，中央银行作为金融监管的唯一主体，已无法适应新的金融格局。这是因为银行在金融体系中的传统作用正受到挑战，金融市场在经济发展中的作用越来越大，于是许多国家通过另设监管机构来监管越来越多的非银行金融机构，如银监会、证监会、保监会等。从各国和各地区金融监管的实践来看，监管体制可分为四类：分业经营且分业监管，如法国和中国；分业经营而混业监管，如韩国；混业经营而分业监管，如美国和中国香港；混业经营且混业监管，如英国和日本等。是否由中央银行担当监管重任也有不同情形：有中央银行仍负责全面监管的；有中央银行只负责对银行业监管的；也有在中央银行外另设新机构，专司所有金融监管的。下面就以分业监管组织结构形式介绍银监会、证监会和保监会这三个重要的监管机构。

1. 银监会

银监会全称银行业监督管理委员会，根据授权，统一监督管理银行、金融资产管理公司、信托投资公司以及其他存款类金融机构，维护银行业的合法、稳健运行。

中国银行业监督管理委员会自 2003 年 4 月 28 日起正式履行职责。根据十届全国人大一次会议的国务院机构改革方案，2003 年 3 月中国首次设立中国银行业监督管理委员会，其构成主要由中国人民银行的银行一司、银行二司、非银行司、合作管理司、银行管理司及中共中央金融工作委员会现有人员组成。中国银行业监督管理委员会的成立标志着中国人民银行自新中国成立 50 多年来集货币政策与银行监管于一体时代的结束。

1）银监会的监管对象

银监会监管对象是以商业银行为主的银行业金融机构，这些机构往往都通过吸收个人或其他机构的存款并发放贷款的方式经营其业务，因而也被称为存款机构。根据《中华人民共和国银行业监督管理法》，我国银监会的监管对象是全国银行业金融机构及其业务活动监督管理的工作。银行业金融机构，是指在中华人民共和国境内设立的商业银行、城市信用合作社、农村信用合作社等吸收公众存款的金融机构以及政策性银行。同时，对在中华人民共和国境内设立的金融资产管理公司、信托投资公司、财务公司、金融租赁公司以及经国务院银行业监督管理机构批准设立的其他金融机构的监督管理，经银监会批准在境外设立的金融机构以及前两种金融机构在境外的业务活动，也适用该法对银行业金融机构监督管理的规定。

2）银监会的监管目标

银监会的监管目标是促进银行业的合法、稳健运行，维护公众对银行业的信心。银行业监督管理应当保护银行业公平竞争，提高银行业竞争能力。国际上主要市场经济国家有关银行监督管理的法律中一般都明确规定了银行监督管理的目标。巴塞尔银行监管委员会在《有效银行监管的核心原则》中提出银行监管的目标是保持金融系统的稳定性和信心，以降低存款人和金融体系的风险。银行监管还应努力建设一个有效的、充满竞争性的银行体系。

第一，保持银行体系的稳定。即促进银行业合法、安全、稳健运行，这是银行监管的根本目标。银行是金融的核心，金融是现代经济的核心。银行体系是否合法、稳健运行直接关系到整个金融、经济乃至社会的稳定和发展。我国银行业的资产占整个金融业资产的80%以上，在社会资金资源配置中居于主导地位。同时银行业也是提供资金支付结算的唯一渠道。因此保持我国银行体系的稳定是保证国家经济与金融安全的基础，是支持经济增长的重要保障。

第二，保护存款人的利益，维护公众对银行业的信心。保护存款人和其他客户的合法权益，是一切金融工作的最基本要求，"促进银行业的合法、稳健运行"是保持金融体系稳定、保护存款人和其他客户的合法权益的基础。银行业的合法、稳健运行，首先要求银行经营活动要"依法而行"，遵守市场秩序，符合市场规范。其次是要求银行的经营活动坚持稳健性原则，建立健全各类规章制度，加强风险管理，完善内部控制，保持充足的资本和健全的财务状况。维护公众对银行业的信心包括三层含义：一是银行业监督管理活动要从维护公众的利益出发，提高监管活动的透明度，加强对银行活动的社会监督；二是监管机构有责任宣传金融知识，提高社会公众对银行业务活动的了解程度和知识水平；三是要大力打击金融违法行为，严厉惩处金融腐败。

3）银监会的职能

银监会监管银行、资产管理公司、信托投资公司及其他存款类金融机构，其主要职能是：

① 负责制定有关银行业监管的规章制度和办法；

② 对银行业金融机构实施监管，维护银行业的合法、稳健运行；

③ 审批银行业金融机构及其分支机构的设立、变更、终止及其业务范围；

④ 对银行业金融机构实行现场和非现场监管，依法对违法违规行为进行查处；

⑤ 审查银行业金融机构高级管理人员任职资格；

⑥ 负责编制全国银行数据、报表，并按照国家有关规定予以公布；

⑦ 加强对银行业金融机构风险内控的监管，重视其公司治理机制的建设和完善，促使其有效地防范和化解金融风险。

2. 证监会

证监会全称证券监督管理委员会，依照法律、法规和国务院授权，统一监督管理全国证券期货市场，维护证券期货市场秩序，保障其合法运行。

改革开放以来，随着中国证券市场的发展，建立集中统一的市场监管体制势在必行。1992 年 10 月，国务院证券委员会（简称国务院证券委）和中国证券监督管理委员会（简称中国证监会）宣告成立，标志着中国证券市场统一监管体制形成。国务院证券委是国家对证券市场进行统一宏观管理的主管机构。经国务院授权，中国证监会是国务院证券委的监管执行机构，依照法律法规对全国证券期货市场进行集中统一监管。

根据《中华人民共和国证券法》第 14 条的规定，中国证监会还设有股票发行审核委员会，委员由中国证监会专业人员和所聘请的会外有关专家担任。中国证监会在省、自治区、直辖市和计划单列市设立了 36 个证券监管局，以及上海、深圳证券监管专员办事处。

（1）证监会的监管对象。

证监会的监管对象主要是证券市场上从事证券期货经营的机构及其经营活动，不仅对证券期货交易所、上市公司、证券期货经营机构、证券投资基金管理公司、证券期货投资咨询机构和从事证券期货中介业务的其他机构等行为的监管，而且对证券市场上各种市场体系，如证券发行体系、交易体系、交割清算体系、信息发布体系、新品种开发体系等的监管。

（2）证监会的监管目标。

对证券期货业进行监管，目的在于降低证券市场的风险，保护社会公众利益并维护社会安定。为实现这一目标，证监会应当履行以下职责：一方面组织拟定有关证券期货业监管的法律、法规，研究制定有关证券期货业监管方针政策和发展规划；另一方面对证券市场和期货市场的相关活动进行指导、规划和协调。通过这些工作，强化对监管对象的监管，提高信息披露质量，防范和化解证券期货市场的金融风险。

（3）证监会的职能。

依据有关法律法规，中国证监会对证券市场实施监督管理履行下列职能。

① 建立统一的证券期货监管体系，按规定对证券期货监管机构实行垂直管理。

② 加强对证券期货业的监管，强化对证券期货交易所、上市公司、证券期货经营机构、证券投资基金管理公司、证券期货投资咨询机构和从事证券期货中介业务的其他机构的监管，提高信息披露质量。

③ 加强对证券期货市场金融风险的防范和化解工作。

④ 负责组织拟订有关证券市场的法律、法规草案，研究制定有关证券市场的方针、政策和规章；制定证券市场发展规划和年度计划；指导、协调、监督和检查各地区、各有关部门与证券市场有关的事项；对期货市场试点工作进行指导、规划和协调。

3. 保监会

保监会全称保险监督管理委员会，根据国务院授权履行行政管理职能，依照法律、法规统一监督管理全国保险市场，维护保险业的合法、稳健运行。

中国保监会成立于 1998 年 11 月，保监会的成立标志着中国金融分业监管体制的形成。自此，中国银监会、中国证监会、中国保监会三大机构共同实施金融监管，借鉴了国外的金融监管体系，顺应了中国金融市场的发展趋势。保监会的设立，从根本上是为实现金融宏观调控与金融微观监管的分离，是金融监管与调控的对象——金融业、金融市场日益复杂化、专业化、技术化的必然要求。2003 年，国务院决定，将中国保监会由国务院直属副部级事业单位改为国务院直属正部级事业单位，并相应增加职能部门、派出机构和人员编制。中国保险监督管理委员会内设 15 个职能机构，并在全国各省、直辖市、自治区、计划单列市设有 35 个派出机构。

（1）保监会的监管对象。

保监会的监管对象是保险市场各种主体以及它们的活动。具体表现为中资保险公司、保险中介公司和外资保险公司代表处以及它们的活动。

（2）保监会的监管目标。

一般认为，保监会有四大基本目标：一是保持社会公众对保险制度体系和机构体系的信任；二是增进社会公众对保险体系的了解和理解；三是保护保险消费者的合法权益；四是减少和打击保险业的犯罪。我国保监会的主要监管目标是：加快培育和发展保险市场，努力建设一个市场主体多元化、市场要素完善、具有开放性的保险市场体系。其目的是维护市场秩序，保证公平竞争，监督保险企业规范经营、具有充足偿付能力，保护被保险人的合法利益，最终促进保险业的健康发展，为国家的改革和发展做出更大的贡献。

（3）保监会的职能。

保监会根据国务院授权履行行政监管职能，依照法律、法规集中统一监管保险市场。中国保监会的基本职能有：一是规范保险市场的经营行为；二是调控保险业的健康发展。具体分为以下四个方面。

① 拟定有关商业保险的政策法规和行业发展规划。

② 依法对保险企业的经营活动进行监督管理和业务指导，维护保险市场秩序，依法查处保险企业违法违规行为，保护被保险人利益。

③ 培育和发展保险市场，推进保险业改革，完善保险市场体系，促进保险企业公平竞争。

④ 建立保险业风险的评价与预警系统，防范和化解保险业风险，促进保险企业稳健经营与业务的健康发展。

4. 银监会和保监会合并

2018 年 3 月，新一轮国务院机构改革方案在全国人大会议上正式亮相，将接受审议。千呼万唤，我国金融监管机构改革方案同时出炉。作为国家机构改革的一部分，银监会和保监会将合并，成立"中国银行保险监督管理委员会"，作为国务院直属事业单位。

2018 年 4 月 8 日，中国银行保险监督管理委员会在北京挂牌，标志着新组建的中国银行保险监督管理委员会正式运行。多位业内专家在接受经济日报记者采访时表示，银保监会的合并，是我国深化金融监管体制改革的一次有益尝试，有助于强化综合监管，优化监管资源配置，是建立符合现代金融特点、统筹协调、有力有效的现代金融监管框架一项重要举措，具有里程碑式意义。

1）防范风险是首要目标

"银保合并要放在监管调整的大格局下来认识，不能只看到两个监管部门之间的合并。"国家金融与发展实验室银行研究中心主任曾刚表示，在金融实践中，综合经营趋势明显，跨行业、跨市场、跨机构的交叉金融业务和产品越来越多。同时，在原有的监管框架下，不同机构的监管主体和规则都不同，这就使得相互重叠的业务或者性质相近的业务，因受到的监

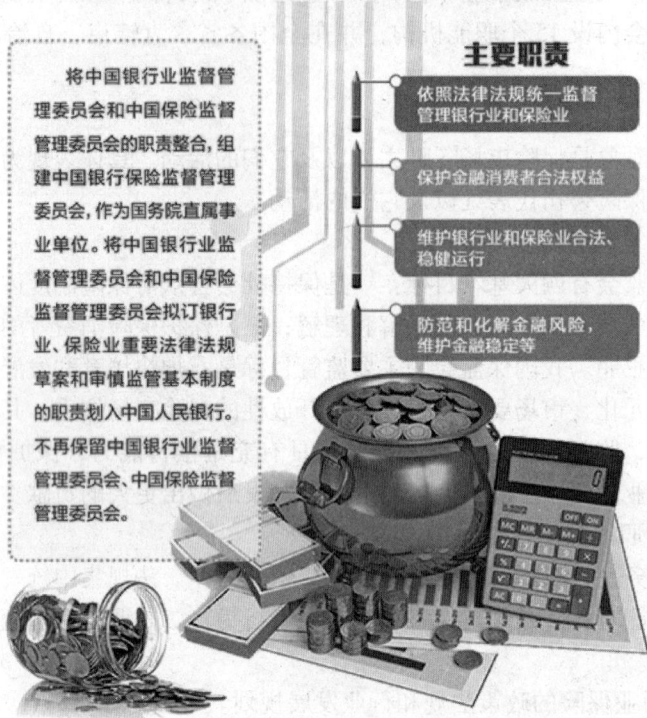

图 9-1   组建中国银行保险监督管理委员会

资料来源：http：//www.gov.cn/xinwen/2018-04/16/content_5282699.htm.

管不同，进而出现了大量监管套利空间。

在曾刚看来，上述监管套利空间主要出现在两种情况中，一种是灰色地带没人管，另一种是各管一段，如通道类业务等。在分业监管的状态下，银证保"各自为战"，部门之间信息沟通不畅通，既没有动力，也难以检测到资金流向，进而出现监管空白。

金融是现代经济的核心，金融安全是国家安全的重要组成部分。党的十九大报告指出，要坚决打好防范化解重大金融风险的攻坚战，守住不发生系统性金融风险的底线，这需要金融监管来保驾护航。"随着金融体系的发展和完善，金融监管改革需要跟紧步伐，保证监管效力的提升。"民生银行首席研究员温彬表示，要守住不发生系统性风险的底线，金融监管改革就要符合新时代的发展需求。

温彬表示，在前几年相对宽松的发展环境下，我国金融业取得快速发展，同时也埋下了不少风险隐患。如影子银行不断壮大、资金脱实向虚、市场乱象四起等。大量"创新"使业务层层嵌套，增加了不同类型金融机构之间的关联度，为监管穿透带来难度，金融风险跨行业、跨市场的传染性不断增强。

在近日召开的中国银行保险监督管理委员会干部大会上，银保监会党委书记郭树清明确指出，要充分认识到组建中国银行保险监督管理委员会是以习近平同志为核心的党中央为深化党和国家机构改革、统筹经济金融工作全局作出的重大决定，对于推进构建现代金融监管框架，提高银行保险监管能力，打好防范化解金融风险攻坚战，具有十分重要的意义。

2）体制改革要动态调整

监管架构的优化是将过去传统的基于机构条线的分业监管形式，逐渐发展为一个整体的监管体系。业内专家表示，这意味着要将所有的金融机构和金融行为都包含在监管框架内，既包括原有的持牌金融机构，也要包含一些准金融行为。"这是适应现代综合化经营的必然结果，但在实践中也要考虑到改革方案实施的难度，要做到改革进程与风险防控之间的平衡。"曾刚表示，目前的银保合并可能只是长远监管改革中的一个步骤，更可能是一个开始，"纵观世界各国金融监管体制，实际上都是一个动态调整的过程，这是一个与时俱进的过程"。

浙商银行首席经济学家殷剑峰表示，银保合并后我国将形成"一委一行两会"的金融监管架构，"一委"负责总体协调，"一行"负责货币政策和宏观审慎，"两会"则分别侧重于机构监管和市场监管，布局更加合理，分工更加明确。

具体来看，"一委"是"国务院金融稳定发展委员会"，负责统筹协调金融稳定和改革发展重大问题。温彬指出，事实上，我国一直在探索协调监管。比如，2008 年国务院直接牵头金融旬会制度，2013 年央行牵头金融监管协调部际联席会议制度。但是，始终缺乏一个权威机构把监管机构统筹协调起来。金稳委的成立，开创了我国金融业统筹和协调监管的新局面。

"一行"是"中国人民银行"，负责宏观审慎监管职能，实施货币政策和宏观审慎的"双支柱框架"。过去，"一行三会"的分业监管思路是，央行主要负责货币政策，"三会"负责金融监管。但在很长时间内，金融监管集发展和监管两大目标于一身，监管经常让位于发展，监管很难做到完全姓"监"。为了更好地分离监管与发展的职能，本次调整将银监会和保监会拟定银行业、保险业重要法律法规草案和审慎监管制度的职责划入央行，这有利于提高监管政策的透明度，防止目标偏离。

"两会"是"中国证券监督管理委员会"和"中国银行保险监督管理委员会"，未来将专注于监管姓"监"，侧重于对金融机构行为和功能的微观监管，解决现有监管体制中监管重叠和监管空白等缺陷。

3）强化监管将利好行业

"目前，我国金融强监管严监管的主基调基本形成，银保监会的合并长期看有利于更好地规范行业秩序，促进银行保险业回归本源，更好地服务实体经济，持续健康发展。"温彬表示，我国银行业与保险业深度合作、融合发展的特征比较明显，未来行业间进一步融合将是大势所趋。银行和保险受同一机构监管，或助推银行对保险产品代销和交叉销售等跨业合作的规范开展，为银保间业务合作带来实质性利好。

银保监会近日表示，今年一季度，银行保险业监管部门采取有效监管措施，防风险、治乱象等各项工作取得新进展，进一步巩固了资金脱虚向实的成果，推动银行保险业实现了稳健运行和良好开局。银行业资产规模稳步增长，流动性进一步增强，贷款质量保持稳定，资本和拨备稳中有升，风险抵御能力进一步提升。保险业发展主动转型，结构进一步优化，保障型业务平稳增长，服务大局能力进一步增强，资金运用平稳提升，行业偿付能力不断优化。

事实上，从各国金融发展态势看，银行和保险是整个金融行业中最重要的两类金融机构，都有稳定的资金来源和庞大的资金运用业务。"随着综合经营的发展，银行介入保险是趋势；随着人口老龄化，保险行业尤其是寿险行业将进入快速发展阶段，同时保险业也需要得到银行的支持。因此，银保合并对于保障和加快银行和保险业的发展具有重要意义。"殷剑峰说。

与此同时，曾刚指出，从穿透式监管的角度来看，银保合并会更容易找准风险根源，是打好长期防范化解金融风险攻坚战的重要举措，为银行业和保险业的长远稳健发展保驾护航。"长远来看，监管的强化有助于清除一些不规范的行为或者市场乱象，对行业发展是有好处的。短期内也要一分为二地来认识。从实践来看，监管的强化对一些银行来说压力很大，但对另外一些银行来说，业绩反而更加出色了。"曾刚说。

金融是现代经济的核心，必须高度重视防控金融风险、保障国家金融安全。银保监会合并有利于进一步深化金融监管体制改革，解决现行体制存在的监管职责不清晰、交叉监管和监管空白等问题，强化综合监管，优化监管资源配置，更好统筹系统重要性金融机构监管，逐步建立符合现代金融特点、统筹协调监管、有力有效的现代金融监管框架，守住不发生系统性金融风险的底线。

9.2　银行类金融机构

9.2.1　政策性银行

1994 年，为实现商业性金融业务与政策性金融业务的分离，我国组建了国家开发银行、中国农业发展银行、中国进出口银行三家政策性银行。

1. 国家开发银行

国家开发银行成立于 1994 年 3 月 17 日，总部设在北京，注册资本 500 亿人民币，目前在全国主要城市设有多家分行或代表处。国家开发银行的主要任务是：支持国家重点建设，从资金来源上对固定资产投资的总量及结构进行调节和控制，按照社会主义市场经济原则，建立投资约束和风险责任机制，提高经济效益。其资金来源有：财政部拨款形成的资本金、中国人民银行的短期贷款、发放金融债券、向国外筹资等。其中，发行金融债券是其主要资金来源。资金运用分成两部分：一是软贷款，即开发银行将政府拨款形成的、属于资本金性质的资金以长期优惠贷款的方式，贷给国家控股公司和中央企业集团，由他们对投资项目参股、控股，以达到国有资产保值、增值的目的；二是硬贷款，即国家开发银行将发行金融债券所筹集的资金直接借贷给一些国家重点建设项目，到期向项目建设单位收回资金。

2. 中国农业发展银行

中国农业发展银行成立于 1994 年 11 月 18 日，总部设在北京，注册资本金 200 亿元人民币，在全国设有分支机构。中国农业发展银行主要承担国家收购粮、棉、油及扶贫等政策性金融业务，支持我国农业现代化，扶持农民走上富裕之路。

中国农业发展银行的资金来源主要是财政拨款、发行金融债券、向中央银行再贴现等。资金投向主要包括：办理粮、棉、油等主要农副产品的国家专项储备和收购贷款；办理农业综合开发贷款和扶贫贴息贷款、老少边贫地区贷款，以及国家确定的小型农、林、牧、水利等基本建设和技术改造贷款。1998 年，国家决定进行粮食流通领域的重大改革，为了加强对收购贷款的管理，确保收购贷款的封闭运行，国务院和中国人民银行决定将农业发展银行的后一种业务划转给农业银行经营，农业发展银行专门办理粮、棉、油等主要农副产品的国家专项储备和收购贷款。

3. 中国进出口银行

中国进出口银行于 1994 年 7 月 1 日成立，总部设在北京，注册资本金 33.8 亿元人民币，全部由国家财政拨给。中国进出口银行不设营业性分支机构，但根据业务发展需要可在业务量相对集中的一些大城市设立办事处或代表处，负责调查、统计、监督、业务代理等事宜。中国进出口银行主要通过提供优惠出口信贷，增强我国商品的出口竞争能力，促进我国对外贸易的发展。

中国进出口银行的资金来源主要是通过发行政策性金融债券来解决，同时也可从国际金融市场上筹集资金。其业务范围主要包括：为机电产品和成套设备等资本性货物提供出口卖方信贷和国外进口买方信贷；办理与机电产品出口有关的外国政府贷款、混合贷款、出口信贷的转贷款、国际银行间贷款等各种贷款，以及出口信用保险和担保等业务。

9.2.2　商业银行

1. 四大国有独资商业银行

1994 年之前，人们将中国工商银行、中国农业银行、中国建设银行和中国银行 4 家银行称为"专业银行"，这主要是因为在此之前这 4 家银行在服务对象上各有侧重，如中国工商银行主要面向城市，以城市工商企业、机关团体和居民为服务对象；中国农业银行主要经营农村金融业务；中国建设银行以办理固定资产投资和贷款为主要业务；中国银行则主要面向外贸企业，组织、运用、积累和管理外汇资金。随着中国金融改革的深化，这 4 家银行在服务对象上的差别越来越小，业务交叉增多，竞争日益激烈。根据《国务院关于金融体制改革的决定》，国家专业银行改革的目标是要将其办成真正的商业银行。改革开放以来，特别是近二十多年来，国内新成立了多家股份制商业银行。为与这些银行加以区别，人们习惯上仍将上述四大银行称为"四大国有独资商业银行"。这四大国有商业银行已通过股份制改造一步步地向真正的商业银行方向迈进。其中，原中国银行经国家批准已于 2004 年 8 月 26 日改制为国家控股的股份制商业银行，中国建设银行也于 2004 年 9 月 21 日完成了股份制改造。中国工商银行和中国农业银行的股份制改造工作也相继完成。

2. 股份制商业银行

股份制商业银行主要有交通银行、中信银行、中国光大银行、华夏银行、招商银行、中国民生银行、平安银行（原深圳发展银行）、上海浦东发展银行、广东发展银行、兴业银行、浙商银行、渤海银行、恒丰银行。其中 9 家银行已经公开上市，而交通银行更是以其快速发展跻身于国有大型商业银行行列。这些银行的共同特点是：初步建立了自主经营、自负盈亏、自我约束、自我发展的现代企业经营机制；产权关系比较明晰，大部分以股份制形式存在；实行董事长领导下的行长负责制；以盈利为宗旨；一般不承担对国有企业的资金供应任务。

在这些新兴的商业银行中，交通银行最具典型意义，平安银行、招商银行等也很有特点。

1）交通银行

交通银行是中国第一家具有西方国家商业银行性质的银行，于 1986 年重新成立，是当时更具完全意义的商业银行，主要表现在以下几个方面。

① 交通银行是一个综合性银行。与当时的专业银行相比，交通银行可以在中国人民银行批准下经营一切它认为适宜的业务，无论是人民币业务还是外币业务，短期业务还是中长期业务，国内业务还是国际业务，均可办理。而当时的专业银行在体制上仍没有摆脱专业分工的束缚。

② 交通银行是一家以公有制为主的股份制银行。交通银行资本金的筹集采取国家控股和向社会募集相结合的方式，规定个人股在股本总额中的比例不超过 10%。

③ 分支机构按经济区划设置。以前包括中国人民银行、四大商业银行都是以行政区划设置分支机构。交通银行按经济区划设置分行更加合理、科学，有利于摆脱行政上的束缚，更加灵活有效地开展业务。

2）平安银行

深圳发展银行是我国第一家向社会公众公开发售股票和上市的商业银行，于 1987 年成立，1991 年成为上市公司。深圳发展银行自上市以来，长期作为沪深两市的龙头股存在，在中国的股市上写下了辉煌的篇章。现改名为平安银行。

深圳发展银行原来是一家地区性商业银行，通过上市，不仅增加了资本金，增强了抗风险能力，而且使自身的经营管理处于公众的监督之下，从而有利于更加积极、稳健、规范地开展业务。经过十几年的发展，深圳发展银行业务规模不断扩大，资产质量不断提高，盈利水平得到了改善，已经发展成为在全国一些大城市设有分支机构的全国性银行。

3）招商银行

招商银行最初是由招商局独资组建的，与其同性质的还有华夏银行、中国光大银行、中信银行等，都是由一家企业集团独资创办的。招商银行是最早实行股份制改造的银行。1989 年其股东变为 7 家大型企业，其资本金也由 1 亿元扩募至 4 亿元。此后华夏银行、中国光大银行也于 1996 年增资扩股，逐渐变为股份制银行。

3. 城市商业银行

城市商业银行的前身是城市信用合作社。1993 年底，《国务院关于金融体制改革的决定》提出，金融深化改革的内容之一是将城市信用社改组为城市合作银行；1995 年，进行了组建城市合作银行的试点工作；1997 年在全国大规模组建城市合作银行。虽然城市合作银行名字中保留了"合作"二字，但它已经不属于合作金融的性质，而是地方性的、股份制的商业银行。当时试点方案规定，凡组建城市合作银行的城市，所有城市信用合作社必须加入，城市合作银行实行一级法人、多级核算的体制。

1998 年，经国家主管部门批准，城市合作银行全部改名为城市商业银行。全国截至 2012 年初时共有 144 家，营业网点近万个，遍及全国各个省、市、自治区。其中有宁波银行、北京银行和南京银行三家城市银行已率先公开上市。

4. 农村合作性金融机构

农村信用社在 2003 年深化改革试点以来，深入推进产权改革，经不断完善公司治理，经营状况显著改观。整体面貌发生实质性变化，步入良性发展轨道。2011 年年底时，全国农村合作金融机构就已达到 2 667 家，其中农村商业银行 212 家、农村合作银行 190 家，农村信用社共有机构网点 7.7 万个，从业人员达 80 万人，农村信用社资产负债和存款规模已达到改革前的 5 倍以上；资本充足、不良贷款率等主要监管指标持续改善、风险逐步化解。[1]

9.2.3　非银行金融机构

除上述金融机构外，凡从事融资业务活动，又不称为银行的机构，国际惯例均划为非银行金融机构之列。如保险公司、信托投资公司、证券公司等。下面将介绍我国目前属于此类的主要机构。

1. 保险公司

目前，我国全国性的保险公司有三家：中国人民保险（集团）公司、中国太平洋保险公司、中国平安保险公司。而区域性、地方性的保险公司有若干家。

中国人民保险（集团）公司是经营国内外保险和再保险业务的专业集团公司，其前身是中国人民保险公司，成立于 1949 年 10 月 20 日。于 1959 年并入中国人民银行国外业务局，同时收缩机构和人员，停办了国内保险业务。1980 年为适应对外开放、对内搞活的方针和经济体制改革的需要，逐步恢复停办多年的国内保险业务。1995 年 9 月，国务院正式批复了中国人民银行《关于中国人民保险公司体制改革的报告》，中国人民保险公司改建为中国人民保险（集团）公司（简称"中保集团"）。

中国太平洋保险公司是由中国人民银行于 1991 年 4 月批准设立的一家社会主义股份制保险公司，其前身为交通银行保险部，总公司设在上海。

中国平安保险公司是由深圳蛇口工业区招商局社会保险公司和中国工商银行深圳分行信托投资公司共同发起组建的一家股份制保险企业，总公司设在深圳经济特区。其前身为"平安保险公司"。平安保险公司 1988 年 3 月 15 日经中国人民银行总行批准成立，同年 5 月正式试营业。经营区域为经济特区和沿海开放城市，业务范围为法定保险和国际再保险外的一切保险业务。根据保险体制改革和中国保险市场的发展需要，1992 年经请示国务院同意，批准平安保险公司更名为"中国平安保险公司"，经营区域扩大至全国并同意该公司根据业务发展的需要和国家有关规定，在境外设立分支机构或代表处，同时批准该公司办理法定保险和国际再保险业务。

2. 信托投资公司

信托投资公司是经营信托投资业务的金融机构。信托起源于英国，是建立在信任的基础上，财产所有者出于某种特定目的或者社会公共利益，委托他人管理和处分财产的一种法律制度。在发达的市场经济国家，信托业已经发展成为现代金融业的重要支柱之一，与银行、证券、保险并称为现代金融业四大支柱。

我国的信托制度有近百年的历史。1979 年 10 月，新中国第一家信托机构——中国国际信托投资公司宣告成立。此后，从各专业银行、行业主管部门、地方政府纷纷办起各种形式的信托投资公司，到 1988 年达到最高峰时共有一千多家。但是，由于缺乏法律规范和管理经验，我国信托业普遍存在内部管理混乱、违规经营等现象，信托业的发展和整顿几乎一直形影相随。

1998 年，中央开始对信托业实行第 5 次整顿，这也是自 1979 年以来力度最大的一次整

① 王璐. 为民营银行发展创建良好的外部环境一文 [N]. 金融时报，2015-11-16.

顿。经过整顿，我国的信托投资公司由 1999 年的 326 家减少为 2002 年的 80 多家，其中已经进行了重新登记的有 18 家，还有一部分已通过重组转型为证券公司。

3. 融资租赁公司

融资租赁公司是主要办理融资性租赁业务的专业金融机构。随着经济体制改革的深入发展，融资租赁业在我国迅速兴起。我国融资租赁行业大致可以分为三种类型：中外合资的租赁公司、中资的租赁公司、兼营租赁业务的金融机构。

目前，融资租赁公司的主要业务有：用于生产、科、教、文、卫、旅游、交通运输设备等动产、不动产的租赁、转租赁、回租租赁业务。中国租赁有限公司是目前我国资力最雄厚、影响最大的租赁公司，该公司 1987 年 4 月经中国人民银行批准成立，总公司设在北京，实行自主经营，自负盈亏，独立经济核算。该公司由中国国际信托投资公司代管；在金融业务上受中国人民银行领导、管理、协调、监督和稽核；办理与租赁有关的外贸业务受对外经济贸易部的领导和管理；在国家工商行政局登记注册；根据业务需要，经中国人民银行批准，在国内外设有分公司、子公司、联合公司、办事处和代理机构。

4. 财务公司

我国的财务公司多为企业集团内部集资而成，其宗旨和任务是，为本企业集团内部集资或融通资金，一般不得在企业集团外部吸收存款，财务公司在业务上受中国人民银行领导和管理，在行政上则隶属于各企业集团。主要业务有：人民币存款、贷款、投资业务；信托和融资性租赁业务；发行和代理发行有价证券等。

5. 证券公司

证券公司是专门从事有价证券的自营或代客买卖的金融机构，它受托办理债券、股票发行业务，接受单位及个人的委托从事证券的买入或卖出，同时也使用自有资金从事有价证券的买卖与投资。目前我国的证券公司按照业务经营权限的不同可以分为综合类证券公司和经纪类证券公司两大类。

6. 基金公司

基金公司是负责投资基金的发起设立与经营管理的专业性机构。证券投资基金（简称"基金"）是一种由基金公司通过发行基金单位，将众多投资者的资金集中到一起，由专家对资金进行管理和运用，通过组合投资的方法将其专门投资于股票、债券、期货等金融商品的间接投资方式。基金公司就是投资基金的管理人和受托人。

7. 金融资产管理公司

中国的金融资产管理公司带有典型的政策性金融机构特征，是专门为接受和处理国有金融机构不良资产而建立的。1999 年 4 月 20 日，中国首家经营商业银行不良资产的全国性金融资产管理公司——中国信达资产管理公司成立，随后华融、长城、东方三家全国性金融资产管理公司相继成立。金融资产管理公司通过技术操作，可以将商业银行剥离出来的不良资产加以处置，有利于国有商业银行进行资产重组，提高竞争力。

8. 小额贷款公司和贷款公司

小额贷款公司是由自然人、企业法人与其他社会组织投资设立，以服务"三农"为宗旨，不吸收公众存款，只能在本县（市、区）行政区域内从事小额贷款业务和小企业发展、财务、管理等咨询业务的有限责任公司或股份有限公司。2005—2006 年山西、四川、陕西、贵州、内蒙古五省区经中国银行业监督管理委员会批准，共设立了 7 家小额贷款公司。2007

年以来，小额贷款公司试点范围已扩大到了山东、浙江、重庆、上海、江苏等许多省市，发展势头良好。贷款公司是指经中国银行业监督管理委员会依据有关法律、法律批准，由境内商业银行或农村合作银行在农村地区全资设立的专门为县域农民、农业和农村经济发展提供贷款服务的非银行业金融机构。

9. 其他非存款类金融机构

主要有汽车金融公司、货币经纪公司、信用服务机构（主要包括征信公司、信用评估机构、信用担保机构、信用咨询机构等）。

9.2.4 外资金融机构

随着对外开放政策的发展，我国开始引进外资金融机构。我国对外资金融机构的引进主要采取了三种形式：一是允许其在我国设立代表机构；二是允许其设立业务机构（分行或分公司）；三是允许其与我国金融机构设立中外合资金融机构（合资银行、合资财务公司等）。

本 章 小 结

1. 我国的金融机构体系经历了不同的历史变迁，现阶段我国的金融机构体系以中央银行为核心，商业银行、政策银行为主体，非银行金融机构、外资银行为补充，形成一个多形式、多功能的社会主义金融机构体系，基本上呈现银行业、证券业和保险业三足鼎立的局面。从我国金融机构的发展史中可以看出，它与当时的政治、经济发展状况是密切关联的。

2. 我国金融机构与西方国家金融机构相比既具有共性，也有差异。

▶ 复习思考题 ◀

概念题

管理性金融机构　政策性金融机构　证券公司　基金公司　金融资产公司

思考题

1. 我国金融机构与西方国家金融机构有哪些共性和特性？
2. 为什么说我国金融体系比较复杂？
3. 我国商业银行包括哪些主要金融机构？

第 10 章
国际金融机构体系

10.1　国际金融机构概述

　　国际金融机构是指从事国际金融管理和国际金融活动的超国家性质的组织机构，按地区可分为全球性的国际金融机构和区域性的国际金融机构。

10.1.1　国际货币基金组织

　　国际货币基金组织（International Monetary Fund，IMF）是根据 1944 年 7 月在美国布雷顿森林召开的联合国货币金融会议上通过的《国际货币基金协定》于 1945 年 12 月 27 日成立的联合国所属的专门负责国际货币事务的国际性合作机构，总部设在美国华盛顿。到 2017 年 12 月底为止，国际货币基金组织成员国已达 187 个国家和地区，我国是创始国之一。我国的合法地位是 1980 年 4 月 18 日恢复的。

　　1. 宗旨与职能

　　国际货币基金组织的宗旨是通过设立一个就国际货币问题进行磋商和合作的常设机构，促进国际货币合作；促进国际贸易的扩大和均衡发展，以此达到高水平的就业与实际收入，并增强会员国的生产能力；促进汇率的稳定和有秩序的汇率安排，借此避免竞争性的汇率贬值；协助建立会员国之间经济性交易的多边支付体系，取消阻碍国际贸易发展的外汇管制；在临时性的和有保障的条件下，向成员国提供资金融通，使它们在无须采取有损于本国和国际经济繁荣的措施的情况下，纠正国际收支的不平衡；争取缩短和减轻国际收支不平衡的持续时间和程度。

　　国际货币基金组织的主要职能是：为成员国的汇率政策、与经常项目有关的支付及货币的兑换性问题确立一项行为准则，并实施监督；为成员国解决国际收支问题融通短期资金，向成员国提供国际货币合作与协商的场所。

　　2. 组织结构

　　国际货币基金组织的管理机构由理事会、执行董事会、总裁和业务机构组成。

　　（1）理事会。理事会是国际货币基金组织的最高权力机构，由各会员国选派一名理事和一名副理事组成，理事通常是由各国财政部长或中央银行行长担任。理事会的主要任务是：接纳新会员，修改基金份额，分配特别提款权，决定会员国退出基金组织和其他有关国际货币体系等重大问题。

（2）执行董事会。执行董事会是负责处理基金组织日常事务的机构，由 24 名董事组成，其中 8 人分别由美国、英国、德国、法国、日本、俄罗斯、沙特阿拉伯和中国 8 个会员国单独指派，其余由包括若干个国家和地区的 16 个选区各派 1 名代表进入执行董事会，执行董事，不得兼任理事。

（3）总裁。由执行董事会推选一人，总管基金组织的业务工作，是最高的行政领导人。通常情况下，总裁兼任执行董事会主席，平时无投票权，只有在执行董事会投票表决出现票数相等时，才有决定票权。

（4）业务机构。基金组织有 16 个部门，负责经营管理日常业务。

3. 资金来源

（1）会员国的基金份额。

国际货币基金组织实行份额制度，也就是说，资金的主要来源是会员国缴纳的份额，会员国应缴份额的大小，由基金组织与会员国磋商后确定。会员国缴纳份额的办法是，份额的 25% 原规定以黄金缴纳，1976 年改为以特别提款权或外汇缴纳；份额的 75% 以会员国本国货币缴纳，存放于本国中央银行，在基金组织需要时可以随时动用，成员国的份额应每 5 年左右调整或扩大一次。份额法类似于股份，因此，份额决定会员国的普通提款和特别提款分配额，同时也决定投票权，每一会员国有 250 张基本票，每 10 万特别提款份额增加 1 票，所以会员国的份额越大，表决权也越大。

（2）向会员国借款。

国际货币基金组织的另一个资金来源是借款，它不仅可以向各会员国官方机构进行借款，也可以向私人借款，包括商业银行借款。

（3）出售黄金。

基金组织于 1976 年 1 月决定将其所持黄金的 1/6，即 2 500 万盎司分 4 年按市价出售，以获得利润中的一部分，作为建立"信托基金"的资金来源。

4. 主要业务

（1）汇率监督协调。

为了保持有秩序的汇率安排，国际货币基金组织一方面要求会员国在出现国际收支根本性失衡的情况下，与之协商是否改变会员国的货币平价，另一方面对会员国的宏观经济政策进行检查和协调。其主要内容是："在会员国总的经济情况和经济政策战略的一种广泛分析结构内"估价会员国的经济政策；促进国际货币合作和国际金融合作；限制成员国家实行贸易管制和其他贸易壁垒，以促进国际贸易的发展。

（2）资金融通。

国际货币基金组织对成员国提供形式多样的优惠贷款，帮助成员国克服国际收支平衡和解决贸易中的困难。

（3）向会员提供培训咨询服务等。

国际货币基金组织对会员国提供有关国际收支、财政、货币、银行、外汇、外贸和统计等方面的咨询和技术援助，帮助会员国组织人员培训、编辑出版各种反映世界经济和国际金融专题的刊物和书籍，而且基金组织作为联合国的专门机构，还积极参加联合国的相关活动。

10.1.2 世界银行集团

世界银行集团（World Bank Group）目前由世界银行、国际开发协会、国际金融公司、多边投资担保机构和解决投资争端国际中心 5 个成员机构组成。

1. 世界银行

世界银行（World Bank, WB），又称国际复兴开发银行（International Bank for Reconstruction and Development, IBRD），是 1944 年 7 月布雷顿森林会议后与国际货币基金组织同时产生的另一个国际金融组织。它于 1945 年 12 月正式建立，1946 年 6 月开始营业，总部设在美国华盛顿，并在纽约、日内瓦、巴黎、东京等地设有办事处。它是联合国的专门机构，世界银行与国际货币基金组织是紧密联系、相互配合的国际金融组织，每年这两个机构的理事会联合召开年会。

世界银行建立之初，只有 39 个会员国，到 2017 年 12 月底前已经有 189 个会员国，我国于 1980 年 5 月恢复了在世界银行的合法席位。按该行规定，凡参加世界银行的国家，首先必须是国际货币基金组织的会员国，但基金组织的会员国不一定都参加世界银行。

1) 世界银行的宗旨

对用于生产目的的投资提供便利，以协助会员国复兴与开发，并鼓励不发达国家生产和资源的开发；通过保证或参与私人贷款和私人投资的方式，促进私人对外投资；用鼓励国际投资以开发会员国生产资源的方法，促进国际贸易的长期平衡发展，维持国际收支平衡；与其他方面的国际贷款配合提供贷款保证。

2) 世界银行的组织机构

世界银行的组织机构是由理事会和执行董事会组成。

理事会是世界银行的最高权力机关，由会员国选派一名理事和一名副理事组成，一般委派财政部长、央行行长或其他地位相当的高级官员担任，任期均为 5 年，并可连选连任。副理事只有在理事缺席时才有投票权。理事会的主要职权是：负责讨论批准接纳新会员；决定普通增缴或调整缴纳股本；决定停止会员国资格；决定银行净收入的分配及其他重大问题。

世界银行负责处理日常业务的机构也是执行董事会。执行董事会有 24 人，其中 5 人由美国、英国、德国、法国、日本 5 个国家各自指派，其余 19 人由其他的会员国按地区联合推选。我国、俄罗斯和沙特阿拉伯各自构成一个单独的选区，单独选派一名，其他会员国分别联合成多国选区。执行董事会选举 1 人为行长，行长即执行董事会主席，任期 5 年，并可连任。行长无投票权，只在执行董事会表决中双方票数相等时，可以投决定性的一票。行长下设有副行长，辅佐行长工作。

3) 世界银行的资金来源

世界银行资金来源主要有会员国缴纳的股金、向国际金融市场借款、出让债权和营业利润收入。

各会员国股金的多少，是根据该国家的经济实力，并参照该国在基金组织所缴份额的大小而定，会员国的投票权与基金组织一样，同认缴股金成正比，由于美国一直是认缴股金最多的国家，所以它的投票权最大。然而，会员国从世界银行获得的贷款与从基金组织获得的贷款有所不同，即并不根据其认缴股金的多少确定，因此也有些发展中国家要求少缴股金。

世界银行的资金也主要来自向国际金融市场借款，特别是在资本市场上发行中长期债券。世界银行另一个资金来源是将贷出款项的债权出让给私人投资者，主要是商业银行，收回一部分资金，以扩大银行的资金周转能力。这种资金来源，近年来在世界银行资金周转中显得日益重要。另外，世界银行历年业务活动中的营业利润也是资金来源之一，由于世界银行资信卓著，经营得法，每年利润相当可观。

4）世界银行的主要业务

（1）供给会员国经济重建或经济开发所需要的长期贷款。

（2）调解投资争端，提供投资担保。

（3）应会员国的要求，派遣调查团协助会员国拟订适当的长期经济开发计划，并于计划实施时，经常派遣专家予以协助指导。

此外，世界银行还从事研究性工作。世界银行的研究内容主要是分析对制定有效的发展政策至关重要的问题，包括一系列影响减轻贫困、社会福利和经济增长的因素。世界银行在随时获取各国国情、政策信息和数据方面是无可比拟的，其工作人员与确定哪些是当前最重要问题的官员保持着经常性的联系。

2．国际开发协会

国际开发协会（International Development Association，IDA）是世界银行的一个附属机构，但从法律地位及资金构成来看，它又是一个独立的国际金融机构。它正式成立于 1960 年 9 月，同年 11 月开始营业，总部设在华盛顿。国际开发协会刚建立时有 68 个会员国，现在已经有 172 个会员国。只有世界银行的会员国才有资格参加开发协会，但世界银行会员国不一定参加该协会。我国在恢复世界银行合法席位的同时，也自然成为国际开发协会的会员国。

1）国际开发协会的宗旨

以比世界银行更为优惠的条件专门向会员国中较贫穷的发展中国家提供长期贷款，促进其经济发展、生产和生活水平的提高，同时作为世界银行的补充，促进世界银行目标的实现。

2）国际开发协会的组织机构

国际开发协会的组织机构与世界银行相同，最高权力机构是理事会，下设执行董事会，负责组织领导日常业务工作。国际开发协会的正副理事、正副执行董事由世界银行的正副理事和正副执行董事分别担任；经理、副经理由世界银行行长兼任；办事机构的各部门负责人也都是由世界银行相应部门的负责人兼任。但国际开发协会的会计账目独立，名义上是独立的机构。

3）国际开发协会的资金来源

国际开发协会的资金来源主要有以下 4 个方面。

（1）会员国认缴的股本，协会最初法定资本为 10 亿美元，其后又多次增资。开发协会章程规定：工业发达国家认缴股金必须以黄金或自由外汇支付，发展中国家 10% 以自由外汇支付，90% 以本国货币支付。

（2）会员国提供的补充资金，该款项绝大部分由工业发达国家或收入较高的国家提供。

（3）世界银行的拨款。

（4）开发协会业务经营的净收入。国际开发协会也同世界银行一样，各会员国投票权的大小与其认缴股本呈正相关关系，每新认购 5 000 美元就可在基本票的基础上增加一票。

美国任缴股本额最高，其投票权也最大。

4）国际开发协会的主要业务活动

国际开发协会的主要业务活动是向较贫穷的发展中国家提供贷款，贷款只是贷给会员国政府。其特点是贷款条件极其优惠：贷款期限长达 50 年；不收利息，对已支付额每年仅收 0.75% 的手续费，对未支付贷款每年收 0.5% 的承诺费；头 10 年不必还本，第二个 10 年起，每年还 1%，其余 30 年，每年还本 3%；贷款可以全部或一部分用本国货币偿还。贷款一般用于发展农业、交通、运输、教育、能源等基本建设。

3. 国际金融公司

国际金融公司（International Finance Company，IFC）也是世界银行的一个附属机构，同时又是一个独立的国际金融机构。它于 1956 年 7 月成立，总部设在华盛顿。只有世界银行的会员国，才有资格参加国际金融公司，目前国际金融公司有会员国 175 个。我国于 1980 年 5 月恢复了在国际金融公司的合法席位。20 世纪 90 年代以来，我国与国际金融公司的业务联系不断密切，其资金已成为我国引进外资的一条重要渠道。

1）国际金融公司的宗旨

配合世界银行的业务活动，专门对会员国，特别是其中的发展中国家的重点私人企业提供无须政府担保的贷款或投资，鼓励国际私人资本流向发展中国家，以推动这些国家的私人企业成长，促进其经济发展。

2）国际金融公司的组织机构

国际金融公司的组织形式与国际开发协会完全一样，最高权力机构是理事会，下设执行董事会，负责日常事务。国际金融公司的正副理事、正副执行董事及各部门负责人，与世界银行是两块牌子，一套班子，公司总经理由世界银行行长兼任。

3）国际金融公司的资金来源

国际金融公司的资金来源主要有以下几个方面。

（1）会员国认缴的股金，这是公司最主要的资金来源。公司最初的法定资本为 1 亿美元，分为 10 万股，每股 1 000 美元。会员国认缴股金必须以黄金或可兑换货币缴付。每个会员国的基本票为 250 票。此外，每多认缴 1 股，增加 1 票。

（2）通过发行国际债券，在国际资本市场借款。

（3）世界银行与会员国政府提供的贷款。

（4）国际金融公司业务经营净收入。

4）国际金融公司的主要业务活动

（1）对会员国私人企业提供无须政府担保的贷款。贷款额一般在 10 万～2 000 万美元，贷款期限一般 7～15 年，利率一般高于世界银行，还款时须以原借入的货币偿还。

（2）对私人企业投资入股，投资额一般不超过企业注册资本的 25%，最低的只有 2%，以此组织工业国家对发展中国家的私人企业联合投资，帮助发展中国家开发资本市场。

国际金融公司还积极参与发展中国家的国有企业私有化及企业改组的活动，以使这些企业提高经济效益。同时向重债国提供关于债务转换为股本的安排意见，帮助这些国家渡过债务危机。

4. 多边投资担保机构

多边投资担保机构（Multilateral Investment Guarantee Agency，MIGA）是世界银行集团最

新的成员，创建于 1988 年，该机构的任务是通过减少非商业投资障碍鼓励股本投资和其他直接投资流入发展中国家。为执行上述使命，多边投资担保机构向投资者提供非商业保险的担保，为设计和执行与外国投资有关的政策、规划及程序提出建议并就投资问题在国际商业界与有关国家政府之间发起对话。

5. 解决投资争端国际中心

解决投资争端国际中心（International Center for Settlement of Investment Disputes，ICSID）是世界银行下属的非财务机构，于 1966 年建立。我国于 1990 年 2 月在该公约上签字。解决投资争端国际中心的任务是调节和仲裁政府和外国投资者之间的纠纷，从而使国际投资更多地流向发展中国家。为了推动其促进投资目标的实现，它还在外国投资法领域开展一系列的研究和出版工作。

10.1.3　国际清算银行

国际清算银行（Bank for International Settlement，BIS）是根据 1930 年 1 月 20 日在荷兰海牙签订的海牙国际协定，由英国、法国、意大利、德国、比利时和日本 6 国中央银行及代表美国银行业利益的摩根银行、纽约花旗银行和芝加哥花旗银行三家商业银行组成的银行集团，于 1930 年 5 月在瑞士的巴塞尔成立。它是世界上成立最早的国际性金融组织。

国际清算银行当初创办的目的是处理第一次世界大战后德国赔款的支付和解决德国国际清算业务，刚建立时只有 7 个成员国，现已有 45 个国家的中央银行参加。除持股中央银行之外，国际清算银行还与其他国家中央银行和国际机构建立了广泛的联系，到目前为止世界上大约有 120 多家中央银行和国际金融机构在国际清算银行开户。中国人民银行于 1984 年与国际清算银行建立了业务联系，此后每年都派代表团以客户代表身份参加其年会。1996 年 9 月 9 日，国际清算银行董事会通过决议，决定接纳中国人民银行为该行的新成员。

1. 国际清算银行的宗旨

国际清算银行不是政府间的金融决策机构，也不是发展援助机构，实际上是各国中央银行的银行。1995 年修改后的《国际清算银行章程》第 3 条对其宗旨作了明确的说明，即"促进各国中央银行之间的合作并为国际银行业务提供新的便利；根据有关当时各方签订的协定，在金融清算方面充当受托人或代理人。"

国际清算银行作为一家办理中央银行业务的金融机构在国际上一直发挥着独特的作用。长期以来，它一直是西方国家中央银行行长和银行家交换意见、举行重要会议的中心。随着世界经济与国际金融市场一体化的发展，国际清算银行作为商讨国际金融合作问题的论坛，其影响与作用不断增强。

2. 国际清算银行的组织机构

国际清算银行的组织机构由股东大会、董事会和管理当局三部分组成。

股东大会是其最高权力机构，每年举行一次会议，通常于 6 月份的第二个星期一召开，由认购该行股票的各国中央银行派代表参加。股东大会的权力主要是审查并批准年度报告、经审计师审计后的资产负债表、损益表及改变董事会成员的报酬；决定准备金和特别基金的拨款；并宣布股息及其股息金额等。股东投票权按其持有股份的多少来决定。

董事会是国际清算银行的实际领导机构。董事会由以下人员构成：英国、法国、比利时、意大利、德国的中央银行行长和美国联邦储备委员会主席为当然董事，当然董事可以任命一名副董事，如果当然董事本人不能出席董事会会议，副董事有权参加会议并行使董事的权利；其他董事由董事会 2/3 多数同意从认购股票但未委派当然董事的国家的中央银行行长中选出，但人数不能超过 9 人，加拿大、日本、荷兰、瑞典和瑞士的中央银行行长现已当选为董事会的成员。每年举行的董事会会议不得少于 10 次，董事会选举董事会主席，并任命国际清算银行的行长。董事会主席和银行行长职务由一人担任。

3. 国际清算银行的资金来源

国际清算银行的资金来源主要有股本金、一些国家中央银行存款和借款。

国际清算银行的法定股本为 15 亿金法郎①，被分成面值相等的 60 万股，现已发行了517 125 股。《国际清算银行章程》第 7 条规定："每股 25% 的股本必须在认购时付清，余下部分在以后或在董事会酌情确定的日期待缴。待缴时须提前三个月通知。"所以，每股实缴金额只是名义价值的 25%。

4. 国际清算银行的主要业务

其主要业务是：办理存款、放款、贴现业务；买卖黄金、外汇和债券；与各国政府或中央银行签订特别协议；代办国际清算业务；协助各国中央银行管理货币储备与金融投资等。

国际清算银行储备充足，被认为是最安全的银行之一。该行发表的预测市场情况的信息与数据，对国际市场动向有很大的影响，成为公认的国际银行业的统计报告中心。

10.2 区域性国际金融机构概述

10.2.1 亚洲开发银行

亚洲开发银行（Asian Development Bank，ADB），简称亚行，是类似于世界银行，但只面向亚洲和太平洋地区各国的区域性政府间的金融开发机构。它于 1965 年 3 月根据联合国亚洲及远东经济委员会（即今"联合国亚洲及太平洋地区经济社会委员会"）第 21 届会议签署的"关于成立亚洲开发银行的协议"而创立。1966 年 11 月，在日本东京正式成立，同年 12 月开始营业，行址总部设在菲律宾首都马尼拉。

亚洲开发银行刚建立时有 34 个成员，目前已发展到 67 个成员，其中亚太地区 48 个，其余来自其他地区。我国于 1986 年 3 月 10 日正式成为亚洲开发银行会员，认缴 114 000 股，约 13 亿美元。我国目前已成为除日本、美国之外的第三大认股国和最大的发展中国家认股国，在亚洲开发银行的业务活动中发挥着越来越重要的作用。

1. 亚洲开发银行的宗旨

亚洲开发银行的宗旨是，为亚太地区发展中国家和地区的经济发展筹集资金，提供技术援助，帮助恢复协调成员在经济、贸易和开发事务方面的政策，以促进亚太地区的经济增长。

① 金法郎是 1865 年法国、瑞士、比利时等国成立拉丁货币联盟时发行的一种金币，单位含金量为 0.290 322 58 克纯金，与 1936 年贬值前的瑞士法郎的含金量相同。金本位制崩溃后，该金币不再流通，但国际清算银行在编制资产负债表时仍以其作为唯一的记账单位，在日常业务中并不使用。凡是以美元计值的资产与负债均按每盎司纯金价值 208 美元的固定比率（1 金法郎=1.94 美元）折算成金法郎计价，以其他货币计价的均按市场上对美元的相对价格折算成金法郎。

2. 亚洲开发银行的组织机构

亚洲开发银行设有理事会、董事会及办事机构。理事会是亚洲开发银行的最高决策机构，负责接纳新会员国、确定银行股金、修改章程、选举董事和行长、决定亚行储备金及纯收益的分配等。它由每个会员国派理事、副理事各 1 名组成，每年至少召开一次会议。董事会是亚洲开发银行理事会的执行机构，负责全面管理亚行的日常业务。它由理事会选举的 12 名董事组成，任期 2 年，可以连任，其中 8 名产生于区内会员国，4 名产生于区外会员国。行长任执行董事会主席，是由理事会选举产生，任期 5 年，可以连任。行长可以参加理事会，但无表决权；行长任董事会主席时一般不参加投票，只有在表决权出现赞成与反对票数相等的情况下，才可以投决定性的一票。亚行的主要职能部门有：农业和乡村发展部、基本建设部、工业和开发银行部及预算部等。

3. 亚洲开发银行的资金来源

(1) 普通资金。

这是亚洲开发银行开展业务活动的主要资金来源，它由以下几部分组成：会员国认缴的股本、借款、普通储备金（即净收益的一部分）、特别储备金（即对发放的未偿还普通资金贷款收取一定数量的佣金）、业务净收益（即由提供贷款收取的利息和承担费）、预缴股本（即会员国分期缴纳银行股本时在法定认缴日期之前缴纳的股本）。

(2) 亚洲开发基金。

该基金建于 1974 年 6 月 28 日，主要由亚洲开发银行发达会员国捐赠（在这些国家中，日本是最大的认捐国，其次是美国），专门对亚太地区最贫穷会员国发放优惠贷款。

(3) 技术援助特别基金。

该基金于 1967 年建立，用于提高发展中国家的会员国人力资源素质和加强执行机构的建设，具体项目包括资助发展中国家聘请专家、培训人员、购置设备、从事部门研究等。

(4) 日本特别基金。

该基金全部由日本政府捐赠，用于支持发展中国家所进行的与实现工业化、开发自然资源和人力资源及引进技术有关的活动，以便促进发展中国家的经济增长。

4. 亚洲开发银行的业务

(1) 提供贷款。

亚行的贷款分为普通贷款（用普通基金发放的贷款）和特别基金贷款。前者的贷款条件是：期限 12～15 年，利率随金融市场的变化而调整，主要贷给比较富裕的发展中国家。后者的贷款条件是：期限 25～30 年，贷款利率 1%～3%，主要贷给比较贫穷的发展中国家，具有经济援助性质。按规定，归还贷款时需用贷出时所贷货币偿还。

(2) 股本投资。

股本投资即通过购买私人企业股票对发展中国家私人企业融资，它是亚洲开发银行 1983 年以来开办的一项服务。

(3) 技术援助。

技术援助包括项目准备技术援助、项目执行技术援助、咨询性技术援助、区域活动技术援助 4 项。亚洲开发银行的技术援助项目一般由董事会批准，但金额在 35 万美元以下的技术援助项目，也可由行长批准，只是事后须通报董事会。

10.2.2　欧洲投资银行

欧洲投资银行（European Investment Bank，EIB）是根据 1958 年 1 月 1 日生效的关于建立欧洲经济共同体的《罗马条约》而创建的，是欧洲经济共同体的一个金融机构。其成员都是欧洲共同体的会员国，行址设在卢森堡。欧洲投资银行的最高权力机构是理事会，执行机构是董事会。

欧洲投资银行的宗旨是，为了欧洲共同体的利益，利用国际资本市场和共同体本身的资金，促进共同市场平衡而稳定地发展。其资金来源主要是向欧洲货币市场借款。该行的主要业务活动是，在非盈利的基础上，提供贷款和担保，以资助欠发达地区的发展项目，改造和促使原有企业现代化及开展新的活动。

10.2.3　非洲开发银行

非洲开发银行（African Development Bank，ADB），简称非行，是在联合国非洲经济委员会的赞助下于 1964 年 9 月正式成立，并于 1966 年 7 月开始营业的一个面向非洲的区域性政府间国际金融组织。行址设在科特迪瓦（原象牙海岸）首都阿比让。

非洲开发银行的宗旨是，为会员国的经济和社会发展提供资金，协调各国发展计划，促进非洲经济一体化。其资金来源主要是会员国认缴的股本及向国际金融市场借款。为解决资金来源问题，非行先后成立了 4 个机构，即非洲开发基金、非洲投资与开发国际金融公司、尼日利亚信托基金和非洲再保险公司。非行经营的业务分为普通贷款和特别贷款。

10.2.4　泛美开发银行

泛美开发银行（Inter-American Development Bank，IDB）于 1959 年 12 月 30 日正式成立，1960 年 11 月 1 日开始营业，行址设在美国首都华盛顿。泛美开发银行的宗旨是，动员美洲内外资金，为拉丁美洲国家的经济和社会发展提供项目贷款和技术援助，以促进拉美经济的发展。其资金来源主要是会员国认缴的股金、向国际金融市场借款和较发达会员国的存款。其贷款主要有普通贷款、特别业务基金贷款、社会发展信托基金贷款等。

10.2.5　阿拉伯货币基金组织

阿拉伯货币基金组织（Arab Monetary Fund，AMF）成立于 1977 年 2 月 2 日，总部设在阿拉伯联合酋长国的首都阿卜杜拉，主要会员国都是阿拉伯联盟的成员国。

阿拉伯货币基金组织的宗旨是：通过制定会员国金融合作的方针和方式，稳定会员国之间的汇率；取消彼此之间的经常性支付限制，促进各会员国经济和贸易的发展，调整国际收支的失衡；推广使用作为记账单位的阿拉伯第纳尔，为发行统一的阿拉伯货币创造条件；促进阿拉伯经济一体化的进程和各会员国的经济发展。

本 章 小 结

1. 国际金融机构包括全球性的国际金融机构和区域性的国际金融机构。

2. 全球性的国际金融机构包括国际货币基金组织、世界银行集团和国际清算银行等。

3. 区域性的国际金融机构包括亚洲开发银行、欧洲投资银行、非洲开发银行、泛美开发银行和阿拉伯货币基金组织等。

▶ 复习思考题

■ 概念题

国际货币基金组织　世界银行　国际开发协会　国际金融公司　国际清算银行
亚洲开发银行

■ 思考题

1. 目前世界上有哪些全球性的国际金融机构？我国是哪些全球性国际金融机构中的成员？

2. 世界银行集团包括哪些国际金融机构？

3. 目前世界上有哪些区域性的国际金融机构？我国是哪些区域性国际金融机构中的成员？

金融市场篇

第 11 章
金融市场综述

本章重点提示

通过本章的学习，掌握金融市场的定义（包括狭义和广义），熟悉金融市场的构成要素，对金融市场的主体和客体及其包含的内容有较全面的了解；熟悉金融市场的组织体系和分类方法，对金融市场的功能和作用较为清楚的认识。

11.1　金融市场的含义与构成要素

11.1.1　金融市场的含义

金融市场是现代市场经济体系中最重要的组成部分之一，是进行资金融通、实现资源配置的重要场所。金融市场与商品市场、劳务市场、技术市场等一同构成了一国完整的市场经济体系。金融市场为社会资金从盈余部门向短缺部门转移提供了有效途径，促进了储蓄向投资的转化，大大提高了资金融通的效率。一个发达、完善、健全的金融市场对经济的发展有着重要的推动作用。

金融市场有狭义和广义之分，狭义的金融市场是指用来从事货币资金的借贷和证券、外汇、期货等金融商品买卖、交易的场所；而广义的金融市场是指以货币资金的借贷和金融产品的买卖为代表的金融资产交易关系的总和。它不仅包含有特定交易场所的有形市场，也包括无特定交易场所的无形市场；既包含金融机构之间的资金融通活动，也包含金融机构之外的资金融通活动；既包含以银行贷款为代表的间接融资活动，也包含资金供求双方通过证券的发行、买卖形成的直接融资活动。因此，广义的金融市场实际上是从事货币资金的融通与金融资产的交易所形成的信用、借贷、供求等诸多关系的一个综合体。除此以外，还包含了金融资产在交易过程中所形成的运行机制，其中最重要的是价格机制。在金融市场上，价格机制是其运行的基础，而完善的法律制度和先进的交易手段等则是其顺利运行的保障。

11.1.2　金融市场的形成条件

金融市场是商品经济发展到一定阶段的产物，它的发展与完善程度又受到一定的社会制度、文化传统、观念意识等因素的制约。一般来说，金融市场的建立需要具备以下几个条件。

（1）商品经济较为发达。商品经济和市场经济的发展是金融市场产生和发展的客观经济基础。一方面，发达的商品经济能够推动社会生产力的提高，增加社会财富，这样才能为金融市场提供更多的货币资金；另一方面，商品经济越发达，就越需要依赖金融市场来聚集资金和融通资金。

（2）信用制度较为完备。拥有一个完备的信用制度是资金流动和融通的前提和保证。完备的信用制度表现在以下三个方面：第一，有一个反应灵敏的市场利率机制；第二，有丰富多样的金融商品（即金融工具）；第三，有众多金融机构构成的较为完备的金融机构体系。

（3）有健全的法律法规。金融市场属于市场经济体系中的一部分，而市场经济离不开法律、法规和制度的约束。健全的法律法规是保证信用活动规范化和标准化的关键，也是金融市场健康发展的关键。

（4）有一定数量的社会闲置资金。金融市场的资金主要来源于居民个人的储蓄和一部分企业暂时闲置的资金。虽然对于每一个企业或个人来说拥有的资金量并不大，但将这些零散的、分散的资金集中到一起，形成的资金总规模是相当可观的。这些闲置资金的存在是金融市场存在和发展的物质基础。

11.1.3　金融市场的构成要素

金融市场的构成要素包括金融市场的交易主体、交易客体、交易中介和市场监管者4部分。

1. 交易主体

金融市场的交易主体是指金融市场各类交易活动的直接参与者，它包括居民个人、工商企业、政府部门、金融机构和海外投资者。

1）居民个人

金融市场上大部分资金来源于居民个人的储蓄。居民的家庭收入在扣除消费支出后的节余便形成了储蓄。为了保证资金的安全和获得更多的收益，大部分居民都会选择合适的金融资产进行投资。居民作为金融市场的交易主体，在金融市场上几乎总是以投资者的身份出现的，他们是金融市场资金的净供应者。居民从事金融商品的投资完全是为了追求个人利益，目的是使其资产得到保值和增值。

2）工商企业

企业（非金融企业）是金融市场上最大的资金需求者，但有时企业也可以是金融市场资金的供应者。企业在创业期间或扩大生产、经营规模时一般都需要大量的资金，筹集这些资金的传统渠道是找银行申请贷款；当银行贷款难以满足企业大额、长期的资金需求时，企业就会通过在证券市场上发行股票、债券来筹集所需的资金。在企业的日常生产经营过程中，当企业所需的短期流动资金不足又难以从银行获得贷款时，也常常通过短期票据市场来融资。因此，一般来说，在金融市场上企业是资金的净借入者。但有些企业因生产的季节性或购销差异等原因也会出现暂时的资金闲置现象，企业为获得较高的收益一般不会把大量的资金存于银行，而是将这部分资金用于其他金融资产的投资，通常是购买流动性强、安全性高的短期证券，由此成为金融市场的资金供应者。但企业从金融市场筹集资金的数量比其向市场提供的资金数量要大得多。

3）政府部门

政府作为金融市场交易活动的参与者，扮演着双重的角色。一方面政府是资金的需求者，政府为了筹集建设资金或弥补财政赤字，会利用政府的良好信誉，通过在货币市场上发行短期票据或在证券市场上发行政府债券来筹措资金。在大部分情况下，政府在一国的金融市场上居于净借款人的地位。另一方面，政府又是市场的调节者。政府可以通过中央银行参与货币市场上的再贴现活动和证券市场上的证券买卖，从而对金融市场进行干预和调节；例如，通过中央银行在货币或证券市场上买入或卖出债券来调节市场上的货币供应量，从而达到既定的货币政策目标。

4）金融机构

金融机构是金融市场最重要的参与者之一。金融市场上的金融机构包括银行和非银行金融机构，如商业银行、财务公司、信托投资公司、证券公司、基金公司、保险公司等。金融机构一方面通过吸收存款、发行金融债券和基金单位等方式将居民手中的储蓄和企业暂时闲置的资金集中起来，形成巨额的资金来源；另一方面，金融机构又通过对企业放款或从事证券投资等方式将资金运用出去，从而促进了储蓄向投资的转化。金融机构在金融市场的活动中具有交易集中、交易金额巨大等特点，因而对金融市场的运行有着重要的影响。

5）海外投资者

在当今经济全球化、金融国际化的浪潮中，海外投资者逐步成为国内金融市场的重要参与者。随着金融市场对外开放的程度不断加大，越来越多的海外投资者来国内投资和筹资，从事存贷款活动和其他投资活动；当在岸、离岸金融市场和资本市场进一步开放之后，会有更多的海外投资者参与到国内金融市场的投资活动中来。

2. 交易客体

金融市场的交易客体是指金融市场的交易对象或交易标的物，也就是通常所说的金融工具。金融工具的种类繁多，分类方法也各不相同。一般来说，金融市场上的金融工具主要有货币头寸、票据、股票、债券、基金证券、外汇、金融衍生产品等。下面对各类金融工具分别加以介绍。

1）货币头寸

货币头寸又称现金头寸，一般是指商业银行每日营业结束、资金的收支相抵后的差额，即资金多余或资金不足的数量。货币头寸是货币同业拆借市场特有的交易工具。货币的同业拆借市场对于商业银行和其他的金融机构来说是不可缺少的，因为任何一个金融机构都不能保证自己在经营中每日或某一段时间内货币的收支正好相抵，由于某种原因出现货币头寸"长"了（收入大于支出）或"短"了（支出大于收入）的情况是经常存在的。银行为满足客户提取存款的需要必须保留一定的现金头寸，当头寸不足时可以从同业拆借市场借入一部分资金；而当银行的资金出现暂时的闲置时，为避免利息损失，银行通常也会通过同业拆借市场将多余的头寸拆出。因此，货币头寸就成为同业拆借市场上重要的交易工具。

2）票据

票据是指出票人承诺在约定的日期或见票时无条件支付一定金额给持票人或收款人的具有一定格式、可以流通转让的书面凭证。票据是一种体现债权债务关系的证书，具有较强的流动性，因而成为货币市场最重要的流通和交易工具。

通常所说的票据主要包括汇票、支票和本票。汇票是由出票人签发，要求付款人按约定的付款日期，向指定的收款人无条件支付一定金额的支付命令；支票是由出票人签发，委托银行于见票时向收款人或持票人无条件支付一定金额的支付命令；而本票是由出票人签发，约定由自己在指定的日期向收款人或持票人无条件支付一定金额的书面承诺。每一类票据按不同的标准还可以进行细分，例如，汇票按其出票人的不同可分为商业汇票和银行汇票；按付款时间的不同可以分为即期汇票和远期汇票；按其是否附有其他相关单据又可分为跟单汇票和光票等。

3）股票

股票是资本市场上最重要的投资工具之一，它是由股份有限公司发行的，用以代表持有者的身份和权益，并据此获得股息或红利收入的一种所有权凭证。投资者一旦购买了股票，就成为股份公司的股东，享有获得公司的分红派息和参与公司决策等权利。与金融市场上其他的投资工具不同，购买股票的本金是不返还的，但股票可以在证券市场上按一定的价格买卖和转让。

股票按其持有者享有的权利和承担的风险不同，一般可分为普通股和优先股。普通股是股份公司发行的股票中最常见的一种，其股东有权参与公司的股东大会并拥有投票权；优先股的股东在公司的股息分配和公司破产清算时的剩余财产分配方面享有优先权，但他们一般不参与公司的决策与管理。股票还有其他的分类方法，例如，按股票上是否记载有股东的姓名可以分为记名股票和不记名股票；按股票是否有面额又可分为有面额股票和无面额股票等。

4）债券

债券也是资本市场上最重要的投资工具之一，它是由债务人依照法律程序发行，并约定在一定的期限内还本付息的书面债务凭证。债券所体现的是一种债权债务关系，债券的发行人是筹资人，也是债务人；债券的投资人是债券的购买者，也是债权人。作为一种代表债权债务关系的书面凭证，它与一般的借贷凭证不同，一般的借贷凭证是按借贷双方自行商定的借款条件而签订的书面合约，是一种非标准化的债务凭证；而债券是一种标准化、证券化的债务凭证，可以在证券市场上买卖和转让。债券的种类较多，流动性好，安全性较高，因而受到不少机构和个人投资者的欢迎。

债券的种类非常多，分类方法也较复杂。一般可按发行主体的不同将其分为政府债券、金融债券、企业债券和国际债券，或按期限长短的不同将其分为短期债券、中期债券和长期债券等。

5）基金证券

基金证券也称基金单位，是由证券投资基金的发起人向社会公众发行的一种集合投资工具。证券投资基金一般简称基金，是一种通过发行基金单位将众多投资者的小额资金集中起来，由专门的人员从事投资和资产管理，所获收益按投资者的投资比例进行分配的一种集合投资方式。证券投资基金的特点可以概括为"集合投资、专家理财、利益共享、风险共担"。

证券投资基金既不像股票那样体现的是一种所有权的关系，又不像债券那样体现的是一种债权债务的关系，它体现的是一种委托与受托的关系，即投资者通过购买基金单位，将资金委托给基金管理者去进行股票、债券等金融工具的再投资，并按出资比例获得投资收益。

从国内外证券投资基金的发展看，基金证券已成为大众喜爱的投资工具，基金也日益成为资本市场的投资主力。

证券投资基金一般分为封闭式和开放式两类，封闭式基金其基金单位的发行规模有数量上的限制，其基金单位的总额是固定不变的；而开放式基金其基金单位的发行规模没有数量上的限制，其发行数量是不固定的。一般来说，封闭式基金其基金单位可以在证券交易所上市交易和转让；而开放式基金不能上市交易，投资者只能在指定的销售网点办理基金单位的申购和赎回。

6）外汇

外汇的概念有狭义和广义之分。狭义的外汇一般是指外国的货币，或者用外币表示的可用于进行国际结算的支付手段。广义的外汇是指用外币表示的各类资产的总称，包括外国货币、外币有价证券、外币的支付凭证及其他外汇资产。外汇市场是金融市场的一个重要组成部分，外汇的交易在金融市场各类交易中占有重要的地位。

外汇市场上的交易对象主要是那些可以自由兑换的外汇，如美元、英镑、日元、欧元等，这类外汇的交易不受货币发行国的限制，可以在外汇市场上通过外汇买卖自由地兑换成其他国家的货币。人们从事外汇交易的目的有两种：一种是为了避免汇率风险和进行外汇保值，这类交易一般是与国际贸易和国际投资相关联的；另一种外汇交易则主要是出于外汇投机的目的，投资者预期某种外国货币在未来一段时间内会升值，于是在该种货币的币值较低时购入该货币，待该货币升值后再将其抛出，这样可以赚取货币升值的差价。外汇交易按其交割方式的不同又可分为即期交易和远期交易。除外汇的现货交易外，外汇交易还包括外汇期货交易和外汇期权交易等。

7）金融衍生产品

金融衍生产品又称金融衍生工具，它是指在基础金融工具或基础金融变量之上派生出来的一类新型的金融产品，有时也称为创新金融工具。金融衍生产品是从 20 世纪 60 年代末、70 年代初开始陆续出现的，它是在传统金融工具的基础上，引入相关的数学模型，通过对利率、汇率、股价等变量的未来走势进行分析与预测，从而确定其交易价格的一类金融合约。金融衍生产品的种类很多，而且近年来新的金融衍生产品仍在不断涌现。目前金融市场上交易的金融衍生产品主要有金融期货、金融期权、金融互换等几类。

金融期货是期货的一种，是在商品期货的基础上发展起来的。金融期货是以各种金融工具如外汇、债券、股票价格指数等作为交易对象的期货。常见的金融期货又可分为三种：外汇期货、利率期货和股票价格指数期货。

金融期权是指以金融工具或金融期货合约的买卖权利作为交易对象的一种交易形式，即交易双方买卖的对象不是某种特定的金融商品，而是以某种事先商定的价格买入或卖出这些金融商品如股票、债券、外汇的权利。金融期权的种类很多，一般主要将其分为看涨期权和看跌期权两大类：

金融互换是指两个或两个以上的当事人通过远期合约的形式，约定在将来某一时期内按一定的时间表相互交换一系列款项支付的金融交易。金融互换实际上是一种货币流量的互换。产生金融互换的原因主要是交易双方分别在各自的市场上具有优势，但又都需要对方市场上的金融工具。因此，通过金融互换可以使交易的双方降低筹资成本，减小风险，增加收益。金融互换包括货币互换、利率互换、货币与利率互换、股权互换等。

3. 交易中介

金融市场的交易中介是指那些在金融市场的筹资者和金融产品的购买者（即投资者）之间充当交易媒介的机构和个人。虽然金融市场交易主体与金融市场交易中介都是金融市场的参与者，但两者有着重要的区别。交易中介本身并不从事投资活动，并非是真正意义上的货币资金供给者或需求者，而只是通过中介活动获取佣金。尽管如此，它在金融市场上又是必不可少的，否则交易将无法正常进行。

金融市场中介可分为两类。一类是金融市场中介商，如证券承销人、股票经纪人、期货经纪人、外汇经纪人等。这些中介商为众多的投资者提供各项信息、咨询等服务，并代理交易双方直接从事金融市场的交易活动。另一类则是为金融市场的交易提供场地、设施、信息和服务的组织和机构，如证券交易所、期货交易所等。这些中介机构的中介活动为投资者参与金融市场的投资提供了很大的便利，对促进交易量的扩大和交易效率的提高起到了重要的作用。

4. 市场监管者

金融市场是从事货币资金融通和金融资产交易的场所，其交易品种、信用方式多种多样，交易规模巨大，与社会经济和百姓生活的关系非常密切。一个国家的金融市场是否稳定对于国民经济的健康发展有着重要的影响。因此，各国政府都要对本国金融市场上的金融活动进行严格的监督和管理，目的是维护良好的市场环境，防止违法活动，促进社会经济的稳定和发展。金融市场监管机构是指国家为依法对金融市场进行全面的监督和管理而专门成立的机构，如我国的证监会、银监会、保监会等。金融市场监管机构的职能就是根据国家的有关法律，如证券法、银行法、保险法、票据法等，对金融市场的交易主体、交易客体、中介机构及它们所从事的各项金融活动进行全面的监督和管理，规范市场的交易行为，引导市场有序运营、稳定发展。

我国金融市场最高层的监管机构是中国人民银行。中国人民银行是我国的中央银行，作为国家最高的货币、金融管理当局，它有权颁布金融市场的管理法规和条例，对金融市场实行全面的监管。除中国人民银行外，我国现有的金融监管机构还包括中国证券监督管理委员会（简称证监会）、中国银行业监督管理委员会（简称银监会）和中国保险业监督管理委员会（简称保监会），它们主要负责对金融市场中的一个或几个专业性的子市场如货币市场、证券市场、保险市场中的有关机构及其交易活动进行监督和管理。

在我国金融市场的监管机构中，还有一类机构是属于自律性的监管机构，如中国银行业协会、中国证券业协会等。这一类机构是由有关会员自愿组成的，它们依照国家的金融法规制定出各自协会的章程，通过加强机构会员之间的联系、合作和相互监督来促使会员加强自律、遵纪守法，保证金融市场的交易活动正常进行。

11.2 金融市场的组织体系

金融市场是由许多子市场构成的一个庞大的金融市场体系。随着金融工具的多样化和交易方式的复杂化，金融市场的组织结构也变得日益复杂。金融市场的组织体系主要是指金融市场的构成及其分类。一个国家的金融市场是由不同层次、不同类型的多个子市场构成的，每个子市场的交易品种不同，交易方式也不同，但它们都是以某一类金融资产作为交易的对象。金融市场的各个子市场如货币市场、资本市场、外汇市场等也不是孤立地存在的，它们之间既有各自的分工，又有相互间的联系。缺少任何一个子市场，这个金融市场都是不完整的。

金融市场按其不同特点、不同的交易方式可以有多种分类方法。一般来说，按照融资期限的长短，可将金融市场分为货币市场和资本市场；按照交易对象进入市场的先后顺序，可将金融市场分为发行市场和流通市场；按照交易品种的不同，可将金融市场分为同业拆借市场、票据市场、股票市场、债券市场、投资基金市场、外汇市场和金融衍生品市场；按照交易场所的不同，可将金融市场分为场内交易市场（证券交易所）和场外交易市场；按照交割方式的不同，可将金融市场分为现货市场和期货市场；按照交易地域的不同，还可将金融市场分为国内金融市场和国际金融市场。下面从几个不同的角度简单地加以介绍。

11.2.1　货币市场和资本市场

按融资期限的长短，金融市场可以划分为货币市场和资本市场。

货币市场又称短期金融市场，是指专门从事短期（一年以内）资金融通和投资的场所。货币市场的功能主要是用来满足政府、企业、金融机构及个人短期、临时性的资金需求。在经济生活中，政府、企业、银行等机构都需要短期资金用于周转，因而成为货币市场的交易主体。货币市场使用的金融工具主要有货币头寸、票据、大额可转让定期存单（CDs）、国库券等，它们因偿还期限短、流动性高、安全性好而在某种程度上成为货币的代用品。货币市场一般又可分为同业拆借市场、票据市场、短期国债市场和债券回购市场等。

资本市场又称长期金融市场，是指融资期限在一年以上的中长期资金市场。资本市场的功能主要是用来满足政府和企业对长期资本的需求。资本市场上使用的长期性金融工具主要是各类有价证券，包括股票、债券、证券投资基金等。企业可以通过在资本市场上发行股票来充实自身的资本，也可以通过发行债券来满足因生产、经营规模扩大对资金的需求。政府、金融机构也可以通过在资本市场上发行债券来筹集中长期资金。与货币市场的金融工具相比，股票、债券等有价证券的偿还期长或没有偿还期，要想收回本金只能到交易市场去买卖、转让手中持有的证券；而交易市场价格的波动又使得投资者的收益存在着不确定性，因此在资本市场投资具有一定风险性。

11.2.2　发行市场和流通市场

按交易对象进入市场的先后顺序，可将金融市场划分为发行市场和流通市场。

发行市场和流通市场主要是对金融市场中的证券市场而言的。发行市场是股票、债券、证券投资基金等有价证券初次发行、上市的市场，也称为初级市场或一级市场。任何证券都是由证券的发行人通过发行市场先将其销售出去，然后才能进入流通市场进行交易和流通。没有证券的发行，也就不会有证券的流通，因此，发行市场的作用是非常重要的。

流通市场又称交易市场或二级市场，是用来进行证券的买卖、转让的市场。证券的持有者在其需要资金或觉得卖出证券有利可图时，便可将其持有的证券到流通市场上出售变现；投资者也可以通过在证券的流通市场上购买相关种类的有价证券来参与证券市场的投资活动。通过流通市场上各种证券的买卖、转让，使证券这一类金融工具的流动性得以实现，从而大大地提高整个社会范围内的资本使用效益。

发行市场与流通市场之间有着密不可分的关系，两者是相互依存、缺一不可的。发行市场是流通市场的基础和前提，有了发行市场的证券供应，才有流通市场的证券交易；证券发行的种类、数量和发行方式在很大程度上决定着流通市场的规模和运行。而流通市场是发行市场得以持续扩大的必要条件，有了流通市场上证券的买卖和转让，才能使整个证券市场充满活力；同时，流通市场的交易价格还制约和影响着发行市场上证券的发行价格，是证券发行时需要考虑的重要参照因素。因此，在考察发行市场与流通市场时，不要将两者割裂开来；而要将其视为一个整体来看待。

11.2.3　现货市场和期货市场

按交割方式的不同，可将金融市场划分为现货市场和期货市场。

现货市场是指在金融交易成交后的1~3天内进行交割的市场。由于现货市场每笔交易的交易日与交割日离得很近，因此交易对方不履约的风险较小。

期货市场是指交易的协议虽然已经达成，但交割却要在未来某一特定时间进行的市场。在期货市场上，成交和交割在时间上是分离的，短的相差一两个月，长的可以相差一年。由于每笔交易成交以后并不需要立即履行交割义务，而是在一定时间（如3个月、6个月）以后才须按协议完成交割，因此存在着交易的某一方到期不履约的风险。另外，期货市场上普遍采用的是保证金交易的方式，即投资者只需支付一定数量的交易保证金，就可以从事在金额上高出保证金若干倍（一般为10~20倍）的交易，这种交易俗称为买空卖空。期货市场的上述特点决定了它与现货市场相比具有较大的投机性和风险性。

除期货市场外，还有一类市场称为期权市场，它实际上是期货市场的发展和延伸。金融期权是近十多年来在国外发展很快的一类金融衍生工具。金融期权交易是指买卖双方按一定价格达成协议，协议规定买方在交付一定数量的期权费之后，即获得在特定的时间内按协议价格买入或卖出一定数量的股票、债券等有价证券或外汇的权利。期权的购买方可以行使这种权利，也可以不行使，但在协议的有效期内如果不行使该权利，到期后期权协议自动失效。

11.2.4　国内金融市场和国际金融市场

按交易地域的不同，可将金融市场划分为国内金融市场和国际金融市场。

国内金融市场是指在地域上处于一国范围之内的金融产品的交易场所，其交易主体大多是本国的法人和自然人，交易对象也多由国内机构发行，市场的交易活动受到本国政府的严格管理，并受本国政府货币政策的直接影响。不同国家的国内金融市场有着各自相对的独立性，在市场形式、交易制度与政府监管等方面存在着较大的差异。

国际金融市场是指在地域上、空间上跨越一国或多国国界的金融产品交易市场，它是由国际性的资金借贷、货币结算、外汇买卖、证券买卖及黄金买卖等活动所形成的全球性或区域性的市场，主要包括国际货币市场、外汇市场、资本市场和黄金市场。国际金融市场与国内金融市场最重要的区别就在于市场的参与者不限于某一个国家，允许多个国家的机构和个人参与投资活动。国际金融市场的交易活动会引起资金在国际间的流动，对参与国的国际收支会产生直接影响。

11.3　金融市场的功能

11.3.1　筹资和融资的功能

筹资和融资是金融市场最重要的功能。金融市场是一种多渠道、多层次、多形式、多功能的筹资和融资的场所。它可以通过各种金融工具的交易，为资金的供应者和需求者提供多种选择机会，满足他们不同的筹资和融资的需要。金融市场不仅可以将分散的、沉淀于居民手中的消费型货币资金聚集起来，将其转化为生产型的资金，而且可以将各企业暂时闲置的、不能形成投资规模的资金集中起来，形成具有一定规模的巨额资金，将其用来投资，推动社会经济的发展。

11.3.2　资源配置的功能

金融市场是一种较高层次的资金运动场所，它可以通过价格机制和利率机制来调节资金和各种金融资产的供求，实现资金在各个经济部门的重新组合和优化配置。金融市场上各种金融产品的价格实际上是其内在价值的反映。一般来说，越是效益好的企业越容易从金融市场上筹集和融通资金。金融市场遵循"优胜劣汰"的原则，通过有序的竞争、规范的运作，可以把资金自发地配置给那些效益好的企业，同时淘汰那些劣质企业，使社会资金能够得到有效利用，从而起到优化资源配置的作用。

11.3.3　国民经济"信号系统"的功能

金融市场历来被人们称为国民经济的"信号系统"。金融市场不仅是资金融通和金融资产交易的场所，而且是信息交换的场所。上市公司和其他经济实体的业绩和经营状况都可以通过金融市场的借贷和交易活动反映出来。这些信息可以直接或间接地反映出国民经济发展中的动向和问题，便于管理层及时采取相应的对策，保证国民经济持续、稳定、健康地发展。

11.3.4　调控宏观经济的功能

金融市场是国家进行宏观调控的重要工具。中央银行作为国家货币政策的制定者和执行者，主要是通过调整存款准备金率、贴现率和公开市场业务来实现对国民经济的宏观调控，而这些宏观调控手段的实施无一不是在金融市场上进行的。也就是说，国家有关货币金融方面的方针、政策通过中央银行的货币政策工具传导到金融市场，引起货币流通量和流动方向的变动，这种变动又会作用于各产业部门，引起国民经济局部或整体的变动，从而达到宏观调控的目的。

11.4　金融市场的发展趋势

近年来，随着科学技术的日新月异，金融领域里的创新浪潮也是风起云涌。金融市场的交易规模不断扩大，新的金融产品不断涌现，信息手段和交易手段也日益现代化，这些都直接推动了金融市场和全球经济的发展。从全球的角度看，当今金融市场的发展有以下几个趋势。

11.4.1 金融资产证券化

所谓资产证券化，是指把一些流动性较差的金融资产，如金融机构的一些长期放款或企业的应收账款等，由商业银行或投资银行将其进行适当的组合，并以这些资产作抵押来发行证券，通过这些证券的上市交易来实现原有债权的流动化。资产证券化的实质就是把原来不具有流动性的资产通过证券化将其转变为具有流动性的资产。资产证券化最早起源于美国，最初出现的是住宅抵押贷款的证券化，随后又应用到汽车贷款等领域，商业银行纷纷通过对其债权实行证券化来增强其资产的流动性。从 20 世纪 80 年代末期开始，资产证券化的发展已成为国际金融市场的一个显著特点。

目前，西方国家资产的证券化已深入到金融活动的各个方面，不仅表现在银行贷款的证券化上，而且在所有金融活动中机构和个人以证券形式持有的资产在全部金融资产中所占的比例越来越大，传统的银行信贷业务正逐步向投资银行业务和证券业务转向。今后，作为金融机构、企业和居民手中最重要的一种金融资产，证券在经济活动中的作用将越来越大。

11.4.2 投资主体机构化

投资主体机构化是指在金融市场的投资主体中，各类机构投资者占有的比重越来越大。这些机构投资者主要包括投资基金、信托基金、养老基金、保险基金及各类金融机构、工商企业和各类公益基金等。从 20 世纪 80 年代以来，随着世界各国经济的发展、福利及养老制度的不断完善、金融市场规模和投资品种的不断扩大，金融市场的投资主体发生了结构性的变化，以投资基金、养老基金、保险基金为代表的机构投资者获得了长足的发展，并已逐渐成为金融市场上投资的主导力量。机构投资者实力的不断壮大使其在金融市场上的影响力日益增强。在美国，机构投资者持有的股票数量已超过股票总量的 50%，纽约证券交易所80% 的交易量和纳斯达克（NASDAQ）市场 60% 以上的交易量都是由机构投资者创造的。投资主体机构化已成为当今各国金融市场一个不可逆转的发展趋势。

11.4.3 金融市场国际化

金融市场的国际化已成为当今全球金融领域的一个重要的发展趋势。自 20 世纪 70 年代末期以来，在以美国为代表的西方国家兴起了金融自由化的浪潮，各国政府纷纷放宽对金融业的限制。随着国际信贷、外汇和利率等方面的管制的放松，国际间的资本流动大大增加，不同金融市场间的利率开始趋同。同时，由于计算机技术和通信技术的迅猛发展，先进的卫星和计算机网络将遍布于全球各地的金融市场联结成为一个整体，极大地推动了无形金融市场的发展。目前，国际金融市场正在成为一个"你中有我、我中有你"、相互之间密切联系的一体化的市场，在全球任何一个主要的金融市场上都可以进行某一相同品种的金融产品的买卖，并且不同市场对同一金融产品的交易价格几乎都是相同的。通过采用先进的通信和交易手段，可以消除不同金融市场之间因存在时差给投资者带来的不便。目前在伦敦、纽约、东京、新加坡、悉尼等全球重要的金融市场已经可以实现全天 24 小时不间断的金融交易，世界上任何一个局部市场上某种金融产品的价格发生波动或者传出某一方面的信息，在几分钟、甚至几秒内就会传递到全球的其他市场上，其影响是全球性的。

金融市场的国际化趋势还表现在跨国融资方面。近年来，越来越多的企业或金融机构通过到境外市场发行股票或债券来筹集资金，美国等发达国家的证券交易所每年都有大量的外国公司股票上市，各国政府和金融机构通过发行国际债券筹资的数量也在不断增加。这种趋势今后还将持续下去。

11.4.4　交易品种衍生化

在当今西方国家的金融市场上，金融衍生产品的交易已占有重要的地位。金融衍生产品是金融市场不断发展和创新的产物。20 世纪 80 年代以来西方国家的金融自由化极大地推动了金融衍生工具的发展，而新技术革命为金融衍生产品的产生与发展提供了物质基础和手段。金融衍生产品最初是被用作避免金融风险的工具，但随着金融衍生产品市场交易规模的不断扩大和交易品种的不断增多，金融衍生产品已成为当今金融市场上不可缺少的一类投资工具。在过去的十多年中，金融衍生产品在世界主要发达国家金融市场上的交易量呈爆炸性增长的态势，不仅投资银行、商业银行、证券公司、保险公司、基金管理公司等金融机构及工商企业的财务部门参与衍生金融产品的交易，而且许多个人投资者也都参与到外汇期货、股票价格指数期货、股票期权等金融衍生产品的投资活动中。随着金融创新的不断发展，金融市场将会有更多的金融衍生产品不断被推出，金融衍生产品的交易额在金融市场交易总额中所占的比重也呈现出不断上升的趋势。

本 章 小 结

1. 金融市场是进行资金融通、实现资源配置的重要场所，是以货币资金的借贷和金融产品的买卖为代表的金融资产交易关系的总和。金融市场通过价格机制和利率机制来调节资金和各种金融资产的供求，实现资金在各个经济部门的重新组合和优化配置。

2. 金融市场的构成要素主要包括金融市场的交易主体、交易客体、交易中介和市场监管者4个部分。金融市场的交易主体包括居民个人、工商企业、政府部门、金融机构和海外投资者；金融市场的交易客体主要有货币头寸、票据、股票、债券、基金证券、外汇、金融衍生产品等。

3. 金融市场有多种分类方法，一般按融资期限的长短将其分为货币市场和资本市场；按交易对象进入市场的先后顺序将其分为发行市场和流通市场；按交易品种的不同可分为同业拆借市场、票据市场、股票市场、债券市场、投资基金市场、外汇市场我金融衍生品市场等；按交易地域的不同，又可将其划分为国内金融市场和国际金融市场。

4. 金融市场具有筹资和融资的功能、资源配置的功能、国民经济"信号系统"的功能和对经济进行宏观调控的功能。

5. 当今金融市场的发展趋势是：金融资产证券化、投资主体机构化、金融市场国际化、交易品种衍生化。

复习思考题

概念题

金融市场　发行市场　流通市场　现货市场　期货市场　货币头寸　票据　股票债券基金证券　金融衍生产品　资产证券化

思考题

1. 什么是狭义的金融市场？什么是广义的金融市场？
2. 金融市场是由哪些要素构成的？
3. 什么是金融市场的交易主体？
4. 金融市场使用的主要金融工具有哪些？
5. 金融市场的交易中介的作用是什么？
6. 政府为什么要对金融市场进行监管？
7. 金融市场具有哪些功能？
8. 当今金融市场的发展趋势是什么？

第 12 章

货币市场

📚 **本章重点提示**

通过本章内容的学习，掌握货币市场的基本概念、特点与功能，对货币市场的交易主体及货币市场的形式有较为清楚的了解；熟悉同业拆借市场、票据市场、大额可转让定期存单市场和短期国债市场、证券回购市场的基本内容，掌握货币市场主要金融工具的特点及其在货币市场中的作用。

12.1 货币市场的特点与功能

12.1.1 货币市场的特点

货币市场是指融资期限在一年以内的短期资金市场。货币市场的交易对象是短期金融工具，主要包括货币头寸、商业票据、银行承兑汇票、大额可转让定期存单、短期国债等。这些金融工具的期限较短，最短的只有一天，最长的也不超过一年。它们随时可以在市场上变现，具有很强的流动性。因货币市场内交易对象的期限比较短，价格的波动幅度比较小，因此相对其他市场来说，货币市场的收益虽然不高但较为稳定，投资风险较小。

1. 交易主体以机构投资者为主

货币市场由同业拆借市场、票据市场、大额可转让定期存单（CDs）市场、短期国债市场（国库券市场）等构成，这些市场的参与者主要是各类机构投资者，如商业银行、政府、保险公司、社保基金等，个人投资者交易的份额很小。

2. 融资工具具有较强的流动性

货币市场上的融资工具具有很强的流动性。由于在货币市场上交易的金融资产期限较短，转手容易，变现能力强，收益较稳定，因此市场的参与者较多，每笔交易的金额也较大，少则几十万元，多则几千万元甚至上亿元，资金的周转量也是相当可观的。

3. 市场价格波动较小

由于货币市场的交易都是即期交易，市场的参与者从事交易活动的目的主要是进行短期融资，因此不存在期货市场那样的投机活动，一般情况下不会出现金融资产价格大幅涨跌的现象，因此市场的交易价格波动不大，交易额也比较平稳。

4. 投资收益有保障

由于通过货币市场融通的资金绝大部分都是用于短期资金周转，偿还期很短，加上短期金融工具（国库券、银行承兑汇票）等的发行人信誉一般较高，因此投资者的收益比较有保障，投资风险较小。

12.1.2　货币市场的功能

1. 合理引导资金流动

货币市场的存在可以在全社会的范围内调剂资金的余缺，既可以使一部分工商企业、金融机构（主要是银行）、政府部门和一部分居民个人通过短期借贷、票据贴现等方式获得暂时短缺的资金，同时也可以使另一部分拥有暂时闲置资金的机构或个人通过在货币市场进行短期投资获得一部分利息收入，从而促进了资金的合理流动，提高了资金的使用效率。

2. 调剂银行资金余缺

商业银行及其他金融机构是货币市场的主要参与者，货币市场（特别是同业拆借市场）的存在使得各家银行之间以及银行与其他金融机构之间的关系更加密切。通过货币市场上银行间经常性的短期融资活动，起到了很好的资金调剂作用，带动银行业乃至整个金融业的资金在系统内形成有效的循环，并通过相互间资金的调剂将银行系统联结成为一个有机的整体。

3. 反映资金供求状况

货币市场在一定时期内的资金供应量及其流动情况，是反映该时期整个国家金融市场银根松紧的指示器。它可以为金融当局贯彻其货币政策、进行金融宏观调控提供决策的依据。中央银行使用再贴现率、存款准备金率、公开市场业务等货币政策工具进行宏观调控主要是通过货币市场进行的，因此货币市场在这方面起着不可缺少的重要作用。

12.2　货币市场的交易主体与形式

12.2.1　货币市场的交易主体

货币市场的交易主体主要有商业银行、中央银行、政府部门、非银行金融机构、工商企业及居民个人。除此之外，货币市场的参与者还包括货币市场经纪人、中间商和承销商等。

1. 金融机构

商业银行是货币市场最重要的参与者之一。商业银行参与货币市场活动是为了灵活调度资金头寸，以达到既不影响日常经营又能提高资金使用效率、增加收益的目的。其参与形式主要是资金的短期拆借和买卖短期债券。因为商业银行是经营货币资金和信用的专门机构，其业务的性质决定了它的资金头寸会经常发生变动，因此商业银行在货币市场上的交易额大且频繁，是货币市场上的大户。

非银行金融机构（证券公司、保险公司、养老基金及各种投资基金等）参与货币市场活动的目的是希望货币市场为其提供低风险、高流动性的金融工具，用货币市场的低风险来抵消长期投资的高风险，用货币市场流动性高、变现快的优点来弥补长期投资变现困难的不足。

2. 中央银行

中央银行参与货币市场的活动是为了通过公开市场业务的操作来实现其货币政策目标，其参与形式主要是买卖短期国债。买卖短期国债是中央银行吞吐基础货币、调整和控制货币供应量的重要手段。中央银行的公开市场业务操作对货币市场价格、利率、收益率等都有举足轻重的影响。

3. 政府

政府参与货币市场的主要目的是筹集短期资金，解决财政收支过程中短期资金不足的困难和一些临时性的资金需要。

4. 工商企业

工商企业参与货币市场活动是为了融通短期资金，提高资金的流动性；或取得短期投资收益，减少资金的闲置，提高资金的使用效率。

5. 居民个人

居民个人参与货币市场的活动主要是为了获得短期资金的融通。总之，居民个人在货币市场各类融资活动的交易额中所占的比重很小。

6. 经纪人

货币市场的经纪人可分为货币经纪人和票据经纪人。货币经纪人是专门为同业拆借市场服务的中间商人，这些经纪人通常是通过电话、金融信息终端等通信工具与各家银行保持联系，并对各银行拆出、拆入的货币头寸进行调剂，从中起到撮合成交的作用，其收入是按成交金额收取一定比例的佣金。票据经纪人是指专营票据买卖的中间商人。票据经纪人的主要业务是代客买卖票据并从中收取佣金，但有时票据经纪人也从票据持有者手中以较低的价格（贴现率）将票据买进，再以较高的价格卖出或自己持有一段时间后到银行办理贴现，从票据的买卖差价中获取利润，从而同时具有了经纪人和自营商的性质。

12.2.2　货币市场的形式

货币市场按其存在的形式不同可以分为有形市场和无形市场。随着通信和交易手段的不断进步，目前国外的货币市场已发展到以无形市场为主，也就是说与传统的、有形的货币市场相比，当今货币市场的交易活动主要是通过电话、电报、传真、计算机网络等现代化的通信和交易手段来完成的。

由于货币市场的参与者主要是机构，每笔交易的金额较大，交易较频繁，而且多数交易者都是市场的常客，相互之间有一定的了解，这就使得货币市场完全可以摆脱传统的有形市场的交易方式，借助现代化的通信手段将市场的交易主体紧密地联结在一起，形成一个庞大的无形市场。交易者只需要坐在办公室里通过电话、传真、计算机终端等信息或通信工具，在几分钟内就可以完成交易。目前国外货币市场上同业拆借、短期国债的买卖、债券的回购、大额可转让定期存单的交易等都可以通过无形市场来完成。当然，无形市场的发展并不意味着有形市场的消失，对于货币市场的某些交易品种如票据贴现等，有形市场还是有其存在意义的。

12.3 同业拆借市场与短期借贷市场

12.3.1 同业拆借市场

同业拆借市场是金融机构（主要是商业银行）之间进行短期、临时性资金融通的场所。它原本是金融机构之间进行临时性资金"头寸"调剂的市场，期限非常短，多为"隔夜拆借"，即今日借入，明日偿还。但目前同业拆借市场上的资金融通已不仅限于弥补或调剂资金"头寸"，它已经成为商业银行和其他金融机构解决其经营中资金流动性不足和有效运用资金、减少资金闲置的重要场所，成为商业银行协调流动性和营利性关系的有效方法之一。

同业拆借必须以向中央银行缴存法定存款准备金为前提条件，如果商业银行不按中央银行规定的比率足额缴存法定准备金，将会被处以罚款。因此同业拆借市场上的资金主要来源于各商业银行上缴中央银行法定存款准备金后的超额存款准备金。

1. 同业拆借市场的特点

（1）监管机构对进入市场的交易主体有严格的限制。

同业拆借市场的一个显著特点是，有关的法规对进入该市场的交易主体即进行资金融通的双方有着严格的限制，只有具有准入资格的金融机构才能进入这个市场从事融资活动；非金融机构、包括政府部门、工商企业及个人不得进入同业拆借市场。有些国家在一些特定的时期对进入该市场的金融机构也有一定的限制，例如，有的国家只允许存款性的金融机构如商业银行进入，而不允许证券、信托、保险等非银行金融机构进入。

（2）融资期限较短。

同业拆借市场的资金拆借最初多为隔夜拆借（一日）或几日的资金临时调剂，目的是解决临时性的资金头寸不足问题或对多余头寸进行融通。然而发展到今天，同业拆借市场已成为各金融机构弥补短期资金不足和进行短期资金运用的场所。目前，同业拆借市场的期限一般为1～7天，也可以是1个月、3个月、6个月，最长期限为一年。同业拆借市场也从临时性的资金调剂市场变成了参与者以银行业为主的短期的融资市场。

（3）交易金额较大。

同业拆借市场的交易金额较大，一般少则上百万元，多则几千万元；而且多数情况下不需要担保或抵押，完全是一种信用交易，交易双方都以自己的信用作为担保，严格按协议的规定执行。这主要是因为同业拆借市场的参与者都是银行或其他金融机构，信誉较高，自律性较强，并且金融监管部门对同业拆借市场的监管也较为严格。

（4）拆借利率由交易双方议定。

同业拆借市场的利率一般采用随行就市、由交易双方议定的方法，可由双方协商、讨价还价，最后议价成交。拆入方或拆出方可以同时向几家同行询价，选择其中最优惠的价格成交。通常同业拆借利率低于中央银行同期的贴现利率而高于同期的银行存款利率。同业拆借市场的利率是一种市场化程度较高的利率，能够比较真实地反映市场资金供求状况及变化。

（5）交易手段比较先进。

同业拆借市场发展到今天，其交易手段越来越先进，交易手续比较简便，成交较为快捷。同业拆借市场以无形市场为主，其交易主要通过电话、电报、传真等方式来进行。交易双方达成协议后，就可以通过各自在中央银行开立的存款账户进行划账清算。随着计算机、网络和通信技术的迅速发展，目前同业拆借市场的融资活动一般可以通过网上交易的方式来完成。

2. 同业拆借市场的分类

同业拆借市场的分类有不同的方法，通常是按照交易组织的形式不同，将同业拆借市场分为通过中间商进行的间接拆借和拆借双方直接交易两种类型。

间接拆借是指资金拆借的双方并不直接接触，而是分别将拆入或拆出资金的意向传递到中间商，由中间商根据市场价格和双方的交易指令进行撮合并成交。这是传统的同业拆借市场上使用较多的拆借方式。众多金融机构的拆借信息均集中于中介机构，便于拆入方迅速找到在数量、价格上合适的拆出方，使交易的双方能够在短时间内达成协议。在这种交易方式中，中介机构须按成交金额收取一定的手续费。

拆借双方直接交易是指资金拆借的双方不通过中介机构，而是直接通过电话、电报等通信工具进行接洽并成交的拆借方式。这种方式适用于平时业务联系较为密切的金融机构之间的资金拆借，其优点是既可以提高成交的速度，又可以免去手续费的支出。近年来随着计算机、通信技术的迅速发展，客户只需在办公室里操作信息终端便可完成资金的拆借，工作效率大大提高。今后，通过中间商进行的间接拆借的方式将逐渐被交易双方直接接洽、成交的方式所取代，这也是货币市场发展的一个趋势。

12.3.2　短期借贷市场

短期借贷市场指的是期限在一年以内的资金借贷市场。短期借贷市场的贷款人主要是商业银行，借款人多数是工商企业，也有少量个人。短期借贷的用途主要是流动资金贷款，但并非所有的流动资金贷款都是一年以内的短期贷款。过去我国将流动资金贷款的期限局限在一年之内，对许多周转期在一年以上的流动资金贷款都人为地将其归入不良贷款。目前，我国银行界将流动资金贷款分为三类，其中三个月以内的贷款为临时贷款；三个月以上至一年的为季节性贷款；一年以上至三年的为周转贷款。按照上述划分，前两类流动资金贷款属于货币市场的业务范围。此外，近年来大力提倡的消费信贷业务中，有一部分期限在一年之内的贷款或短期透支，从理论上说这些业务也应属于货币市场业务。这是由于商业银行的资产与负债在期限上应该是相匹配的，而短期借贷所需的资金（货币头寸）在一般情况下正是通过货币市场融资取得的。

短期借贷与其他种类的货币市场业务相比，最显著的一个特点就是它具有一定的风险性。尽管短期贷款的风险低于长期贷款，但对于银行来说同样是不可忽视的。如果对短期贷款的管理不善、贷款逾期不能归还，就可能会演变成不良贷款，银行或其他贷款人就要承担资金周转不灵甚至资金损毁的风险。因此，加强短期贷款的贷前审查和贷后管理是非常重要的。从 1998 年起，我国银行业按照国际惯例，对贷款进行五级分类，将全部贷款按照风险程度的不同分为正常、关注、次级、可疑、损失 5 类，以便区别对待，分类管理，并按风险级别的不同提取相应比例的风险保证金，以降低银行的贷款风险。

12.4 票据市场和大额可转让定期存单市场

12.4.1 票据市场

票据市场也是货币市场的重要组成部分，是以各种票据作为交易媒介进行资金融通的市场。按照票据在市场中所起的作用不同，又可将票据市场分为票据承兑市场和票据贴现市场。

1. 票据承兑市场

票据是具有一定格式、用以证明债权债务关系的法律凭证，它是商品经济和信用制度发展到一定阶段的产物。票据有广义和狭义之分，广义的票据包括各种有价证券和凭证，狭义的票据一般就是指汇票、支票和本票。目前在票据市场上流通的票据主要可以分为商业票据和银行承兑汇票两类。

1）商业票据

商业票据又称公司票据，是商业活动中最古老的一种信用方式。商业票据一般是由信誉程度较高的大公司为筹措短期资金而发行的短期债务凭证，主要有商业本票和商业汇票两种类型。商业本票又称为期票，是债务人向债权人发出的、承诺在一定时间内向其支付一定款项的书面凭证。商业汇票是债权人向债务人发出的、要求债务人向指定的收款人或持票人支付一定金额款项的支付命令。商业汇票按付款日的不同又分为即期汇票和远期汇票，远期汇票必须经过承兑才具有法律效力。承兑是指在票据到期前，由付款人在票据上作出承认付款的文字记载及签名的一种手续。

商业票据的期限一般为30~60天，最长不超过270天。利率水平一般略高于国库券的利率。商业票据经过背书可以流通转让。所谓背书是指票据的收款人或持票人在转让票据时在票据背面签名的行为。经过背书的票据可以充当流通手段和支付手段，用来购买商品或偿还债务。

2）银行承兑汇票

银行承兑汇票是在国内商品交易和国际贸易中广泛使用的一种重要的结算工具。它是指银行应进口商（或债务人）的请求，由进口商（或债务人）开出的、由银行在汇票上签字盖章，承诺在汇票到期日付款的远期汇票。银行承兑汇票实质上是商业票据的一种，并非银行票据；但由于银行承兑汇票是用银行信用代替了原有的商业信用，这样就使其在安全性和流动性方面都大大高于一般的商业票据，因此成为票据市场上一种优良的信用工具。

银行承兑汇票的期限一般为30~180天，以90天的最为常见。银行承兑汇票可以在票据市场上买卖和转让。银行承兑汇票的持有人多数情况下不会将汇票持有至到期日才收回欠款，而是在票据市场上将其转让或向承兑银行办理票据贴现，以此来融通短期资金，加速资金的周转。

由于银行承兑汇票一般都以真实的商品买卖作为基础，又有付款人和银行对付款的双重保证，因此具有很高的安全性，在某些情况下可以代替货币来使用。目前，银行承兑汇票不仅成为货币市场上一种非常重要的金融工具，而且在商品交易市场上也是一种很受欢迎的、重要的支付手段。

2. 票据贴现市场

票据贴现市场是通过对未到期的票据进行贴现，为客户提供短期融资的市场。所谓贴现，是指票据的持有人在需要资金时，将未到期的票据经过背书后转让给银行，银行（或贴现行）按贴现利率从票面金额中扣除贴现日至到期日的利息后将余款支付给持票人的一种融资方式。贴现是融通短期资金的一种重要方式，其实质是一种以票据为抵押的短期贷款。贴现市场的参与者有工商企业、个人、商业银行、贴现公司（或贴现行）、中央银行等，贴现的票据主要有政府国库券、短期债券、银行承兑汇票和商业承兑汇票，贴现利率一般高于银行贷款利率。票据贴现付款额的计算公式为：

$$票据贴现付款额 = 票据面额×\left(1-\frac{年贴现率×未到期天数}{360}\right)$$

在贴现市场上，除了银行或贴现行对企业或个人办理一般的贴现业务外，与贴现有关的业务活动还包括转贴现和再贴现。所谓转贴现是指银行或贴现行将自己持有的、已对客户办理贴现但尚未到期的票据，向同业（其他银行或贴现行）进行贴现的票据转让行为。再贴现又称重贴现，是指银行或贴现行将自己已对客户办理贴现的未到期票据向中央银行进行再次贴现的票据转让行为。根据某一时期经济和市场的情况调整对商业银行的再贴现利率，是中央银行在货币金融领域进行宏观调控的"三大法宝"之一。

12.4.2 银行大额可转让定期存单市场

银行大额可转让定期存单（CDs）是在银行定期存款的基础上建立起来的一种新型的金融工具，是商业银行用来吸收大额定期存款的一种手段。由于这种存单是不记名的，可在二级市场上自由转让，因此称为大额可转让定期存单。

大额可转让定期存单于 1961 年诞生于美国，由花旗银行首创，并很快得到推广。由于在 20 世纪 50 年代末期，美国的商业银行受联邦储备委员会 Q 条例的约束，活期存款不能支付利息，定期存款的利率也有上限的限制，致使许多存款人纷纷将手中暂时闲置的资金投向国库券和其他短期高息票据，导致银行存款的大量流失。为扭转这种局面，一些银行纷纷尝试推出新的货币市场工具以开辟新的资金来源。1961 年 2 月，花旗银行向一些大公司和其他客户推出了大额可转让定期存单，并允许存单的持有人在存单到期前进行转让，解决了活期存款无收益、定期存款不能流通的问题，因而吸引了大批客户，大额可转让定期存单由此也逐渐成为美国货币市场上重要的融资工具。

大额可转让定期存单具有以下几个显著的特点：一是不记名，可以流通转让；二是金额固定，起点较高（如 10 万美元、50 万美元、100 万美元等）；三是到期方可提取本息，但到期前可通过转让变现；四是期限短，一般在一年以内；五是利率多为固定，但个别的也有浮动。大额可转让定期存单最大的优点在于它在到期前可以随时变现，具有与活期存款近似的流动性；同时它又具有定期存款的收益水平，能够满足部分短期资金的拥有者（如大企业）对流动性和收益性的双重要求。由于大额可转让定期存单的面额较大，因此在国外其投资者主要是大企业、投资基金、地方政府及一些金融机构等，个人投资者较少。

我国商业银行于 1986 年才开始发行大额可转让定期存单。中国人民银行 1996 年颁布的《大额可转让定期存单管理办法》规定，我国商业银行对城乡居民个人发行的大额可转让定期存单，面额为 1 万元、2 万元、5 万元；对企业、事业单位发行的大额可转让定期存单，面额为 50 万元、100 万元、500 万元。大额可转让定期存单的期限为 3 个月、6 个月、12 个月（1 年），利率由中国人民银行制定。我国的大额定期存单市场发展起步较晚，规模较小，发育不成熟。目前大额定期存单的交易主要限于一级市场，二级市场的交易极其清淡。为了进一步完善银行的负债结构，为银行吸引更多、更稳定的信贷资金，有必要加速培育我国的大额定期存单市场。这也是我国金融业特别是银行业业务发展的需要。

12.5　短期国债市场与证券回购市场

12.5.1　短期国债市场

短期国债市场也称国库券市场，是指期限在 1 年以内的政府债券流通和交易的场所。国库券的期限一般可分为 3 个月、6 个月、9 个月和 1 年。各国政府发行国库券主要是为了弥补因财政先支后收造成的临时性资金短缺。由于短期国债是以国家信用作担保的，不存在信用风险，而且期限较短，具有安全性好、流动性强、可享受税收优惠等优点，同时还可以获得高于同期银行存款的利息，因此国库券已成为各国金融市场上十分抢手的投资工具。目前短期国债已成为许多国家货币市场上交易量最大的交易品种，其持有者包括政府、银行、基金、保险公司、个人等，而商业银行和中央银行是短期国债的最大持有者。商业银行投资短期国债是将其作为银行的二级准备，这样既可保证资产的安全性和流动性，又能获得相对较高的收益。中央银行则把短期国债作为进行公开市场业务操作的重要工具之一，通过对国债的直接买卖和回购等方式向市场投放或回收货币，从而调控货币供应量，实现其货币政策目标。

国库券因其期限较短，故一般采用贴现发行的方式，即以低于票面金额的价格发行，到期时按票面金额偿还。票面金额与发行价格的差额，即为投资者的利息。

在国库券的流通市场上，市场的参与者主要有商业银行、中央银行、证券交易商、企业和个人投资者。国库券市场行情的变动主要受到国家宏观经济形势、市场利率水平、债券供求关系等诸多因素的影响。从世界各国的情况看，美国的国库券市场最发达，多年来从国库券的发行到流通已经形成了一个完备的系统和制度，不仅国库券的发行数量非常大、发行十分频繁，而且国库券流通市场的交易也十分活跃。

12.5.2　证券回购市场

证券回购市场自 20 世纪 60 年代末产生以来，作为一种使用灵活、低风险的货币市场融资工具，受到金融机构和各类投资者的欢迎。目前，证券回购市场已成为货币市场中最具流动性的市场之一。

所谓证券的回购是指证券的持有人在卖出一笔证券的同时，与买方签订协议，约定在一定的期限内以某种价格再买回同一笔证券，实际上是一种以证券作抵押的短期融资活动。证券回购的对象主要是政府债券、国库券及其他有担保的债券。其他的货币市场金融工具如商业票据、大额可转让定期存单等也可以作为证券回购的对象。由于证券回购具有融资金额大、期限短、风险小的特点，因此尽管证券回购的收益并不高，但政府、金融机构和企业都愿意将其作为短期融资的重要手段。

证券回购市场的参与者主要是银行、非银行金融机构、政府和企业。银行从事证券的回购既可以使其原有资产结构保持基本不变，又能更加灵活地融通短期资金；政府参与证券回购可以促使国债市场的交易更加活跃；而企业参与证券回购是为了寻求短期资金。总的来说，证券的回购对交易的双方都有好处：对证券的卖方（资金的借入方）来说，事先约定好回购价格可以使其避免在证券购回时因市场价格上升给其造成的损失，降低了市场风险；对证券的买方（资金的借出方）来说，证券的回购实际上使其掌握了借款人的抵押品，可避免债务人到期无法按期还款的风险，同时还可以获得一部分利息收入。由此可见，证券回购既是一种合理的融资工具，同时也是一种有效的避险工具。

证券回购的期限一般为短期，标准的到期日通常为 7 天、14 天、21 天、1 个月、2 个月、3 个月和 6 个月。证券回购对每笔交易的最低金额要求较高，国外一般规定在 100 万美元以上，因此证券回购市场的参与者多为机构，个人投资者参与的不多。

在证券回购市场中，按回购交易双方所处的角度不同，证券的回购可以分为正向回购和逆向回购两种。所谓逆向回购是指其在交易中的操作方向与正向回购相反，即证券的买入方在获得证券的同时约定在将来一定时间内将其重新售出。

国债回购是一种以国债作抵押的短期融资活动，即证券的卖方以一定数量的国债为抵押向证券的买方借入一笔资金，条件是在一定时间内再购回该种国债，且购回的价格高于当初卖出的价格，两者的差额即为借款利息。虽然回购交易中的国债也包括中长期国债，但回购的目的是短期融资，因此国债的回购市场仍属于货币市场。

我国从 1993 年起在上海证券交易所最早开办了国债回购业务，目前投资者在上海证券交易所和深圳证券交易所都可从事国债回购业务，但两者交易的品种并不相同。1997 年 6 月我国成立了银行间的债券市场，该市场也开办国债回购的业务，这使得我国债券的回购市场成为两个分割的子市场，即交易所债券回购市场和银行间债券回购市场。这两个市场的参与主体不统一，交易所回购市场只有法人单位才有资格参与，而银行间债券回购市场则只有金融机构才有资格参与；两个市场的回购天数和回购抵押的品种、方式也不一致。即使同为交易所回购市场，上海和深圳两个交易所市场的交易品种、回购天数等也不一致。因此，目前在我国还没有形成统一的证券回购市场，证券回购在交易的规范性等方面还需不断加以完善。

本 章 小 结

1. 货币市场是指融资期限在一年以内的短期资金市场，它是由同业拆借市场、短期借贷市场、票据市场、大额可转让定期存单市场、短期国债市场（国库券市场）、证券回购市场等子市场构成。

2. 货币市场的参与者主要是各类机构投资者，如商业银行、政府机构、工商企业等，它们通过货币市场融通的资金绝大部分都用于短期资金周转。

3. 货币市场上的融资工具期限较短，具有很强的流动性，变现能力强，收益较稳定，投资风险较小。

4. 货币市场既有有形市场又有无形市场。随着通信和交易手段的不断进步，目前货币市场已发展到以无形市场为主，即市场的交易活动主要通过电话、电报、传真、计算机网络等现代化的通信工具和交易手段来完成。

➤ 复习思考题 ◀

▍概念题

货币市场　同业拆借市场　商业票据　银行承兑汇票　大额可转让定期存单（CDs）证券回购

▍思考题

1. 货币市场有哪些特点与功能？
2. 货币市场的交易主体有哪些？
3. 什么是有形的货币市场？什么是无形的货币市场？
4. 什么是票据承兑？什么是票据贴现？
5. 大额可转让定期存单（CDs）的主要优点是什么？
6. 证券回购交易在货币市场融资中的作用是什么？

第13章
资本市场

本章重点提示

通过本章的学习，掌握资本市场的有关概念，熟悉资本市场的特点，对资本市场的功能有较明确的认识；掌握证券发行市场和证券流通市场的有关内容，熟悉证券发行的主要方式，对证券交易所市场和场外交易市场各自的特点有较为清楚的认识；掌握股票、债券和证券投资基金各自的性质、特点及分类方法。

13.1　资本市场概述

13.1.1　资本市场的含义

资本市场是指期限在一年以上的长期资金市场，其交易对象主要是各种股票、中长期债券和基金证券等。各类经济实体通过发行股票、债券等筹集的资金大都用作固定资本投资或稳定的流动资产的需要，这类从事长期资金融通的场所，就是资本市场。在发达的市场经济国家，中长期资金的融通主要通过资本市场来实现，股票、债券等有价证券是资本市场上最活跃和最重要的融资工具和金融资产，资本市场是金融市场最重要的一个组成部分。严格地说，资本市场应该包括长期资金借贷市场和证券市场两个部分，但近年来由于证券市场在整个金融市场中的地位越来越重要、通过证券市场筹资的比例不断提高，因此人们在一般情况下将证券市场就直接称为资本市场。

13.1.2　资本市场的特点

与其他市场相比，资本市场有四个特点。

（1）资本市场交易的金融工具期限长。资本市场上的金融工具期限至少为1年，最长的可达数十年。

（2）市场交易的目的主要是解决长期投资性资金的供求需要。在资本市场上所筹措的长期资金主要用于补充固定资本，扩大生产能力，如开办新企业更新改造或扩充厂房设备，国家长期建设性项目的投资。

（3）资金借贷量大。巨额的资金主要用以满足长期投资项目的需要，如三峡工程等。

（4）市场交易工具特殊。作为资本市场交易工具的有价证券与短期金融工具相比，收益较高而流动性差，价格变动幅度大，有一定的风险性和投机性。

13.1.3 资本市场的功能

1. 筹资功能

筹资功能是证券市场最主要的功能。证券市场可以为资金的需求者提供筹资的场所，同时还可以为资金的供给者提供投资的对象。在日常的经济活动中，既有资金的短缺者，又有资金的盈余者。资金的盈余者为了使自己手中的资金达到增值的目的，就必须寻找投资的有效途径。在证券市场上进行证券投资，其收益一般都高于同期的银行存款，因此可以吸引众多的投资者。对于资金的短缺者来说，通过在证券市场上发行证券可以筹集到一笔可观的资金，满足其生产或经营的需要。在这里，证券市场起到了沟通资金供给者和资金需求者的桥梁作用。

2. 定价功能

资本市场的第二个功能是为资本决定价格。证券本身没有价值，证券的价格实际上是它所代表的资本的价格，这种价格的形成是证券市场上证券的供求双方共同作用的结果，是众多证券的需求者和供给者在市场上通过竞价的方式最终确定的。证券市场在运行中形成了证券需求者和供给者之间的竞争关系，通过这种买卖双方的竞争，易于获得均衡价格，这比个别、私下成交公平得多。在这种定价机制下，那些能够给投资者高投资回报的证券，其市场需求就大，市场的价格也高；而那些投资回报较低的证券，需求就小，相应地价格也较低。这样，证券市场就从价格上保证了交易的合理和公正。

3. 资本配置

资本配置功能也是资本市场最重要的功能之一。证券市场是对资本进行合理配置的有效场所。对于已进入证券市场企业来说，其资产已经商品化、货币化、证券化，可以在证券市场上自由买卖，这就打破了实物资产的凝固和封闭状态，使企业资产的流动性大幅度地提高。证券市场为资本的所有者自由选择投资对象提供了十分便利的条件，而投资者在对投资对象进行选择时，回报率的高低是其考虑的一个首要因素。在证券市场上，证券价格的高低实际上是该种证券所能提供的回报能力的反映。能提供高回报率的证券一般都来自于那些经营较好、发展潜力大的企业，或者来自于新兴行业的企业。由于这些证券的预期回报率高，它吸引的投资者就多。这样，证券市场就引导资本流向能产生高回报的企业或行业，从而提高资本的使用效率，进而实现资本的合理配置。

4. 分散风险

资本市场不仅为投资者和融资者提供了丰富的投融资渠道，而且还为其转移或分散投资风险创造了有利条件。首先，筹资者通过发行股票、债券筹集资金，实际上可以将其经营风险部分地转移给众多的投资者，从而起到了分散风险的作用。其次，投资者可以通过适时地买卖证券或建立一定的投资组合来转移和规避投资风险。证券市场上存在着各种不同性质、不同期限、不同收益和不同风险的证券可供投资者选择，投资者通过选择适当的投资品种，或建立适当的投资组合将资金分散投资到不同种类、期限的证券上，就可以使投资风险得以降低。

13.2 证券发行市场

证券的发行市场又称证券的一级市场或初级市场，是证券的发行人向投资者募集资金、出售证券的场所。

一般来说，证券的发行市场是一个无形的市场，通常无固定场所，但这是相对于有固定交易场所的证券交易市场（证券交易所）而言的。从理论上说，不管是否有固定的发行场所，只要是证券的发行人直接或间接（通过中介人）向社会进行资金的募集，而认购人对这些证券又实施了认购，这实际上就构成了证券的发行市场。近年来，随着通信技术和网络技术的发展，越来越多的证券已可以通过网上认购的方式来发行，这样既可以缩短证券发行的时间，又可以减少发行费用。

13.2.1 发行市场的主要参与者

1. 发行人

证券的发行人是指符合法律规定的条件、通过证券的发行筹集资金的政府组织、金融机构或企业组织，它是构成证券发行市场的主体。为了保障投资者的利益，防止各种欺诈行为，不少国家的证券法规对证券发行人的主体资格、净资产额、经营业绩等都有较为严格的规定。

在上述发行人中，政府主要通过发行政府债券来筹集经济建设或其他方面用途的资金；金融机构一般是通过发行股票或金融债券来充实自有资本和扩大经营规模；企业通常是通过发行股票或债券来筹集生产和经营所需的资金。

2. 投资者

证券发行市场的投资者是根据发行人的招募要约，认购发行人发售的证券的机构、个人或社团组织，它是构成证券发行市场的另一个基本要素。证券发行市场的投资者包括机构投资者和个人投资者。在机构投资者中，又包括证券公司、证券投资基金、工商企业、事业单位及其他社会团体等。在一个成熟的证券市场上，机构投资者在所有投资者中应占有主体的地位。例如，在美国等发达国家，以证券投资基金、人寿保险基金、养老基金为主的机构投资者在证券发行市场的投资中占有重要的地位。我国证券发行市场的机构投资者与国外有所不同，银行、保险基金等不是证券发行市场投资的主力机构，目前还不能直接进入股票的发行市场，但这种状况随着我国证券法、银行法、保险法的修订将会有所改变。我国证券发行市场目前的机构投资者主要有证券公司、证券投资基金、信托投资公司和各类工商企业。

3. 证券中介机构

这里所称的中介机构是指在证券的发行人与投资者之间起媒介作用的证券承销人，主要包括有证券承销资格的证券公司、投资银行、信托投资公司等。现阶段的证券发行通常并非是发行人直接将证券销售给投资人，而是由中介机构即证券承销人对拟发售的证券首先进行全部包销或部分包销；即使是由发行人直接进行证券的销售，往往也需得到中介机构的协助。证券中介机构在证券发行市场上起着沟通买卖、供求双方的重要桥梁作用。

4. 证券服务机构

证券服务机构是指为证券发行服务的会计师事务所、律师事务所、资产评估机构、信用评级机构等。其中会计师事务所的职能主要是对证券发行人（主要是上市公司）的财务状况和资信情况进行审计并如实向投资者和全社会公布。律师事务所的职能是向证券的发行人提供法律咨询，为公开上市的企业出具法律意见书，审查、修改、制作各种相关的法律文件。资产评估机构的职能是按照国家的有关规定和适当的原则、方法，对证券发行人的资产价格进行评定估算，为上市公司的收购、兼并及股票的发行提供财产价值方面的依据。

13.2.2 证券的发行方式

1. 私募发行和公募发行

证券按其发行范围的不同可以分为私募发行和公募发行。

私募发行是指证券发行以与发行人有特定关系的投资者为对象，这些特定的投资者包括企业的内部职工、与企业有业务往来的公司、银行等。在私募发行方式下，由于投资者与发行人之间有某种特定的关系，因而对发行人的财务状况、资信状况等都较为了解，发行人也不需定期向社会公开自己的财务经营状况。很多国家的法律对证券私募发行的规定都较为宽松，一般不要求向政府有关部门登记，也不必提供有关部门文件和资料，因此私募发行的手续简便，发行成本也较低。采用私募发行方式筹集资金的多数为中小企业，一般很难筹集到巨额的资金。另外，采用私募方式发行的股票、债券等一般都不能上市流通。

公募发行是指证券发行以非特定的众多投资者为发行对象。公募发行的优点在于其发行对象不受限制，投资者可以遍布全社会，通过公募发行可以筹集到巨额资金。并且发行人还可以借助证券的发行扩大自身的知名度。由于公募发行在社会上的影响很大，因此政府有关部门对公募发行的审核一般都较为严格。公募发行的发行人必须有较好的经营业绩和较高的信用等级，一般情况下只有政府、大金融机构和大公司才能获得公募发行的资格。在公募发行的方式下，发行人必须首先向政府主管部门提出申请，并且要提供有关的资料和财务报表，经审核批准后发行方可进行。公募发行的发行人须定期向社会公众公布自己的经营状况和财务状况。采用公募发行的证券信誉较好，可上市流通；但发行手续复杂，发行成本较高。

2. 直接发行和间接发行

按照是否借助于中介机构可分为直接发行与间接发行。

直接发行是指发行人不通过中介机构自己办理有关发行的一切手续的发行方式。在直接发行中，由于没有中介机构的介入，发行人直接面向投资者，可以节约发行费用。但发行人必须自己办理各种发行手续，为此需耗费不少的人力、物力，而且发行人有时还须承担证券不能如数发行的风险。直接发行方式在一些公司的内部股票、私募债券和一些金融债券的发行中使用较多。

间接发行又称委托代理发行，是指发行人委托金融中介机构办理证券发行事宜的发行方式。目前几乎所有的公募发行都采用间接发行的方式，因为通过公募方式发行证券其手续非常复杂，不仅需要有专门的知识和经验，而且还需熟悉有关发行审核的一整套程序，这些仅靠发行人自身来完成几乎是办不到的。而作为中介机构的证券公司和投资银行不仅具有雄厚的资金实力，而且拥有专门的人才和信息来源，由他们来代理发行人发行股票、债券，可以提高发行的效率，使筹资在短时间内得以完成。

按照中介机构在证券发行中承担的责任不同，又可将间接发行分为代理发行、余额包销和全额包销等几种形式。

13.3　证券流通市场

证券流通市场也称交易市场或二级市场，是各种证券交易和流通的场所。由证券交易所市场和场外交易市场两大部分组成。

13.3.1　证券交易所市场

证券交易所是证券买卖双方公开交易的场所，是一个有组织、有固定的地点和设施、集中进行证券交易的场所。根据《中华人民共和国证券法》的规定，证券交易所是依据规定条件设立的，不以营利为目的的，为证券的集中和有组织的交易提供场所、设施，履行国家有关法律、法规，实行自律性管理的法人。

证券交易所是一个自律性的组织，它本身并不买卖、持有证券，也不决定证券的价格，而只是为证券交易提供一定的场所和设施，配备必要的管理和服务人员，并依法对证券交易的全过程进行周密的组织和严格的管理。证券交易所具有以下几个特点。

（1）有固定的交易场所和交易时间。证券交易所是一个有形市场，有固定的地点、场所，有专门的机构来组织交易，有系统、完备的交易规章和制度，交易时间也是固定的。

（2）交易采用经纪制。在交易所里参加交易者必须为具备交易所会员资格的证券经纪商，一般的投资者不能直接进入交易所买卖证券，只能委托证券经纪商（会员）间接地进行证券的买卖。

（3）交易的对象限于合乎一定标准的上市证券。交易所对证券的上市都有严格的规定，不符合交易所要求的证券只能在交易所以外的市场进行交易。一般来说，在交易所上市的证券以股票为主，也包括一些债券、证券投资基金和证券衍生投资工具。

（4）通过公开竞价的方式决定证券的价格。交易所场内人员代表众多的买者和卖者在交易所内集中展开竞买竞卖，根据价格优先、时间优先的原则对客户的买卖委托进行撮合成交。近年来由于计算机和通信技术的发展，场内竞价、撮合成交基本上由计算机代替人工自动完成。

（5）实行"公开、公平、公正"原则，对证券交易实行严格的管理。各国的证券交易所都有严格的规章制度和操作规程，对于进场交易会员的资格、上市证券的上市、交易程序及交易完成后资金的结算等都有严格的规定，凡违反者都要受到严厉的处罚。同时，交易所还有严格的信息披露制度，要求所有的上市公司和机构必须全面、真实、准确、及时地公布其经营情况、财务状况及其他一些重大事项，目的是在投资者买卖证券时为其提供决策的参考。

目前，国外主要的证券交易所有纽约证券交易所、东京证券交易所、伦敦证券交易所等，其中纽约证券交易所是世界上规模最大、组织最健全、管理最严格的证券交易所。

我国目前有两家证券交易所，即上海证券交易所和深圳证券交易所。上海证券交易所于

1990 年 11 月 26 日成立，同年 12 月 19 日正式营业。深圳证券交易所于 1991 年 4 月 11 日成立，同年 7 月 3 日正式营业。这两家证券交易所都是会员制的交易所，其组织机构由会员大会、理事会、监事会、总经理及其他职能部门组成。

13. 3. 2　场外交易市场

场外交易市场是除证券交易所以外的证券交易市场的总称。它的代表形式是柜台市场，或称为店头市场。在证券市场发展的初期，由于没有建立集中交易的证券交易所，大多数证券的买卖都是通过证券商的柜台来进行的。由于证券交易所规定的上市条件较为严格，加上交易所市场的容量有限，因此有相当多的股票、债券不能在证券交易所上市，只能在交易所以外的市场上交易。随着通信技术的发展，目前许多场外市场的交易并不一定要在证券商的柜台前进行，而可以由投资者通过电话、传真、互联网等方式与证券商联系并进行交易。除了柜台市场，场外交易市场在国外还包括为规避交易所佣金而产生的第三市场和绕过证券商直接交易的第四市场，但这些市场在总的交易量中所占的份额很小。

场外交易市场在各国证券交易市场的交易活动中起着重要的作用，它在很大程度上弥补了证券交易所交易方式的不足。无论是在证券交易的数量上还是交易的品种上，场外交易市场都不比证券交易所逊色。与证券交易所相比较，场外交易市场有以下几个特点。

（1）场外交易市场是一个分散的、无形的市场。它一般没有固定的、集中的交易地点和场所，通常是由许多各自独立的证券经营机构分别进行交易。但近年来一些统一的、网络化的场外交易系统发展很快，如美国的 NASDAQ 系统等。

（2）场外交易市场的组织形式采用做市商制。场外交易市场与证券交易所的最大区别就在于它不采用经纪制，而采用做市商制。在做市商制下，证券交易通常在证券经营机构与投资者之间或证券经营机构之间直接进行，不需要通过中介人。一般由证券经营机构先垫付资金买入若干证券作为库存，然后挂牌对外进行交易。他们以较低的价格买进，再以略高的价格卖出，从中赚取差价，但其加价幅度一般受到一定的限制。在这里，证券商既是证券交易的直接参与者，又是市场的组织者，通过他们的业务活动为市场制造出许多证券交易的机会，因此被称为"做市商"（market maker）。

（3）场外交易市场是一个拥有众多证券种类和众多证券经营机构的市场。场外交易市场的交易对象十分广泛，其中以未能在证券交易所挂牌上市的股票和债券为主。除此之外，大多数开放式基金也通过场外交易市场出售和赎回。由于场外交易的证券种类繁多，每家证券经营机构一般只固定地经营其中的若干种证券。

（4）场外交易市场是一个以议价方式进行证券交易的市场。在场外交易市场上，证券商与投资者、证券商与证券商之间的证券买卖采取的是一对一的交易方式，对同一种证券不大可能出现众多的买方和卖方，因此也就不存在公开的竞价机制。场外交易市场的定价机制是由买卖双方协商议价。证券经营机构对自己所经营的证券同时挂出买入价和卖出价，客户可按证券商的挂牌价格进行买卖，也可以和证券商对某一证券的买入或卖出价进行商议，证券商可根据市场的情况及客户的要求随时调整其经营的证券的牌价。

（5）场外交易市场的管理比证券交易所宽松。由于场外交易市场的交易场所分散，缺乏统一的组织和章程，因此对它的管理比起证券交易所要宽松一些。但在美国，由于出现了借助计算机和网络将分散于全国各地的场外交易市场联成一体的 NASDAQ 系统，使得证券监管部门对场外交易市场的管理有所加强。

近年来，随着场外交易市场的不断发展，除了市场定位不同以外，它与证券交易所的差距正在逐步缩小。场外交易市场与证券交易所一起构成一个完整的、功能互补的市场组织体系。例如，在美国，NASDAQ 系统被称为美国证券市场的"第二交易系统"或"二板"市场，其交易量已排在美国主要证券交易市场的前列，地位仅次于纽约证券交易所。

13.4　股票与债券

13.4.1　股票

股票是证券市场上最重要的投资工具之一，它是股份有限公司发行的、用以证明投资者的股东身份和权益，并据此领取股息或红利的凭证。

1. 股票的特性

（1）不可返还性。

股票是一种无返还期限的所有权证书，投资人一旦购买了某个公司的股票，就不能向发行股票的公司要求退股并索取购买股票的资金，同时也没有到期还本的可能。从理论上说，股票代表着股东对股份公司的永久性投资，这实际上反映了股东与股份公司之间比较稳定的经济关系。股票的持有者只能通过出售股票的方法将其股份转让给其他的投资者。

（2）收益性。

收益性是指股票可以为其持有人带来收益的特性。投资者购买股票的目的是获取较高的收益。投资股票的收益主要来自于两个方面，一方面来自从股份公司领取的股息和红利，股息和红利的多少取决于股份公司的经营状况和盈利水平。另一方面来自于股票流通市场，股票的投资者可以在股票市场上通过低买高卖获得差价收入，这种差价收入被称为资本利得。

（3）流动性。

流动性是指股票可以自由地交易、转让的特性。投资人在购买公司的股票后，虽不能退还股本，但可以将股票拿到股票交易市场上去转让。股票的持有人可以根据自己的需要和市场的情况随时卖出股票收回现金，或将股票作为抵押品向银行贷款。由于股票有较强的变现能力，因此被视为流动性仅次于现金资产、短期票据和债券的金融资产。

（4）风险性。

股票的风险性是指其预期收益的不确定性及出现经济损失的可能性。股票与其他有价证券相比有着较大的风险性，这是因为购买股票的本金是不能返还的，同时股息收入的多少也是不确定的、无保证的，股票收益的高低要看公司经营状况的好坏。另外，股票的价格也受到政治、经济等多方面因素的影响，经常变化无常。如果股价下跌，股票的持有者就会因股票贬值而蒙受损失。因此，投资者在购买股票之前对投资的风险应有清醒的认识。

（5）参与性。

参与性是指股票的持有人有权参与股份公司重大决策的特性。股票的持有人作为股份有限公司的股东，有权出席公司的股东大会并有投票权，可以通过选举公司的董事会等来实现其对公司管理与决策的参与权。不过，股东参与公司重大决策的权利大小取决于其持有该公司股票数量的多少。

2. 股票的种类

股票的种类很多，分类方法也不尽相同。常见的分类方法有以下几种。

1）按股东享有的权益和承担的风险不同分类，可以将股票划分为普通股和优先股

（1）普通股。

普通股股票是最常见的一种股票，也是股份有限公司最基本、最重要的股票。股份有限公司可以不发行优先股，但必须发行普通股。普通股股票具备股票的一般特征，其持有者享有股东的基本权利并承担相应的义务。普通股的股利完全随公司盈利的多少而变化，在公司盈利和公司剩余财产的分配顺序上列在债权人和优先股股东之后，因此普通股股东承担的风险较大。普通股的股东享有的权利主要有以下几个方面。

① 投票表决权。普通股的股东有权参加股东大会并可按其持股数量的多少行使投票表决权。通过投票表决，股东间接参与了公司的经营管理与决策，因此这种权利也可称为参与决策权。

② 收益分配权。普通股的股东可以享有参与公司收益分配的权利，但普通股在公司盈利分配的顺序上位于优先股之后。普通股股东获得的股利多少完全取决于公司的盈利状况及其分配政策。一般来说，公司盈利多，股利就高；公司盈利少，股利就低甚至没有股利。但如果公司在一段时间内获高额利润，则普通股的股东也可获得高于优先股股东的高额股利。

③ 优先认股权。优先认股权是指当股份有限公司增发新股时，普通股的原有股东可以按其原来持有该公司股票的比例获得优先认购新股的权利。这样可以保持公司原有股东在增发新股后其持有的股份在公司股份总额中的比例和收益基本不变。

④ 剩余财产分配权。当公司因经营不善等原因破产或解散清算时，普通股的股东有权利按其持股比例获得公司的剩余财产；但在剩余财产的分配时，普通股的股东必须排在债权人和优先股的股东之后。

（2）优先股。

相对于普通股而言，优先股是指其股东可以在某些方面享有优先权利的股票。由于优先股的股息是预先确定的，基本上属于固定收益证券，因此它既是股票的一种，又有些类似于债券，是介于股票和债券之间的一种折中型证券。优先股股东所享有的优先权利主要表现在以下两个方面。

① 获取股息优先。按照股份公司分配股息的顺序，首先是优先股，其次才是普通股，而且一般来说，无论公司的经营状况好坏和盈利多少，优先股的股东都可以按照预先确定的股息率领取股息；即使由于公司盈利水平下降导致普通股的股息减少或不分配股息，也不能影响优先股股息的分配。

② 分配公司剩余财产优先。当公司解散或因经营不善破产清算时，优先股的股东有先于普通股的股东参加公司剩余财产分配的权利，但其分配顺序要排在债权人后面。

2）按股票和股东名册上是否记载股东姓名分类，可以将股票分为记名股票和不记名股票

（1）记名股票。

记名股票是指在股票票面和股份公司的股东名册上记载股东姓名的股票。《中华人民共和国公司法》规定，公司向发起人、法人发行的股票，应当为记名股票，并应当记载该发

起人、法人的名称或者姓名，不得另立户名或者以代表人姓名记名。公司发行记名股票的，应当置备股东名册，记载下列事项：股东的姓名或者名称及住所；各股东所持股份数；各股东所持股票的编号；各股东取得股份的日期。

（2）不记名股票。

不记名股票是指在股票票面和公司股东名册上均不记载股东姓名的股票。不记名股票也称无记名股票，它与记名股票比较，在股东权利等方面没有什么本质的差别，只是股票的记载方式不同。《中华人民共和国公司法》规定，发行无记名股票的公司应当记载其股票数量、编号及发行日期。

3）按股票是否记载有面额分类，可以将股票分为有面额股票和无面额股票

（1）有面额股票。

有面额股票是指在股票票面上记载有一定金额的股票。股票上记载的这一金额也称为票面金额或票面价值。有面额股票其面额的主要作用是股份公司发行股票时作为确定发行价格的依据。《中华人民共和国公司法》规定，股票发行价格可以按票面金额，也可以超过票面金额，但不得低于票面金额。

（2）无面额股票。

无面额股票是指在股票票面上不记载固定金额的股票。这种股票并非没有价值，而是不在票面上注明具体的面值，其价值随股份公司资产的增减而增减。无面额股票与有面额股票没有本质上的区别，仅在价值的表现形式上有差别，两者的股东享有的权利是相同的。

13.4.2　债券

债券是发行人依照法定程序发行，并约定在一定期限内还本付息的书面债务凭证。从法律的角度看，债券的发行人是借入资金的经济主体，债券的投资者是出借资金的经济主体，债券反映的是发行人与投资者之间的债权债务关系。如今在世界范围内，债券已成为证券市场上筹措资金的重要手段。

1. 债券的特点

（1）偿还性。偿还性是指债券有规定的偿还期限，发行人必须按期向债权人支付利息和偿还本金。债券的偿还性使得资金的筹措者不能无限期地占用债券购买者的资金，这一特点与股票的不返还性有着很大的区别。由于大部分债券的利率和期限都有明确的规定，因此对于投资者来说，购买债券的投资方式与银行定期存款有些相似。

（2）收益性。收益性是指债券能为其投资者带来一定的收入，这种收入主要表现为利息，其次为二级市场的价差收益。债券的票面利率一般高于银行的同期存款利率，再加上投资者可以在债券的交易市场上以低价买入、高价卖出债券，可以使得债券的实际收益率高于其票面利率。相对于股票和其他证券投资工具来说，债券的收益是较稳定的。

（3）流动性。流动性是指债券的持有人可以在自己需要资金时，能方便、及时地出售手中的债券并收回资金，或者能够根据价格的波动灵活地买入或卖出债券的方便程度。债券市场的发达程度、债券的种类、债券发行人的资信度、期限的长短、利息支付方式等因素都会对债券的流动性产生影响。

（4）安全性。债券的安全性主要是通过债券收益和债券价格的稳定性体现出来的。与

股票等投资工具相比较，债券的利息收入较为固定，其本金一般是可以按期收回的，投资的风险较小。而且债券的风险可以通过信用评级机构在债券发行前后对发行人进行信用评级来预测，也可通过金融监管部门加强对发行人的监管来避免或降低风险。

2. 债券的基本要素

债券作为一种代表债权债务关系的凭证，必须具备法律规定的格式和内容，否则将不具有法律效力。通常债券票面上的基本要素有以下 4 个。

（1）发行人的名称。债券上必须载明债券发行人即债务主体的名称。通过明确债务主体，可以为债权人到期追索本金和利息提供依据，同时也有利于投资者根据债务人的信用情况对不同的债券进行选择。

（2）票面价值。债券的票面价值也称票面金额或面值，它代表投资者购买债券的本金数额，是到期偿还本金和计算利息的基本依据。

（3）偿还期限和偿还方式。债券的偿还期限是指从债券的发行日起至还清本息之日止的时间。不同的债券有着不同的偿还期限，短的只有几个月，长的可达十几年甚至几十年。债券的偿还方式是指对债券本金的具体偿还时间和方法做出的安排，大部分债券都是到期一次性归还本金，但也有部分债券采用提前、分次偿还或展期偿还等方式。

（4）利率与付息方式。债券利率是债券利息与债券票面价值的比率，一般指年利率，用百分数来表示。债券利息对于投资者来说是投资债券的收益，利率高则收益也高，利率低则收益也低；而对于债券的发行人来说，债券利息是其筹资的成本，利率高则利息负担就重，反之利息负担就轻。

债券可以采用固定利率计息，即每一个计息期（一般为 6 个月或一年）采用的利率是相同的，也可以采用浮动利率计息，即每一个计息期所采用的利率是可以上下浮动的。除此以外，利息的计算还可以采用单利和复利两种形式，我国发行的债券中绝大部分按单利计息。债券的付息方式也有多种，可以分次支付，也可以到期一次性支付；对于贴现债券来说，还可以用贴现的方式来支付利息。

3. 债券的种类

债券的种类非常多，分类的标准也各不相同。例如，按发行主体的不同，债券可以分为政府债券、金融债券、公司债券和国际债券；按期限长短的不同，债券可以分为短期债券、中期债券和长期债券；按计息方式的不同，债券可以分为单利债券、复利债券和贴现债券；按利率是否固定，债券可分为固定利率债券和浮动利率债券；按发行方式的不同，债券又可以分为私募债券和公募债券。以下按不同的发行主体对债券分别作一介绍。

1）政府债券

政府债券是一国政府或政府的有关机构为筹集经济建设或公共事业所需的资金而发行的债券。政府债券一般又可分为中央政府债券和地方政府债券。中央政府债券也称为国债，是政府以国家的信用作为担保来筹集资金的一种方式，其还款来源为中央政府的税收，所筹资金一般用于专项建设或弥补财政赤字。地方政府债券是地方政府为发展地方经济，兴办地方性的交通、文教、卫生等事业而发行的债券，它以地方政府的税收为还款来源。政府债券具有安全性高、流动性好、收益稳定及可享受免税待遇等优点，常被养老基金、保险基金、社保基金、证券投资基金等作为投资的首选对象，并且常常被用作银行贷款的抵押品。

2）金融债券

金融债券是指银行或其他非银行金融机构凭借自身的信用，为筹集资金向投资者发行的债券。银行和其他金融机构发行债券的目的有两个，一是为某一专门的项目筹资，二是改变自身的资产负债结构。金融机构有着雄厚的资金实力，信誉度较高，故金融债券的安全性仅次于政府债券而高于一般的公司债券；加上金融债券的利率一般都高于同期的定期存款利率，收益较稳定，流动性较强，在证券市场上流通转让很方便，因此金融债券与政府债券一样受到投资者的欢迎。金融债券以中期的较为多见，一般期限在 5～10 年。它的发行一般要经过本国中央银行或证券管理部门的审核批准。

3）公司债券

公司债券是指企业、公司为扩大生产、经营规模或开发新产品筹集所需的资金而向投资者发行的债券。公司债券利息的支付与股票的分红派息不同，不管公司是否盈利，到期必须支付；债券的本金到期也必须归还。与股票相比较，公司债券的收益稳定，风险相对较小。但不同公司的经营状况差别很大，信用程度的高低也各不相同，因此，公司债券的风险性相对于政府债券和金融债券来说要高一些。各国的中央银行和证券监督管理部门对发行公司债券的审批也较为严格。

4）国际债券

国际债券是指一国的借款人在本国以外的国际金融市场上向外国投资者发行的以外国的货币为债券面值的债券。国际债券的发行人主要是各国政府、政府机构、银行或其他金融机构、大公司和一些国际组织等，它的购买者主要是各国的银行或其他金融机构、各类基金、工商财团及个人。国际债券是一种跨国发行的债券，它的发行一般涉及两个或两个以上的国家。国际债券又可分为外国债券和欧洲债券两类。

（1）外国债券是指某一国的借款人在本国以外的另一个国家发行的以该国货币为计价单位的债券。例如，英国的债券发行人在美国证券市场发行的以美元为计价单位的债券就属于外国债券。外国债券的特点是债券的发行人属于一个国家，而债券的发行市场和债券使用的计价货币属于另一个国家。有些国家将在该国发行的外国债券赋予特别的名称，如在美国发行的以美元为面值的外国债券被称为"扬基债券"，而在日本发行的以日元为面值的外国债券被称为"武士债券"。

（2）欧洲债券是指借款人在本国以外的国际金融市场上发行的不以发行市场所在国的货币作为计价单位的债券。例如，我国的机构在新加坡证券市场发行的以美元为计价单位的债券就属于欧洲债券。欧洲债券的最大特点是债券的发行人、发行地点和债券面值所使用的货币可以分属三个不同的国家。在这里，"欧洲"已经不再是一个地域的概念。由于欧洲债券不以发行市场所在国的货币作为面值，所以也称为"无国籍债券"。欧洲债券是从 20 世纪 60 年代起随着欧洲货币市场的形成而产生和发展起来的。它在发行监管方面受到的限制比外国债券宽松得多，在税收方面还可以享受一些豁免的优惠，因此近 30 年来发展很快。目前，发行欧洲债券已成为各国政府、企业和金融机构在国际资本市场上筹集资金的一个重要手段。

13.5   证券投资基金

13.5.1   证券投资基金的概念

证券投资基金是一种面向社会大众，通过发行基金单位，将零散的、众多的社会资金集中到一起，再由专业人员进行管理和运用，从事股票、债券等方面的组合投资，并按投资者的出资比例进行收益分配的一种组合投资制度。它体现的是一种投资者（委托人）与基金管理人（受托人）之间的一种委托与受托的关系。

证券投资基金作为一种大众化的信托投资工具，其资金主要来源于社会大众手中的闲置资金。从出资人的情况来看，证券投资基金的出资人既可以是个人，又可以是机构。其中，机构投资者主要包括投资银行、保险公司、社会保险基金、各种基金会基金等。从资金的运用来看，证券投资基金的投资范围较为广泛，可以投资于股票、债券等有价证券，也可以投资于货币市场金融工具、外汇、衍生投资工具等领域，但它一般不涉足金融领域以外的实业投资。证券投资基金一般都具有相当的资金规模，因此，它可以按照投资组合的方式进行分散投资，以减少投资的风险。

证券投资基金在国外已有100多年的历史，由于其在各国发展的模式不尽相同，各国对证券投资基金的称谓也不相同，如美国称为"共同基金"，英国和我国香港称为"单位信托基金"，日本和我国台湾则称为"证券信托投资基金"等。随着全球金融业的发展，各种各样名目繁多的基金不断涌现，基金资产的规模不断扩大，基金行业已经同银行业、证券业、保险业成为现代金融体系的四大支柱产业。

13.5.2   证券投资基金的特点

1. 集合投资、规模经营

证券投资基金最重要的功能就是将众多中小投资者的资金集中起来，形成一笔数量可观的资金，由专业的投资人员将其投资于股票、债券等金融工具，以谋求资产的增值。证券投资基金对投资者出资的最低限额要求不高，投资者可以根据自己的经济能力来决定购买的数量。对于中小投资者来说，通过购买证券投资基金可以使他们进入一些因其资金少而不能进入的投资领域；而对于基金来说，由于其资金规模大，因此在投资活动中可以实现规模效应，从而降低单位资金的运营成本。例如，基金在投资股票时，由于其买卖数量比单个的投资者要大得多，券商在佣金方面一般都会给予一定的优惠，因而可以降低投资成本。

2. 组合投资、分散风险

以科学的组合投资方法来降低风险、提高收益是证券投资基金的另一大特点。在投资活动中，风险和收益总是并存的，因此，"不要将所有的鸡蛋都放在一个篮子里"就成为金融、证券投资领域的一句箴言。但是，要实现多样化投资需要一定的资金实力，对于中小投资者而言，由于他们的资金有限，很难做到这一点。而购买证券投资基金则可以帮助中小投资者克服其投资品种单一、风险集中的弊端。证券投资基金凭借其巨大的资金规模，可以同时在几十种乃至上百种不同的有价证券上进行科学的、分散的组合投资，从而将风险降低到最小的程度。中小投资者通过购买基金可以用较少的资金获得较好的分散投资、降低风险的效果。

3. 专业管理、专家理财

证券投资基金的实际运营是由专门的基金管理公司负责的。基金管理公司是专门从事基金投资管理的机构，它聘用专门的证券分析和投资管理人员来从事基金的投资管理。这些专业人员都经过专门的训练，具有丰富的金融、证券投资的经验，能够运用先进的技术手段对市场上的各种信息进行分析、研究，并在此基础上做出正确的投资决策。对于那些缺乏专业投资技能、对市场不熟悉、信息不灵通的中小投资者来说，投资于基金实际上是利用专家们在市场信息、投资经验、操作技巧等方面的优势来提高自己的投资成功率，从而可以减少因盲目投资而带来的损失，增加收益。

13.5.3 证券投资基金的类型

1. 根据组织形式，分为公司型基金和契约型基金

（1）公司型基金。公司型基金是依据公司法成立的、以营利为目的的股份有限公司形式的基金。其特点是基金本身是股份制的投资公司，基金公司通过发行股票筹集资金，投资者通过购买基金公司股票而成为股东，享有基金收益的索取权。

（2）契约型基金。契约型基金是依据一定的信托契约组织起来的基金。其中作为委托人的基金管理公司通过发行受益凭证筹集资金，并将其交由受托人（基金保管公司）保管，本身则负责基金的投资营运，而投资者是受益人，凭基金受益凭证索取投资收益。

2. 根据受益凭证（基金投资者持有基金资产的一种凭证）是否可赎回，分为开放式基金和封闭式基金

（1）开放式基金。开放式基金是指基金规模不是固定不变的，而是随时根据市场供求情况发行新份额或被投资人赎回的投资基金。由于这种投资基金的资本总额可以随时追加，故又被称为追加型投资基金。

开放式基金包括一般开放式基金和特殊开放式基金。特殊开放式基金包括上市型开放式基金（listed open-ended fund 或 open-end funds，LOF）。上市型开放式基金发行结束后，投资者既可以在指定网点申购与赎回基金份额，也可以在交易所买卖该基金。不过，如果投资者想要上网抛出在指定网点申购的基金份额，须办理一定的转托管手续；同样，如果想要在指定网点赎回在交易所网上买进的基金份额，也要办理一定的转托管手续。

除 LOF 外，ETF 也是特殊型基金，即交易所交易基金（exchange traded fund，ETF）。它是在证券交易所挂牌交易的，基金份额可变的指数型开放式基金，其交易价格、基金份额净值走势与所跟踪的指数基本一致。因此，投资者买卖一只 ETF 基金，就等同于买卖了它所跟踪的指数包含的多只股票，可取得与该指数基本一致的收益。

ETF 是一种在交易所买卖的有价证券，代表一篮子股票的所有权。在交易方式上，ETF 既可以像封闭式基金一样在交易所买卖，也可以像开放式基金一样进行申购、赎回，但与开放式基金不同的是，通常情况下，申购 ETF 用的不是现金，而是一篮子股票；赎回后所得的也不是现金，而是一篮子股票。

（2）封闭式基金。封闭式基金是相对于开放式基金而言的，是指基金规模在发行前已确定，在发行完毕后和规定的期限内基金规模固定不变的投资基金，因此有时也被称为固定型基金。一旦封闭式投资基金发行完毕以后，在规定的期限内，不论出现何种情况，基金的

资本总额及发行份额都会保持不变。由于封闭式基金的受益凭证不能被追加、认购或赎回，投资者只能通过证券经纪商在证券交易所进行基金的买卖，因此封闭式基金又被称为公开交易共同基金。

3. 根据投资目标，分为收入型基金、成长型基金和平衡型基金

（1）收入型基金。收入型基金是以获取最大的当期收入为目标的投资基金。其特点是损失本金的风险小，但长期成长的潜力也相应较小，适合较保守的投资者。收入型基金又可分为固定收入型和权益收入型两种。前者主要投资于债券和优先股股票，后者则主要投资于普通股股票。

（2）成长型基金。成长型基金是以追求资本的长期增值为目标的投资基金。其特点是风险较大，可以获取的收益也较大，适合能承受高风险的投资者。成长型基金又可分为三种：一是积极成长型，这类基金通常投资于有高成长潜力的股票或其他证券；二是新兴成长型，这类基金通常投资于新行业中有成长潜力的小公司或有高成长潜力行业（如高科技）中的小公司；三是成长收入型，这类基金兼顾收入，通常投资于成长潜力大、红利也较为丰厚的股票。

（3）平衡型基金。平衡型基金是以稳定的净资产、可观的收入及适度的成长为目标的投资基金，其特点是具有双重投资目标，谋求收入和成长的平衡，故风险适中，成长潜力也不太大。

4. 根据投资对象，分为以下几类基金

（1）股票基金。它的投资对象是股票，这是基金最原始、最基本的品种之一。

（2）债券基金。它是投资于债券的基金，是基金市场上规模仅次于股票基金的另一重要品种。

（3）货币市场基金。它是投资于存款证、短期票据等货币市场工具的基金，属于货币市场范畴。

（4）专门基金。它是从股票基金发展而来的投资于单一行业股票的基金，也称次级股票基金。

（5）衍生基金和杠杆基金。它是投资于衍生金融工具，包括期货、期权、互换等并利用其杠杆比率进行交易的基金。

（6）对冲基金与套利基金。对冲基金又称套期保值基金，是在金融市场上进行套期保值交易，利用现货市场和衍生市场对冲的基金，这种基金能最大限度地避免和降低风险，因而也称避险基金。套利基金是在不同金融市场上利用其价格差异低买高卖进行套利的基金，也属低风险稳回报基金。

（7）雨伞基金。严格来说，雨伞基金并不是一种基金，只是在一组基金（称为"母基金"）之下再组成若干个"子基金"，以方便和吸引投资者在其中自由选择和低成本转换。

（8）基金中的基金。它是以本身或其他基金单位为投资对象的基金，其选择面比雨伞基金更广，风险也进一步分散降低。

另外，根据地域不同可分为国内基金、国家基金、区域基金和国际基金。

本 章 小 结

1. 资本市场是以股票、债券、证券投资基金等金融工具作为交易对象的、融资期限在一年以上的长期资金市场，人们通常所说的资本市场主要是指证券市场。目前，资产的证券化已成为全球金融业发展的一种趋势，证券市场在国民经济中的地位和作用越来越重要。

2. 证券市场按其功能的不同可以分为证券的发行市场和证券的流通市场，证券的流通市场又包括证券交易所市场和场外交易市场两个部分。按交易对象的不同，证券市场又可分为股票市场、债券市场、证券投资基金市场等。

3. 股票是股份公司发行的代表股东身份和权益的一种所有权凭证，它体现的是股东与股份公司之间的一种所有权关系。

4. 债券是一种约定在一定期限内偿还本金和支付利息的书面债务凭证，它体现的是债权人与债务人之间的一种债权债务关系。

5. 证券投资基金是一种以集合投资、专家理财为主要特点的大众化的信托投资工具，它体现的是一种投资者与基金管理者之间的一种委托与受托的关系。

复习思考题

概念题

资本市场　发行市场　流通市场　私募发行　公募发行　证券交易所　场外交易市场
做市商　普通股　优先股　外国债券　欧洲债券　封闭式基金　开放式基金　证券投资基金

思考题

1. 资本市场与货币市场相比有哪些特点？
2. 证券发行市场与证券流通市场的关系是什么？
3. 证券交易所市场和场外交易市场各有什么特点？
4. 普通股和优先股的股东在权益上有什么不同？
5. 我国现有的股票种类有哪些？
6. 债券与股票相比有哪些特点？
7. 证券投资基金对于投资者来说有哪些优点？
8. 封闭式基金与开放式基金有哪些区别？
9. 证券投资基金有哪些类型？

第14章

金融衍生品市场

本章重点提示

　　自 20 世纪 70 年代开始，新一轮金融创新得到迅速扩散和广泛应用，给整个金融市场带来深刻影响。1972 年和 1993 年芝加哥商品交易所和芝加哥期权交易所先后正式开展金融期货和期权交易至今，金融期货和期权表现出了发展速度快、交易量大、影响面广的特点，是其他金融工具所无法比拟的。在这里，我们将首先介绍金融衍生产品市场的概念，然后分别介绍金融期货、金融期权和金融互换三个金融衍生品市场。

　　金融衍生品市场是一种以证券市场、货币市场、外汇市场为基础派生出来的金融市场，它是利用保证金交易的杠杆效应，以利率、汇率、股价的趋势为对象设计出大量的金融商品进行交易，以支付少量保证金及签订远期合同进行互换、掉期等的金融派生商品的交换市场。

14.1　金融期货市场

14.1.1　金融期货的概念与特征

1. 金融期货的概念

　　金融期货，是指买卖双方在有组织的交易所内以公开亮价的方式达成的、在将来某一特定的时间交割一定数量特定金融工具的协议。金融期货主要包括外汇期货、利率期货和股票指数期货等。

　　外汇期货又称货币期货，它是以货币为标的物的期货合约，用来规避汇率风险。

　　利率期货是指协议双方同意在约定的将来某个日期按约定条件买卖一定数量的某种信用工具的可转让的标准化协议。利率期货交易的对象有国库券、政府住宅抵押证券、中期国债等。利率期货交易就是在金融期货市场上，对利率及与利率有关的金融商品（附息凭证）的期货合约进行买卖并在某一特定日期交割的活动。

　　股票指数期货是指协议双方同意在将来某一时期按约定的价格买卖股票指数的可转让的标准化合约。最具代表性的股票指数有美国的道琼斯股票指数和标准普尔 500 种股票指数、英国的金融时报指数、香港的恒生指数、日本的日经 225 指数等。

专门进行金融期货交易的场所就是金融期货市场。因此，金融期货市场一般是指有组织的、有严密规章制度的金融期货交易所。

2. 金融期货的特征

金融期货交易的基本特征：① 交易的标的物是金融商品。这种交易对象大多是无形的、虚拟化了的证券，它不包括实际存在的实物商品。② 金融期货是标准化合约的交易。如货币币别、交易金额、清算日期、交易时间等都做了标准化规定，唯一不确定的是成交价格。③ 金融期货交易采取公开竞价方式决定买卖价格。它不仅可以形成高效率的交易市场，而且透明度、可信度高。

14.1.2 金融期货市场的功能

1. 转移价格风险的功能

在日常金融活动中，市场主体常面临利率、汇率和证券价格波动风险（通称市场风险）。有了期货交易后，它们就可利用期货多头或空头把价格风险转移出去，从而实现避险目的。这是期货市场最主要的功能，也是期货市场产生的最根本原因。

2. 价格发现功能

与现货市场不同，所有成功的期货市场都是辐射面极广的市场。在期货市场上所形成的价格有明显地区别于其他市场价格的权威性、超前性等特征。通过市场交易来为社会揭示出具有这些特征的价格，就是期货市场的价格发现功能。

14.2 金融期权市场

14.2.1 金融期权的概念与分类

1. 金融期权的概念

金融期权（financial option），是指赋予其购买者在规定期限内按双方约定的价格（简称协议价格、敲定价格或执行价格）购买或出售一定数量某种金融资产（称为标的金融资产 underlying financial assets）的权利的合约。

所谓期权交易实际上就是一种"权利"的买卖。对于期权的买者来说，购买期权并没有得到任何商品，而只是购买到一种权利。这种权利使其可以在一定时期内以一定的价格购买或者出售一定数量的标的金融资产，条件是其必须在购买时支付一定的金额。对于期权的卖方而言，其必须承诺在期权有效期内买方行使期权时进行出售或购买，这是卖方必须履行的义务，但其可以收取一定的费用作为补偿，这种费用称为期权费（premium），或称保险费、期权价格、权利金。

2. 金融期权的分类

金融期权的分类见表 14-1。

表 14-1　金融期权的分类

分类标准	类　　型	
按期权买者的 权利	看涨期权（买权），即期权的买方有从卖方手中以协议价格买入标的金融资产的权利	看跌期权（卖权），即期权的买方有权以协议价格出售标的金融资产给卖方
按期权买者执行 期权的时限	美式期权，即在到期日之前或到期日可执行的期权	欧式期权，只能在到期日才能执行的期权

14.2.2　金融期权的特点

从期权的定义中可以看出，期权是一个颇具特点的衍生产品。这主要表现在以下几个方面。

（1）权利和义务关系。期权是一种权利和义务的对应关系，期权持有者（买方）有决定是否履行权利的选择权，而卖方只有在买方要求履约时无条件履约的义务。

（2）交易双方盈亏风险不对称。在证券的现货买卖和期货买卖中，交易双方所承担的盈亏风险是无限的。而在期权交易中，对买方来讲其亏损风险仅限于购买期权的费用，而其盈利可能是无限的（如购买看涨期权），也可能是有限的（如购买看跌期权）。对期权卖方来讲，其盈利是有限的，其最高的收益来自出售期权的权利金收入，而亏损风险可能是无限的（如出售看涨期权），也可能是有限的（如出售看跌期权）。期权风险和收益不对称的特点对期权购买者来讲有重要的意义，它使投资者能够回避现货市场上的非对称性风险。

（3）保证金只约束期权的卖方。在交易所中进行交易时，由于期权买方的亏损不会超过其已支付的期权费，所以买方无须交付或准备交易保证金，而卖方（无保护的）则要按交易所的规定交纳保证金。

14.3　金　融　互　换

14.3.1　金融互换的概念与特征

1. 金融互换的概念

金融互换（financial swaps），是指两个或两个以上的当事人按共同商定的条件，在约定的时间内交换一系列现金流的金融交易。金融互换主要有货币互换和利率互换两种。互换是大卫·李嘉图（David Riccardo）的比较优势理论在金融领域最生动的运用。根据比较优势理论，只要满足以下两种条件：① 双方对对方的资产或负债均有需求；② 双方在两种资产或负债上存在比较优势，就可进行互换。

2. 金融互换的特征

互换市场的特征体现在以下几点：① 互换不在交易所交易，主要是通过银行进行场外交易；② 互换市场几乎没有政府监管；③ 为了达成交易，互换合约的一方必须找到愿意与之交易的另一方，如果一方对期限或现金流等有特殊要求，他常常会难以找到交易对手；④ 由于互换是两个对手之间的合约，因此，如果没有双方的同意，互换合约是不能更改或终止的；⑤ 对于期货和在场内交易的期权而言，交易所对交易双方都提供了履约保证，而互换市场则没有人提供这种保证。因此，互换双方都必须关心对方的信用。

14.3.2　金融互换的功能与风险

金融互换的功能有：① 通过金融互换可在全球各市场之间进行套利，从而一方面降低筹资者的融资成本或提高投资者的资产收益，另一方面促进了全球金融市场的一体化；② 利用金融互换，可以管理资产负债组合中的利率风险和汇率风险；③ 金融互换为表外业务，可以逃避外汇管制、利率管制及税收限制。

当然，由于金融互换是两个公司之间的私下协议，因此包含信用风险，当互换对公司而言价值为正时，互换实际上是该公司的一项资产，同时是合约另一方的负债，该公司就面临合约另一方不执行合同的信用风险。信用风险是互换合约对公司而言价值为正时对方不执行合同的风险。

本 章 小 结

金融衍生品市场是一种以证券市场、货币市场、外汇市场为基础派生出来的金融市场，它是利用保证金交易的杠杆效应，以利率、汇率、股价的趋势为对象设计出大量的金融商品进行交易，以支付少量保证金及签订远期合同进行互换、掉期等的金融派生商品的交易市场。金融衍生产品市场包括：金融远期市场、金融期货市场、金融期权市场、金融互换市场。

复习思考题

概念题

金融期货　金融期权　金融互换

思考题

1. 何谓金融衍生品市场？它具体包括哪些市场？
2. 金融期货包括哪些主要品种？金融期货交易具有哪些基本特征？
3. 金融期货市场具有哪些功能？
4. 何谓金融期权市场？它具有哪些特点？
5. 金融互换具有哪些特征、功能和风险？

第 15 章

国际金融市场

国际金融市场是在国际范围内进行货币资金交易活动的场所。当今的国际金融市场已经突破了场所和地点的局限，发展成为由现代通信技术和计算机系统连接的全球化的金融市场网络。它是国际投资的重要渠道，是由各国的市场参与者所组成的，是进行国际金融资产交易，进而实现对全球资源有效配置的资金运转和调配系统。

15.1　国际金融市场的产生和发展

国际金融市场是随着世界市场的形成和各国经济交往的不断扩大而产生并发展起来的。早在中世纪，由于国际贸易的发展，就产生了国际货币汇兑，国际资金借贷也随之发展起来。近代，随着经济全球化进程的加快和国际经济联系的日益广泛，国际资本流动日益频繁，国际借贷规模不断扩大，于是在一些国际金融交易集中的地方，逐渐形成了如伦敦、纽约等较大的国际金融市场和国际金融中心。

一般而言，国际金融市场的形成必须具备以下基本条件：① 政局稳定。国际金融市场所在的国家必须有比较稳定的政局，才能保证国际资金交易的安全。② 强大的经济实力。除了某些离岸金融市场外，国内金融市场要发展成为国际金融市场，该国的经济必须比较发达，如有巨额的对外贸易和大量的国际储备资产；海运及保险业发达；对外投资实力雄厚，资金供应来源充足，能应付频繁大量的资金移动等。③ 开放、自由的经济政策和管理制度。国际金融市场所在国有宽松的外汇管理制度，没有或较少金融限制，允许国际资本的自由流动。④ 有完备的金融制度与金融机构。即市场所在国的货币制度长期保持稳定，金融业和信用制度比较发达，银行和非银行金融机构众多且比较集中，尤其要允许一定数量的外国金融机构进入，以保障国际金融交易的顺利进行。⑤ 具有现代化的国际通信设备及交通十分便利的地理位置。⑥ 具有训练有素和经验丰富的专业人员队伍，能够为国际金融市场提供高水平、高效率的服务。

国际金融市场的形成和发展主要有两种模式：一种是自然渐进式的，一般按照从区域性金融市场到全国性金融市场，再到国际金融市场这个顺序发展而成，如伦敦、纽约等国际金融市场；另一种是利用优越的地理位置和优惠的政策，在短时间内形成与发展起来的，如巴哈马、巴林、开曼群岛等避税港型的离岸国际金融市场。

第一次世界大战以前，国际金融市场主要集中在欧洲，其中伦敦是最重要的国际金融中心。但是国际金融市场因两次世界大战和 20 世纪 30 年代初期的世界经济大危机而受到重创，伦敦国际金融中心的地位大大削弱。第二次世界大战后初期，纽约和苏黎世乘机崛起，与伦敦一起并列成为当时世界三大国际金融中心。

尽管国际金融市场的产生已有 200 多年的历史，然而直到 20 世纪 50 年代以前，国际金融市场只是作为国内金融市场的附属部分而存在。这种市场受所在国政府政策、法令的管辖，市场主体主要由国内金融机构所组成，为本国的投资者和借款人服务。在这种市场上，尽管有非本国居民参与其中，他们可以在这里发行债券，筹集资金，进行国际资金借贷和其他各种国际金融活动，但这些交易都是在一国金融当局严格控制下进行的。这类金融市场被称为传统意义上的国际金融市场。

真正现代意义上的全球化国际金融市场是从 20 世纪 50 年代以后才产生的。第二次世界大战后，科学技术的革命和生产力的发展深化了国际分工，把资本主义生产的社会化提高至生产国际化的新阶段；生产的国际化使资本主义生产超出国界，在世界范围实行广泛的专业化生产和协作，进一步推动了资本国标化的迅速发展，使国际投资和资本流动达到前所未有的巨大规模，客观上需要一个更加发达、有效的国标金融市场来融通资金，从而使金融市场的国际化得到了迅猛发展。

1957 年欧洲货币市场的产生，标志着金融市场国际化进入了"超国家"的新阶段。这种新型的国际金融市场又称为"离岸金融市场"，其特点主要表现在：① 不受任何国家国内银行法规的管制，任何国家都不可能单独管制这个市场。② 其范围包括了所有的国际离岸业务中心。非居民的投资者和借款人可以任意选择投资和借款地点。③ 市场上的借贷关系，是外国贷款人与外国借款人之间的关系，他们的国籍可以是世界上任何一个国家。④ 这个市场上借贷的货币包括了主要西方国家各国的货币。借款人可以任意选择借贷美元、欧元、日元、英镑、瑞士法郎、加拿大元等货币。

显而易见，这种"超国家"的金融市场与传统的国际金融市场相比，不论在借贷结构、业务方式、借贷货币、地理分布等方面都有很大的不同。它摆脱了各国金融当局的管理约束，打破了国际金融市场必须是国内资本供应中心的传统模式，使一些本身并没有巨额资金积累的小国，甚至没有经济基础仅有风景胜地的岛国，只要放宽金融管制，对外国银行和外资降低征税或免除税负，也有可能发展成为离岸型的国际金融市场和国际银行的"避税天堂"，从而为国际金融市场的分散化创造了条件。

20 世纪 60 年代，欧洲货币市场的发展以伦敦和其他欧洲国家的一些重要金融中心为主，其中伦敦是最早发展起来的最大的欧洲货币市场。70 年代以后，欧洲货币市场开始扩散。不仅在新加坡、中国香港、马尼拉和东京发展起了亚洲美元市场，就连巴哈马、开曼群岛、马耳他和巴林等原本不大知名的岛屿国家和地区，也都成为具有一定重要性的欧洲货币市场。与此同时，其他一些发展中国家的城市，如埃及的开罗、沙特阿拉伯的利雅得等，也在迅速发展成为新的国际金融中心。目前，国际金融市场已发展成为以欧洲货币市场为主体，以几十个国际金融中心为枢纽，以伦敦、纽约、东京等几个最大的国际金融中心为主轴的全球化的市场网络。

15.2　国际金融市场的类型构成

国际金融市场可以按照不同的标准划分为不同的类型和结构，如根据交易的金融工具，可分为国际黄金市场、国际外汇市场、国际信贷市场、国际债券市场、国际股票市场和国际衍生金融工具市场等；根据资金融通的期限，可分为国际货币市场和国际资本市场；根据市场所在的地理位置，可分为众多以地名为标志的国际金融市场，如纽约市场、伦敦市场、东京市场、法兰克福市场、香港市场等；根据市场主体的国别关系，可分为在岸金融市场和离岸金融市场；根据交易的场所是否固定，可分为有形市场和无形市场。

1. 国际外汇市场

国际外汇市场是指国际外汇交易的组织系统。现代国际外汇市场是开放式的外汇市场，与传统的外汇市场相比，它具有以下特点：① 它是一个电子网络化的无形市场。除了少量的小额外汇交易必须在银行柜台上进行外，国际外汇市场主要通过遍布全球的商业银行，以电话、传真和计算机网络等方式进行交易。② 它是一个全球化的交易市场。由于不同地区的时差，使各国外汇市场随着地球的自转而接连不断地开市和收市，国际外汇市场实际上形成了一个每天 24 小时全天候连续运作的市场。各个市场之间信息传递的速度大大加快，市场行情也趋于基本一致，因而从空间和时间上已实现了高度的全球化。③ 国际外汇市场的交易规模空前巨大。国际外汇市场每笔交易的金额以百万美元为单位计算。④ 国际外汇市场上的交易币种相对集中。目前市场交易币种主要集中在美元、欧元、日元、英镑、瑞士法郎、澳大利亚元、新西兰元等十几种主要发达国家的货币上。其中美元、欧元及日元依次处于前三位，三者的交易总量占全球外汇交易总额的 80% 以上。

国际外汇市场参与者主要包括外汇指定银行及其客户、外汇经纪人和各国中央银行。外汇指定银行简称外汇银行，是指由各国金融当局批准的可以经营外汇买卖业务的商业银行。外汇经纪人是专门为外汇买卖双方介绍交易以获取佣金的中间商。外汇银行的客户包括各种类型的外汇供求者，如跨国公司、进出口商、贴现公司、汇率交易商及外汇投机者等。其中跨国公司和进出口商是外汇市场最主要的供给者和需求者，对外汇市场的供求和行情起着决定性的影响。各国中央银行不仅是外汇市场的监督者和管理者，而且直接参与外汇市场的交易。中央银行参与外汇买卖主要有两个目的：一是为国家的外汇储备保值，二是为了干预市场汇率。

国际外汇市场可按不同的标准划分为不同的类型：① 按其有无固定的交易场所，可分为在一个固定场所从事外汇的买卖的有形市场和通过电话、传真、计算机网络等各种现代化通信手段进行交易的无形市场。目前全球的外汇交易 90% 以上是通过无形市场进行交易的。② 按照外汇买卖交割的期限，可分为即期外汇市场和远期外汇市场。即期外汇市场是外汇交易在两个营业日内进行交割的市场。远期外汇市场是外汇交易在两个营业日之外进行交割的市场。③ 按照外汇交易的规模，可分为由外汇银行与客户之间的零散交易形成的外汇零售市场和由外汇银行相互之间及与中央银行之间的大宗交易形成的外汇批发市场。④ 按照政府对外汇市场管理的程度，可分为自由外汇市场与官方外汇市场。自由外汇市场是按照外汇自由买卖形成的汇率进行外汇交易的市场。官方外汇市场是按照中央银行或外汇当局规定的官方汇率进行外汇交易的市场。此外在外汇管制比较严格的国家，由于不允许自由外汇市场的存在，还不可避免地存在着非法的外汇交易市场，即外汇黑市。

外汇市场的基本交易方式有两种，即现汇交易和期汇交易。现汇交易又称即期外汇交易，是指外汇买卖双方成交后，必须在两个营业日内办理货币收付交割手续的一种外汇交易。期汇交易又称远期外汇交易，是指外汇买卖双方成交后，根据合约规定，在未来某个日期按约定的远期汇率办理交割的一种外汇交易。外汇交易按业务性质又可分为清算交易与投资交易。清算交易是银行向客户提供结算服务时发生的外汇交易，包括出口收汇、进口付汇、汇出汇款和汇入汇款等类型，主要采取电汇、信汇和票汇等方式。投资交易是客户或银行对外汇资金进行投资安排而发生的外汇交易，通常采用抵补保值、掉期、套汇、套利和投机等方式进行。

外汇交易的价格即汇率（又称汇价），是指一国货币与另一国货币兑换的比率。汇率是一种十分复杂的经济现象，反映了不同国家货币的价值对比关系。它不仅是外汇市场的行情，而且是国际金融和各国内外经济的焦点，对世界经济具有重大的影响。

在实践中，由于需要从各种不同的角度来处理汇率问题而产生了对汇率的不同分类。

（1）固定汇率与浮动汇率。固定汇率是指两国货币的比价基本固定、波动幅度被限制在一定范围内的汇率；浮动汇率是指两国货币的比价不由货币当局规定，而任由外汇市场供求决定的汇率。

（2）基本汇率与套算汇率。基本汇率是指本国货币与关键货币的汇率。在制定汇率时，可通过选择某一个国家货币作为关键货币来确定基本汇率。关键货币一般为本国国际收支中使用最多、在本国外汇储备中占比重最大，并且是在国际上被普遍接受的货币。套算汇率，也称交叉汇率，是指通过基本汇率和国际外汇市场行情套算出来的本国货币对非关键货币的汇率。

（3）买入汇率与卖出汇率。买入汇率，也称外汇买入价，是指银行向客户或同业买入外汇时所使用的汇率；卖出汇率，也称外汇卖出价，即银行向客户或同业卖出外汇时使用的汇率。

（4）即期汇率与远期汇率。即期汇率，也叫现汇汇率，是指即期外汇交易的汇率；远期汇率，也叫期汇汇率，是指远期外汇交易的汇率。

（5）电汇汇率、信汇汇率与票汇汇率。电汇汇率是银行用电报或 SWIFT① 等方式为客户办理汇兑业务时所使用的汇率；信汇汇率是银行用信函方式办理汇兑业务时所采用的汇率；票汇汇率是银行买卖外币汇票、支票和其他票据时的汇率。

（6）市场汇率和官方汇率。市场汇率是指在自由的外汇市场上买卖外汇使用的汇率，它随着外汇市场上供求关系的变化而上下波动；官方汇率是指在实行外汇管制的国家货币当局所规定的外汇交易汇率。

影响汇率变动的因素很多，但最基本的两个方面还是货币本身价值量的变动和外汇供求关系的变化。货币本身内在或实际代表的价值量的对比是汇率水平的决定基础。在此基础上，其他各种因素通过影响国际收支和外汇供求，导致市场汇率的上下波动。

2. 国际货币市场

国际货币市场是指资金借贷期限在 1 年以内的国际短期资金交易的市场，其功能主要

---

① SWIFT 为 Society for Worldwide Interbank Financial Telecommunication（环球银行间金融通信协会）的简称。它提供交流金融信息的专有通信平台、产品与服务，连接了全球 208 个国家和地区的 8 300 多家银行机构、证券机构及企业。

是：为暂时闲置的国际短期借贷资金提供出路，使其找到存放及生息的场所；便利短期资金在各国间的调拨转移，使国际结算得以顺利进行；提供短期融通资金，资助各种国际经济交易。

国际货币市场相对于其他金融市场具有以下基本特征：① 借款期限短，金额大，成本低且风险小；② 在众多市场中，银行同行业之间的拆放市场占主导地位，且该拆放一般为纯信用拆放，不需要签订协议及提供担保；③ 市场资金周转量大，周转速度快；④ 市场对参加者的资信要求较高，短期信贷在提供时不限定用途，可由借款者自行安排。

国际货币市场的参与者包括各国中央银行、商业银行、投资银行、证券公司、信托公司、财务公司、票据贴现行等各种金融机构。其资金利率主要包括短期信贷利率、短期证券利率及票据贴现率等，其中以伦敦银行间同业拆借利率最为著名，通常作为制定其他中长期资金贷款利率的基础。

按照不同的借贷方式，国际货币市场一般可分为银行短期信贷市场、短期证券市场和票据贴现市场。银行短期信贷市场，即银行对客户提供 1 年或 1 年以内短期贷款的市场。按照借贷对象的不同，又可以分为银行同业拆放市场和银行对各国政府、跨国公司、进出口企业等客户提供资金融通的短期借贷市场。短期证券市场是进行短期有价证券交易的场所，所交易的证券主要有短期国债、商业票据、银行承兑票据、大额可转让定期存单等。贴现市场是对未到期的票据按贴现方式给予融资的市场。贴现业务的经营者，即贴现商主要是商业银行、贴现公司、票据经纪商等。贴现跟一般贷款最大的区别是贴现商将利息先行扣除，因此贴现率一般要略高于银行贷款利率。英国的贴现市场比较发达，伦敦是目前世界上最大的贴现市场。

3. 国际资本市场

国际资本市场是指借贷期限在 1 年以上的国际中长期资金市场，由国际中长期信贷市场和国际证券市场所组成。交易品种主要包括银行中长期贷款、中长期国债、公司债券、股票和欧洲债券等。

国际中长期信贷市场是各国政府、国际金融机构和国际银行业在国际金融市场上向客户提供中长期信贷的场所，包括政府贷款、国际金融机构贷款和国际商业贷款，其贷款利率分为固定利率和浮动利率。20 世纪 70 年代以前其贷款利率以固定利率为主，70 年代后由于国际经济环境的变化，主要采用浮动利率贷款。

按照贷款银行的组成，国际银行贷款可分为独家银行贷款和银团贷款。如果一笔贷款由一家银行单独承担则称为独家银行贷款，如果由多家甚至几十家银行组成一个集团共同对某一借款人进行贷款则称为银团贷款。银团贷款不仅可以满足借款人的巨额资金需求，而且可以分散贷款人的风险，同时方便许多中小银行参与国际性的业务。目前银团贷款已成为国际中长期信贷市场最主要的贷款方式。银团贷款具有以下特点：① 资金使用由借款人自主决定，不受贷款银行的限制。② 资金供给充足，借款手续较为简单，借取方便。③ 贷款利率偏高，贷款期限相对较短。

国际债券是指一国政府或居民为筹措外币资金而向非居民发行的债券。由国际债券的发行和交易形成的市场则称为国际债券市场，主要包括外国债券市场和欧洲债券市场。

外国债券是指发行人在外国证券市场发行的以市场所在国货币为面值的货币。其特点是：发行人为市场所在国的非居民，债券发行由市场所在国的承销集团承销；债券的偿还期长，筹措到的资金可以自由运用。但由于涉及资金的流出，此类债券的发行及交易往往受到市场所在国外汇管制法律的约束和货币当局的严格管理。

欧洲债券又称为境外债券，是指发行人在境外发行的以市场所在国以外的第三国货币作为面值的债券。它产生于 20 世纪 60 年代后期，主要特点是：发行人、发行地和债券的面值货币可以分属不同的三个国家；债券的发行除须经借款人所在国政府批准外，不受其他国家法律的约束；债券的发行具有广泛的国际性，筹集资金的币种具有多样性；债券一般采用无记名发行，而且是免税的；债券的期限一般为 3~5 年，最长可达 20 年。欧洲债券的这些特点使欧洲债券市场获得迅速发展。此外，欧洲债券还具有市场容量大、发行自由灵活、安全性高、货币可选择性强、免缴税款、不记名和流动性强等特点。

国际股权市场是在国际金融市场上发行和交易股票的市场。国际股权市场主要包括发达国家的股权市场和新兴市场经济国家的股权市场。发达国家的股权市场比较成熟，其中美国的股权市场最为发达，它拥有世界上最大的主板市场（纽约证券交易所）和创业板市场（NASDAQ）。而新兴市场经济国家的股权市场则正在经历一个加速发展阶段，无论是在规模上还是在结构上，都有新的突破，新的国际股权市场格局在逐步形成。从目前的态势来看，国际股权市场的发展具有以下特点。

一是国际股权市场多元化和集中化并存。一方面，进入 20 世纪 90 年代后许多新兴的股权市场迅速发展，国际股权市场延伸到全球各个地区，既有全球性市场，又有区域性市场，多元化的格局已经形成。另一方面，国际股权市场已形成以三足鼎立的全球性市场——伦敦、纽约和东京为核心，以众多区域性市场为外围的放射状格局。

二是国际股权市场投资者机构化。由于国际股票由外国公司发行，一般大众投资者在获得信息渠道方面不及机构投资者，使其难以进行国际股票交易。

三是股票存托凭证市场方兴未艾。近年来，股票存托凭证在全球发展非常迅速，成为国际股权市场的重要组成部分。由于发展中国家公司的资信较低，规模较小，难以直接在国外发行股票，因此股票存托凭证成为发展中国家国际融资的重要工具。

四是全球化的国际股权市场正在形成。世界三大证券交易所位于不同时区，在亚洲的东京证券交易所闭市以前，伦敦证券交易所开始交易，而在伦敦当天交易结束以前纽约证券交易所已经开市，这样就形成了东京—伦敦—纽约为轴心的全球股权交易市场。伦敦国际股权市场还采用先进的国际证券交易自动报价系统，通过卫星线路与东京、纽约等地的报价系统联网，对国际股票进行实时报价，从而形成全天 24 小时不间断的股票交易。这种股票电子交易系统极大地推动了国际股权市场的扩张和全球化进程。

4. 离岸金融市场

国际金融市场按其借贷关系的性质可分为传统的在岸型市场与新兴的离岸型市场。所谓离岸金融市场（offshore financial market），又称欧洲货币市场（Eurocurrency market），特指那些经营非居民之间的融资业务，即外国投资者与外国筹资者之间的资金借贷业务所形成的金融市场。

离岸金融市场之所以称为欧洲货币市场，是因为它由欧洲美元市场发展而来。所谓欧洲美元，即在美国境外（最初是在欧洲）的银行所吸存和贷放的美元资金。后来这一市场又扩展出欧洲英镑、欧洲马克、欧洲日元等，于是这些资金便被统称为"欧洲货币"（Eurocurrency），经营这些资金借贷业务的银行被称为"欧洲银行"（Euro-bank），这一新型的市场也就被称为"欧洲货币市场"。此后这一市场又扩展到欧洲以外的金融中心，如新加坡、巴哈马和巴林等，采用"离岸"这一术语比"欧洲"能更好地描述其市场位置。因此，这些货币资金、银行和市场便被统称为"离岸货币"（offshore currency）、"离岸银行"（offshore bank）和"离岸金融市场"。

离岸金融市场最初仅办理离岸货币的存贷款业务，后来又发展起了欧洲债券、欧洲商业票据和欧洲股票业务，成为包括欧洲银行信贷市场、欧洲债券市场、欧洲商业票据市场和欧洲股权市场等子市场在内的庞大的国际金融市场体系。

离岸金融市场与在岸金融市场相比，具有以下一些明显的特点。

（1）市场范围广阔、规模巨大、资金实力雄厚。离岸金融市场的范围已经扩展到世界各地，形成了遍及全球的市场网络，其市场规模之大是传统的国际资金市场远远不能比拟的。

（2）市场上的借贷关系为非居民借贷双方之间的关系。传统的国际金融市场是外国投资者与本国借款人之间或本国投资者与外国借款人之间的借贷关系，而离岸金融市场是外国投资者与外国借款人之间的借贷关系，即外国投资人通过某一金融中心的银行中介或证券市场向外国借款人提供资金。这类交易又称为中转（entrepot）交易或离岸（offshore）交易。

（3）市场基本上不受所在国政府当局金融法规的管辖和外汇管制的约束。离岸金融市场本质上是一个"超国家"的资金市场。它存在于货币发行国的境外，因此货币发行国对其管理无能为力。而市场所在国为了吸引更多的离岸货币资金，又尽量创造宽松的管理环境，并对其采取种种优惠措施，如免除离岸货币存款的准备金要求，允许离岸货币资金的自由转移等。因此，在该市场借贷自由、手续简便，资金的转移和调拨不受任何限制，十分灵活方便。

（4）市场有相对独立的利率体系。离岸金融市场的利率一方面与各货币发行国的国内利率有着密切的联系，另一方面又有着相对的独立性。其存款利率一般略高于货币发行国的国内存款利率，贷款利率一般略低于货币发行国的国内贷款利率。尽管这样的利率体系使得银行的存贷利差较小，但由于存贷款交易的数量很大，总的来说银行的利润还是很丰厚的。

离岸金融市场的产生和发展，对推动国际贸易和世界经济的发展起着极其重要的作用：首先，它促使国际融资渠道畅通，为世界各国提供了一个可充分利用闲置资本和顺利筹集大量资金的重要场所和机会；其次，它缩小了各国金融市场在时间和空间上的距离，为全球性金融交易降低资金成本提供了便利；最后，它还为国际贸易提供了种种便利，推动了国际贸易的发展，促进了生产国际化、贸易国际化和资本国际化的进一步发展。尤其是对于一些国际收支逆差的国家来说，离岸金融市场为其调节国际收支提供了重要的资金来源，缓和了国际收支失调，稳定了国际经济秩序。

对于市场所在国来说，离岸金融市场有许多有利之处：不仅通过所得税、利润税和其他费用收入，每年可获得数量可观的外汇收入，贷款资金的流入可以增加本国国际收支中资本项目的盈余，而且外国金融机构的进入还可以增加本国居民的就业机会，有利于提高本国金融业的技术水平和本国在国际金融市场的地位。

然而，在监管不力的情况下，离岸金融市场也存在一定的消极作用。这主要表现在离岸账户与在岸账户的分隔只是相对的，两者之间很可能发生资金的隐蔽转移，从而对有关国家的货币政策、市场信用规模和银行监督管理产生一些不利影响，例如，可能会助长投机活动，加剧金融市场动荡，增大有关金融机构的风险，削弱有关国家货币政策实施的效果，并加快各种不确定因素的国际传递速度，使一国的通货膨胀或经济衰退可能迅速波及其他国家。

正由于开放离岸金融市场具有这些负面的影响，所以许多国家对此十分谨慎。例如，美国开放离岸市场方案从提出到实现经过近 15 年的时间，最后才于 1981 年 12 月开放离岸市场，即国际银行业务设施（IBFs），而且对离岸金融业务的限制条件非常严格：① 设立 IBFs 的银行必须向联邦储备委员会提交书面保证，不得利用离岸账户经营美国国内业务；② 禁止 IBFs 经营活期存款、储蓄存款和可转让存单业务；③ 只能向非居民提供定期存款业务，且最低存款限额为 10 万美元；④ 禁止隔夜拆放，存款最低期限为 2 天，取款必须提前 2 天通知银行。

15.3　国际金融市场的发展趋势

20 世纪 90 年代以来，由于国际形势的动荡和市场经营方式的变化，国际金融市场出现了一些新的发展趋势。

1. 国际金融市场的自由化

所谓金融自由化，是指各国普遍放松金融管制后出现的金融市场自由经营、公平竞争的趋势。20 世纪 80 年代以来，在主要发达国家的带动下，世界各国先后走上了方式不尽相同的金融自由化之路。各国不仅放松了对于利率、汇率等金融资产价格和经纪佣金的管制，放宽了对不同金融机构业务领域交叉的限制，而且打破了对金融市场的国界分割，取消了对金融机构跨国经营和资本跨国流动的限制，允许本国资本与金融机构进入外国市场和外国资本与金融机构进入本国市场开展自由竞争。金融自由化的发展提高了国际金融市场的内在联系程度和整体效率，同时也加剧了国际金融市场的竞争，加大了国际金融风险。

2. 国际金融创新的全球普及化

金融创新的普及是近年来国际金融市场发展的一个重要特征。尤其是 20 世纪 90 年代以来，金融创新风起云涌，在全球出现了普及化的势头。金融期货、互换交易、远期利率协议及票据发行便利被誉为 20 世纪 80 年代最成功的四大国际金融创新，在各主要国际金融市场得到普遍运用。国际金融创新的成因是多方面的，其中国际经济环境的改变、国际金融风险的增大、现代科技的运用和国际金融业追求生存的欲望是最重要的原因。

3. 国际金融市场风险不断增大化

由于国际金融管制的放松，国际金融市场出现了巨额的无抵押担保信用贷款，而且借款者把借到的款项连续转手借出，使资金贷放具有较大的竞争性、投机性和冒险性，也使银行很难掌握用款者的信誉及用款状况。20 世纪 80 年代的国际债务危机和 90 年代以来接连爆发的欧洲货币危机、墨西哥金融危机、亚洲金融危机、俄罗斯金融危机、阿根廷金融危机和美国次贷危机等，突出地反映了国际金融市场风险日渐增大。从这些危机爆发的时间来看，差不多每隔几年就要爆发一次，危机爆发的频率越来越高，已经成为当前国际金融市场的一个最突出的问题。

4. 国际金融市场融资方式证券化

历史上，以美国为代表的直接融资为主的金融体系模式和以日本、德国为代表的间接融资为主的金融体系模式在一个很长的时间内曾难分高下。但近年来美国"市场主导型"金融体系凭借其高度的流动性和高效的配置效率吸引了全球的目光，并成为许多国家的样板，在融资证券化大潮的冲击下，以美国为代表的直接融资为主的金融体系模式逐渐占据上风，成为全球金融体系和融资模式改革的努力方向。不过，证券化融资也存在着金融监管难度高的致命缺陷。次贷危机表明，美国虽然经历了多次大危机的洗礼且法律制度和内控制度都相对健全，仍不能完全解决融资证券化背景下的金融监管问题。对于没有经历国内经济大危机洗礼且法制观念淡薄、内控制度不健全的国家来说，"银行主导型"金融体系可能仍然是未来更优的选择。

5. 国际金融市场网络的全球化

由于电子技术的广泛应用，计算机和卫星通信网络正在把遍布世界各地的金融市场和金融机构紧密地联系在一起。随着电子通信设备成本的大幅度下降和电子商务的不断扩大，电子通信技术将成为各种金融业务交易的主要手段。通过计算机网络全球性的资金调拨和资金融通交易几秒便可以完成，从而使遍及全球的金融中心和金融机构正在形成一个全时区、全方位、具体化的国际金融市场网络。

本 章 小 结

1. 国际金融市场可以按照不同的标准划分为不同的类型和结构。传统的国际金融市场包括国际外汇市场、国际货币市场、国际资本市场和离岸金融市场等。国际外汇市场是国际金融的焦点，对世界各国的经济具有重大而复杂的影响。国际货币市场为暂时闲置的国际短期借贷资金提供出路，使其找到存放及生息的场所。国际资本市场的功能是在为工商企业和政府弥补财政赤字等集中长期资金。

2. 离岸金融市场在其产生、发展、业务、资金供求等方面有其特殊性，对国际经济和金融具有正反两个方面的影响。

3. 欧洲货币市场，亦称离岸金融市场，是指能够交易各种境外货币，既不受货币发行国政府法令管制，又不受市场所在国政府法令管制的金融市场。欧洲货币市场是一种完全国际化的金融市场，包括欧洲短期信贷市场，欧洲中、长期信贷市场和欧洲债券市场。

复习思考题

概念题

国际金融市场　离岸金融市场　国际外汇市场　国际货币市场　国际资本市场
欧洲货币市场

思考题

1. 国际金融市场是如何形成与发展的？国际金融市场形成需具备哪些基本条件？
2. 国际金融市场由哪些类型的市场构成？
3. 何谓离岸金融市场？离岸金融市场与在岸金岸金融市场相比，具有哪些明显的特点？
4. 试述国际金融市场的发展趋势。
5. 欧洲货币市场的积极与消极作用各有哪些？

第五篇

金融业务篇

第 16 章

我国银行类金融业务

本章主要阐述我国中央银行的主要职责与业务；商业银行经营的负债业务、资产业务、中间业务与表外业务。政策银行的负债业务、资产业务及政策银行的业务管理等有关内容。

16.1 商业银行业务

16.1.1 负债业务

商业银行的负债业务是指银行吸收资金形成银行资金来源的业务，包括吸收存款负债和其他负债业务。

1. 吸收存款负债

吸收存款负债的业务是银行接受客户存入的货币款项，存款人可随时或按约定时间支取款项的一种信用业务。传统的分类方法将存款分为活期存款、定期存款和储蓄存款三大类。它们占银行资金来源的 70%～80%，为银行提供了绝大部分资金来源，并为实现银行各职能活动提供了基础。这是银行的传统业务，在负债业务中占有最主要的地位。

1) 活期存款

活期存款指那些可以由存户随时存取的存款。这种存款主要是用于交易和支付用途的款项。企业、个人、政府机关、金融机构都能在银行开立活期存款账户。商业银行彼此之间也可开立这种性质的账户，称为往来账户。

这种存款，支用时需使用银行规定的支票，因而又有支票存款之称。支票存款在许多国家允许超过存款金额签发支票——透支。开立这种存款账户的目的是为了通过银行进行各种支付结算。由于支付频繁，银行提供服务要付出较高费用，所以一般不对存户支付利息。虽然活期存款时存时取，流动性很强，但存取错综交替之中总会在银行形成一笔相对稳定、数量可观的余额，这是银行用于发放贷款的重要资金来源。

2) 定期存款

定期存款是存户与银行事先商定存款期限，并获取一定银行利息的存款。期限为 30 天、60 天、90 天、180 天、1 年乃至 5 年、10 年不等，期限越长，利率越高，原则上不准提前支取或提前支取时利息受损。定期存款存入时，银行一般是向存户出具存单，也有采用存折形式的。定期存款最初都是由存户自己凭单取款。20世纪60年代以来，银行为了更广泛地吸收存款，推出了"可转让"的大额定期存单，这种存单于到期日前可在货币市场上转让买卖。由于定期存款相对稳定，所以可作为中长期信贷活动的资金来源。

3) 储蓄存款

储蓄存款是指社会公众将货币收入积蓄成货币资产并以此获取利息的存款。这种存款通常由银行发给存户存折，以作为存款和提款的凭证；一般不能据此签发支票，支用时只能提取现金或转入存户的活期存款行户，不能透支。储蓄存款的存户通常限于个人和非营利组织，近年来，也逐渐放宽到允许某些企业、公司开立储蓄账户。储蓄存款定期居多，但无论活期、定期，都支付利息，只是利率高低有别。

在我国商业银行的负债业务中，储蓄的地位十分突出。大力吸收个人储蓄历来都是我国金融工作中的一条重要方针。改革开放以来，储蓄增幅一直很大，20世纪90年代以来，储蓄存款在全部存款中的比重始终保持在50%以上，并且其中定期部分的比例既高且稳定，为银行提供了大量长期性的资金来源。多年来，国有商业银行及其他商业银行，为了扩展贷款业务，无不千方百计地致力于储蓄存款的吸收，并为此采取了广布储蓄网点、扩编揽储人员、增加储蓄种类、改进服务方式、提高服务质量等措施。

2. 其他负债业务

其他负债业务包括：银行同业拆借、从中央银行借款、从国际货币市场借款、结算过程中的短期资金占用、发行金融债券等。

1) 银行同业拆借

银行同业拆借是指银行之间的资金相互融通。银行在日常经营活动中会经常发生头寸不足或盈余：头寸不足的银行为弥补差额，头寸盈余的银行为使盈余资金产生短期收益，双方自然会产生资金拆借交易。在这种业务中，借入资金的银行主要是用以解决本身临时资金周转的需要，一般均为短期的，有的只有一日——今日借，明日还。同业拆借的利率水平一般较低。日拆一般无抵押品，单凭银行的信誉，期限较长的拆借常以信用度较高的金融工具为抵押品。

2) 从中央银行借款

商业银行在其资金不足时，可向中央银行借款。一般来讲，商业银行向中央银行借款，其主要的、直接的目的在于缓解本身资金的暂时不足，而非用来营利。向中央银行借款主要有两种形式：一是再贴现，即把自己办理贴现业务所买进的未到期票据，如商业票据、短期国库券等，再转卖给中央银行；二是直接借款，即用自己持有的合格票据、银行承兑汇票、政府债券等有价证券作为抵押品向中央银行取得抵押贷款。由于商业银行一般只是在必要时才向中央银行借款来解决其资金暂时不足的矛盾，因而无论从该项目在商业银行负债中的比重还是从在中央银行资产中的比重来看，在西方国家都很小；但在我国，由于长期以来体制等方面的原因，该项目一直是国有商业银行一项比较重要的资金来源。

3) 从国际货币市场借款

近三四十年来，各国商业银行，尤其是大的商业银行，在国际货币市场上广泛地通过办理定期存款、发行大额定期存单，出售商业票据、银行承兑票据及发行债券等方式筹集资金。发展迅速的一些国家，其银行系统对这方面的依赖性往往很大。这既有利于获得资金，同时又是易受冲击的薄弱环节。

4）结算过程中的短期资金占用

商业银行在为客户办理转账结算等业务过程中可以占用客户的资金。以汇兑业务为例，从客户把款项交给汇出银行起，到汇入银行把该款项付给指定的收款人止，中间总会有一定的间隔时间。在这段时间内，对于该笔款项，汇款人和收款人均不能支配，而为银行所占用。虽然从每笔汇款看，占用时间很短，但由于周转金额巨大，因而占用的资金数量也就相当可观。因此，从任一时点上看，总会有一些处于结算过程中的资金，构成商业银行可运用的资金来源。

5）发行金融债券

发行金融债券也是商业银行的负债业务。自 1985 年以来，我国商业银行按照国家有关规定，经过中国人民银行批准，面向社会发行金融债券，为指定用途筹集资金。

16.1.2　资产业务

商业银行的资产业务是指将自己通过负债业务所聚集的货币资金加以运用的业务，通过这种业务运作状况的考察，能反映出银行资金的存在形态及银行所拥有的对外债权。资产业务是取得收益的主要途径，是银行创造利润的渠道。从资产负债表所反映出的内容来看，资产构成的种类很多，但一般有现金资产、信贷资产、证券投资三大类。

1. 现金资产

1）库存现金

库存现金是为应付客户取现和日常业务开支及收付需要而存放在银行金库中的现钞和硬币。银行之所以保持一定数量的库存现金，是因为虽然支票结算、信用卡等信用工具的使用已大大超过现金的使用，但目前仍有一些小额零星开支需要动用现金。库存现金是非盈利资产，同时为妥善保存还要采取保安措施，因而产生一定的费用支出，所以商业银行一般将其保留在最低限额。

2）存放中央银行的超额存款准备

对于存放在中央银行的超额存款准备，商业银行可随时用作支付或清算，是银行的一般性账户，就像商业银行的活期存款，流动性非常强。

3）存放在同业的存款

存放在同业的存款是为了同业间往来及清算方便而在其他银行开设的往来账户，存放在同业的存款也具有活期存款性质，流动性强。

4）托收中的现金

托收中的现金是指在商业银行经营中，每天都会收到开户人拿来的支票或现款，其中的支票有可能非本行付款而须向付款行收取，这种须向别的银行收款的支票称为"托收中的现金"。在电子支付网络系统引入银行业务后，托收在途资金数量大规模地减少。

以上各种现金资产都是为保持必要的流动性而保留的。随着货币市场、证券市场的发展，现金已不再是银行保持流动性的唯一办法，银行只需保留少量现金资产，而较多地采用其他办法，如持有国库券等短期债券或票据等。

2. 信贷资产

银行的信贷资产是银行发放的各种贷款，是银行传统的资产业务。贷款又称放款，是银行将其所吸收的资金，按一定的利率贷给客户并约定归还期限的业务。贷款业务种类很多，按不同的标准划分，至少有如下几个类别。

1) 单独贷款和联合贷款

按贷款主体的不同，可分为单独贷款和联合贷款。单独贷款是贷款发放主体由一家银行来承担；联合贷款又称银团贷款或辛迪加贷款，是指由数家银行联合，共同发放的一笔数额较大的贷款，这是在国际金融市场上经常使用的一种贷款形式。

2) 抵押贷款、信用贷款和票据贴现放款

按借款人提供的贷款保证不同，可分为抵押贷款、信用贷款和票据贴现放款。抵押贷款是指以特定的抵押品作担保的贷款。抵押品可以是不动产、应收账款、机器设备、提单、股票和债券等资产。作为抵押的资产必须是能够在市场上出售的。如果贷款到期，借款人不愿或不能偿还时，银行则可取消抵押品的赎回权并处理抵押品。抵押品资产的价值一般要求大于贷款金额。但银行由于借款人违约而处理其抵押品时，如果处理抵押品收入的金额超过贷款的本息和，超过部分应返还给借款人；反之，银行可通过法律程序追索不足的款项。抵押贷款又可分为质押权担保贷款（以动产和可转让债权为抵押的贷款）和抵押权担保贷款（以不动产为抵押的贷款），抵押贷款是一种能相对降低风险的贷款。

信用贷款是指无抵押品作担保的贷款。通常仅由借款人出具签字的文书。信用贷款一般是贷给有良好信誉和可靠的偿付能力者。对这种贷款，银行通常收取较高的利息，并往往附加一定条件，如提供资产负债表、个人收支计划和报告借款用途等。这使得银行可以比较容易地从中了解借款者的财务状况和注意其经营发展。

票据贴现放款是银行针对持票企业的贷款，当持票人临时出现资金短缺但所持票据尚未到期时，可持票到银行办理贴现，由银行买进未到期票据。

3) 工商业贷款、农业贷款和消费贷款

按贷款对象不同，可分为工商业贷款、农业贷款和消费贷款等。工商业贷款主要是贷给工业企业用于固定资产投资和用于流动资产的资金需要及贷给商业企业用于商品流转的资金需要。由于工商企业都是营利企业，贷款本息的收回通常比较可靠。在商业银行贷出的款项中一般以这种贷款的比重最大。农业贷款，短期的主要用于购买种子、肥料、农药等，长期的主要用于购买土地、改良土壤或建造水利设施及造林等。消费贷款是指贷放给个人用来购买消费品或支付劳务费用的贷款，其中又主要是用于购买汽车、房屋等。消费贷款的清偿依靠借款人的可靠收入。

4) 短期贷款、中期贷款和长期贷款

按贷款期限不同，可分为短期贷款、中期贷款和长期贷款。短期贷款的期限不超过一年。在西方国家，这种贷款中的一种流行做法是对贷款的偿还不规定具体期限，随时由银行通知（3～5 天前）收回，称"通知贷款"。中期贷款期限一般为一年以上到七八年之间，长期贷款期限则更长。近年来，存款货币银行发放的中长期贷款增加很快。银行发放中长期贷款可以获取较多的利息收入，但由于资金被长期占压，流动性差，风险较大。

5) 一次偿还的贷款和分期偿还的贷款

按还款方式不同，可分为一次偿还的贷款和分期偿还的贷款。一次偿还的贷款是在贷款到期时一次偿还本金；利息，则根据约定，或在整个贷款期间分期支付，或在贷款到期时一次支付。分期偿还的贷款是按年、按季、按月以相等的金额还本付息。

3. 证券投资

证券投资是指商业银行以其资金持有各种有价证券的业务活动。商业银行投资于有价证券的目的一般是增加收益和增加资产的流动性。

这一业务在不同国家有所不同。如在主要西方国家中，西欧（尤其是德国）的商业银行实现综合化、全能化经营，银行可从事有关证券的一系列业务；美国和日本在 20 世纪 80 年代以前都实行比较严格的分业经营，只不过在商业银行业务范围的宽窄和有关法规限制与解除上，两国有所不同，原则上不能从事有价证券特别是企业证券的各种相关业务。但是公开销售的中央政府发行的证券是可以购买的，在银行投资中占相当比重，尤其是国库券，商业银行购买这种证券易于销售，流动性强，市场价格波动幅度小，相对稳定；地方政府发行的证券也是投资对象之一，但对地方政府所有的企业或公益事业单位发行的证券，商业银行购买有一定的限制。按《中华人民共和国商业银行法》的规定，商业银行不得从事境内信托投资和股票业务。因此，目前商业银行的证券投资业务对象主要是政府债券和中央银行、政策性银行发行的金融债券，且规模都不大。

16.1.3　中间业务和表外业务

1. 中间业务和表外业务的界定

中间业务又称为无风险业务，是指银行并不需要运用自己的资金而代理客户承办支付和其他委托事项，并据以收取手续费的业务。最常见的是传统的汇兑、信用证、代收、代客买卖等业务。

表外业务是指凡未列入银行资产负债表内且不影响资产负债总额的业务。商业银行的表外业务有狭义和广义之分。狭义的表外业务是那些虽未列入资产负债表内，但同表内的资产业务或负债业务关系密切的业务。银行在经办这类业务时，没有垫付任何资金，但在将来随时可能因具备了契约中的某个条款而转变为表内的资产或负债，如互换、期权、期货、远期利率协议、票据发行便利、贷款承诺、备用信用证等业务。广义的表外业务除包括上述狭义的表外业务外，还包括中间业务。

表外业务是 20 世纪 80 年代以来西方国家银行业发展的重点。从发展规模看，不少西方国家大银行的表外业务量已大大超过其表内业务量；从收益看，不少银行的表外业务收入远远超过其表内业务收入。

2. 中间业务的内容

1）汇兑业务

汇兑也称汇款，是客户以现款交付银行，由银行把款项支付给异地受款人的一种业务。使用的汇兑凭证有银行支票、银行汇票、邮信或电报的付款委托书。这些凭证都是承汇银行向另一家银行或其分支行发出的命令，命令后者向第三者支付一定数额的款项。按汇出行将付款命令通知汇入行的方式不同，可分为电汇、信汇和票汇三种形式。在当今银行业务广泛使用电子技术的情况下，资金调拨已是瞬息间可以解决的问题。除小额款项仍有使用电汇、信汇或票汇形式的必要外，大笔资金基本上都是通过电子资金调拨系统处理。

2）信用证业务

信用证业务是由银行保证付款的业务。现在广泛开展的为商品信用证业务。商品信用证是银行应客户（购货单位）的要求，按其所制定的条件开给销货单位的一种保证付款的凭证。其业务程序为：购货单位请求银行向销货单位开出信用证，并把货款的一部分或全部交付银行；信用证上注明支付货款时所应审查的事项；销货单位按信用证所列条件发货后，可凭信用证要求银行付款。这种业务在异地采购，尤其是在国际贸易中得到广泛应用。银行经办信用证业务，除可从中收取手续费外，还可以占用一部分客户资金。

3）承兑业务

承兑是银行为客户开出的汇票或票据签章承诺，保证到期一定付款的业务。当票据到期前或到期时，客户应将款项送交银行或由其自己办理兑付。若到期客户无力支付票据款项，则该承兑银行必须承担付款责任。由于票据的兑付一般无须银行投入自己的资金而是用客户的资金办理，所以银行经办承兑业务，实际上是以其自身的信用来加强客户的信用。为此银行要向客户收取一定的手续费。由于经过银行承兑的票据在付款方面更有保障，因而承兑业务的开展促进了票据流通范围的扩大。这项业务在现代银行业务中占有相当重要的地位。

4）代收业务

代收业务是银行根据各种凭证以客户名义代替客户收取款项的业务。首先是银行代收支票款项，即客户将从他人手中收到的其他银行的支票交给自己的开户银行并委托其代为从其他银行收取款项。这是最频繁的代收业务。此外还有接受委托代客户收取票据款项的业务、代客户收取有价证券利息和股息的业务等。

5）代客买卖业务

代客买卖业务是银行接受客户委托，代替客户买卖有价证券、贵金属和外汇的业务。在银行的代客买卖业务中最重要的是代理发行有价证券的业务。银行代公司发行股票或债券时，无论包销或代销，都能从中获得收益。

6）信托业务

信托是指接受他人委托，代为管理、经营和处理经济事务的行为。银行信托是经营金融性质的委托代理业务，即银行作为受托人按客户——委托人的委托，代为管理、经营、处理有关钱财方面的事项。经营信托业务一般只收取有关的手续费，而营运中获得的收入则归委托人或其指定的受益人所有。同时，银行承办这项业务，势必可以占用一部分信托资金，利于其扩展经营。信托业务的种类可以从不同角度按不同标准进行划分。如按组成信托关系的对象，可分为个人信托和法人信托；按组成信托关系的方式，可分为任意信托和特约信托；按受益对象，可分为公益信托和私益信托；按信托资产的不同，可分为资金信托、动产信托和不动产信托等。

7）银行卡业务

银行卡是由银行发行、供客户办理存取款和转账支付的新型服务工具的总称。它包括信用卡、记账卡、智能卡等。因这些信用卡均以塑料制成，又有"塑料货币"之称。银行卡的出现，是银行业务与飞速发展着的科学技术相结合的产物，它使得银行业务有了一个崭新的面貌。

3. 表外业务的内容

1）各种担保性业务

银行提供的担保是银行应交易中某一方申请人的申请，允诺当申请人不能履约时由银行承担对另一方的全部义务。担保业务表现方式有多种。在经济交往中，常见的担保业务是以开具保函的形式进行的。担保业务不占用银行的资金，但担保函一经开出即形成开出保函银行的或有负债，当申请人（被担保人）不能及时地履行其应尽义务时，银行就必须代其行使职责，通常为代其付款。银行在提供担保时除了要承担违约风险外，还要承担汇率风险、国家风险等，因而担保是一种风险较大的表外业务，各国金融监管当局都对它作了严格的限制，《巴塞尔协议》也将银行担保业务的信用转换系数定为 100%。

2）承诺性业务

承诺性业务主要有回购协议、信贷承诺、票据发行便利。

回购协议是指交易一方向另一方出售某种资产，并承诺在未来特定日期、按约定价格从另一方购回同种资产的交易形式。严格地讲，回购协议应列入资产负债表中，因为回购协议期限一般较短（如回购期为 7 天），而资产负债表的编制时间的间隔为 1 个月，故不能将其及时反映在表内。《巴塞尔协议》中仍将其列入表外项目，并规定其信用换算系数为 100%。

信贷承诺是指银行在对借款客户信用状况的评价基础上与客户达成的一种具有法律约束力的契约，约定按照双方商定的金额、利率，银行将在承诺期内随时准备应客户需要提供信贷便利。作为提供信贷承诺的报酬，银行要向客户收取承诺佣金。对借款人来讲，信贷承诺具有较大的灵活性，获得承诺的借款人等于拥有了一种保证，享有机动、灵活的选择余地，可以随时根据自身的营运情况，确定信贷承诺的用与不用、用多用少、用长用短，以求最合理、有效地使用资金；此外，信贷承诺提高了借款人的市场信誉。尽管付出了一定的承诺佣金，但可靠的承诺有力地提高了借款人在直接融资市场上的信誉，往往由此在更大程度上降低了自身的筹资成本。而对承诺银行来讲，信贷承诺具有较高营利性，申请承诺的借款人通常都把它作为一种支持性工具，因此银行实际上并不需动用资金，仅凭承诺就可获得可观的佣金；同时承诺的借款对象多是银行所熟悉的优质客户，银行进行调查分析的成本很低，却由此加强了与优质客户的联系。

票据发行便利是指银行同意票据发行人在一定期限内发行某种票据，并承担包销义务，在这种方式下，借款人以发行票据方式筹措资金，而无须直接向银行借款。在欧洲货币市场上，这种业务非常流行，如借款人发行的票据不能如期售完，银行将负责买下剩余的部分或以贷款的方式予以融通。票据发行便利使借款人得到了直接从货币市场上筹得低成本资金的保证，并能按短期利率获得往来银行长期贷款的承诺，银行则不但收取手续费，而且维持了与客户的良好关系。在该业务中，银行实际上充当了包销商的角色，从而产生了或有负债。

3）衍生金融工具交易

衍生金融工具是指在传统的金融工具（如现货市场的债券和股票等）基础上产生的新型交易工具，主要有期货、期权、互换合约等。衍生金融工具是当今金融自由化、全球化发展所导致金融不断创新的结果，这种金融工具的创新为金融与经济的发展带来了有利有弊的影响，一方面使世界范围内金融业的活力和运转效率得到空前的提高，成为新的金融利润增长点，并使银行的经营管理水平迈向了新的高度；而另一方面衍生金融工具在交易中如运用不当或稍有不慎，就可能造成巨额损失，进而导致银行的破产和倒闭。

16.2　政策性银行业务

16.2.1　政策性银行的负债业务

政策性银行作为政府的金融机构，有着既区别于中央银行，又区别于商业银行的特殊的资产、负债业务。

政策性银行的负债业务受其性质影响，具有低费用甚至不需要偿还的特征，而且是期限较长、规模较大的资金。这种特征要求基本决定了政策性银行资金来源的主要渠道及方式。一般来说，政策性银行通常有以下几种负债业务，即取得政府供给资金、向社会保障体系及邮政储蓄系统借款、金融市场融资和国际融资等。

1. 政府供给资金

政策性银行是由政府创立和倡导的，因此政府供给的资金是政策性银行的启动资金和重要资金来源，形成政策性银行的资本金或最初创始资金。有的政策性银行的资本金是由政府全额拨付的，有的虽然是部分拨付，但也占相当比重。这充分表明了政府对政策性银行所具有的金融出资人的地位。

政府供给资金的方式主要有无偿拨付和有偿借入两种。此外，还包括一些专项资金划拨和对政策性经营亏损的补贴或贴息。

政府提供给政策性银行的资金，来源于直接的财政预算或财政设立的各专项资金，以及政府设立的特别基金等。政府对政策性银行提供资金的数量多少，主要取决于该国的市场经济发达程度和政府对经济、金融的干预程度。如果市场机制不健全，金融市场也不完善，则政府对经济、金融的干预程度较强，政府供给资金占政策性银行资金来源的比重就大些(一般可达10%左右)；反之，如果市场经济发达，政府对经济、金融的干预程度则较弱，政府供给资金占政策性银行资金来源的比重就低，其中无偿性供给资金尤其少。

我国目前正处在经济体制改革时期，市场机制尚不健全，金融市场也不完善，在相当长的时期内需要政府参与社会经济的发展并实施调节，所以我国设立的政策性银行的资金来源中，政府供给资金应保持较大或相当的比重。

2. 向社会保障体系及邮政储蓄系统借款

向社会保障体系及邮政储蓄系统借款主要是指向社会保险系统、养老基金或退休基金、医疗基金、就业基金、住房公积金借款，以及向邮政储蓄系统的借款。上述这类资金吸收费用较低，而且量大集中，非常适宜于作为政策性银行的资金来源。

中央银行借款是在稳定通货和保障商业性金融机构正常运行的基础上对政策性银行提供的贷款，可着重运用于农业部门的政策性银行。

社会保障系统、养老基金、退休基金、医疗基金、就业基金、住房公积金等，大都是在政府的倡导和推进下形成的，甚至带有政府或立法强制建立的成分，有的还具有政府资金的性质，所以这些资金在保证本身正常运用的前提下，其沉淀的余额部分最适合作为政策性银行的负债。

邮政储蓄营运费用较低，而且邮政部门原则上不是资金运用部门，本身不能发放贷款，所以邮政储蓄中可以形成一部分长期稳定的余额，在支付了储蓄利息和减去核定的费用后，其余部分应交由政策性银行使用，作为其重要的资金来源之一。

政策性银行的资金来源中，除政府供给资金以外，应以社会保障体系及邮政储蓄系统借款为主。况且政府资金有限，不可能也不允许通过财政直接大规模地供应资金，所以在社会保障体系健全、有大量社会保障基金及能够吸收较多的邮政储蓄的情况下，该项资金来源应成为政策性银行最主要的负债。事实上也是如此，在有些国家，如日本的政策性金融机构中，该项负债达到整个资金来源的 70%～80%。

在我国，目前由于社会保障体系不发达，邮政储蓄一直作为中央银行的负债并加以运用，所以，政策性银行暂时并没有把向社会保障体系和邮政储蓄借款作为主要资金来源。但随着我国市场经济的不断发育和完善，各种社会保障机构及基金会也会相继发展和建立起来，这方面资金中可用于政策性银行资金来源的数量将会逐渐增加。

3. 金融市场融资

政策性银行在金融市场筹集资金，即向国内金融市场发行债券和向商业银行及非银行金融机构借款。

在国内金融市场发行债券，是政策性银行在金融市场筹资的主要方式。其方式除一般地向社会公众募集以外，还可以采取定向筹集的方式，即向商业银行和其他融资机构发行金融债券。我国目前即采取这种做法。这也是政策性银行向商业银行及其他融资机构借款的主要方式。

政策性银行向金融市场融资同样要按市场价格筹入资金，但不同之处在于政策性银行向金融市场筹资一般都取得了政府担保，甚至直接作为或视为政府借款或政府债券，因而信誉较高，风险较小，在取得借款和发行债券上有明显的优势。

金融市场融资与向社会保障体系及邮政储蓄借款相比，筹资成本较高，与政府供给资金则更无法相比，因此，这种融资原则上应在政策性银行负债中居于次要地位。但由于各国经济、金融体制的差异，市场发达程度不同，因而无法绝对地确定各项负债在总资产中的主次轻重。如我国近年来就因财政困难，连年赤字，加之社会保障体系不健全等，从而把向金融市场筹资当作目前我国政策性银行的主要资金来源。

4. 国际融资

国际融资也是政策性银行的负债之一。政策性银行从国际上融资包括在国际金融市场发行金融债券和从国际金融机构取得借款。国际金融机构借贷中既包括从全球性国际金融机构（如世界银行）借款，又包括从区域性国际金融机构（如亚洲开发银行等机构）借款，还可以向外国政府借款。

我国目前对外借款及发行国际债券的规模和数量还受一定的限制，所以政策性银行应有选择地使用国际融资方式。

此外，在一定范围内吸收存款，也是某些政策性银行的负债业务。

16.2.2　政策性银行的资产业务

政策性银行的资产业务主要有贷款业务、投资业务及担保业务等。

1. 贷款

贷款是政策性银行的资产业务的主要形式，与一般商业银行贷款相比，它具有期限较长、风险较大、利率较低（或无息）、条件较严等特点。政策性银行的贷款同样要求按期偿还。

政策性银行贷款可以从不同角度划分其种类。第一，按其运用的过程不同，可分为直接贷款和间接贷款。直接贷款是政策性银行直接向政策性贷款的对象发放贷款。这种贷款方式一般多用于从事产业和地区振兴的开发银行，因为产业和地区振兴开发大都表现为一个一个的项目，在为其贷款时应对贷款项目进行逐一选择，所以直接贷款形式较为适合。间接贷款一般是不直接对政策性贷款对象发放贷款，而是先将资金贷给其他金融机构，再由这些金融机构根据确立的贷款用途、对象和条件，向符合条件的对象发放贷款。这种贷款政策性银行不用逐一选择对象，同时还对其他金融机构进行了有条件的融资。第二，按从事的专业领域不同，可分为出口信贷、进口信贷、产业开发贷款、高新技术贷款和农业贷款等。这些贷款分别归属于不同的政策性银行办理。第三，按利息多少可分为低息贷款、无息贷款和贴息贷款。此外，按贷款运用的方式还可分为信用贷款、抵押贷款和贴现贷款等。

2. 投资

投资是政策性银行资产业务中的一种基本业务方式，具体包括股权投资和债券投资两种。股权投资是对贯彻政府社会经济发展意图而有必要进行控制的行业或企业进行直接投资，并拥有企业的控股权，对企业的决策及发展起一定的操纵作用。债券投资是政策性银行认购那些符合政府的产业和地区政策的企业所发行的中长期债券。债券投资的目的只在于增加或实现所需创立和扶持企业的资金投放，而不是对其进行控制。

此外，政策性银行的投资业务根据出资额的多少，还可以采取独资或合资参股等形式。一般来说，能吸引更多社会资本投入的，尽量不采取独立投资的方式。在合资参股的投资形式中，如果政策性银行的出资比重越大，表示政府对该行业或项目的政策支持程度越高，因而通过控制出资比例，还可以调节那些需要政策支持的行业和项目的资金投入量。

政策性银行投资业务的目的是使某些需要优先和重点发展的行业和部门得到更多的发展资金。这些部门和行业如社会公益事业、基础产业、农业及高新技术产业开发等，它们与国民经济其他行业相比，无直接经济效益或低效益，或具有高风险，所需投入的资金规模大，因而难以得到较多的社会资金和其他金融机构的资金投入，如果政策性银行不投资，就难以使其得到相应发展。因而，政策性银行投资业务的对象，主要是鼓励和扩大进出口的投资、对基础产业及设施的投资，以及扶植农林牧渔业发展的投资。

投资虽然是政策性银行的基本业务方式，但因经济体制及经济情况背景不同，各国政策性银行中投资业务占整个资产业务的比重也有所不同。一般来说，重视市场机制作用的国家，政策性银行运用投资方式的较少；而重视政府对经济干预作用的国家，运用投资方式的较多。我国目前正处在向市场经济过渡的时期，更注意通过国家政府干预而实现社会资源的合理配置。因此除进出口方面以外，可能比其他国家更多地运用投资方式。

3. 担保

担保是金融机构提供给客户的一种信用保证业务。政策性银行与其他金融机构相比，在担保业务上更具有其独特的优势，因为它是属于政府或政府支持的，几乎不存在信誉风险问题。它的一切债务都是由政府保证的，这种地位和实力决定了它更适合从事担保业务，而且它的担保业务也更容易被融资者接受，效益也更高。

政策性银行的担保业务可以从不同角度划分：从币种划分，可分为本币担保和外币担保；从境内外划分，可分为对内担保和对外担保；从担保事项划分，可分为筹资担保、对外工程担保、进出口担保等。

(1) 筹资担保。

筹资担保是应政策性银行所支持领域的筹资人要求，向贷款人或出资人出具的书面保证，保证借款人在无力偿还贷款本息或其所发行的企业债券时，无条件履行付款责任。筹资担保实质是为政策性银行所要支持的领域、部门提供了融资的便利条件。如果通过担保就能使这些部门获得资金支持，那将比向它们直接提供贷款更能收到事半功倍的效果，因为这样既节省了政策性银行的资金，又保证了它所要支持的部门的资金需要。

(2) 对外工程担保。

对外工程担保主要指政策性银行为对外工程的投标、履约及在外国银行账户透支等活动提供的担保，具体分为投标担保、承包工程担保和透支担保。投标担保是在对外工程投标或招商招标中，为招标人提供的防止投标人得标后不签合同或提出其他变更要求的担保。承包工程担保是对外工程承包中，应承包人的要求，为国外项目业主提供的承包人按质、按量履行合同规定的保证。透支担保是为对外工程承包公司和在外派出机构在当地开立银行透支账户而进行的担保。

(3) 进出口担保。

进出口担保是政策性银行为进出口领域的付款、延期付款、补偿贸易、加工装配等各种活动提供的担保，具体分为付款担保、延期付款担保、补偿贸易担保和加工装配进口担保。付款担保是应进口方要求，为外国出口方提供的在出口方按规定交运有关货物和技术资料后，保证进口方按规定履行部分或全部付款义务的担保；延期付款担保是在进出口贸易中采取分期付款时，为外商提供的进口方按合同规定履约支付的保证；补偿贸易担保是应设备或技术进口方的要求，为外商提供的为防止进口方不能按期保质保量返销产品的保证；加工装配进口担保是在进口来料加工再出口中，为外方提供的为防止进口加工方不能按要求履约的保证。

此外，政策性银行的担保业务还有在进出口和对外承包工程中，为国外进口商或项目业主提供的在得到部分订金或预付款后按要求履行合同的预付款担保，以及在对外租赁中，应所支持领域的承租人的要求为出租人开出书面文件，保证承租人按规定支付租金的租赁担保等。

由于政策性银行在开展担保业务方面具有较大的优势，因而担保业务在政策性银行的资金运营中占一定比重。我国目前成立的政策性银行主要开展重点建设项目投资及进出口信贷等方面的担保业务。

16.2.3　政策性银行的业务管理

政策性银行的业务实行委托代办的管理方法，即政策性银行不具体经办其各项业务，而是将其业务委托给商业银行代办。委托代办的方式有两种：一种是专项委托，另一种是一般委托。专项委托也叫"带帽"委托，是政策性银行指定贷款或投资的对象及有关事项，委托商业银行办理；一般委托也叫"意向"委托，是政策性银行不指定具体对象，只给出原则，商业银行按此原则自主经办政策性银行交给的资金。在一般委托中，也可以采取政策性银行先提出委托意向，商业银行按其意向为其寻找贷款或投资对象，并提供其推荐对象的有关资料，然后再由政策性银行决定是否贷款或投资。

在委托代办业务中，除一般委托中代理行自主经办政策性银行资金这一方式需由代理行承担一定的责任以外，其他委托代办业务的最终风险和损失都由政策性银行承担，代办机构不承担贷款本息未能如期偿还或投资回收违约等责任。因此，政策性银行要选择那些信誉较好、讲求效率、经营管理水平较高的金融机构委托代办其业务。

委托代办业务一般应按以下步骤进行：

① 政策性银行提出委托对象、目的、要求、条件等有关事项，与商业银行商定后签订委托协议书；

② 如果政策性银行在代理行开户，代理行要检查其是否有足够的资金，如果不在代理行开户，政策性银行需向代理行交存委托存款；

③ 代理行向确定的委托对象发放委托通知书；

④ 代理行按照协议规定的时间和金额供应资金；

⑤ 代理行向贷款对象按期收回资金；

⑥ 代理行退回政策性银行的委托资金；

⑦ 政策性银行向代理行支付手续费或与代理行进行收益分成。

支付手续费或收益分成是政策性银行委托商业银行代办业务并向其支付报酬的两种方式。在这两种方式中，一般以采取支付手续费的形式为主。在确定手续费时，应本着保证代理行补偿代办成本的前提下尽量降低手续费率的原则，因为政策性银行的业务政策性强，是不以营利为目的的。政策性银行与代理行之间是平等的独立法人关系，但为保证政策目标的实现，政策性银行有权对委托代理行进行业务监督，例如，监督代理行是否按时把资金投向指定的项目，是否执行商定的方案等；代理行也有义务为政策性银行提供有关代办业务的情况资料，接受政策性银行的监督。

按照政策性银行业务管理的特点，政策性银行不需设置营业性分支机构，但要在一些重点地区设立派出机构，以进行调查、统计、监督等活动。但对于农业部门中的政策性银行则有不同，因为其业务对象较多，业务较为繁杂，所以可在重点地区或一定范围内设立一些营业分支机构或营业网点。

16.3   我国中央银行的主要职责与业务

根据《中华人民共和国中国人民银行法》，中国人民银行具有依法制订和执行货币政策；按照规定审批、监督、管理金融机构；维护支付、清算系统的正常运行等十一项职责。大体可以归纳如下六个方面。

（1）制定和实施货币政策，保持货币币值的稳定。中国人民银行为执行货币政策可以运用存款准备金、中央银行基准利率、再贴现、向商业银行提供短期资金头寸、公开市场业务以及国务院确定的其他货币政策工具，以调节货币供应量，保持币值稳定，并以此促进金融业务的积极增长。

（2）依法对金融机构进行监督管理，维护金融业的合法、稳健运行，即按照规定审批、监督管理金融机构和金融市场；发布有关监督管理和业务的命令和规章；对金融机构的经营活动进行稽核检查等。

（3）维护支付、清算系统的正常运行，即组织或协调组织金融机构相互之间的清算事项，提供清算服务。

（4）持有、管理、经营国家外汇储备与黄金储备。

（5）代理国库和其他金融业务，包括代理国库收支；代理国务院财政部门组织金融机构发行、兑付国债和其他政府债券；负责金融业的统计、调查、分析和预测，以及国务院规定的其他职责。

（6）代表我国政府从事有关的国际金融活动。我国于 1960 年恢复了在国际货币基金组织和世界银行的合法席位，1985 年正式加入了非洲开发银行和非洲开发基金（简称"非洲集团"）以及亚洲开发银行，1996 年又加入了国际清算银行。并在这些国际或区域金融机构中都派有常驻代表。

本 章 小 结

1. 中央银行业务一般可分为银行性业务与管理性业务。银行性业务是中央银行作为发行的银行、银行的银行、政府的银行所从事的业务。

2. 商业银行的主要业务包括负债业务、资产业务、中间业务和表外业务。

3. 负债业务主要由吸收存款负债和其他负债业务构成，存款负债包括活期存款、定期存款和储蓄存款。其他负债业务包括银行同业拆借、从中央银行借款、从国际货币市场借款、结算过程中的短期资金占用、发行金融债券等。

4. 资产业务包括现金资产、信贷资产和证券投资等。

5. 中间业务是指银行并不需要运用自己的资金而代理客户承办支付和其他委托事项，并据以收取手续费的业务。最常见的是传统的汇兑、信用证、代收、代客买卖等业务。

6. 表外业务是指凡未列入银行资产负债表内且不影响资产负债总额的业务。商业银行的表外业务有狭义和广义之分。狭义的表外业务是那些虽未列入资产负债表内，但同表内的资产业务或负债业务关系密切的业务。狭义的表外业务包括各种担保性业务、承诺性业务和金融衍生工具业务等。广义的表外业务除包括狭义的表外业务外，还包括中间业务。

7. 政策性银行作为政府的金融机构，有着既区别于中央银行，又区别于商业银行的特殊的资产、负债业务。

8. 政策性银行的负债业务受其性质影响，具有低费用甚至不需要偿还的特征，而且是期限较长、规模较大的资金。

9. 政策性银行的资产业务，主要形式是贷款。与一般商业银行贷款相比，它具有期限较长、风险较大、利率较低（或无息）、条件较严等特点。

复习思考题

概念题

负债业务　资产业务　中间业务　表外业务

思考题

1. 我国中央银行——中国人民银行的主要职责与业务是什么？
2. 商业银行有哪些主要业务？
3. 政策性银行有哪些主要业务？
4. 商业银行表外业务和中间业务的关系是什么？

第17章

投资银行业务

本章重点提示

通过本章的学习，掌握狭义与广义投资银行业务的概念，熟悉狭义投资银行与广义投资银行业务所包括的主要内容，特别是对项目融资、企业兼并与收购、资产证券化、代理买壳上市、海外上市和投资基金等新兴业务要认真地理解与感悟。

17.1 狭义的投资银行业务

投资银行是与商业银行相对应的一个概念，主要指从事证券发行、承销、交易、基金管理、风险投资、企业并购等以资本运作为特点的业务。其中，狭义的投资银行仅指从事证券发行与承销等项业务的金融机构。

在不同的国家和地区，投资银行的叫法也不一样，在美国就叫投资银行（investment bank），在英国叫商人银行（merchant bank），而在我国和日本则多叫证券公司。投资银行作为金融领域最活跃、最积极的力量，在一级市场中，通过咨询、承销、分销、代销等方式辅助构建证券发行市场。在二级市场中，分别以自营商、经纪商和做市商的身份参与市场交易、维持价格的稳定性和连续性，提高交易效率，维持市场秩序，搜集市场信息，进行市场预测，吞吐大量证券，从而起到了活跃并稳定市场的作用。

17.1.1 证券承销业务

证券承销是投资银行最本源、最基础的业务活动。投资银行承销的职权范围很广，包括本国中央政府、地方政府、政府机构发行的债券、企业发行的股票和债券、外国政府和公司在本国和世界发行的证券、国际金融机构发行的证券等。投资银行在承销过程中一般要按照承销金额及风险大小来权衡是否要组成承销辛迪加和选择承销方式。证券承销业务中的参与者有：筹资者（即发行人）、投资者（可以是个人，也可以是机构）、推销者（即投资银行）及管理者（主要是国家证券管理机构）。通常的承销方式有以下4种。

（1）包销。这意味着主承销商和它的辛迪加成员同意按照商定的价格购买发行的全部证券，然后再把这些证券卖给它们的客户。这时发行人不承担风险，风险转嫁到了投资银行的身上。

（2）投标承购。它通常是在投资银行处于被动竞争较强的情况下进行的。采用这种发行方式的证券通常都是信用较高，颇受投资者欢迎的债券。

（3）代销。这一般是由于投资银行认为该证券的信用等级较低，承销风险大而形成的。这时投资银行只接受发行者的委托，代理其销售证券，如在规定的期限内发行的证券没有全部销售出去，则将剩余部分返回证券发行者，发行风险由发行者自己负担。

（4）赞助推销。当发行公司增资扩股时，其主要对象是现有股东，但又不能确保现有股东均认购其证券，为防止难以及时筹集到所需资金，甚至引起本公司股票价格下跌，发行公司一般都要委托投资银行办理对现有股东发行新股的工作，从而将风险转嫁给投资银行。

17.1.2　证券经纪业务

所谓证券经纪业务，就是投资银行接受客户委托，代理客户交易的业务。当事人只有两方：委托人（客户）和受托人（投资银行）。受托人又称为经纪人、客户代理人。作为经纪商，投资银行代表买方或卖方，按照客户提出的价格代理进行交易。

1. 接受委托业务

通常，客户可以采取不同的方式委托投资银行开展业务。常用的委托类型有以下4种。

（1）授权委托和止损委托。前者是客户赋予经纪人充分权利代理自己，而后者是客户委托经纪人涨卖跌买并有一定止损点的委托方式。比较而言，止损委托是一种保守、稳健的委托方式。

（2）限价委托和市价委托。

（3）限期委托和无限期委托。

（4）口头委托、电话委托和书面委托。

投资银行在帮助客户进行股票买卖委托时，需替客户开户、交易、交割、清算、过户、结账。在"无纸化"时代，后三项均由有关系统完成，客户不见其面。

2. 为客户提供咨询服务

1）基本面分析

证券经纪业务的基本面分析包括公司的经营状况、赢利能力、偿债能力等的分析。

2）技术面分析

投资银行可以采用多种方法帮助客户进行技术面分析，常用理论有以下几种。

（1）道氏股价分析理论。该理论认为，股票市场在任何时候都存在三种运动，即日常变动（几小时到几天）、次级运动（1周到几个月）和主要趋势（1年到4年）。道氏股价分析理论认为，股价变动中存在着阻力区与支持区。所谓阻力区，是指股价达到的一个高峰，而支持区是股票价格的前一个低点。其目的在于指出新的看涨市场或看跌市场是否已经出现，主要趋势是否还会持续。

（2）交易量分析。交易量可以使股价上升或下降，当股价发生较大变动时，也是交易量大量增加的时候。当量价同步，即大量交易发生在价格上升期，股价会上升，而量价背离，即价升量减；升程不长，到一定程度，卖压会大增，股价会下跌。

（3）强弱势分析。如果某个股票在过去具有相对强势，那么它们在未来也具有相对强势。

17.1.3　自营业务

所谓自营，就是投资银行用自有或融入的资金直接参与证券市场交易，并承担证券交易风险的一项业务。投资银行通过证券自营业务，能够实现股票价差收入和股息收入，并促进其他业务的开展。投资银行在二级市场中开展自营业务，扮演着做市商和交易商的角色。

作为做市商，在证券承销结束之后，投资银行有义务为该证券创造一个流动性较强的二级市场，并维持市场价格的稳定。当做市商报价等于市场均衡时的出清价，做市商手中头寸不变；当做市商报价大于市场均衡时的出清价，做市商买入股票的数量大于卖出数量，这时手中头寸上升；而当做市商报价小于市场均衡时的出清价，做市商买入股票的数量小于卖出数量，这时手中头寸下降。在实际操作中，绝大部分做市商都不希望手中头寸剧烈变化，以免增加财务风险和资金成本。若做市商报价定位准确，就可以不断买入和卖出手中股票，在保持流动性的同时，手中头寸保持相对稳定，从而赚取价差收益，并促进其一级市场业务的开展。

作为交易商，投资银行有自营买卖证券的需要，通过持有某种股票头寸的行为来获取利润，这是因为投资银行接受客户的委托，管理着大量的资产，必须要保证这些资产的保值与增值。主要交易策略有：无风险套利、风险套利、投机。

① 无风险套利（arbitrage）。交易商在两个或两个以上不同的市场中，以不同价格同时进行证券交易，利用市场价格差异获利。

② 风险套利（risk arbitrage）。与无风险套利的差异在于为套利而进行的买卖交易之间存在时差。

③ 投机（speculation）。交易商期望能够准确预测证券价格的变动方向而获取价差收益。

投资银行开展自营业务，目的是获取买卖价差收入。但必须遵循经纪业务优先的原则，即客户委托指令应优先于自营交易指令。通常，投资银行自己会投入一定资金，以满足资金周转需要，同时承担交易风险。

17.2　广义的投资银行业务

广义的投资银行业务，除了证券承销和证券经纪两项最主要的业务之外，还开展项目融资、公司理财、资产证券化、资金管理、投资咨询、组织兼并与重组、风险投资和租赁等其他业务。

17.2.1　项目融资

项目融资是对一个特定的经济单位或项目策划安排一揽子融资的技术手段，借款者可以只依赖该经济单位的现金流量和所获收益用作还款来源，并以该经济单位的资产作为借款担保。投资银行在项目融资中起着非常关键的作用，它将与项目有关的政府机关、金融机构、投资者与项目发起人等紧密联系在一起，协调律师、会计师、工程师等一起进行项目可行性研究，进而通过发行债券、基金、股票或拆借、拍卖、抵押贷款等形式组织项目投资所需的资金融通。投资银行在项目融资中的主要工作是组织律师、会计师、工程师等一起，对项目做可行性研究；设计融资方案、起草有关法律文件、确定证券价格进而进行证券承销等。

融资形式可以是发行债券、股票、基金、拆借、拍卖、抵押贷款、信托凭证、兼并转让等形式。

我国此项活动开展很少，只有机构对该业务有所涉及，并且还存在较多的政府行为。

1. 存托凭证（以 ADR 为例）

ADR（American depository receipt），即美国存托凭证，是一种可转让证书，代表非美国的公司在美国融资所发行的、并可在美国公开交易的股票或债券。

ADR 的运作程序如图 17-1 所示。此过程相当于非美国公司以自己在本国的证券为抵押，在美国发行 ADR。

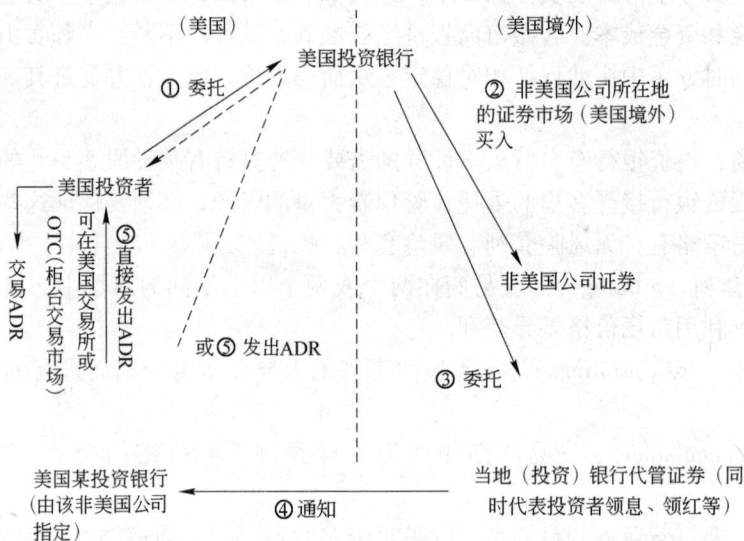

图 17-1　ADR 的运作程序

2. ADR 的类型

ADR 有无担保和一、二、三级担保几种类型。

一级担保是指在 OTC（柜台）交易的 ADR，此时非美国公司，不必遵循美国的会计准则和 SEC（美国证券委）的公开性要求。但它需由非美国公司所在国的证监会批准，且受美国 SEC 的严格审查。

二级担保指经美国 SEC 核准，可在美国的一家全国性交易系统上市的 ADR（美国全国性证券交易系统，如 NYSE、AMEX、NASDAQ 等）。

三级担保是指经美国 SEC 批准在美国一家全国交易系统上市且计划发行的证券。审查的表格更多，审查更严。

无担保 ADR，也称 144A-私募，也就是只能由约 4 000 个经核定的投资机构（QIBS）投资的、未在美国 SEC 注册的证券。这种证券至少两年内不能进入美国公开市场，据 144A 规则，它可在核定的投资机构间转售。其缺点是流动性差，程序复杂，因而成本高，如需提供法律鉴定书，投资者声明及其他需披露的资料。

17.2.2　企业并购

1. 企业并购概要

企业并购（M&A）业务在投资银行业务中的比重已经上升到了一个很重要的地位，在资本市场越发达的国家，企业并购业务开展得越普遍，其在资源优化配置中越来越起着别的方式无可替代的重要作用。

近年来，投资银行除了以中介身份介入企业并购业务，还常常作为并购交易的主体直接参与并购业务。在这类业务中，投资银行把企业（产权）买卖当作一种投资行为，先是买下相应产权，然后或直接整体转让，或分拆出售，或重组经营待价而沽，或包装上市抛售股权，从中赚取买卖差价。

无论投资银行以何种身份介入并购业务，它都起到了促进资源优化配置、加速资本集中、提高企业效率的作用。

2. 主要方式

企业的兼并与收购方式甚多，大致有：A 用资金购买 B 的股权，A（发新股）与 B 换股（即 B 并入 A，B 的股东改持 A 的股票）等。

现主要介绍公司杠杆收购（LBO）。与通常"大鱼吃小鱼"的其他并购方式不同，杠杆收购是指：有优势的公司利用财务杠杆，通过某种融资方法（如在投资银行的帮助下发行债券等），筹到资金后，收购劣势公司，然后靠优势公司的力量，使劣势公司的资产发挥作用，从而给投资者比过去高的回报。杠杆收购的最大特点就是通过增加公司的财务杠杆来达到"小鱼吃大鱼"的目的。根据美国德崇证券公司的调查，从事杠杆收购的美国公司的资本结构大致为：股本 5%～20%、垃圾债券 10%～40%、银行贷款 40%～80%，杠杆比率一般在 1∶5 到 1∶20 之间。

投资银行参与杠杆收购过程，作为收购方的代理，主要应做以下几件工作。

（1）寻找兼并或收购者（公司）。

（2）确定目标公司（被兼并与被收购者）。投资银行在接受收购者的委托后，利用其手头拥有的大量产权交易信息及长期积累起来的并购经验，并根据收购者的要求，对目标公司的行业背景、市场营销状况、财务状况、法律规制、资产结构等因素进行详细的分析和调查之后，再做出决定。

（3）帮助收购者对目标公司进行价值评估。选定目标公司后，投资银行的下一步任务就是帮助收购者对目标公司进行价值评估，帮助收购者制定并购计划，制定出收购者可接受的最高并购价格。

（4）帮助收购者选择支付方式。支付方式包括现金、股票、债务凭证或以上各种工具的结合，并购公司选择何种支付方式不仅要考虑目标公司股东和管理层的要求、财务结构和资本结构等，还要考虑并购公司自身的资本结构及股东要求；有时还会出于税收最小化的考虑而选择不同的支付方式。

（5）帮助兼并者、收购者筹集资金，以实现兼并、收购计划。例如，帮助或代理收购者从商业银行借款，也可以帮助收购者发行次等债券融资，或者为收购者安排过桥贷款，即在长期债务资金筹措完成之前的临时短期资金借贷。投资银行在为并购方安排过桥贷款时，有时也会提供其自有资本；而在并购方偿还出现暂时困难或其他特殊情况下，也可以将这种过渡性短期贷款转为中长期融资。在企业并购活动中，投资银行也可以作为目标公司的代理，帮助目标公司制定反并购措施是投资银行的主要任务。在敌意并购中，目标公司如何实施有效的反并购战略，抵抗敌意并购方的进攻，成为管理层面对的棘手问题。投资银行运用其丰富的经验，为目标公司设计有效的反并购措施，增加收购的成本和困难，帮助目标公司以尽可能低的代价实现反并购行动的成功，从而捍卫目标公司及其股东的权益。

17.2.3 资产证券化与投资银行的角色

1. 资产证券化定义

资产证券化（securitization）是指投资银行（或介入投资银行业务的信托公司）以某公司的具有良好未来收益的资产作为依托发行债券，相当于把具有良好未来收益的资产转化为证券。它起源于美国20世纪七八十年代，是基于抵押贷款的一项金融创新，是一种不同于传统债券筹资的新型融资方式。

进行资产转化的公司称为资产证券发起人。发起人把持有的各种流动性差的金融资产，如住房抵押贷款、信用卡应收款、汽车贷款等，分类整理为一批批资产组合，出售给特定的交易组织（special purpose vehicle，SPV），即金融资产的买方（主要是投资银行），再由SPV按照破产隔离（bankruptcy-remote，即证券化资产在发起人破产时不作为清算财产，从而有效地保护了投资者的利益）原理，将其汇集成具有一定规模的资产池（asset pool），然后通过担保和信用评级等措施，提高资产池内资产的信用等级，再以资产池内资产的未来现金收益为依托，向个人和机构投资者发行资产证券，从而收回购买证券化资产的资金，并以证券化资产产生的现金流向投资者支付本息。这一系列过程就称为资产证券化。

通常，根据证券化资产的类型，可以将资产证券化分为住房抵押贷款支持证券（mortgage-backed securities，MBS）和资产支持证券（asset-backed securities，ABS），前者是以住房抵押贷款为抵押资产，而后者则是以除住房抵押贷款以外的其他资产为抵押资产。

和传统的融资方法相比，资产证券（ABS）由于信用级别高，标准化程度高，流通性强，刚一面世就受到不论是发行者、借款者还是投资者的普遍欢迎。20世纪80年代末90年代初，美国RTC公司（resolution trust corporation）采用资产证券化运作方式处理美国储蓄机构的庞大不良债权获得极大的成功。在东南亚金融危机后，资产证券化在亚洲也得到了很大发展（见表17-1）。

表17-1 1996—1997年间亚洲以公开方式进行的资产证券化交易

国别或地区	发 行 人	发 行 额	证券化资产的类型
中国香港	太平洋Palisades融资公司	9 880万美元	豪华住宅产权
	香港抵押融资公司/香港电讯	7.78亿美元	雇员抵押贷款
	香港住房融资公司/三和银行	1.44亿美元	住宅抵押贷款
	中国商业置业融资公司	3亿美元	香港商业楼宇
	SAR住宅抵押贷款公司	3亿美元	住宅抵押贷款
	Anfield公路公司	1.12亿美元	附属债券
	香港抵押贷款公司/东亚银行	2.6亿美元	抵押贷款

续表

国别或地区	发 行 人	发 行 额	证券化资产的类型
印度尼西亚	Ongko 国际金融公司	1 亿美元	房产出租
	Rembrandt 国际持股公司	6 000 万美元	汽车贷款应收款
	汽车证券化金融公司	2 亿美元	汽车贷款应收款
	亚洲造纸厂	3.5 亿美元	贸易应收款
泰 国	SITCSRS 融资公司	8 300 万美元	汽车租赁、购买应收款
	Rembrandt 国际持股公司	1.2 亿美元	汽车租赁、购买
	泰国汽车	2.5 亿美元	汽车出租与租赁款
	旺帕通制袜公司	2 500 亿美元	贸易应收款
韩 国	KE 国际	1.27 亿瑞士法郎	电器应收款
新 加 坡	证券化和基建融资公司	5 亿美元	金融证券

适于证券化的金融资产必须具备的特征是：能带来一个未来的现金收入流；未来现金收入流产生的条件应当是稳定的、易于把握的，如是契约性质的，资产达到一定的信用质量标准。

资产证券化下的证券即资产证券为各类债务性证券，含商业票据、中期债券、信托凭证、优先股票等形式。资产证券的购买者与持有人在证券到期时可获本金、利息的偿付。证券偿付资金来源于担保资产所创造的现金流量，即资产债务人偿还的到期本金与利息。如果担保资产违约拒付，资产证券的清偿也仅限于被证券化资产的数额，而金融资产的发起人或购买人无超过该资产限额的清偿义务。

2. 资产证券化的步骤

资产证券化的基本操作步骤主要包括：资产的出售，资产的购买，资产的信用提高与资产证券的评级等。

1）资产的出售

资产出售是发起人把经组合的金融资产卖给 SPV 的行为。资产出售须以买卖双方已签订的金融资产书面担保协议为依据。根据双方协议，资产出售后通常由发起人充当 SPV 的资产组合代理人，向债务人收回到期资产的本金和利息，交由 SPV 偿付资产证券本息。由发起人充当 SPV 资产代理人，要求发起人资产与代管资产相分离，否则会导致混合收款问题。分离的目的是 SPV 对委托管理资产的权利不会因发起人破产而丧失。

资产出售有三种形式。

（1）债务更新。即先行终止发起人与资产债务人之间的债务合约，再由 SPV 与债务人之间按原合约还款条件订立一份新合约来替换原来的债务合约。

（2）转让。即通过一定的法律手续，把待转让资产项下的债权（或资产产生未来收益的权利）转让给 SPV，作为转让对象的资产要有法律认可的具备转让的性质。资产权利的转让要以书面形式通知资产债务人。如无资产转让的书面通知，资产债务人享有终止债务支付的权利。

（3）从属参与。在从属参与方式下，SPV 与资产债务人之间无合同关系，发起人与资产债务人之间的原债务合约继续保持有效。资产也不必从发起人转让给 SPV，而是由 SPV

先行发行资产证券，取得投资者的资金，再转贷给发起人，转贷金额等同于资产组合金额。贷款附有追索权，其偿付资金源于资产组合的现金流量收入。

无论采取何种形式，资产的出售均要由有关法庭判定其是否为"真实出售"（true sales），以防范资产证券化下涉及的发起人的破产风险，从而保障投资人的权益。真实销售也使资产证券的信用状况与资产原始持有人的信用状况分离开来，从而使本身资信不高的组织（或公司）有可能通过待转化资产的信用提高，在资本市场上成功地发行证券。美国法院裁定"真实出售"，主要考察：当事人意图符合证券化目的；发起人的资产负债表已进行资产出售的债务处理；出售的资产一般对发起人无追索权，或仅有有限的追索权；资产出售的价格不盯着贷款利率；出售的资产已经过"资产分离"。不合于上述条件的将视作担保贷款或信托。

2）资产的购买

SPV购买资产的形式有两种：一是整批买进一个特定资产组合；二是买进资产组合中的一项不可分割权利。

前者与票据的直接转让相似，SPV买进特定金融资产下的卖方全部权益，资产转归买方所有。在后一形式下，SPV的权益不限与组合中的特定金融资产，因此这项权益不会由于某一特定资产的清偿而终止。随着组合中资产的清偿新资产的不断补进，SPV的权利亦随之周转。前一种形式利于期限较长的资产证券化；后一种形式利于资金期限较短，周转速度较快的资产组合。

3）资产信用提高

由于资产证券的偿付依赖于被证券化的资产所产生的未来现金流能否顺利实现，对投资者而言存在一定的风险。提高资产证券的信用级别，是吸引投资、改善发行条件、顺利实现证券化过程中必要的一环。信用提高可以由卖方（发起人）进行，也可以由第三方进行。

（1）卖方信用提高。

卖方信用提高有4种选择：直接追索，资产储备，超额担保，购买或保留从属权利。

① 直接追索。当SPV购买的金融资产发生违约拒付时，SPV保有对发起人（金融资产的卖方）进行直接追索的权利。通常采取偿付担保或由卖方承担回购违约资产的方式。

② 资产储备。即由发起人保有证券化资产数额之外的一份足以偿付SPV购买金额的资产储备。在违约应收款限度内，从储备资产所带来的现金流中进行偿付。

③ 超额担保。即被证券化的资产实际价值高于证券的发行额。

④ 购买或保留从属权利。

保留从属权利是指卖方以不可分割权利方式出售资产组合时，保留自己一份不可分割权利，但卖方权利从属于买方权利。如果售出资产发生违约应收款，买方权利可以从卖方保留权利中得到补偿。

购买从属权利则是指卖方购买发行的从属证券（次级证券）。从属证券的权利落后于买方向第三方投资者发行的证券，即第三方投资者的投资偿付权利优先于从属证券持有人。买方对从属证券的偿付要以证券化资产不违约为前提。因此，在购买从属证券方式下，实际上是由卖方提供了一笔保证金。

（2）第三方信用提高。

由银行或金融担保公司作为第三方提供全额或部分担保，分为购买从属证券与为买方的证券的信用提高两种。

① 购买从属证券方式与卖方购买从属证券方式相似，不同之处在于第三方通过购买从属证券提供信用担保。

② 为买方发行的证券的信用提高是指由第三方通过信用证，为买方发行的资产证券提供担保。这样就把 SPV 所购买的金融资产的信用级别，提高到了信用更高的第三方的信用级别。当损失发生时，由第三方弥补一定金额。

4）资产证券的评级

资产证券的评级为资产证券投资提供证券选择的依据，因而构成资产证券化的又一重要环节。资产证券的评级与一般债券评级相似，但也有较大区别。资产证券的评级，是专门评级机构应资产证券发行人或承销人的请求，对证券化的资产的权益进行评级，而不是对公司的评级；对普通公司债券的评级，是对发行债券的公司评级。这是两者主要区别。

资产证券评级所考虑的因素不包括由利率变动等因素导致的市场风险，或基础资产预付所引起的风险，而主要考虑证券资产的信用风险。被评级的资产应已与发起人信用风险相分离，也就是资产从卖方向买方的转移必须构成一项"真实售出"，或资产的买方为一"破产隔离体"，即资产买方的破产风险已通过破产申述条例与债务限额被限制在不影响证券正常偿付范围。

通常的程序如下所述。首先，评级机构先对基础资产质量进行评定；在此基础上，对相关的参与人、交易的结构及信用提高的方式进行考察。然后，评级机构要将上述的审查结果输入自己的模型以衡量是否达到一个预期的损失水平，并且考察在发生了最坏的情形后的损失水平，这称之为"压力测试"或"最坏情形测试"。多数评级机构都将 20 世纪 30 年代的大萧条作为最坏的情形。最后，评级机构根据对资产信用风险的评估结果，给出资产证券的信用级别。由于出售的资产都经过了信用提高，一般地，资产证券的信用级别会高于资产发起人的信用级别。证券定级后，评级机构还要进行跟踪监督，根据经济金融形势、发起人、证券发行人有关信息情况，以及资产债务的履行情况、信用提高情况及提供信用提高的第三方财务状况的变化等因素，做出监督报告向外公布。并根据资产信用质量的变化对已评出的证券级别进行升降调整、中止或取消。因此，资产证券的评级较好地保证了证券的安全度，这是资产证券较有吸引力的一个重要因素。

资产证券化的前景十分看好。以投资银行为主体的 SPV，从事资产证券化业务，可以从以下两者之一获利：其一，当 SPV 为客户做资产证券化时，它将包销这些证券，并像其他包销一样获取差额收益；其二，如果 SPV 购买抵押资产，再将其证券化，然后销售，它将从购买资产与销售全部证券的价差中实现利润。资产证券化也是投资银行业务中一项有前景的衍生金融工具。

关于 SPV 的一些说明：SPV 是为资产证券化专门设立的机构，除了证券化业务外，不得经营任何其他类型的资产业务。为了便于监控，SPV 不得设立任何子公司。

SPV 通常在具有如下条件的国家或地区注册：注册地的破产法规定 SPV 这类金融机构不得破产；对利润和（或）资本免征所得税；对利息支付免征预提税；没有有关上述两点的法律风险。

17.2.4 代理买壳上市

1. 买壳上市

由于企业上市有许多益处，例如，可以从股票市场上筹资，可以使股东多元化从而分散风险，可以迫使自己的管理规范化等，所以许多具备一定条件的公司都希望上市，但上市审查手续严格、麻烦，所需时间长，所以就出现了"买壳上市"的方式。买壳上市，是指欲上市的公司，购买（收购）一家已上市公司，注入自己的优质资产，从而达到上市的目的。

为了降低购买已上市公司的成本，通常选择股价低的公司（也就是资产质量低，亏损的公司）作为收购对象。甚至更注重选择那些连续亏损若干年的、已摘牌的公司。

由于收购者购买的目标，不是已上市或已摘牌公司的资产，而是其"已上市"的资格，因而称之为"买壳上市"，这是它与在股市上的普通购并不同的地方。

买壳上市，可以在一国内进行，也可以跨国进行。跨国的买壳上市，通常又称"海外买壳上市"。

此项业务操作中应注意以下问题：

① 估计欲上市公司的质量（实力）；

② 根据欲上市公司的情况，为欲上市的公司设计、策划买壳上市的计划；

③ 为欲上市的公司做会计、法律等方面的咨询；

④ 为欲上市的公司，选择恰当的股票市场和恰当的壳公司（收购对象）；

⑤ 为欲上市的公司，筹集收购资金，在此过程中，投资银行将收取相当的费用；

⑥ 替欲上市的公司实施收购，对于已摘牌的壳公司而言，通常需收购其80%以上的股票；

⑦ 帮助欲上市公司，把优质资产注入壳公司，处理有关会计、法律方面的问题；

⑧ 帮助欲上市公司，为壳公司更名，重新挂牌交易（如果所收购的是已摘牌的壳公司的话）；

⑨ 适当操作壳公司的股票交易；

⑩ 处理壳公司的闲置资产。

2. 取费方式

投资银行通常不从欲上市公司那里直接收取现金，而是（按协议）获得一定比例的壳公司股票（通常不高于10%），待壳公司重新挂牌后，在适当的价位卖出，从而实现服务的报酬。为在适当价位卖出自己所持有的壳公司的股票，投资银行通常要在二级市场上，对壳公司进行适当操作。

17.2.5 海外上市

1. 海外市场的选择

海外上市，是指不通过买壳方式，直接向海外证券市场的管理机构申请上市。对海外市场的选择，主要应考虑以下几方面的因素。

（1）市场规模，不宜太小；否则筹资规模受影响。

（2）市价水平（市盈率），不应太低。在市盈率高的市场上市，可以获得较高的资本盈余。

（3）市场的稳定，要适当。相对稳定为好，大起大落和过于死板都不好。

（4）交易量，不宜太小。小了不易进出，活跃性不够；也不宜太大，太大则易出现大起大落。

（5）投资者对中国企业，不应有太大的偏见。

（6）上市活动中的咨询费、劳务费、发行承销费、上市登记费等费用，不宜太高，如果这些费用相对高，但市场条件很理想（如市盈率也相对高些），还是值得的。

例如，纽约市场承销佣金约占筹资总额的 6%～7%；不收资本税；不收印花税；上市挂牌交易费（对发行者一次性征收初期上市费用），依上市股票的价值大小征收，募集 100 万股，收 51 550 美元；发行 400 万股，收 81 100 美元，之后每加 100 万股，加收 3 500 美元。伦敦的承销佣金，依发行数量和筹资情况而定，一般占发行额的 2.5%；也不收资本税；印花税由买股票方代表卖方出 0.5%；挂牌交易费，也依上市股票的价值大小征收，一般在 1 440～93 560 英镑之间。香港承销佣金为 2%；资本税为筹资额的 0.6%；印花税只对卖方收取，为 0.2%；挂牌交易费，也依上市股票的价值大小征收，范围从 15 万港元到 65 万港元不等。

2. 海外上市模式的选择

（1）直接上市的模式：欲上市企业，在投资银行的帮助下，直接在海外上市（中国的企业需事先得到国家证监会的批准）。

（2）控股上市的模式：欲在海外上市的企业，先在海外注册一家公司，并用该海外公司对欲上市企业控股（等于把国内资产注入海外的公司），然后以境外（控股）公司的名义，在海外申请上市。

（3）附属上市的模式：欲在海外上市的公司，在境外注册一家公司，由国内的公司，对境外的这家公司控股（注册时已把资产注入这家公司）。必要时再把有关业务移交这家海外公司去做。然后，海外这家公司，在海外申请上市。

3. 海外上市的程序与投资银行的作用

1）美国市场

在美国公开发行股票，需由 SEC 批准。

第一步：前期准备。向 SEC 呈交初步申请，填写登记表备案；同时选择一家投资银行作承销协调人，负责和监督发行的事务。此期间，承销协调人要对该申请公司做一个彻底的审查，如股东情况、董事长总经理等高级管理人员的情况、重要资产情况、主要设备情况及销售情况等；然后与申请公司一起准备招股说明书初稿，并填写申请表。

第二步：等待 SEC 审查和发行人、承销团巡回介绍阶段。把申请表交给 SEC 后，要等待 SEC 审查。审查时，要反复修正表中的内容。此期间，承销协调人应邀请其他投资银行（证券商），组成承销团。中国公司、承销协调人与承销团一起着手推销股票的准备工作，如散发招股说明书草案，向投资机构巡回推荐该股票，并依据工作情况，估算出大概的销售量。

第三步：获准登记，公开发行。当申请公司和其他承销商得知可基本获准登记公开发行后，便着手确定其最后文件的条款和股价。当 SEC 宣布登记有效之后，发行价格也就确定下来了，承销人可发出口头或书面的销售要约，并把招股说明送到投资者手中。

第四步：投资银行的法律顾问帮助确定在美国的一家交易所挂牌流通。

2）香港市场

第一步：准备工作。整理经审计的财务报告，清理各项重大合约及关联人，对高层管理人员背景做出介绍，拟订树立公司形象的公共关系计划。成立工作小组，选择财务、法律顾问及承销商。

第二步：筹备工作。制定招股章程，听取监管机构意见，招股章程经香港联合证券交易所审查批准后，与包销商签订包销协议，销售股票。图 17-2 介绍了香港创业板申请上市流程图。

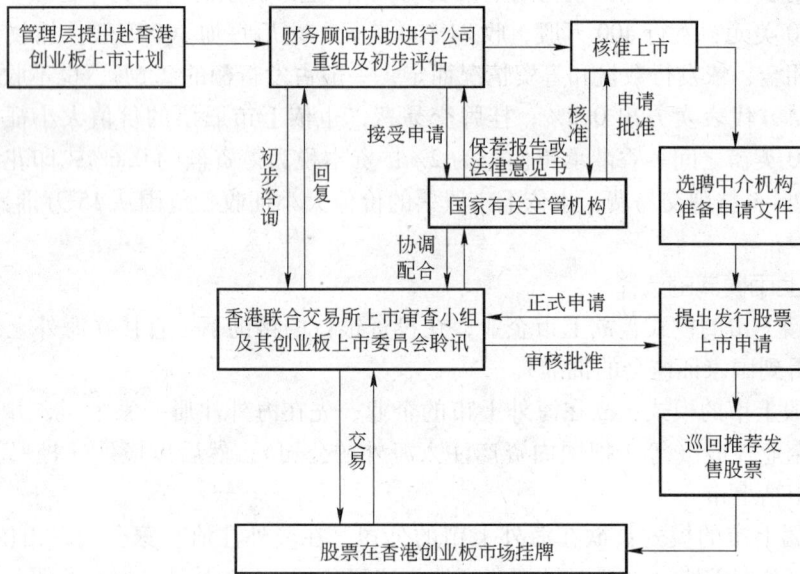

图 17-2　香港创业板申请上市流程图

17.2.6　投资基金与投资基金管理公司

投资基金起源于 1868 年的英国，又称共同基金或单位信托。发展至今，已成为西方国家最重要的大众化投资工具。它由基金发起人组织，通过向投资者发行受益凭证，吸收大量投资者的零散资金，聘请有专门知识和投资经验的专家进行管理和运作，并由信誉良好的金融机构充当所募集资金的信托人或保管人。基金经理人将通过多元化的投资组合，努力降低投资风险，谋求资本长期、稳定的增值。投资者按出资比例分享投资收益与承担投资风险。投资银行作为经纪人和承销商，在经营活动中为客户提供投资方向、投资规模和投资时机的咨询，并且，由于投资银行在证券市场上的特殊地位，往往会接受客户委托全权管理和处置其手中资金。因此，投资银行与基金有着密切的联系。投资银行既可以作为基金的发起人，发起和建立基金，也可作为基金管理者管理基金；还可以作为基金的承销人，帮助基金发行人向投资者发售受益凭证。

投资基金具有积少成多、专业化管理和分散风险的特点，因此它特别适合于中小投资者。投资者可以凭借少量的资本，承担极低的费用，享受基金经理人的专业理财服务。从这个意义上说，投资基金既为中小投资者开拓了新的投资渠道，也在一定程度上起到了缓解国家经济建设中资金的相对不足。

目前，我国管理机构所确认的基金是指通过发行受益凭证，募集资金，由专门的管理机构用于证券投资或其他投资，是一种信托业务。

证券投资基金可分为开放式基金和封闭式基金两种。前者指受益凭证可以赎回并可根据申购情况追加发行受益凭证，后者规定受益凭证在规定的期限内不能赎回而只能在市场上转让，并且在规定期限内不能追加发行受益凭证。

开放式基金与封闭式基金的不同特点表现在以下 4 个方面。

（1）发行数量限制不同。开放式基金数量不限制，放开销售；而封闭式基金发行的金额是一定的。

（2）买卖方式不同。封闭式基金的投资人只能将基金卖给第三者或在证交所挂牌出售，只有到期后，投资者才能向基金公司赎回每单位所代表的金额；开放式基金的投资者则可以随时向基金公司买卖基金，不受时间限制。

（3）单位价格不同。两者首次发行计价相同（按面值加 5% 首次购买费），但其转让计价方式不同。开放式基金单位卖出价为净资产加 5% 首次购买费，买入价为单位所代表的净资产，不受市场供求关系影响。而封闭式基金的售价常出现溢价或折价，这是因为其发行量固定，而需求量却经常发生变动。当基金投资的目标市场为牛市时，购买此基金的投资者就多，反之就少。

（4）投资方式不同。封闭式基金不允许投资者随时赎回，故基金经理掌握的基金较稳定，所以可以将大量基金用于长期投资，而开放式基金必须保留一部分现金，以便应付随时赎回；并且在其投资组合中，要有一部分可以随时兑现的有价证券，以便应付大规模的赎回。

1. 证券投资基金的设立

投资银行作为基金发起人，在我国设立证券投资基金，必须向证监会递交下列材料（以封闭式基金为例）。

（1）承诺函。承诺报送的所有材料真实、准确。

（2）申请报告。包括：基金发行简要情况，如基金的名称、类型、规模、发行对象与价格、费率、存续期限、上市与交易安排、基金发起人和承销商，拟任基金管理人和托管人等；设立基金的可行性分析，如基金规模、产品需求及目标客户分析等；基金管理人签章。

（3）发起人名单及协议。协议内容包括基金的名称、类型、规模、发行方式和存续期间；发起人的权利、义务，认购基金单位的出资方式、期限及首次认购和在存续期间持有的基金单位数量；基金未足额发行时各发起人的责任、义务；拟任的基金托管人和基金管理人。

（4）基金契约和托管协议。界定基金契约当事人的各项权利义务关系。

（5）招募说明书。说明基金产品特性、基金发行、上市与交易安排、基金投资、风险揭示、信息披露及基金持有人服务等内容。

（6）经会计师事务所审计的发起人最近三年的财务报告。

（7）律师事务所出具的法律意见书。

（8）承销协议。

（9）募集方案。

（10）基金管理人董事会决议。

（11）中国证监会要求提交的其他文件。

2. 证券投资基金的募集

证券投资基金的发行方式有公开发行和私募发行（定向发行）。在中国，基金券的发售手续可视同债券和股票的手续。对封闭式基金而言，只要在发售期间内，即批准之日起 3 个月内募集的资金超过该基金批准规模的 80%，基金即宣告成立。开放式基金自批准之日起 3 个月内净销售额超过 2 亿元的，该基金成立。

3. 当事人规定

基金当事人至少有投资人、信托人和经理人。投资人是受益凭证的受益人，是信托资产的实际持有人，可以是法人或自然人。

信托人是基金资产的名义持有人和保管人，它负责基金资产的保管，必须是法人机构，不得持有某家上市公司 10% 以上的股份，不得担任上市公司的董事或经理。信托人与经理人之间的相互持股比例不得超过对方股本总数的 10%，不得担任对方的董事或经理。

经理人是由各类投资专家组成的基金管理公司，负责基金的投资运作。经理人必须是法人机构，不得持有某家上市公司 10% 的股份，不得担任上市公司的董事或经理。投资人将资金集中起来汇集成基金交给信托人保管，再由经理人去经营。

在投资人、信托人和经理人之间的三角组合关系中，经理人的作用最为重要。经理人是基金的设计者、发售者、买卖中介和投资操作者，其主要工作有负责基金的投资和管理，编制信托报告，负责受益凭证的转让或赎回事宜，定期公布信托的净资产和交易价格。基金的投资回报取决于经理人的经营业绩。经理人必须由具有广博理论知识和丰富实践经验的投资专家担任，他们通过对市场状况进行周密的分析研究，制定出切实可行的投资组合与策略，确保有效地投资运作，从而达到基金资产稳健增值的目的。

信托人的工作包括持有和保管基金资产，向投资者提供基金的公开说明书，有关销售文件，证券投资基金契约及最近的财务报告，办理投资者认购基金、赎回基金及基金派息事宜，对基金资产净值进行计算。其主要职责是看管好基金资产，监督经理人按照信托契约进行操作，保护投资者利益。信托人必须独立于基金经理人，并且要求信托人有一定的资产和信用。通常单位信托基金在信托契约中均明确规定，基金必须由另一家独立的信托人公司持有和保管，将经营和保管严格分开。经理人对基金有支配使用权，而基金的保管权却掌握在信托人手中，信托人和经理人之间存在着相互配合又相互制约和监督的关系，此外，基金的资产必须独立于基金经理人及信托人的资产，这就从根本上有效地确保了投资者的利益不受损害。

4. 上市转让的有关规定

封闭式基金由经理人于交易日以柜台转让方式交易，或在交易所上市，开放式基金由经理人在柜台办理赎回手续。

5. 基金操作方面的有关规定

基金投资于某家上市公司的股票不得超过该基金净资产的 10%，投资于某家公司的证券不得超过该公司总股份的 10%，经理人应分散委托不同的证券经纪商进行证券投资，委托某家经纪商的份额不得超过总份额的 10%。

6. 基金成本与费用

基金成本包括成立费和运作费。成立费指首次购买费，包括成立费、注册费、印花税、文件印刷费及律师费，稽核费和会计师服务费。运作费包括推广费、信托人佣金（占基金总资产的 0.01%～0.25%，总资产越大，百分比越小）、投资费用（基金经理公司的佣金、手续费、税项）和办公、行政费用开支。

7. 基金计价与报价

封闭式基金买卖价格随行就市，开放式基金买卖的价格基础是基金单位净资产的多少。

$$基金单位净资产 = \frac{总资产 - 总负债}{售出的基金单位总数}$$

其中，总资产是指基金拥有的所有资产（包括股票、债券、银行存款和其他有价证券等）按照公允价格计算的资产总额；总负债是指基金运作及融资时所形成的负债，包括应付给他人的各项费用、应付资金利息等。

基金单位净资产分为已知价和未知价，已知价是报价日的上一个交易日的收盘价，未知价是投资者买卖基金当天的收市价，基金经理公司有权指定计价方法。

开放式基金的卖出价 = 单位资产净值 + 首次购买费 + 交易费

其中，首次购买费是基金成立、发行时的费用；交易费是基金经理公司进行金融资产买卖时付出的费用。

开放式基金的买入价（赎回价格）有三种计价方法：以基金单位资产净值计算；单位资产净值减去交易费；单位资产净值减去购回费。

买入和卖出时的扣减或附加费用是为了吸引投资者或开销买卖成本。

对投资人而言，在开放式基金募集期间、基金尚未成立时购买基金单位的过程称为认购。在基金成立之后，投资人通过销售机构申请向基金管理公司购买基金单位的过程称为申购；而卖出基金是把手中持有的基金单位按一定价格卖给基金管理人并收回现金，这一过程称为赎回。

根据有关法规的规定，开放式基金收益分配应遵循以下原则：

① 基金收益分配比例不低于基金净收益的90%；

② 基金收益每会计年度分配一次，目前应采用现金形式分配；

③ 基金当年收益先弥补上一年度亏损后，方可进行当年收益；

④ 基金投资当年亏损，则不进行收益分配；

⑤ 每份基金单位享有同等分配权。

此外，基金收益分配方案应载明基金收益范围、基金净收益、基金收益的分配对象、分配原则、分配时间、分配数额及比例、分配方式、支付方式等内容。

基金收益分配方案先由基金管理人拟订，经基金托管人核实后，再报中国证监会备案。

8. 基金年报

基金年报全面反映一个时间段基金运作的情况，反映基金经营业绩和基金经理公司的投资管理能力。包括投资经理的报告和基金账目。

9. 基金投资管理

为了降低风险，基金一般都实行投资组合。为保护投资者利益，规定基金投资在某家上市公司股票不得超过基金资产价值的10%，投资在某家上市公司证券不得超过该公司总股份的 10%。证券投资基金的投资区域如果是全球性的，就可以在世界各大金融市场上选择金融产品，降低市场风险。单一市场基金的投资组合由于市场选择受到限制，只能选择多种证券，以降低风险。在投资组合策略已定的情况下，根据金融市场发展趋势和各种金融产品的行情变化，随时调整投资组合比例。

由于管理的主体和角度不同，可以把基金管理分为：基金设立的管理、操作规范的管理、基金内部的管理、投资者的监管。

10. 及时分析基金投资风险

基金实行投资组合，与单一投资有价证券相比，风险低，收益高。但有价证券投资的风险同样也会体现在基金投资上，基金风险可分为市场风险和公司风险。其中，公司风险指基金经理公司投资管理能力和可靠程度，投资顾问、信托人、投资经理的操作能力与市场经验。

本 章 小 结

1. 投资银行是证券和股份公司制度发展到特定阶段的产物，是发达的证券市场和成熟的金融体系的重要参与主体，在现代社会经济发展中发挥着沟通资金供求、构造证券市场、推动企业并购、促进产业集中和规模经济的形成、优化资源配置等重要作用。

2. 投资银行的业务又有狭义与广义之分。狭义的投资银行的业务包括证券承销业务、证券经纪业务和自营业务；广义的投资银行的业务包括项目融资、企业兼并与收购、资产证券化、代理买壳上市、海外上市和证券投资基金等业务。

复习思考题

概念题

投资银行　证券承销业务证　证券经纪业务　自营业务　项目融资　资产证券化买壳上市　证券投资基金

思考题

1. 投资银行最本源、最基础的业务活动有哪些？
2. 投资银行的业务与商业银行的业务有哪些不同？

第18章
我国非银行类金融业务

本章重点提示

通过本章学习，重点了解非银行金融机构所从事的主要业务，掌握这些业务的特点及它们在金融体系中的不同地位。非银行金融机构的种类较多，本章重点介绍信托公司、租赁融资公司、保险公司与投资银行的主要业务。

18.1 信托公司的主要业务

18.1.1 国外信托业的主要业务

1. 个人信托业务

这是为自然人的利益而创立的信托。由委托人在去世以前建立并生效的委托叫生前委托。它主要是委托受托人代为经营管理财产，并分配其收益。委托人在去世以前建立并在死后才能生效的委托是遗嘱委托。它主要是代为清理债权债务，清理后将剩余财产分配给受益人，也有的因受益人未成年由委托人代为经营管理，分配收益。清理遗产有一定限期，过期即失效。

2. 公司信托业务

这是一种由法人创立的信托。当一个法人发行股票或债券时，它可以委托信托机构代为办理发行、登记、过户、还本付息或支付股利等工作。在发行抵押公司债或设有偿债基金的公司债时，法律规定必须委托信托机构代表债权人掌握抵押品或偿债基金，按期还本付息。近年来新兴的租赁业务中的杠杆租赁，也常委托信托机构作为受托人，代表债权人掌握出租设备的质押权和分配租金等工作。此外，企业为职工设立的福利基金，一般也委托信托机构代为经营管理，将所得收益用于支付职工的医药、抚恤、退休等费用。目前，它已成为美国信托部门的一项主要业务。

3. 证券投资信托业务

这是一种由信托机构将个人、企业或团体的投资资金集中起来，代替投资者进行有价证券投资，最后将投资收益和本金偿还给受益人。其办理程序如图18-1所示。

证券投资信托的益处主要有两点。一是可以分散投资危险。银行或公司将许多小额投资

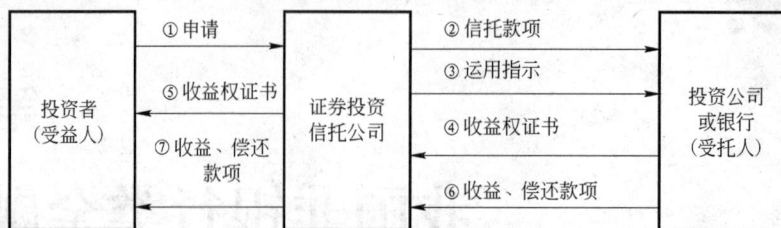

图 18-1 证券投资信托关系

者的资金集中起来，同时投资于多种股票或债券，从而分散了投资风险。二是有利于保持资产流动性。投资者作为受益人可以随时出售持有的收益权证书或股票，以换取现金。

4. 公益信托业务

这是一种由个人或团体捐赠或募集设立的公益基金，通常委托信托机构代为营运生息，将所得收益作为慈善事业的费用和科学研究资金，改进卫生条件，建立医院，支付宗教活动费用，设立奖学金和讲座，建立图书馆、学校或艺术馆等教育事业，或用于救济贫困、伤残、孤寡等用途。由于这种信托属非营利性质，信托收益可以免交或部分免交所得税。

5. 动产或不动产信托业务

动产与不动产的信托关系见图 18-2。

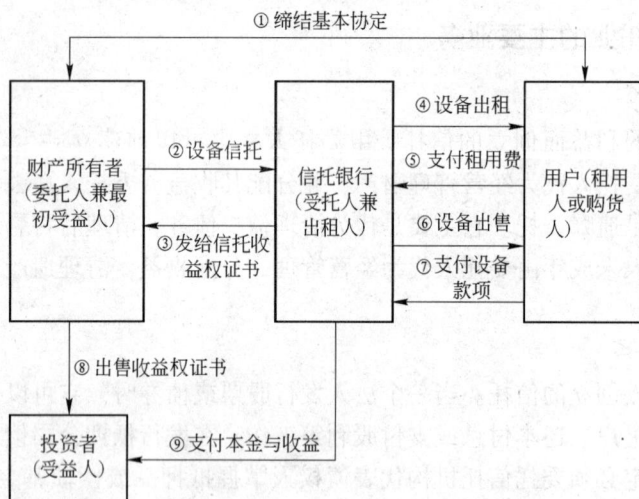

图 18-2 动产与不动产的信托关系

这是一种由大型设备或财产所有者提出的，以融通资金为目的的信托。这种信托业务对于财产所有者（委托人）和用户均有好处。对于财产所有人，可以通过收益权证书的转让，提前收回货款，同时可以免交部分税金。对于用户，这种信托可以起到筹资作用。这种筹款比一般银行贷款更便利；一般银行贷款，即使以财产为抵押，也只能借到相当于商品价值60%～70%的资金，这种信托实际上可以取得全额投资。

6. 受托代理地方政府债券的发行付款事宜

受托与代理都是接受委托的法律行为，但两者还是有区别的，主要区别在于财产权（指对托管财产占有、管理、营运及处理权）的转移与否。在代理关系中，不存在以第三者为受益人的问题；在信托关系中，财产权从委托人转移到受托人。信托机构一般都兼营代理业务，如代理买卖房地产、代办运输存储、代办人身财产保险、代理会计事务等。

7. 保管信托业务

这是一种由受托部门为个人或单位团体保管各种重要物品或有价证券的信托业务。保管的形式主要有三种。

① 露封保管。这是指客户将委托保管的财物，当面点交给信托机构收存，并不予以加封，保管期满后，信托机构当面点还原数财物。这类保管业务适用于股票、债券等有价证券。

② 密封代保管。这是客户不愿公开或难以当面检点、鉴别的代保管物品。主要用于金银珠宝、珍贵文物、契约文件等。客户可先将委托保管的物品妥为密封，然后交信托部门代为保管。在保管期间，信托部门不得开启代保管的物品，保管期满后，原封原物交还客户。

③ 出租保管箱。这是信托机构将置备的各种规格保管箱安置在特设的保管库内，供客户选择租用。租用人在保证不利用保管库进行违法活动和存放违禁物品、危险物品的条件下，可以在保管箱内自由存放各种物品，租用者要预留印鉴。每次开箱前均应填具申请书，加盖印章，由信托机构会同开箱。这种代保管业务，对客户较为方便。

8. 信用鉴证业务

这是信托部门向客户提供的一种信用保证业务，即信托部门为付款单位提供担保。根据担保的不同性质，信用鉴证可分为以下种类。

① 监督付款。这是指信托机构负责监督购销双方认真履行合同，监督供货单位按时发货，督促购货单位及时付款。

② 保证付款。这种信用担保不仅要监督购货单位即时付款，而且在其支付能力不足时，信托机构要负责按扣款顺序执行扣款或发放贷款，以保证货款的支付。

③ 交纳保证金。这种担保要求付款单位将部分或全部货款以保证金形式存入信托机构，由信托机构按合同规定的付款方式向销货单位支付货款。

④ 投标鉴证。这是对一些工程和设备订货的投标，信托机构可根据客户的申请，对投标单位的资金、技术和信用状况等进行调查分析，提供信用鉴证。

18.1.2　国内信托业的主要业务

目前，我国各类信托机构开展的业务种类很多，既有传统的委托业务，又有适合我国国情的代理业务、租赁业务和咨询业务。

1. 委托业务

信托机构作为受托人，按照约定的条件和目的，为委托人或受益人管理财产、处理与财产管理有关的一切经济事务，主要类型有资金信托、财产信托和其他信托。资金信托，是信托机构接受委托、利率等发放贷款，并负责到期收回贷款本息。在我国，信托公司接受由其代为确定管理方式的信托资金时，信托期限不少于一年，单笔信托资金不低于人民币 5万元。

2. 代理业务

代理业务是信托机构接受顾客委托，代为办理财产保管、资金收付、监督合同执行、执行保险、会计事务及受托代发国债、政策性银行债券、企业债券等各类经济事项。

3. 租赁业务

租赁是出租人将财物出租给承租人使用并按规定收取租金的一种信用形式。信托机构开展的金融租赁业务有以下两类。

（1）信托机构自营租赁业务。指信托机构根据客户申请，用所吸收的资金或经营结余资金购入客户选定的所需设备，出租给客户使用，并分期收取租金。

（2）代理租赁业务。信托机构根据委托人要求，用委托人存入的信托资金购入客户选定的所需设备，出租给客户使用，并代委托人分期收取租金；或者将委托人委托出租的设备租给客户使用并收取租金。

4. 咨询业务

金融咨询业务是第二次世界大战后迅速发展起来的金融服务业务。改革开放后，我国各类金融机构也纷纷开展各种形式的金融咨询服务业务。信托机构提供的金融咨询业务包括市场咨询、信用鉴证、资信调查及技术咨询业务。

（1）市场咨询。信托机构根据委托人要求，对某种（或某类）产品市场的产供销情况、趋势及其他市场信息进行调查，并将信息反馈给委托人的一种咨询业务。

（2）信用咨询。信托机构根据委托人的要求，对有关单位的资金、信用、支付能力等情况进行调查，并将调查信息反馈给委托人的一种咨询业务。

（3）融资咨询。信托机构根据委托人要求，对融资对象的资信、项目、市场、技术、设计及成本效益情况进行调查、分析和预测，并将可行性报告反馈给委托人的一种咨询业务。

（4）技术咨询。信托机构根据委托人的要求，对特定产品、设备、工艺的技术资料和情报进行调查、收集并向委托人反馈的一种咨询业务。

5. 投资基金业务

信托公司可以受托经营投资基金业务，即委托人将资金事先存入信托机构作为投资基金，委托信托机构向其指定的联营或投资单位进行投资，并对资金的使用情况、投资单位的经营状况及利润分红等进行管理和监督。信托公司也可以作为投资基金或者基金管理公司的发起人从事投资基金业务。

6. 公益信托业务

该业务是信托公司接受以救贫、救灾、助残或为发展科教文卫事业、保护环境及发展社会公益事业为目的的信托业务。

我国于 2007 年 3 月 1 日起施行的《信托公司管理办法》规定，信托公司可以申请经营下列部分或者全部本外币业务：

① 资金信托；

② 动产信托；

③ 不动产信托；

④ 有价证券信托；

⑤ 其他财产或财产权信托；

⑥ 作为投资基金或者基金管理公司的发起人从事投资基金业务；

⑦ 经营企业资产的重组、购并及项目融资、公司理财、财务顾问等业务；

⑧ 受托经营国务院有关部门批准的证券承销业务；

⑨ 办理居间、咨询、资信调查等业务；

⑩ 代保管及保管箱业务；

⑪ 法律法规规定或中国银行业监督管理委员会批准的其他业务。

18.1.3　信托业务的特点

信托业务也是信用业务，但与一般银行信用相比，有其自身特点，具体有以下几方面。

（1）财产所有权的转移性。信托合同一旦签订，财产所有权即转移到受托者手里，但受托者行使这种财产所有权受信托目的的限制。

（2）资产核算的他主性。信托是受托人按照委托人的意愿和要求，为了受益人的利益而非自己的利益去处理和管理财产，是代人理财。如信托投资公司违反信托目的处分信托财产，必须予以赔偿；否则不能请求给付报酬。

（3）收益分配的实际性。受托人按经营的实际效果计算信托收益，根据实际盈利水平进行分配，故受益人的利益通常是不固定的。若发生亏损，只要符合信托合同规定，受托人可不必承担损失，重大过失招致的损失除外。

18.2　租赁公司的主要业务

18.2.1　租赁业务的主要形式

1. 融资租赁

融资租赁，又称金融租赁。是指租赁公司根据承租人的要求和选择购入设备，以租赁方式租给企业，从而以"融物"代替"融资"。出租人支付全部设备资金，实际上是对企业（承租人）提供了100%的信贷。在租赁业的通俗解释是"你租我才买，我买你必租"。其中，"你"指承租人，"我"指出租人。

一桩融资租赁交易通常意味着同时存在两份合同，即出租人与承租人签订的租赁合同，出租人与设备出卖人签订的购销合同，两份合同必须同时发生作用。

对于没有资信记录的中小企业，融资租赁是一种有效的融资工具。因为这些企业很难从银行获得急需的贷款，而且通过租赁的方式加速折旧，还可以获得税收方面的额外好处。对于生产制造厂商，融资租赁是一种很好的促销手段；对于银行，融资租赁公司则是帮助降低风险的金融中介。由于租赁物的所有权归属出租人，一旦承租人的经营管理出现问题，租金逾期，出租人可以收回设备以降低风险。

除了资本金，融资租赁公司的资金来源主要有三类：向金融机构借款、进行同业拆借以及发行金融债券。由于其资金渠道遭受严格控制，一旦出现租金逾期，设备又无法及时收回，融资租赁公司就很容易发生风险。

融资租赁具有如下特点：出租人对设备维修不负责任；出租人在租期内分期回收成本、

利息和利润，租金总额一般为设备的130%；租赁期满时，出租人可以通过收取名义货价的形式，将租赁物件的所有权转让给承租人；租期内，任何一方不得解约，否则重罚；融资租赁以承租人对设备的长期使用为前提，所以租期一般都确定为3～5年，有的长达10年以上。

国际会计标准委员会（International Accounting Standard Commit-Lee）制定的国际会计标准（TASIT）对融资租赁下的定义是："融资租赁是指出租人在实质上将属于资产所有权的一切风险和报酬转移给承租人的一种租赁。至于所有权的名义，最终时可以转移也可以不转移。"

西方一些国家的政府，为了鼓励企业把资金用于扩大投资，以利于国家经济的发展，规定了投资减税的办法。同时为了鼓励租赁业务的发展，出租人还可以得到设备加速折旧的优惠，这就减少了出租人应缴的税额。当然，税务上的优惠，一般只限于本国范围内的租赁交易，外国承租人很难分享。如美国税法规定，对于国际租赁业务，只有在租赁物件同时为外国承租人和美国服务时，才能分享税务优惠，如果租赁美国的飞机、船只等，一年内必须有一定的时间在美国运转。

融资租赁的主要形式有以下几种。

① 直接购买式：应承租人的要求，直接找厂商购买。

② 转租式：在国外先进设备不卖时，从国外租赁公司租得设备，然后再转租给国内企业。

③ 杠杆租赁（又称衡平租赁）：指出租人一般只出全部设备总额的20%～40%，其余资金则通过以出租的设备为抵押，向金融机构贷款解决。贷款人提供信贷时对出租人无追索权，其资金偿还的保障在于设备本身及租赁费。

④ 售后租回式租赁（或称回租，sale-leaseback）：这种租赁是企业将其所拥有设备出售给租赁公司，再与租赁公司签订租赁合同，将设备租回来继续使用。实质是企业获得一笔急需的流动资金。

2. 经营租赁

经营租赁（operating leases）也称操作性租赁或服务性租赁，是指设备需经租赁公司多次出租（经营），才收回其价值和购买设备费用的利息及利润。

经营租赁的特点包括以下几方面：

① 租赁公司既为用户提供设备，又提供设备的维修、保养等服务，同时还承担设备过时风险；

② 技术服务性强，租赁公司必须具备专门技术人才；

③ 一般是通用设备，承租人不需长期使用，更新较快；

④ 经营租赁的租金要高于融资租赁；

⑤ 租赁期限较短；

⑥ 可经过一定的预告期而中途解约。

3. 综合租赁

综合租赁是指租赁与其他贸易方式相结合的一种租赁方式，主要有以下几种：

① 与补偿贸易相结合的租赁方式；

② 与来料加工相结合的租赁方式；

③ 与包销产品相结合的租赁方式。

18.2.2　对租赁的财税政策

对租赁的需求，实际上是由于生产企业在生产中需要设备而又存在资金不足的状况，满足此需求，无疑会促进经济的发展。所以一般国家对租赁都有相应的优惠政策，如在租赁业发达的欧美国家，为了鼓励企业通过租赁购买设备，一般都规定企业通过租赁形式使用的设备在税前列入成本，租赁公司则以租金扣除利息为税基纳税。

同时，由于现代租赁的融资性质，也有扩大金融信用的一面，因而优惠政策也常常会出现一些变化。

1. 美国的优惠政策

1954 年以前，税法规定：承租人所付租金可作为营业成本而免税。

1955 年规定：真实租赁（非买卖行为）的出租人，可享受加快折旧的优惠；同时，承租人的租金可从应纳税中扣除。

1962 年的《投资抵税法》规定：真实租赁的出租人，可在购买出租设备时，从应纳税中抵免设备成本的一定比例（≤10%）；杠杆租赁也能享有同样的优惠。

1981 年的《经济复兴法》规定："只要在合同中说明是租赁，并且财产属于出租人，承租人在期满后购买所租设备时，价格不再受限制。"这就是说，非真实性租赁也可以加快折旧（从而高租金），在期满时低价处理设备。

1986 年，取消了投资减税的优惠，延长了折旧年限，从而对租赁业产生了一定的不利影响，使之过快的发展势头有所减慢。

2. 我国的优惠政策

① 融资租赁中，承租人租赁的设备可以加速折旧（10 年的寿命，一般可以加快到 5～6 年）。并可以按一定条件抵免所得税。如企业通过租赁公司采用融资租赁方式购买大型设备，只要符合《当前国家重点鼓励发展的产业、产品和技术目录》，可按每年租金支付额的 10%，从租赁当年比前一年新增的所得税中抵免。

② 整条流水线的租金可以从税前利润中扣除，这对承租人有利。

③ 承租人可把单台设备的租金摊入成本。

18.3　保险公司的主要业务

现代保险业务基本由财产保险、人身保险、责任保险、再保险四大部分组成。

18.3.1　财产保险业务

财产保险是以财产及其相关利益为保险标的，对因保险事故的发生导致的财产损失，以货币或实物进行补偿的一种保险业务。财产保险业务种类主要包括以下几个方面。

① 火灾保险。火灾保险简称火险，是指保险人对于保险标的因火灾所导致的损失负责补偿的一种财产保险。我国将这类保险，通常称为财产保险，包括企业财产保险、家庭财产保险和涉外财产保险等。

② 海上保险。海上保险简称水险，是指保险对于保险标的物因海上危险所导致的损失

或赔偿责任提供经济保障的一种保险。在各类险种中，海上保险产生最早，其保险标的随着保险技术的发展而不断变化。

③ 机动车辆保险。机动车辆保险简称汽车保险。汽车保险的内容包括汽车损失保险和汽车责任保险。

④ 航空保险。航空保险是一个统称，在国际保险市场上，其保障范围包括一切与航空有关的风险。其保障对象有财物和人身之分，以财物为保险标的的航空保险，主要有飞机保险与空运货物保险；以责任为保险标的航空保险则有旅客责任险、飞机第三者责任险和机场责任险等。

⑤ 工程保险。工程保险是指对进行中的建筑工程项目、安装工程项目及工程运行中的机器设备等面临的风险提供经济保障的一种保险，它在性质上属于综合保险，既有财产保险的保障，又有责任风险的保障。

⑥ 利润损失保险。利润损失保险是一种附加险。它承保由于火灾等自然灾害或意外事故使被保险人在一定时期内停产、停业或营业受到影响所造成的间接经济损失，包括利润损失和灾后营业中断期间仍需要开支的必要费用等损失。它是依附在火灾或财产基本保单上的一种扩大责任的保险。

⑦ 农业保险。农业保险是以种植业和养殖业为保险标的，对其生长、哺育、成长过程中因遭受自然灾害或意外事故导致的经济损失提供补偿的一种保险。

18.3.2 人身保险业务

人身保险是以人的身体或生命为保险标的的一种保险。根据保障范围的不同，人身保险可以分为人寿保险、意外伤害保险和健康保险。

① 人寿保险。人寿保险是以人的寿命为保险标的，当发生保险事故时，保险人对被保险人履行给付保险责任的一种保险人寿保险，包括死亡保险、生存保险。

② 意外伤害保险。意外伤害保险是指被保险人在保险有效期内因遭遇非本意的、外来的、突发的意外事故，致使身体蒙受伤害因而残废或死亡时，保险人按照合同约定给付保险金的一种人身保险。该险种既可单独办理，也可作为其他人身合同的一种附加险。

③ 健康保险。健康保险是指对被保险人因疾病或意外伤害事故所发生的医疗费用损失或导致工作能力丧失所引起的收入损失，以及因年老、疾病或意外伤害事故导致需要长期护理的损失提供经济补偿的保险。因此，健康保险包括医疗保险、失能保险和护理保险。

18.3.3 责任保险业务

责任保险，是指被保险人依法对第三人负责赔偿责任时，由保险人负补偿责任的保险。也就是以被保险人依法应当对第三人承担的损伤赔偿责任为标的的保险。责任保险按其承保的内容不同，分为以下几类。

① 公众责任保险。公众责任保险承保被保险人在固定场所或地点从事生产、经营或其他活动时，因意外事故而造成他人财产损失或意外伤害时依法应承担的赔偿责任。不同场所的责任保险，可以有不同的内容和条件。主要的险种有场所责任保险、电梯责任保险、承包人责任保险、承运人责任保险、个人责任保险等。

② 产品责任保险。产品责任保险承保因产品缺陷引起的事故，导致消费者、用户或其他人遭受财产损失或人身伤害，制造者、销售者、修理者依法应承担的赔偿责任。

③ 雇主责任保险。雇主责任保险承保雇主对雇员在受雇期间的人身伤害依法律或劳动（雇佣）合同所应担负的经济赔偿责任。

④ 职业责任保险。职业责任保险承保各种专业技术人员因职业（或工作）上的疏忽或过失造成他人损害所应承担的赔偿责任。主要险种有医疗责任保险、律师责任保险、会计师责任保险、建筑师责任保险、设计师责任保险和兽医责任保险。

⑤ 环境责任保险。环境责任保险承保被保险人污染环境造成第三者人身或财产损害，而应承担的经济赔偿责任及依法应由被保险人承担的治理污染的责任，是公众责任保险的一种特殊形态。

⑥ 第三者责任保险。第三者责任保险如在财产保险中提到的，它通常采用附加承保方式承保。它承保被保险人的运输工具、建筑安装工程等意外事故而造成第三者财产损失或人身伤害而引起的赔偿责任。

18.3.4　再保险业务

再保险是以原保险合同为基础的，故人寿保险的再保险仍不失为人寿保险，财产保险的再保险仍不失为财产保险，但仔细分析再保险合同的内容不难发现，再保险就其性质而言，乃是一种责任保险，即保险人将自己对投保人所承担的危险担保的责任转嫁给再保险人。再保险基本上可以从两个方面加以分类，一是从责任限制上分类；二是从分类安排上分类。从责任限制上分类，可以分为比例分保和非比例分保。

① 比例分保是指分出公司与分入公司相互订立合同，按照保险金额分担原保险责任的一种分保方法。与此相适应，分出公司应按分入公司承担责任的比例把原保险费付给分入公司。比例分保又可分为成数分保和溢额分保。

② 非比例分保是以赔偿为基础，所以也称超额损失再保险。它是给分出公司与分入公司双方协议规定一个赔偿限额，凡是规定在限额以内的赔款由分出公司自行赔付，超过这个限额的赔款部分则由分入公司按照协议规定的数额承担赔款的全部或部分责任。分出公司将净保险费收入的一部分付给分入公司，费率不按照原保险费率计算，而是按协议规定计算，非比例分保又可分为超额赔款分保和超额赔付率分保。

本 章 小 结

1. 信托公司的主要业务包括：个人信托业务、公司信托业务、证券投资信托业务、公益信托业务、动产或不动产信托、受托代理地方政府债券的发行付款事宜、保管信托业务和信用鉴证业务等。但在我国信托业务的种类目前只包括：委托业务、代理业务、租赁业务、咨询业务、投资基金业务和公益信托业务。

2. 租赁公司的主要业务包括：融资租赁、经营租赁和综合租赁。

3. 保险公司的主要业务包括：财产保险、人身保险、责任保险及再保险业务。

复习思考题

概念题

个人信托业务　公司信托业务　证券投资信托业务　公益信托业务　保管信托业务
信用鉴证业务　融资租赁　经营租赁　综合租赁　财产保险业务　人身保险业务　责任保险
业务　再保险业务

思考题

1. 信托公司有哪些主要的信托业务？我国的信托公司目前经办哪些信托业务？
2. 信托业务具有哪些特点？信托业务在经营管理中应注意哪些问题？
3. 租赁业务有哪些主要形式？对租赁业务通常有哪些优惠政策？
4. 财产保险公司一般经办哪些业务种类？
5. 人寿保险公司一般经办哪些业务种类？
6. 责任保险包含哪些业务种类？

国际金融篇

第 19 章

外汇与汇率

本章重点提示

本章主要介绍国际金融的重要概念外汇和汇率，掌握有关外汇与汇率的基本知识是研究整个国际金融问题的基础。要求掌握外汇与汇率的概念、汇率的决定、汇率制度；重点掌握汇率变动对经济的影响；了解有关人民币汇率的基本知识。

19.1 外汇与汇率概述

19.1.1 外汇

外汇（foreign exchange）是国际汇兑的简称。外汇具有动态和静态两种含义。动态的外汇指一种活动，或者说是一种行为，就是把一个国家的货币兑换成另外一个国家的货币，借以清偿国际债权、债务关系的一种专门性的金融活动。静态的外汇指它是一种以外币表示的支付手段，用于国际之间的结算。国际货币基金组织曾对"外汇"作过明确的说明："外汇是货币行政当局（中央银行、货币管理机构、外汇平准基金组织及财政部）以银行存款、国库券、长短期政府债券等形式所保有的在国际收支逆差时可以使用的债权。"

按此定义，外汇具体包括：可以自由兑换的外国货币，包括纸币、铸币等；长、短期外币有价证券，即政府公债、国库券、公司债券、金融债券、股票、息票等；外币支付凭证，即银行存款凭证、商业汇票、银行汇票、银行支票、银行支付委托书、邮政储蓄凭证等。

我国自 1981 年 3 月起施行的《外汇管理暂行条例》规定，外汇包括以下几种形态：外国货币，包括钞票、铸币等；外国有价证券，包括政府公债、国库券、公司债券、股票、息票等；外币支付凭证，包括票据、银行存款凭证、邮政储蓄凭证等；其他外汇资产，包括在国外的人寿保险金及境内居民在境外的稿酬、版税、专利转让费等。

1. 外汇的特征

外汇必须具备三个基本特征。

（1）外汇是以外币计值或表示对外支付的金融资产。外汇可以表现为外币现金、外币支付凭证或外币有价证券。但是，任何以外币计值的实物资产和无形资产并不都构成外汇。

此外，外汇还必须能够用作对外支付，即它所代表的资金在转移时不受到限制或阻碍。

（2）外汇必须具有充分的可兑换性。外汇的可兑换性，即能够自由地兑换成其他国家的货币或购买其他信用工具以进行多边支付的性能。

（3）外汇必须具有可靠的物质偿付保证。一个国家的货币能普遍地被其他国家接受为外汇，这实际上反映了该国具有相当规模的生产能力和出口能力，或者该国丰富的自然资源正是其他国家所缺乏的，其货币的物质偿付便会因此而得到充分保证。

2. 外汇的种类

根据外汇可否自由兑换来区分，外汇可以分为自由外汇与记账外汇。

自由外汇通常必须是以外币表示的、不同形式的、可以在市场上流通、自由兑换的有价凭证。此外，各种支付凭证还必须能在国际市场上流通，具有价值，能够转让和自由兑换，这样才能称为自由外汇。自由外汇无需经国家外汇管理机关批准，在国际金融市场可以自由转换为其他国家的外汇，同时在国际交往中能作为支付手段广泛地使用和流通，如美元、英镑、日元、欧元等一些主要西方国家的货币都是自由外汇。当今，在世界上能作为自由外汇使用的外国货币只有 50 多种，因此能充作外汇，特别是自由外汇的外国货币是不多的。

记账外汇（或称双边外汇），即不经货币发行国批准，不能自由兑换成其他货币，或对第三国进行支付的外汇。

19. 1. 2 汇率

外汇汇率（foreign exchange rate）是一种货币用另一种货币表示出的价格，或者说是两种货币进行兑换的比价。它是两国货币进行兑换的比率。

1. 汇率的标价方法

折算两个国家货币比价，首先就要确定用哪一国货币作为标准。因此，汇率具有两种标示或标价方法。

1）直接标价法

直接标价法（direct quotation）是以一定单位（1 个或 100 个单位）的外国货币作为标准，折算成一定数量的本国货币，直接标价法又称为应付标价法。在直接标价法下，外国货币为标准货币，数额保持固定不变，本国货币的数额随着外国货币或本国货币币值的变化而变动。一定的单位外币折算成的本国货币比原来增多，说明外汇汇率上涨或本币汇率下降，即外国货币币值上升或本国货币币值下降；反之，说明外汇汇率下降或本币汇率上升，即外国货币贬值或本国货币升值。目前我国和世界上绝大多数国家都采用直接标价法。

2）间接标价法

间接标价法（indirect quotation）是以一定单位（1 个或 100 个单位）的本国货币作为标准，折算成一定数量的外国货币，间接标价法又称为应收标价法。在间接标价法下，本国货币为基准货币，数额保持固定不变，外国货币的数额随着本国货币或外国货币币值的变化而变动。一定单位的本国货币折算成的外币数额比原来增多，说明本币汇率上涨或外汇汇率下降，即本币升值或外币贬值；反之，说明本币汇率下降或外币汇率上升，即本币贬值或外币升值。目前，只有英、美等几个少数国家采用间接标价法。

2. 汇率的种类

根据不同的划分角度，汇率的种类多种多样，主要有以下几种。

1）按确定汇率的方法划分——基本汇率和套算汇率

基本汇率（basic rate）是本国货币与关键货币对比制定出来的汇率。所谓关键货币（key currency）是指在国际贸易或国际收支中使用最多、在各国外汇储备中所占比重最大、自由兑换性最强、汇率行情最为稳定、事实上普遍被各国所接受的货币。目前，各国一般都把美元当作制定汇率的关键货币，因此，本币与美元的汇率被视为基本汇率。

套算汇率（cross rate）是根据基本汇率套算出来的本币与其地国家货币的汇率，或者说，两国间的汇率是通过各自与第三货币的汇率间接计算出来的。套算汇率也称为交叉汇率，即已知三种货币中两种货币的汇率，从中得出第三种货币的汇率。

2）按银行买卖外汇的价格划分——买入汇率、卖出汇率、中间汇率和现钞汇率

买入汇率（buying rate），又称买入价，指银行向同业或客户买入外汇时所使用的汇率。在直接标价法下，外币折合本币数额较少的那个汇率是买入汇率；在间接标价法下，本币折合外币数额较多的那个汇率是买入汇率。

卖出汇率（selling rate），又称卖出价，指银行向同业或客户卖出外汇时所使用的汇率。在直接标价法下，外币折合本币数额较多的那个汇率是卖出汇率；在间接标价法下，本币折合外币数额较少的那个汇率是卖出汇率。

买入卖出都是从银行的角度来看的，两者之间的差价是银行买卖外汇的收益。

中间汇率（middle rate）是银行外汇买入价和卖出价的平均数，即买价与卖价之和除以2。中间汇率一般不挂牌公布，报刊上关于汇率消息的报道常用中间汇率。

现钞汇率（bank notes rate）是银行收兑外币现钞时所使用的汇率。一般国家都规定，不允许外国货币在本国流通。银行收兑进来的外国现钞，除少量用来满足外国人回国或本国人出国的兑换需要外，余下部分必须运送到各外币现钞发行国或存入其发行国银行及有关外国银行才能使用或获取利息。这样就产生了外币现钞的保管、运送、保险等费用，这部分费用银行要在购买价格中予以扣除，所以银行买入外币现钞的汇率要低于外汇买入汇率。但是，现钞卖出汇率与现汇卖出汇率相同。

3）按外汇交易的交割期限划分——即期汇率和远期汇率

即期汇率（spot rate）又称现汇汇率，是指外汇买卖成交后，在两个营业日内办理交割时所使用的汇率。交割是指买卖双方履行交易契约，结清各自款项的行为。交割完毕，一笔外汇交易即告结束。

远期汇率（forward rate）是指事先由买卖双方达成协议、签订合同，而在未来一定时期进行交割时所使用的汇率。到了约定交割日期，届时不论汇率如何变动，协议双方都必须按合同预定的远期汇率、币别、金额进行结算。

4）按国际汇率制度划分——固定汇率和浮动汇率

固定汇率（fixed rate）是指两国货币的汇率只能在规定的幅度内波动。当实际汇率波动超出规定的幅度，中央银行有义务进行干预，使汇率波幅维持在规定的上下限内。由于在这种制度下汇率一般不轻易变动，具有相对稳定性，故称为固定汇率。固定汇率制主要是布雷顿森林货币体系下实行的汇率制度。

浮动汇率（floating rate）指一国货币对另一国货币的比率，任其根据外汇市场供求关系变化自发形成。实行浮动汇率制,中央银行不规定汇率波动幅度的上下限,原则上也没有义务维持汇率的稳定,任凭汇率根据市场的变化而自由波动。目前世界上大多数国家都实行浮动汇率制,只不过多数都是有管理的浮动。

19.2 汇率的决定及其影响

19.2.1 决定汇率的基础

在不同的货币制度下,货币所具有或代表的价值量的测定不同,或者说价值量的具体表现形式不同,因此决定汇率的基础也有所不同。

1. 金本位制度下决定汇率的基础

在第一次世界大战前后,西方许多国家普遍实行金本位货币制度,即以贵金属黄金作为货币材料,金币可以自由铸造,银行券可以自由兑换黄金,黄金可以自由输出或输入国境,是这一货币制度的典型特征。

在金本位制度下,各国所规定的每一单位金币所含有的黄金重量和成色称为含金量,两种货币的含金量对比称为铸币平价(mint par)。铸币平价或两种货币含金量之比是决定两种货币兑换率的物质基础和标准。

当然,由铸币平价决定出来的汇率只是基础汇率或法定汇率、名义汇率,还不是实际汇率。由于受外汇供求关系的影响,实际汇率有时要高于或低于铸币平价,实际汇率总是与基础汇率略有差异。但是,实际汇率一定不会偏离铸币平价太远,或者说,金本位下的汇率或由铸币平价决定的汇率是比较稳定的。这是因为,在金本位制下进行国际支付或结算有两种手段——外汇和黄金可供选择,加之黄金的价值是相对比较稳定的,因此,受供求关系影响的实际汇率就不会偏离铸币平价太远,总是在一定的界限或范围之内围绕铸币平价上下波动。而这个界限或范围是由黄金输送点(gold transport point)决定或左右的。如果由于汇率变动而使以外币结算方式进行交易的某一方不利时,交易的这方就可以采用直接运送黄金的办法来结算,这样也就约束了汇率的波动幅度。可见,黄金输送点限制了汇率的波动幅度,在金本位货币制度下汇率是比较稳定的。

2. 纸币制度下决定汇率的基础

纸币制度下决定汇率的基础是纸币实际代表或具有的价值量。纸币是价值符号,最初是金属货币的代表,代表金属货币执行流通手段的职能。在目前世界各国普遍实行的纸币本位货币制度下,纸币已经与贵金属或黄金脱钩,不再代表或代替金币流通。

纸币是国家发行强制通用的货币。那么,在纸币本位下,决定汇率的基础是什么呢?任何纸币,只有在它现实地作为价值的代表,发挥交易媒介功能,实现自己的购买力时,它的货币作用才能得以充分体现。正是不同货币都具有的这种现实的购买力,才奠定了不同货币之间可以比较、可以兑换的基础。在纸币流通条件下,汇率实质上是两国货币以各自代表的价值量为基础而形成的交换比例。而纸币价值量的具体表现就是在既定的世界市场价格水平上购买商品的能力,即纸币的购买力。因此,在纸币制度下或纸币本位下,纸币所代表的价值量或纸币的购买力是决定汇率的基础。

19.2.2 影响汇率变动的主要因素

外汇供求关系的变化是引起汇率变动最直接的原因，汇率的变动还有其更深层次的影响因素。

1. 影响汇率变动的主要经济因素

综合分析影响一国汇率变动的经济因素，集中到一点，就是一国的经济实力或综合国力。如果一国经济形势较好，实力较强，其货币汇率必然坚挺；相反，如果一国的经济实力较弱，其货币汇率必然疲软。具体来说，影响汇率变动的经济因素主要有以下几个方面。

（1）国际收支。

一国的国际收支状况会使一国的汇率发生变化。一国国际收支持续顺差，外汇收入相应增多，国际储备随之增长，就会引起外国对该国货币需求增长和外国货币供给的增加，在其他条件不变时，该国货币币值就会上升，外汇汇率就会下降。反之，一国国际收支持续逆差，以致对外债务增加，或国际储备随之减少，就会导致该国对外汇需求的增加，使本国货币币值下跌，外汇汇率上升。

（2）通货膨胀。

在纸币流通条件下，两国货币的兑换比率是根据各自所代表的实际价值量决定的。因此，一国货币价值的总水平是影响汇率变动的重要因素。在一国发生通货膨胀时，该国国内物价总水平趋于上涨，货币所代表的价值量减少，实际购买力降低，直接影响一国商品及劳务在世界市场上的竞争能力，从而引起出口的减少和进口的增加，使外汇供求关系发生变化，导致汇率变动，使本国货币汇率下跌和外汇汇率上涨。同时，在分析汇率的变动因素时，还应考察其他国家通货膨胀率。

（3）资本流动。

资本在不同国家间大量流动会使汇率发生重大变动。资本的大量流入，会增加对流入国货币的需求，使流入国的外汇供应增加，外汇供应的相对充足和对流入国本币需求的增长，会使本币币值上升，外汇汇率下降；相反，一国资本大量流出，就会出现外汇短缺，对本币需求下降的情况，使本币币值下降、外汇汇率上升。

2. 影响汇率变动的主要政策因素

影响汇率变动的政策因素，是指一国政府为稳定本国经济及汇率而采取的一些经济政策，包括利率政策、汇率政策等。

利率政策是指一国采取的变动本国银行利率水平来对本国经济加以调整的经济政策。如果利率提高，会引起国际资本的流入，使外汇供给增加，外汇汇率下降；反之，降低利率，资本外流，使外汇汇率上升。短期内，利率政策在汇率变动中的作用是很明显的。

汇率政策是指一国政府通过公开宣布本国货币贬值或升值的办法，即通过明文规定来宣布提高或降低本国货币对外国货币的兑换比率来使汇率发生变动。本币升值是一国调整基本汇率使其货币的对外价值提高；本币贬值是一国使其货币的对外价值降低。

汇率变动除了受上述经济与政策方面的基本因素影响外，还会受到许多其他偶然因素的影响。如政治因素、心理因素、投机因素等都会在短期内对汇率的变动产生巨大的影响。

上述各种影响汇率变动的因素作用及其相互关系是错综复杂的。有时是多种因素同时起作用，有时是某种因素起主导作用，有时某些因素的作用会相互抵消；有时一种因素的主要作用会被另一种因素迅速取代等。人们在对汇率实际变动进行分析时，必须注意对有关因素进行综合分析和具体考察，以期获得较为切实的结论。

19. 2. 3 汇率变动对经济的主要影响

汇率的变动对一国的经济、政策甚至整个世界经济都会产生重大影响。

1. 汇率变动对一国物价的影响

汇率的变动首先会在短期内引起进出口商品的国内价格发生变化，继而波及整个国内物价发生变化，从而影响整个经济结构发生变化，导致汇率变动对经济发生长期影响。

（1）汇率变动对进口商品国内价格的影响。

本国货币汇率上升，会使进口商品的国内价格降低，本国进口的消费资料和原材料的国内价格就随之降低。本国货币汇率下降，会使进口商品的国内价格提高，本国进口的消费品和原材料因本币汇率下跌而不得不提高售价，以减少亏损。

（2）汇率变动对出口商品国内价格的影响。

外国货币汇率上升，会使出口商品的国内价格提高。因为以本币所表示的外汇汇率上涨，即外币购买力提高，外国进口商会增加对本国出口商品的需求，若出口商品的供应数量不能相应增长，则出口商品的国内价格必然会有较大幅度的增长。反之，外国货币汇率下降，会使出口商品的国内价格下降。

此外，汇率变动不仅影响进出口商品的国内价格，也影响着国内其他商品的价格。外币汇率的上升即本币汇率下降，导致进口商品和出口商品在国内的售价提高，必然要导致国内其他商品价格的提高，从而会推动整个物价的上涨。反之，外币汇率下降或本币汇率上升，导致进口商品和出口商品在国内的价格降低，必然会促进国内整个物价水平下降：如本币汇率上升，进口商品国内价格降低，以进口原料生产的本国商品价格由于生产成本的降低而下降。

2. 汇率变动对一国对外经济的影响

汇率变动对一国的对外经济影响很大，集中表现在以下方面。

（1）汇率变动对一国对外贸易的影响。

如果本币贬值，外汇汇率上升，而国内物价尚未变动或变动不大，则外币对本国商品、劳务的购买力增强，一般会增加对本国商品的需求，从而可以扩大本国商品的出口规模。所以，一般来说，本币对外贬值具有扩大本国商品出口的作用，同时本币汇率下降，以本币表示的进口商品的价格将会提高，就会影响进口商品在本国的销售，从而起到抑制进口的作用。相反，本币汇率上涨，会起到抑制出口、刺激进口的作用。

（2）汇率变动对一国资本流动的影响。

当外汇汇率上涨时，意味着本币价值或本币汇率的下跌，本国资本为防止货币贬值的损失，常常调往国外，同时汇率下跌有利于吸引外国资本流入。相反，如果外汇汇率下降，本币币值上升，则会对资本流动产生与上述情况不同的影响，即会引起在国外的本国资本回流和不利于外国资本流入。

（3）汇率变动对一国国际收支的影响。

国际收支状况是影响汇率变动的重要因素。反过来，汇率变动对国际收支也有重要影响。如上所述，本币汇率下跌，有利于增加出口，吸引外国资本流入，可以抑制进口和外国资本流出，从而有利于国际收支逆差的缩小；本币汇率上涨，有利于刺激进口和外国资本流出，不利于出口和外国资本流入，从而有助于国际收支顺差的减少。不仅如此，汇率变动会引起物价变动，物价变动会影响整个国内经济发生变化及贸易项目的外汇收支，从而影响整个国际收支。

3. 汇率变动对外汇储备的影响

外汇储备是一国国际储备的重要组成部分，它对平衡一国国际收支、稳定汇率有重要的作用。汇率变动，不论是储备货币本身价值的变化，还是本国货币汇率的变化，都会对一国的外汇储备产生影响，增加或减少外汇储备所代表的实际价值，则会相应增强或削弱外汇储备的作用。

19.3　汇 率 制 度

汇率制度又称汇率安排，是指一国货币当局对本国汇率变动的基本方式所做出的一系列安排或规定。按照汇率波动有无平价及汇率波动幅度的大小，可将汇率制度分为固定汇率制度和浮动汇率制度。

19.3.1　汇率制度的类型

1. 固定汇率制度

固定汇率制度（fixed rate system）是指两国货币的比价基本固定，现实汇率只能围绕平价在很小的范围内上下波动的汇率制度。

（1）金本位制度下的固定汇率制度。

在实行金本位制度的国家，汇率是以各国货币的含金量为基础、汇率的波动受黄金输送点限制的汇率制度，这是典型的固定汇率制度。19 世纪后期至第一次世界大战前，是金本位制度下的固定汇率制度的全盛时期。此后，随着金本位制度的彻底崩溃，以金本位制度为基础的固定汇率制度也随之消亡。

（2）布雷顿森林体系下的固定汇率制度。

金本位制度崩溃之后，各国普遍实行了纸币流通制度。1945 年下半年至 1973 年初，广泛流行纸币流通条件下的固定汇率制度。该制度是建立在 1944 年 7 月通过的布雷顿森林协定的基础之上的，因而又称之为布雷顿森林体系下的固定汇率制度。其核心内容为：美元规定含金量，其他货币与美元挂钩，两种货币的兑换比率由黄金平价决定，各国的中央银行有义务使本国货币与美元汇率围绕黄金平价在规定的幅度内波动，各国中央银行持有的美元可以按黄金官价向美国兑取黄金。

2. 浮动汇率制度

1973 年 2 月，美元再次贬值 10% 后，固定汇率制度宣告崩溃，主要资本主义国家普遍实行浮动汇率制度。所谓浮动汇率制度（floating system）是指一国不规定本币对外币的平价和上下波动的幅度，汇率由外汇市场的供求状况决定并上下浮动的汇率制度。

（1）从政府是否对市场汇率进行干预的角度，可将汇率浮动的方式分为自由浮动和管理浮动。

① 自由浮动也称清洁浮动，是指一国政府对汇率不进行任何干预，市场汇率完全听任

外汇市场的供求变化而自由波动的汇率浮动方式。由于汇率的波动直接影响到一国经济的稳定与发展，各国政府都不愿听任汇率长期在供求关系的影响下无限制地波动。因此，纯粹的自由浮动只是相对的、暂时的。

② 管理浮动也称肮脏浮动，是指一国政府从本国利益出发对汇率的波动进行不同程度干预的汇率浮动方式。在现行的货币体系下，各国实行的实际上都是管理浮动。

（2）按照汇率浮动的形式，又可将其分为单独浮动、联合浮动、盯住浮动和联系汇率制。

① 单独浮动又称独立浮动，是指一国货币不与其他任何国家的货币发生固定的联系，其汇率根据外汇市场的供求关系自行上下浮动。采用这种浮动方式的国家，最初主要是发达国家，现在除发达国家之外，越来越多的新兴工业化国家和发展中国家也选用这一方式。

② 联合浮动又称共同浮动，是指国家集团在成员国之间实行固定汇率，同时又对非成员国采取共同浮动的方法，如欧洲货币体系的成员国实行的就是联合浮动汇率制度。

③ 盯住浮动是指一国货币与某种外币保持固定比价关系，随该外币浮动而浮动。发展中国家的经济实力不强，且大多数发展中国家的国际储备较少，应付金融危机冲击的能力有限，本国的外汇市场也不发达。因此，许多发展中国家采用盯住浮动。实行盯住浮动的国家，其货币与被盯住货币之间仍规定有平价，且现实汇率对平价的波动幅度为零，或被限制在一个很小的范围内，一般不超过平价的±1%。按照被盯住货币的不同，盯住浮动还可分为盯住单一货币浮动和盯住一篮子货币浮动。前者是一些国家由于经济、历史、地理等方面的原因，与某一发达国家建立了密切的贸易和金融关系，因此盯住该发达国家的货币。后者是一些国家为摆脱本币受某一种货币支配的状况，将本币与一篮子货币挂钩。

④ 实质上，联系汇率制是在盯住浮动中的一种特殊的汇率确定方式，最具典型意义的是港币的联系汇率制。1983 年 10 月 17 日，香港开始实行联系汇率制，并规定以 1 美元兑换7.8 港元的比价。其主要特点是，由香港金融管理局规定现钞发行和回笼时的官方汇率，并力图使市场汇率接近官方汇率。其具体方法是，各发钞银行在发行港元时必须持有相应数量的负债证明书，而要获得负债证明书，则必须按 1 美元对 7.8 港元的比价，向香港金融管理局上缴美元存款；回笼货币时，其他任何银行在向发钞银行上缴港币时，均可按 1 美元对7.8 港元的比价获得相应数量的美元，发钞银行也可按此比价，凭负债证明书，用回笼的港币从金融管理局兑回相应数量的美元。

19.3.2 固定汇率制度与浮动汇率制度的优缺点比较

1. 固定汇率制度的主要优缺点

（1）固定汇率制度的优点。

由于固定汇率制度是两国货币比价基本固定，因此便于进行国际贸易与国际投资的经济主体进行成本和利润的核算，减少了进行国际经济交易的经济主体所面临的由于汇率波动带来的风险，从而有利于国际经济交易的进行和世界经济的发展。

（2）固定汇率制度的缺点。

实行固定汇率制度，使一国在出现国际收支逆差时，不能通过汇率的变动使国际收支自动达到平衡，而往往会引起该国大量黄金外汇的外流，使国际储备大幅下降。同时由于固定汇率制度确定法定平价和上下限，汇率并不能总是正确反映两国货币的实际购买力，而固定汇率制度的维持必然使货币的对内价值和对外价值脱节，影响到一国对内和对外的同时均衡。

2. 浮动汇率制度的主要优缺点

（1）浮动汇率制度的优点。

① 汇率能发挥其调节国际收支的经济杠杆作用。在浮动汇率制度下，一国国际收支失衡，可以通过汇率的上升或下降来进行调解，只要国际收支失衡不是特别严重，就没有必要调整财政货币政策，从而不必牺牲内部平衡来实现外部平衡。

② 减少了对储备的需求，并使逆差国避免了外汇储备的流失。在浮动汇率制度下，各国没有义务在国际市场上维持其汇率，也就不需要动用大量国际储备来干预汇率，从而避免了储备的大量流失。

（2）浮动汇率制度的缺点。

① 对国际贸易发展的不利影响。在浮动汇率制度下，由于汇率波动幅度大并且频繁，使得进出口贸易不易准确核算成本，同时还使进出口商面临着汇率波动的风险，从而对国际贸易的发展产生不利的影响。

② 助长国际金融市场的投机活动。由于汇率波动频繁、幅度较大，使投机者通过一系列的外汇投机活动牟取暴利，引发国际金融局势的动荡。

19.3.3　人民币汇率制度

人民币汇率实行以市场供求为基础的、参考一篮子货币进行调整的、有管理的浮动汇率制度，这是近年来人民币汇率改革的重要成果，人民币汇率改革的目标是人民币自由兑换。

人民币汇率的决定因素主要是外汇市场的供求关系。中国人民银行根据前一日全国银行间外汇交易市场形成的外汇收盘价，参照国际金融市场上西方主要货币汇率的变动情况，每日公布人民币对美元及其他主要货币的汇率。各外汇指定银行和经营外汇业务的其他金融机构以此为依据，在中国人民银行规定的浮动范围内自行确定挂牌汇率，对客户买卖外汇。为保持各银行挂牌汇率的基本一致和相对稳定，中国人民银行通过银行间外汇交易市场相机买卖外汇来实施公开市场业务操作。

人民币汇率采用直接标价法。在人民币汇价牌价表中，外币多数情况下是以 100 为单位，但个别单位价值较低的货币除外，如日元就是以 10 万为单位。

外汇指定银行对外挂牌的同一外币汇率标出银行买入价和卖出价，买卖差价为 5‰。此外，还公布人民币对外币现钞的买卖价，外汇银行买入外币现钞价比买入外汇价一般低 2‰~3‰，外币现钞卖出价与外汇卖出价相同。

人民币汇率也公布远期汇率，我国自 1971 年起开始办理远期人民币买卖业务。规定可用 15 种外币向中国银行办理远期人民币买卖业务。远期人民币买卖汇价不用升水、贴水和平价表示，而是按即期汇率加收一定比例的远期费办理。远期人民币买卖的交割期限有 1、2、3、4、5、6 个月 6 种。

本 章 小 结

1. 外汇是国际汇兑的简称，其含义有动态和静态之分。

2. 汇率是两种货币进行兑换的比价，汇率的标价方法有两种，一种是直接标价法，另一种是间接标价法。

3. 两种货币比价确定的基础是两种货币所代表的价值量的对比，经济、政策及政治、心理等因素都对汇率变动有影响。

4. 汇率变动对一国的国内经济和对外经济都有一定的影响。

5. 由于一国货币当局对本国汇率变动所作的基本安排和规定不同，汇率制度可以分为固定汇率制度和浮动汇率制度两大类型。

6. 人民币汇率实行以市场供求为基础的、单一的、有管理的浮动汇率制度。

复习思考题

概念题

外汇　汇率　直接标价法　间接标价法　购买力平价　利率平价　固定汇率制度　浮动汇率制度　人民币汇率制度

思考题

1. 什么是外汇？它有哪些特征？
2. 汇率的标价方法有哪些？
3. 金本位制度下决定汇率的基础是什么？
4. 简述影响汇率变动的主要因素。
5. 分析汇率变动对经济的主要影响。
6. 简述浮动汇率制度的主要形式。
7. 试比较固定汇率制度与浮动汇率制度的优缺点。

第 20 章

国际收支

在理解国际收支概念的基础上,进一步掌握国际收支平衡表的含义、内容和记账原则;理解国际收支的平衡与失衡,并掌握国际收支失衡的原因及影响,理解国际收支失衡的自动调节机制和调节政策;了解我国国际收支的基本状况和国际收支的管理方法。

20.1 国际收支及其平衡表

20.1.1 国际收支的概念

国际货币基金组织(IMF)将国际收支(balance of payments)定义为:"在一定时期内,一国居民对其他国家居民所进行的全部经济交易的系统记录。"这个概念的特点是以全部对外经济交易为基础,所以它更适合当前国际经济交易的多样性和灵活性的现状。国际货币基金组织的国际收支定义内涵十分丰富,应该从以下三个方面来把握。

第一,国际收支是一个流量概念。它是对一段时期内的交易的总计,而不是时期末的余额。当人们提及国际收支时,总是需要指明是属于哪一特定时期,即报告期。报告期可以是一年,也可以是一个月或一个季度等,完全根据分析的需要和资料来源的可能来确定。各国通常以一年为报告期。国际收支不同于作为存量概念的"国际投资头寸"(international investment position),后者是指一定时点上一国居民对外资产和对外负债的汇总。流量的变化都可能导致存量的变化,而存量的变化则可能归结为流量的变化。

第二,国际收支所反映的内容是经济交易。所谓经济交易,是指经济价值从一个经济单位向另一个经济单位的转移。根据转移的内容和方向,经济交易可划分为 5 类:金融资产与商品和劳务之间的交换,即商品和劳务的买卖;商品与商品、商品与劳务之间的交换,即易货贸易;金融资产与金融资产之间的交换;无偿的、单向的商品和劳务转移;无偿的、单向的金融资产转移。前三者为经济价值的等值交换;而后两者为单方面的无偿转移。这一特点说明国际收支的概念与国际收支这一名词的字面含义不同,它不是以收支为基础的,而是以交易为基础,有些交易可能不涉及货币支付,但这些未涉及货币收支的交易需折算成货币加以记录。

第三，国际收支记录的是一国居民与非居民之间的交易。判断一项交易是否应包括在国际收支的范围内，所依据的不是交易双方的国籍，而是依据交易双方是否有一方是该国居民。只有居民与非居民的交易才是国际经济交易。居民是指一个国家的经济领土内具有经济利益的经济单位。所谓一国的经济领土，一般包括一个政府所管辖的地理领土，还包括该国天空、水域和邻近水域下的大陆架，以及该国在世界其他地方的飞地。依照这一标准，一国的驻外机构（包括代表政府的个人，如使领馆工作人员、驻外军队的军人等）是所在国的非居民，而国际组织是任何国家的非居民。根据国际货币基金组织的规定，逗留时间在一年以上的工作者、留学生和旅游者均属于其工作、学习或旅游国家的居民。在一国注册的企业无论股东具有哪国国籍，都属于注册国的居民。非营利机构的划分同企业一样。

20.1.2 国际收支平衡表

1. 国际收支平衡表的含义

一个国家的国际收支情况，集中反映在这个国家的国际收支平衡表（balance of payment statement）上。国际收支平衡表是一个国家或地区在一定时间（一年、半年、一季或一月）内以货币形式表示的国际经济交往的系统记录，并对各笔交易进行分类汇总的一种统计报表。

2. 国际收支平衡表的内容

国际收支平衡表所包括的内容十分广泛，由于世界各国的编制要求不同，往往都根据其不同的需要和具体情况来自行编制，因此各国国际收支平衡表的内容有很大差异，详简不一，但其主要结构还是基本一致的。国际收支平衡表通常分为经常项目、资本和金融项目、储备资产和错误与遗漏四大项目。

1) 经常项目 (current account)

经常项目是指本国与外国交往中经常发生的国际经济交易，反映一国与外国之间实际资源的转移情况，因此是一国国际收支平衡表中最基本、最重要的项目，对其他国际收支项目往往会起到影响与制约的作用。经常项目之下可以分为三个子项目：货物与服务、收入、经常转移。

（1）货物与服务。

货物又称作商品贸易或有形贸易，一般包括以下几项内容。

① 一般商品，指居民向非居民出口或从非居民处进口的大多数可移动货物，除个别情况外，可移动货物的所有权发生了变更。

② 用于加工的货物，包括跨越边境运到国外加工的货物的出口及随后的再进口。

③ 货物修理，包括向非居民提供的或从非居民那里得到的船舶和飞机等运输工具上的货物修理活动。

④ 非货币黄金，包括不作为货币当局储备资产（货币黄金）的所有黄金的进口与出口，非货币黄金等同于其他商品。

国际货币基金组织建议，所有货物的进出口一律按离岸价格（FOB）计算。在实际中，很多国家为了统计方便，对出口商品按离岸价格计算，对进口商品却按到岸价格（CIF）计算，这样会影响到国际收支平衡表的精确性，甚至还会引起国家之间的贸易争端。

服务又称作劳务贸易或无形贸易，主要包括以下内容。

① 运输，包括一国或地区的居民向另一国或地区的居民所提供的涉及客运、货运、备有机组人员的运输工具的租金和其他辅助性服务。

② 旅游，旅游不仅仅是一项具体的服务，而是旅游者消费的一整套服务。其包括非居民旅游或因公、因私在另一国或地区停留不足一年的时间里从该国或地区所获得的货物和服务。学生和求医人员不论在外多长时间都被视为旅游者。

③ 其他各类服务，包括运输和旅游项下没有包括的国际服务交易，如通信服务、保险服务、金融服务、专利使用费和特许经营权使用费等。

（2）收入。

收入又称为"收益"，反映生产要素流动引起的生产要素报酬的收支。国际流动的生产要素有劳动与资本两项，因此，收入下设"职工报酬"与"投资收入"两项内容。

① 职工报酬。职工报酬指以现金或实物形式支付给非居民工人（季节工人、边境工人、短期工作工人，使馆工作的当地工作人员）的工资、薪金和其他福利。

② 投资收入。投资收入包括居民因拥有国外金融资产而得到的收入，包括直接投资收入，间接投资收入和其他投资收入三部分。投资收入强调投资报酬的收支，而非投资本金的收支，有其特殊性，如在一笔债务还本付息时，本金的流动记入金融账户，而利息记入经常账户的投资收入。

（3）经常转移。

经常转移包括所有非资产转移项目的转移，是商品、劳务或金融资产在居民与非居民之间转移后，并未得到补偿与回报，因而又称为"无偿转移"或"单方面转移"。

根据实施转移的主体不同，经常转移可分为政府转移（如无偿援助、战争赔款、政府向国际组织定期交纳的费用等）与私人转移（如侨汇、捐赠、继承、赡养费、资助性汇款、退休金等）。

2）资本和金融项目（capital and financial account）

资本和金融项目由资本项目与金融项目两部分构成。

（1）资本项目。

资本项目反映了资产在居民与非居民之间的转移。资产从居民向非居民转移，会增加居民对非居民的债权，或减少居民对非居民的债务；资产从非居民向居民转移，则会增加居民对非居民的债务，或减少居民对非居民的债权。因此，这个项目表明本国在一定时期内资产与负债的增减变化。主要包括以下两个方面内容。

① 资本转移。固定资产所有权的转移；同固定资产的收买或放弃相联系的或以其为条件的资金转移；债权人不索取任何回报而取消的债务。

② 非生产、非金融资产的收买或放弃，主要包括不是由生产创造出来的有形资产（如土地和地下资产）与无形资产（专利、版权、商标、经销权等）的收买或放弃。对于无形资产，所涵盖交易其实也涉及了经常项目与资本项目两项。经常项目的服务项下记录的是无形资产的运用所引起的收支，资本账户的资本转移项下记录的则是无形资产所有权的买卖所引起的收支。

（2）金融项目。

金融项目反映的是居民与非居民之间投资与借贷的增减变化。目前金融项目的划分主要分为直接投资、证券投资、其他投资三种。

① 直接投资。直接投资反映某一经济体的居民单位（直接投资者）对与另一经济体的居民单位（直接投资企业）的永久性权益，它包括直接投资者和直接投资企业之间的所有交易。直接投资者对在国外投资的企业拥有 10%（含 10%）以上的普通股或投票权，就拥有对该企业的管理权。直接投资项下包括股本资本、用于再投资的收益和其他资本。

② 证券投资。证券投资包括股本证券和债务证券的交易。股本证券是股票的投资，债务证券是各种债券的投资。

③ 其他投资。其他投资是指所有直接投资和证券投资未包括的金融交易，包括贸易信贷、贷款、预付款、金融租赁项下的货物、货币和存款等。

3）储备资产（official reserve assets）

储备资产包括某一经济体的货币当局认为可以用来满足国际收支和在某些情况下满足其他目的的各类资产的交易，涉及的项目包括货币化黄金、在国际货币基金组织的储备头寸、特别提款权、外汇资产及其他债权。

4）错误与遗漏项目（errors and omissions）

国际收支平衡表由于其编制原则采用复式记账法，其借方总额与贷方总额相抵之后的总净值应该为零。但实际上，一国国际收支平衡表会不可避免地出现数字金额借贷方不平衡的现象，一般认为这种金额差异是由于统计资料有误差和遗漏而形成的。出现错误与遗漏的原因主要有以下三个方面。

① 编制国际收支平衡表的原始统计资料来自各个方面，在原始资料的形成过程中，不可避免地会出现某些当事人故意改变、伪造某些项目数字的做法，造成了原始资料的失实或不完全。例如，走私、资本外逃等。

② 统计数字的重复计算和漏算，原始统计资料来自四面八方，有的来自海关统计，有的来自银行报表，还有的来自官方主管机构的统计报表，这就难免发生统计口径不一致而造成重复计算与漏算。

③ 有的统计数字本身就是估算的。

因此，为了使国际收支平衡表的借贷双方实现平衡，便人为地设立了"错误与遗漏"项目。

3. 国际收支平衡表的编制原则

国际收支平衡表是按照现代会计学的复式簿记原理编制的，即以借、贷作为记账符号，以"有借必有贷，借贷必相等"来记录每笔国际经济交易。借方（debit）记录资产的增加和负债的减少，贷方（credit）记录资产的减少和负债的增加。每笔交易的账户都分为借方和贷方。每笔交易都会产生一定金额的一项借方记录和一项贷方记录。其记账法则，一是凡引起本国外汇收入的项目，均属于贷方项目，也称正号项目，其增加记"贷方"，其减少记"借方"；二是凡引起本国外汇支出的项目，均属于借方科目，也称负号项目，其增加记"借方"，其减少记"贷方"。当收入大于支出而有盈余时，称为顺差；反之，则称为逆差。通常在逆差数字前冠以"-"号。也有人称逆差为赤字，而称顺差为黑字。

一项国际经济交易可能有若干个日期，如签约日期，商品、劳务和金融资产所有权变更的日期，支付日期等。按照国际货币基金组织的规定，登录国际收支平衡表时，应以商品、劳务和金融资产所有权变更的日期为准。一笔国际经济交易如在报告期已实现外汇收支，自然应登录在国际收支平衡表中；如在报告期已发生所有权的转移，而并未实现外汇收支，也应登录在国际收支平衡表中。

为了便于全球性的报表和分析，国际货币基金组织要求各国建立标准的记账单位。这一记账单位应当是稳定的，使用该单位表示的国际交易的价值不应由于参加交易的其他货币发生变化而受到较大的影响，并且要为多数国际收支统计数据编制人员较为熟悉的货币。因此，记账单位通常用美元或特别提款权表示。

20.2 国际收支的调节

20.2.1 国际收支的平衡与失衡

国际收支的平衡从概念上可以分为静态平衡与动态平衡两种。静态平衡指一国在某一时点上国际收支既不存在逆差也不存在顺差。其特点是基本以年度为周期，平衡是收支数额的对比平衡，是国际收支交易的总平衡。动态的国际收支平衡是指以经济实际运行可能实现的计划期为平衡周期，保持期内国际收支平衡，使一国一定时期的国际收支在数量及结构方面均能促进该国经济与社会正常和健康的发展；促进该国货币均衡汇率水平的实现和稳定；使该国储备接近、达到或维持充足与最佳水平。动态平衡的特点为以经济波动和经济增长的需要为基础，确定若干年为平衡期，不仅以国际收支总额平衡为目标，而且也考虑国际收支的结构。

国际收支平衡的重要性在于揭示了国际收支对于经济与社会发展的积极意义。国际收支的平衡与经济发展、汇率变动、国际储备的多寡有着密不可分的联系，越来越成为影响一国经济不可或缺的要素。

国际收支平衡表是按照复式记账原理编制的，从理论上说，其贷方总额与借方总额必然相等；从编制方法上说，由于设置了误差与遗漏项目，即使贷方总额与借方总额不相等，也会人为地将其差额补平。因此可以认为，国际收支平衡表永远是平衡的。然而，这种平衡仅仅是形式上的平衡，一国国际收支平衡表的平衡并不意味着该国国际收支的平衡，而且在大多数情况下，一国的国际收支往往是不平衡的。

要讨论一国国际收支的失衡，首先要区分以下两种不同性质的交易。

（1）自主性交易（autonomous transactions）。

自主性交易是指经济主体或居民个人如金融机构、进出口商、国际投资者等出于某种自主性目的（如追求利润、减少风险、资产保值、逃税避税、逃避管制或投机等）而进行的交易活动。例如，商品、劳务、技术交流、收益转移、无偿转让、各种形式的对外直接投资、证券投资等。商品劳务的交易是因为国际商品价格、成本不同和劳务技术的差异而发生的；单方面转移是私人基于个人关系或政府基于政治、军事等方面的考虑而进行的；资本流动是因为国内外投资预期收益率不同而发生的等。从动机上看，这些交易完全没有考虑到一国国际收支是否会因此发生失衡，因此称为自主性交易。自主性交易体现的是经济主体或居民个人意志，不代表哪一个国家或政府的意志，因而具有事前性、自发性和分散性的特点。

（2）补偿性交易（compensatory transactions）。

补偿性交易又称调节性交易（accommodating transactions），是指中央银行或货币当局出于调节国际收支差额、维护国际收支平衡、维持货币汇率稳定的目的而进行的各种交易，包括国际资金融通、资本吸收引进、国际储备变动等。补偿性交易是在自主性交易出现差额时，为了弥补或调节这种差额，由政府出面进行的交易活动，体现了一国政府的意志，具有事后性、被动性和集中性等特点。

一国的国际收支是否平衡，关键是看自主性交易所产生的借贷金额是否相等。在国际收支平衡表下观察自主性交易项下的借贷双方，不难发现不是借方大于贷方就是贷方大于借方，两者相等的情况很少见。为弥补自主性交易的差额政府或货币当局进行了补偿性交易；如果补偿性交易项下出现借方余额，意味着自主性交易存在贷方余额，就可以说国际收支处于盈余；如果补偿性交易项下出现贷方余额，意味着自主性交易存在借方余额，就可认为国际收支出现赤字。而无论盈余还是赤字，都是国际收支失衡的表现。

20.2.2　国际收支失衡的主要原因

导致国际收支失衡的原因很多，一般来说，主要有以下几个方面。

（1）季节性和偶然性因素。

① 季节性因素就是指一年四季的自然更替。某些部门受季节因素影响较大，如农业、旅游业等。若一国出口以农产品或以农产品为原材料的产品为主，其出口必然因季节变化而有淡季、旺季之分，其国际收支也就会产生相应的逆差和顺差的变化。

② 偶然性因素是指一些突发性的、事先无法准确预期的因素，如地震、洪水、火山爆发等自然灾害及社会骚乱等，也会对一国的正常生产和进出口带来不利影响，从而影响其国际收支。但这些因素的影响往往不会持续很长时间，属于暂时性冲击。因此由这些因素造成的国际收支失衡，称为暂时性失衡。

（2）周期性因素。

在市场经济条件下，由于受商业周期的影响，一国经济会周而复始地处于繁荣、衰退、萧条、复苏四个阶段的波动之中，经济周期的不同阶段对国际收支会产生不同的影响。一般地，在经济衰退阶段，国民收入减少，总需求下降，物价下跌，会促使出口增长，进口减少，从而出现顺差；而在经济繁荣阶段，国民收入增加，总需求上升，物价上涨，则使进口增加，出口减少，从而出现逆差。由于当今各国经济关系日益密切，主要工业国家的经济周期往往会很快传播到其他国家，因此，周期性的国际收支不平衡通常表现为全球性的不平衡。由这一因素造成的国际收支失衡，称为周期性失衡。

（3）结构性因素。

结构性因素是指由于国际经济结构的变化引起一国国际收支的失衡。国际经济结构指世界各国由于经济条件不同（如地理环境、自然资源、劳动力数量质量、技术水平等），各自生产出口相对有利的商品与劳务而形成自己特有的经济结构。通过国际贸易，进而形成一定的国际经济结构。从理论上讲，如果国际分工和国际贸易不发生剧烈的变化，资本流动和单方面转移相对稳定，一国进出口贸易总值应趋于平衡。但是，对商品和劳务的国际需求与国际供给不可能总是保持不变，当某一个国家的出口商品和劳务的国际需求，或该国进口商品和劳务的国际供给发生较大的变化，则原来相对平衡的经济结构就会遭受冲击。如果该国不能迅速调整本国经济结构以适应这些变化，则其国际收支的不平衡就不可避免。此类失衡又被称为结构性失衡。

（4）收入性因素。

一国国民收入的变化，会使该国进出口贸易发生变动，从而影响该国的国际收支状况。除了在经济周期的不同阶段，国民收入的变化影响国际收支外，各国经济增长率的高低也会影响国民收入，造成国际收支逆差或顺差。当经济增长率较高时，国民收入增加，总需求上升，物价上涨，进口增加，出口减少，资本流出增加，从而造成国际收支逆差；反之，当经济增长率较低时，国民收入减少，总需求下降，物价下跌，出口增加，进口减少，资本流出减少，国际收支出现顺差。

（5）货币性因素。

货币性因素又称物价因素。在汇率不变的前提下，当一国货币价值和物价水平相对于其他国家发生变动时，会导致国际收支失衡。例如，当一国通货膨胀、物价全面上涨时，其商品的价格水平相对高于其他国家，必然抑制该国的出口，刺激进口，从而国际收支出现逆差。相反，当通货紧缩时，其商品成本和物价水平相对低于其他国家，则能鼓励出口，抑制进口，从而国际收支出现顺差。此类失衡又被称为货币性失衡。

（6）投机性因素。

这主要是指投机性的短期资本流动对一国国际收支造成的失衡。当前在国际金融市场上存在着巨额的游资，一旦一国汇率发生剧烈波动，或者该国国内经济出现不稳定迹象，或者金融监管存在漏洞，都可能给投机资本以可乘之机。这些巨额资金在国际金融市场上四处游荡，往往会造成一国国际收支失衡。

20.2.3　国际收支失衡的影响

1. 国际收支失衡的影响与调节

一般来说，一国的国际收支不平衡是不可避免的。在某种意义上，一定限度内的国际收支顺差或逆差也许是有益无害的。通常，一定的顺差会使一国的国际储备得到适度地增长，增强对外支付能力；一定的逆差可使一国适度地利用外资，加快国内经济的发展。但是，一国的国际收支如果出现了持续、大量的不平衡而又得不到改善，即发生了国际收支严重失衡或国际收支危机，那么，无论对顺差国或是逆差国的经济发展来说，都会产生十分不利的影响。

2. 国际收支失衡的调节

1）国际收支失衡的自动调节机制

国际收支失衡的自动调节是指由国际收支失衡引起的国内经济变量变动对国际收支产生反作用，从而使国际收支达到平衡的过程。当然，国际收支的自动调节机制有其自身严格的作用背景，即只有在纯粹的自由经济中才能产生自动调节的效果，才能使国际收支自发地由失衡走向平衡。政府的某些宏观经济政策往往会干扰自动调节过程，使其作用减弱，甚至根本不能发生作用。

（1）价格机制。

英国经济学家大卫·休谟揭示了金本位下国际收支失衡自动调节的价格机制。当一国国际收支出现顺差时，黄金流入造成其货币供给量增加，物价上涨，而国内物价水平的上涨则抑制了出口同时扩大了进口，最终逐渐使国际收支的顺差消失；相反的，当一国国际收支出现逆差时，黄金流出使其国内货币供给量减少，物价下降，从而有利于提高出口产品的竞争力，同时降低进口产品的竞争力，最终使国际收支逆差逐渐减少直至恢复平衡。

（2）利率机制。

国际收支自动调节的利率机制是以纸币本位制下的固定汇率制度为背景的。当一国国际收支出现逆差时，在固定汇率体系下为保持本国货币汇率的稳定，一国政府必须动用外汇储备来干预外汇市场汇率的变化，从而导致在外汇储备减少的同时本币供给量下降。市场利率水平将伴随货币供给量的下降而提高，利率水平的上升又会引起资本流入的增加，使一国资本与金融账户出现盈余，从而自动调节了国际收支的失衡。相反的，当一国国际收支出现顺差时，为防止本币汇率的上升，一国货币当局只有通过不断增加货币供给量来使其储备持有量不断增加。伴随货币供给量的不断增加，利率水平将出现下降趋势，从而导致本国资本流出的增加和外国资本流入的减少，资本项目与金融项目的逆差将使得国际收支的盈余逐渐消失直至恢复均衡。

（3）收入机制。

在固定汇率制下，一国国际收支出现逆差，导致其国际储备的减少和相应货币供给的下降。伴随货币供给的持续减少，公众将减少其消费支出，其中包括对进口商品需求的下降，这将有助于国际收支的改善。反之同理，当一国国际收支出现顺差时，导致其国际储备的增加和相应货币供给量的上升。伴随货币供给的持续增加，公众将增加其消费支出，包括对进口商品需求的上升，将有助于国际收支改善。

（4）汇率机制。

浮动汇率制下，一国货币当局轻易不动用外汇储备干预外汇市场，而是任由汇率的变化来自动调节国际收支的失衡。当一国出现国际收支逆差时，其货币的汇率下降，这将有利于本国商品的出口，同时抑制国外商品的进口。相反的，当一国国际收支顺差时，其货币的汇率上升，这将扩大该国对外国商品的进口，同时降低其本国出口商品在国际市场上的竞争力，逐步使国际收支由失衡走向平衡。

2）国际收支失衡的政策调节

一国对于国际收支失衡的经济政策调节主要分为财政政策调节、货币政策调节、信用政策调节和外贸政策调节等方面。

（1）财政政策调节。

财政政策的调节手段主要有支出政策与税收政策两种。当一国发生国际收支逆差时，政府可以采取紧缩性的财政政策，具体表现为政府减少公共开支，提高税收，使得投资与消费减少，减少社会总需求，从而改善了贸易收支与国际收支。当一国发生国际收支顺差时，政府可以采取扩张性的财政政策，具体表现为政府增加公共开支，减少税收，来刺激消费与投资的增加，增加社会总需求，以改善贸易收支与国际收支。

（2）货币政策调节。

货币政策的调节手段主要有以下几种。

① 贴现政策。这是一国中央银行通过提高或降低再贴现率的办法，扩大或缩小货币投放与信贷规模，吸引或排斥国际短期资本的流出入，从而达到调节国际收支的目的。

② 存款准备金比率变化的政策。通过提高或降低准备金比率，缩小或扩大商业银行贷放资金的规模大小，从而影响国内总需求和国际收支。

③ 建立外汇平准基金。外汇平准基金是指由中央银行拨出一定数额的外汇储备作为基金，并由中央银行掌握运用，在外汇市场上进行干预活动。当国际收支发生短期性失衡时，

中央银行可以运用平准基金在外汇市场买卖外汇以调节外汇供求，影响汇率变化，达到促进出口、增加外汇收入的作用，从而改善国际收支的不平衡现象。

④ 汇率政策。其通过提高或降低本国对外国货币的汇率来消除国际收支的不平衡。当一国发生国际收支逆差时，可以使本国货币贬值，来增加本国商品在国际市场上的价格竞争能力，扩大出口，同时进口减少，国际收支逐步趋向平衡。当发生国际收支顺差时，可采用相反的调节方法。

（3）信用政策调节。

当一国国际收支出现顺差或逆差时，利用国际信贷方式加以调节也是各国常常采用的一项措施。例如，当逆差发生时，一国政府可以向国际金融市场借款，虽然利率较高，但由于这种方式限制较少，使用方便，目前已成为逆差国家弥补逆差的常用措施。如果发生顺差现象，则可以向国际金融市场贷放资金，以缩减顺差额，使国际收支得到调节。

（4）外贸政策调节。

为改善国际收支状况，许多国家都采用一些保护性的外贸政策，如"进口许可证制""进口配额制"，来限制进口；为出口商提供直接补贴或间接补贴，来鼓励出口。

20.3 我国的国际收支

20.3.1 我国国际收支的基本情况

新中国成立后相当长的时期内，我国一直都未编制国际收支平衡表，只编制外汇收支计划。外汇收支计划是国民经济发展计划的一个组成部分。我国的外汇收支计划，包括贸易收支计划、非贸易收支计划和利用外资还本付息计划三个部分。

实行改革开放政策后，我国对外交往日益增多，外汇收支范围扩大，收支总额也越来越大，国际收支在我国国民经济中的作用越来越大，我国的国际收支对世界各国的影响也越来越大。因此，为了全面反映我国外汇收支的情况和我国在国际社会中的地位，随着1980年我国在国际货币基金组织中的席位和合法权益得到恢复，我国国家外汇管理总局从1985年开始编制并公布我国的国际收支平衡表。

20.3.2 我国国际收支的管理

在我国，国际收支平衡实质上是外汇收支的平衡。新中国成立以来，特别是改革开放以来，我国根据国际收支的一般原则，结合我国的具体情况，摸索出了一套基本适合于我国的国际收支管理理论和管理方法。

1. 外汇平衡的基本原则

我国外汇平衡总的管理原则是把外汇收支平衡当作整个国民经济综合平衡的一个有机组成部分来考虑。

（1）国民经济综合平衡是外汇收支平衡的根本保证。我国国民经济的综合平衡，包括财政、信贷、物资和外汇四个方面的平衡，实质上是社会总供给与社会总需求之间的平衡。总供给与总需求之间的失衡，必然会导致外汇收支的失衡。因此，整个国民经济的综合平衡是实现我国外汇收支平衡的前提条件和根本保证。

（2）外汇收支平衡是保障国民经济健康发展，维持和促进国民经济综合平衡不可缺少的环节。外汇收支平衡，作为国民经济综合平衡的一个组成部分，首先它受国民经济综合平衡的决定，同时反过来又影响国民经济的综合平衡。外汇收支平衡作为国民经济综合平衡的一个环节，不仅直接影响着国民经济的综合平衡，而且，由于它与其他三个方面的平衡，即财政、信贷和物资平衡之间有着极为密切的联系，因此它还可以通过影响其他三个平衡关系对综合平衡起作用。

2. 我国外汇收支平衡的政策手段

（1）计划手段。新中国成立以来，我国一直坚持"以收定支、量入为出、收支平衡、略有节余"的外汇平衡方针，实行外汇的计划管理，把贸易外汇收支和非贸易外汇收支都纳入计划管理，统一编制全国性的外汇收支计划。

（2）集中管理和统一经营。为保证外汇收支按计划进行，我国实行严格的外汇管理制度，执行集中管理、统一经营的方针。

（3）严格的外汇收支管理。长期以来，我国一直采取扩大外汇收入和控制外汇支出的做法。通过外贸政策、汇率政策、财政税收政策、信贷货币政策来刺激国内企业扩大出口，增加外汇收入，同时根据"量入为出"的原则，控制外汇支出。另外，对资本项目下的外汇支出实施严格控制。

（4）利用外资的管理。利用外资包括四个方面：一是利用外国贷款；二是吸收国外直接投资；三是鼓励国内企业和机构在国际资本市场上进行直接筹资，如发行股票或债券；四是吸收国外资金直接进入国内资金市场。近年来，我国在上述方面已制定了一系列的政策法规，进行了一系列的尝试，但总的来说还处于起步阶段，有待进一步的改革和完善。

3. 我国国际收支管理的新发展

目前，我国的国际收支管理正处于改革、创新和发展的关键时期。一方面，经过多年的经济体制改革，经济生活的各个方面已经发生了根本性的变化，传统金融体制的弊端已经越来越暴露出来，因此，我国目前正在对传统的金融体制进行突破性的改革，改革的目标是要逐步建立适应社会主义市场经济要求的新的金融体制，实现我国经济与国际经济接轨，为此，金融领域许多传统的观念、传统的管理方法都将发生根本的变化，以适应改革开放的新形势。另一方面，自1997年东南亚金融危机以来，国际金融领域也发生了较大的变化，传统的国际金融体系受到了前所未有的挑战，再加上市场的全球化和经济、金融一体化，对国际收支管理提出了更高的要求。

从我国改革开放的经验来看，国际收支管理是我国在对外开放、对外经济交往、建立社会主义市场经济体制、实现经济接轨中最早涉及，而且是不得不涉及的一个领域。面对国际国内的新形势，我们一方面要积极吸收世界各国特别是发达国家在这一领域的先进理论和方法；另一方面，又要结合我国的具体情况，根据我国经济体制改革的进程，不断探索，总结出一套适合于我国国情，符合社会主义市场经济体制原则的国际收支管理的理论和方法。

本 章 小 结

1. 国际收支是在一定时期内,一国居民对其他国家居民所进行的全部经济交易的系统记录。国际收支是一个流量概念,是以交易而不是以货币的收支为基础。

2. 国际收支平衡表是一个国家或地区在一定时间内以货币形式表示的国际经济交往的系统记录,并对各笔交易进行分类汇总的一种统计报表。它是按照复式簿记原理,以某一特定货币为单位,运用简明的格式总括地反映某一经济体在特定时期内与世界其他经济体间发生的全部交易。它包括经常项目、资本和金融项目、储备资产、错误与遗漏项目。

3. 由于错误与遗漏项目的存在,国际收支平衡表在形式上永远是平衡的。在判断国际收支实质上是否失衡时,必须区分自主性交易和补偿性交易。

4. 导致国际收支失衡的原因是多方面的,主要有季节性和偶然性因素、周期性因素、结构性因素、收入因素、货币性因素、投机性因素等多方面因素。无论是国际收支的顺差还是逆差都会对经济产生不良影响。

5. 国际收支失衡的调节包括自动调节机制和政策调节两个方面。自动调节机制主要包括价格机制、利率机制、汇率机制和收入机制;政策调节的手段则包括财政政策、货币政策、信用政策和外贸政策。

6. 我国的国际收支管理手段包括:计划手段、集中管理和统一经营、严格的外汇收支管理、利用外资的管理等。

复习思考题

概念题

国际收支　国际收支平衡表　经常项目　资本与金融项目　自主性交易　补偿性交易

思考题

1. 国际收支平衡表有哪几项内容?
2. 国际收支平衡表是如何编制的?
3. 如何理解国际收支的平衡与失衡?
4. 国际收支失衡的原因有哪些?
5. 国际收支失衡对经济有怎样的影响?
6. 国际收支失衡的自动调节机制有哪些?
7. 国际收支失衡的调节措施有哪些?

第 21 章

国际结算

本章重点提示

各种国际交往产生了货币国际收付的需要，国际结算就是研究以银行为中心的各种非现金结算方式，本章主要介绍国际结算的方式和工具。要求掌握国际结算的概念，重点掌握国际结算的主要方式和流通票据，了解国际结算中的有关单据。

21.1 国际结算概述

21.1.1 国际结算的概念与主要内容

按照一定的规则、程序并借助结算工具，清偿国际的债权债务和实现资金跨国转移的行为就是国际结算。

国际结算业务的范围非常广泛，可以归纳为以下几个项目。

(1) 国际有形商品贸易结算。

有形商品贸易是全球经济活动中最重要的组成部分，也是引发国际债权债务关系与资金跨国流动的主要原因。因此，国际有形商品贸易结算是国际结算业务的最重要内容。

(2) 国际服务贸易结算。

国际服务贸易是指跨越国界的提供和接受服务的无形贸易，任何一项服务贸易交易均会引发国际债权债务及货币资金的跨国转移，同样需要借助于国际结算手段。随着国际服务贸易的迅猛增长，它在国际结算中的业务比重也在迅速扩大。

(3) 国际投资与金融活动的支付中介。

当前国际投资的形式不断创新，规模也日益增大，尽管引发资本流动的原因多种多样，资本流动的方式、渠道和格局也不尽相同，但其最终的实现都必须借助国际结算这一中介手段。

(4) 非贸易结算。

国际的各种非贸易活动也会引发大量的货币跨国收付，从而产生了种类繁多的非贸易结算业务，如外币兑换、信用卡、旅行支票、托收票据等业务。

21.1.2 国际结算的基础

在现代社会中，一国银行所从事的货币跨国收付活动离不开他国银行的业务协作，如果银行之间没有建立相应的代理行关系，或联行关系，则该国与他国之间的债权债务就很难清算。因此，设置及建立银行的海外分支机构或代理机构是银行办理国际结算业务的基础。

银行间的联行关系可以通过设立分支机构来完成，而银行间的代理关系则主要是通过两国银行达成协议后建立的。银行彼此之间建立代理行关系，一般包括以下内容。

（1）密押与印鉴。

密押与印鉴是用于核对验证银行间信息传递文件真伪的依据。密押是用来核验银行间电讯信息的一组密码；印鉴是银行保留的对方银行相关人员预先签字式样，用于核验银行间信函方式传递信息的真伪。

（2）费率表。

费率表用于规定银行通过代理关系协助国外银行办理有关业务时的收费标准。

（3）账户的设置。

银行办理国际结算业务时，代客从事收付业务，需要通过银行设立的账户来划拨款项。

21.1.3 国际结算惯例

1. 国际结算惯例的含义

国际结算是商品经济发展到一定阶段的产物，有关惯例的形成更在其后。为了保证飞速增长的国际结算的正常进行，在国际上逐渐形成了进行结算所必须遵循的原则或行为规范。这就是通常所称的国际结算惯例。

2. 国际结算惯例应用原则

（1）不与国家法律冲突。

国际惯例以尊重国际法和各国法律为存在前提，它只是对法律的补充，因此，在适用国际结算惯例时，不得与同案同时使用的法律规定发生冲突，应以法律为准。

（2）不与社会利益相冲突。

许多国家在承认、执行国际惯例时均遵循"社会公共利益保留"原则，即在适用国际惯例时不得违反国家的社会公共利益，不得违背公共秩序。

（3）合理约束有关当事人。

由于国际惯例通常针对某类当事人及其行为而制定，并在既定的范围和领域内被广泛应用，因此它具有普遍使用的特征。

（4）使用具有最密切关系的国际惯例。

当出现一项争议时，若同时涉及一个以上的国际惯例，则应选择使用与该项争议关系最为密切的国际惯例。

21.2 流通票据

21.2.1 流通票据的定义与特征

1. 流通票据的定义

流通票据是指以支付一定金额为目的、可以流通转让的有价证券。流通票据通常包括汇票、本票和支票三部分。

2. 流通票据的主要特征

流通票据的主要特征具体表现在以下几个方面。

(1) 票据的转让属于流通转让。

流通票据在转让中仅凭交付或背书即可完成，转让人无须将票据转让的事实通知前手。其转让属于流通转让，这是流通票据的基本特性。它不同于一般的过户转让和物权凭证的交付转让。票据在转让中由于转让人无须将转让事实通知前手，这样才利于受让人接受这些票据，并充分发挥票据对债权债务的抵销作用。

(2) 票据和所代表的权利不可分。

受让人取得票据后，就取得该票据所代表的全部权利。票据作为债权债务清算中的工具，通常代表着相应的权利：付款请求权和追索权。票据本身和票据权利是密不可分的。票据转让后，受让人取得票据，则相应取得该票据所代表的权利。

(3) 正当持票人的权利优于前手。

善意而且付了对价的受让人通常称为正当持票人。正当持票人的权利是正当的，其权利优于其前手，不受前手权利缺陷的影响。

(4) 流通票据是一种要式不要因的有价证券。

要式是指流通票据需具备一定的格式或必要项目才有效。不要因是指票据流通时不考虑其产生的原因。如果票据流通时需要考虑其形成的原因，则势必造成受让人在取得票据时很难做到善意，因而其就不能成为正当持票人。这样，票据则很难流通下去，也就不能抵销债权债务了。

21.2.2 汇票及其必要项目

1. 汇票的定义

汇票（bill of exchange or draft）是指一人向另一人签发，要求其在见票时或在将来某一时间支付一定金额给某人或其指定人或来人的一种无条件支付命令。

2. 汇票的必要项目

由于流通票据是一种要式不要因的有价证券，因此有效的汇票必须具备一定的必要项目。汇票包括的项目有以下内容。

(1) "汇票" 字样。

"汇票" 字样，作为汇票的必要项目，其主要目的在于使汇票可以与本票、支票容易区别开来。

（2）无条件支付命令。

汇票涉及的基本当事人有三个，即出票人、付款人和收款人。出票人与付款人间有直接的债权债务关系，而收款人与出票人间又有直接的债权债务关系。出票人借助于汇票可以使得收款人与付款人之间形成间接的债权债务关系。因此，出票人在签发汇票时必须命令付款人无条件支付一定金额给收款人。汇票中必须体现出这种无条件的支付命令，从而使得收款人可以向付款人提示而要求其付款。

（3）出票人名称及签字。

出票人是汇票的基本当事人之一。汇票中有了出票人的名称及其签字，这才可以明确其责任，才可以间接形成付款人与收款人间的债权债务关系。

（4）出票日期及出票地点。

汇票上记载的出票时间，可以用来判定出票人出票时是否具有行为能力，是否可以为其出票行为负责。另外，通过汇票上的出票日期还可以计算远期汇票的付款到期日。同时根据国际惯例，判定一张汇票是否有效主要取决于出口地法律，只有汇票上记载了出票地点，才可以据此判定汇票的有效性。

（5）付款人名称及其详细地址。

付款人作为票据上的债务人，其名称及详细地址是汇票的一个必备项目，以便于持票人向其提示票据要求付款。

（6）收款人。

收款人也称为汇票的抬头。作为汇票上的债权人，收款人是出票人要求付款人支付款项的对象。根据出票人的要求不同，汇票的抬头可以分为限制性抬头、指示性抬头和来人抬头三种。

（7）付款期限。

汇票上的付款期限有即期和远期之分。即期汇票是指见票即付的汇票。远期期限又分为将来固定时间和将来确定时间两种。将来确定付款时间又分为出票日后××天付款和见票日后××天付款两种。

（8）付款金额。

在汇票中，其金额应是一个确定数，这样才便于持票人向付款人提示汇票要求付款。汇票的金额包括大写和小写两个部分，两者应一致。

21.2.3　汇票涉及的主要行为

1. 出票

出票是汇票涉及的基本票据行为，它是指出票人按照一定要求和格式签发汇票并将其交付他人的一种行为。只有被出具并交付他人后，汇票才能流通转让。出票行为完成后，出票人应对其在汇票上的签字向持票人承担该汇票被付款人承兑或付款的责任。

2. 背书

背书是指持票人以转让其权利为目的而在汇票背面签字的一种行为。它是一种从属票据行为。汇票出票后，汇票的收款人持有汇票。由于票据与其所代表的权利密不可分，因此持票人拥有该汇票所代表的权利。如果该持票人拖欠其他人款项，他可以将其手中拥有的这张汇票交付给他的债权人以抵销所欠债务，即将其手中汇票所代表的权利转让给债权人。这种权利转让主要通过持票人在汇票背面背书来完成。汇票的背书主要有限制性背书、指示性背书和空白背书三种类型。

汇票经收款人背书后，收款人则成为背书人，受让人则成为被背书人。由于背书人在汇票的背面签字，因而他有责任向受让人担保付款人承兑或付款。

3. 提示

提示是指持票人向付款人提交汇票要求其承兑或付款的一种行为。由于持票人持有汇票就相应地拥有该汇票所代表的权利，因此他有权要求付款人承兑该汇票或付款；否则，他有权向其前手追索，直至出票人。

4. 承兑

承兑是指远期汇票的付款人在持票人提示的汇票正面签字，从而承诺在汇票到期时向付款人付款的一种行为。承兑是一种从属票据行为。

5. 付款

根据各国票据法的规定，付款人要想解除其责任，就应当在付款时做到正当付款。所谓正当付款是指付款人出于善意并鉴定了汇票背书的连续性以后的付款。有的国家还要求鉴定汇票背书签字的真伪。当付款人正当付款后，其责任就已解除。

21.2.4　本票和支票

1. 本票

本票是指一个人向另一个人签发的即期或在将来某一时间支付款项给此人的一种无条件支付承诺。本票可以看作是汇票的一个特例。当汇票中的出票人与付款人是同一人时，汇票所体现的无条件支付命令也就成为一种无条件支付承诺，此时的汇票就是本票。

本票的必要项目是：

① "本票" 的字样；

② 无条支付的承诺；

③ 确定的金额；

④ 付款期限；

⑤ 收款人名称；

⑥ 出票日期和地点；

⑦ 出票人签章。

2. 支票

支票是以银行为付款人的即期汇票。支票也可以看作是汇票的一个特例。

支票的必要项目是：

① "支票" 字样；

② 无件支付的命令；

③ 确定的金额；

④ 付款人名称；

⑤ 收款人名称；

⑥ 出票日期和地点；

⑦ 出票人签章。

21.2.5　汇票、本票、支票的共同点与区别

（1）共同点。

汇票、本票、支票均为票据，其构成要素除某些具体内容外，大致相同，均以支付一定金额的货币为目的。它们都有出票、背书和付款等行为，都是可以转让的流通工具。汇票、本票和支票都是建立在信用的基础上的，由出票人开立书面的支付凭证，出票人均对票据负法律的责任。

（2）区别。

① 汇票与支票有三个当事人：出票人、付款人和收款人；本票只有出票人和收款人两个当事人。

② 支票在签发时，出票人与付款人之间需先有资金关系；汇票不必先具有资金关系；而本票的出票人与付款人同为一人，无所谓资金关系。

③ 远期汇票需经承兑；支票为即期，不需承兑；本票本身就是付款承诺。

④ 支票的出票人担保支票付款；汇票的出票人担保承兑和付款，若另有承兑人，由承兑人担保付款；而本票的出票人自负付款责任。

⑤ 出票、背书、追索、付款、保证行为是本票所有；汇票则还有承兑和参加承兑等；支票则仅有出票、追索、付款背书行为。

21.3　国际结算方式

21.3.1　汇款方式

1. 汇款方式及其当事人

1）汇款方式（remittance）的定义

汇款是银行应汇款人的要求，以一定的方式将一定的金额通过其国外联行或代理行作为付款银行，付款给收款人的一种结算方式。

2）汇款方式的当事人

在汇款业务中，付款人称为汇款人；收款方称为收款人；接受汇款人委托，将资金汇出的银行称为汇出行；接受汇出行委托，将资金解付给收款人的银行称为汇入行或解付行。

2. 汇款方式的种类

按照汇款使用的支付工具不同，汇款可以分为电汇、信汇和票汇三种。

1）电汇（telegraphic transfer，T/T）

电汇汇款是汇出行应汇款人的申请，以电报、电传或环球同业银行金融电讯协会（SWIFT）方式向国外汇入行发出指示，指示其解付一定金额给收款人的一种方式。

由于银行以电报等快捷方式指示付款，因而电汇方式下银行占压客户资金的时间相对较短，资金结算的速度加快，银行收取的费用较高。

2）信汇（mail transfer，M/T）

信汇方式是汇出行应汇款人的申请，以航空信函的方式向国外汇入行发出指示，指示其解付一定的金额给收款人的一种方式。

由于银行以信函方式指示付款，信函邮寄速度较慢，因而信汇方式下银行占压客户资金的时间相对较长，资金结算的速度较慢，银行收取的费用较低。

3）票汇（demand draft，D/D）

票汇方式是汇出行应汇款人的申请，代汇款人签发以国外汇入行为付款人的银行即期汇票，指示汇入行支付一定的金额给收款人的一种方式。

票汇方式由于汇入行无须通知收款人取款，而是由收款人持票自行到汇入行取款，因此手续十分简便。同时票汇业务的收款人还可以通过背书将汇票转让给他人，具有一定的灵活性。

3. 汇款方式的实际应用

根据货物运抵和货款偿付的时间先后关系，汇款实际应用主要有以下两种方式。

（1）预付货款。即进口商预先将全部或部分货款通过银行汇给出口商，出口商收妥货款后，在一定时间内尽速将货物发运给进口商。

（2）货到付款。这是出口商先发货，进口商收到货物后立即或在一定时期内将货款汇给出口商的一种方式。此种方式实际属于赊销交易或延期付款结算。

21.3.2 托收方式

1. 托收方式及当事人

1）托收方式（collection）的定义

根据国际商会《托收统一规则》，托收是指接到托收指示的银行，根据所收到的金融单据或商业单据来取得进口商付款或承兑汇票，或凭付款或承兑交出商业单据，或凭其他条件交出单据的一种结算方式。

2）托收方式的当事人

托收方式下的当事人主要有：

① 委托人，即出口商、债权人或卖方，是委托银行代为收款的当事人；

② 托收行，即出口方银行，是接受委托人的委托，委托国外联行或代理行向债务人收款的银行；

③ 代收行，是指接受托收行的委托，向债务人收款的银行，通常为进口商所在地的银行；

④ 付款人，即进口商，是委托人委托银行向其收款的当事人。

除以上4个当事人外，还有一个当事人：提示行。提示行是向付款人作出单据提示的银行，代收行可以委托与付款人有往来账户关系的银行作为提示行，也可以自己兼任提示行。

2. 托收方式的种类

根据托收是否附带货运单据，托收方式主要分为光票托收和跟单托收两种。

1）光票托收

根据《托收统一规则》，国际商会将单据分为金融单据和商业单据。金融单据是指汇票、本票、支票或其他可以获得货币金额的单据。商业单据是指发票、提单、保险单等或其他类型单据。

光票托收是指金融单据不附带商业单据的托收，即提交金融单据，委托银行代为收款。光票托收下汇票的收款人通常为出口商或其指定人。因此，出口商在向银行办理光票托收时，须在汇票的背面背书。光票托收一般用于收取货款尾数、代垫费用、佣金、样品费或其他贸易从属费用。

2）跟单托收

跟单托收是指委托人向托收行提交伴有商业单据的金融单据或仅仅为商业单据的托收。

在跟单托收方式下，根据向进口商交单条件的不同，可分为付款交单和承兑交单两种。

（1）付款交单（documents against payment，D/P）。

付款交单是指委托人指定代收行收款后再将单据交给付款人的一种方式，即银行的交单以付款人付款为条件。

在付款交单中，根据委托人提交的金融单据的期限不同，又分为即期付款交单（D/P at sight）和远期付款交单（D/P at XX days after sight）两种。

（2）承兑交单（documents against acceptance，D/A）。

承兑交单是指委托人指定代收行在远期汇票被付款人承兑后就可以将单据交给付款人的一种方式，即银行的交单以付款人承兑汇票为条件。

在承兑交单条件下，由于付款人得到单据时并未付款给代收行，而票据到期时，付款人能否付款尚是未知数，因此承兑交单相对于付款交单而言，委托人承担的风险是非常大的。

3. 托收方式的主要特点

（1）托收方式结算的基础是商业信用。

出口商出口货物后委托银行去收款，但银行能否如期收到货款，这主要取决于付款人的资信。银行仅仅是按着委托人的指示行事，出口商则承担很大的风险。

（2）托收方式结算简单、费用较低。

银行遵照委托人的指示去收款，至于能否收到、收到后如何处理等都是按着委托人的指示办事，业务相对简单。

21.3.3　信用证方式

1. 信用证的定义及特点

1）信用证（letter of credit，L/C）的定义

信用证是银行应进口商（开证申请人）的请求，向出口商（受益人）签发的，由银行承担对受益人交来全套符合信用证规定的单据支付一定金额款项的书面承诺。简言之，信用证是有条件的银行付款保证，即在商业信用保证上添加了银行信用保证。

2）信用证方式的特点

（1）开证行负第一性付款责任。信用证方式的核心是银行信用，在信用证业务中，开证行始终承担第一性的付款责任。开证银行不能以他人情况作为对符合信用证规定的单据拒付的理由。

（2）信用证是一项独立保证文件。信用证虽源于贸易合同，是以贸易合同为依据开立的，但不依附于贸易合同，不受贸易合同的约束。

（3）银行处理的是单据而非货物。信用证业务一切都以单据为准，而不以货物为准，银行的责任只限于处理单据，对单据所代表的货物不予理会。

2. 信用证的主要当事人

① 受益人（beneficiary），通常为出口商，是提交合格单据后，获得开证行付款的当事人。

② 开证行（issuing bank），接受进口商的委托向出口商开立信用证的银行。通常为进口方银行。

③ 申请人（applicant），通常为进口商，是根据商业买卖合同，向其所在地的一家银行提交开证申请，申请开立信用证的当事人。

④ 通知行（advising bank），将开证行开出的信用证通知受益人的银行。通常为出口方银行，大多由开证行在开立信用证时预先指定。

⑤ 议付行（negotiating bank），议付信用证下接受开证行的指示议付受益人提交单据的银行。通常为出口地银行。

⑥ 付款行（paying bank），付款信用证下开证行指定的向受益人付款的银行或开证行自己。

⑦ 承兑行（accepting bank），承兑信用证下开证行指定的承兑远期汇票的银行或开证行自己。

⑧ 偿付行（reimbursing bank），开证行指定的代替其向索偿行付款的银行。

⑨ 保兑行（confirming bank），信用证下向受益人提供开证行付款保证之外的付款保证的银行。通常为出口地银行或国际上的大银行。

3. 信用证的主要种类

1）保兑信用证（confirmed L/C）与不保兑信用证（unconfirmed L/C）

这是根据信用证是否须开证行之外的另一银行提供付款保证来划分的。

保兑信用证是指开证行邀请另一银行对其所开不可撤销信用证加具付款保证责任的信用证。在保兑信用证下，由于又有了保兑行的付款保证，因此受益人可以得到双重付款担保。保兑信用证一定是不可撤销信用证。

不保兑信用证是指开证行未邀请其他银行对其所开信用证加具付款保证责任的信用证。

2）付款信用证（payment L/C）、延期付款信用证（deferred payment L/C）、承兑信用证（acceptance L/C）和议付信用证（negotiation L/C）

这是根据信用证的属性划分的。

根据《跟单信用证统一惯例》，一切信用证都应归类。开证行开出的信用证除其自己使用外，都应指定某一银行并授权这家银行对出口商付款、承担延期付款责任、承兑其汇票或议付其单据。

付款信用证通常是指开证行指示并授权出口地银行凭出口商提交的与信用证条款相符的单据付款给出口商的信用证。

延期付款信用证是指开证行指示并授权出口地银行凭出口商提交的与信用证条款相符的单据在经过一段期限后付款给出口商的信用证。在延期付款信用证下通常没有汇票。其远期付款到期日是从单据提示日或提单日开始计算的。

承兑信用证是指开证行指示并授权出口地银行承兑出口商提交的远期汇票的信用证。

议付信用证是指开证行指示并授权出口地银行对出口商提交的相符单据支付对价购买的信用证。

3）可转让信用证（transferable L/C）

可转让信用证是指开证行授权出口地承担付款、延期付款、承兑及议付行在信用证的受益人要求时将该信用证全部或部分转让给一个或数个其他受益人的信用证。只有开证行在信用证中明确注明"可转让"字样时，此信用证方可转让。要求银行将信用证全部或部分转让的受益人叫第一受益人，而受让信用证全部或部分的一个或数个受益人叫第二受益人。

可转让信用证只能转让一次。第二受益人不能要求将信用证再转让给其他受益人，但再转让给第一受益人是可以的。

可转让信用证通常适用于中介贸易的信用证。

4）背对背信用证（back-to-back L/C）

背对背信用证是指受益人以其国外开证行开来的信用证作为抵押，而要求其国内行按照来证的主要条款向实际供货人开出的一种信用证。背对背信用证下存在两张证。国外行开出的信用证叫第一信用证，国内行开出的信用证叫第二信用证。第一信用证的受益人就是第二信用证的申请人。

背对背信用证同样也适用于中介贸易。在中间商得不到国外开证行开出的可转让信用证时，他通常使用背对背信用证去完成他与实际供货人及国外进口商之间的交易。

5）预支信用证（anticipatory L/C）

预支信用证是指开证行授权其在出口地的指定行在出口商发货前将一部分款项预先支付给出口商的信用证。由于信用证中的预支条款通常用红字打印，所以预支信用证又叫红条款信用证。

6）循环信用证（revolving L/C）

循环信用证是指开证行开出的允许受益人在一段时间或一定额度内循环多次使用信用证金额的信用证。

循环信用证分为按时间循环和按金额循环两种。

按时间循环的信用证是指受益人在一段时间内使用信用证的金额，期满后信用证的金额在下一期又得到恢复，可以多次使用的信用证。

按金额循环的信用证是指在一定期限内受益人的金额可以多次使用和恢复的信用证。

7）对开信用证（reciprocal L/C）

对开信用证是指一张信用证的受益人要求其银行开出以这张信用证的申请人为受益人的信用证。

在对开信用证下存在两张信用证。第一张信用证的受益人就是第二张信用证的申请人；而第一张信用证的申请人则为第二张信用证的受益人。对开信用证通常适用于易货贸易中。

8）备用信用证（standby L/C）

备用信用证是指银行应申请人的申请，向国外受益人开出的对申请人的债务或行为承担担保付款责任的信用证。

在此信用证下，由于开证行承担申请人对受益人的债务不偿付或行为不履行时的付款责任，因此当申请人偿付所欠债务或履行约定行为时，开证行的付款责任就可以免除了。

21.4 国际结算中的单据

21.4.1 海运提单

1. 海运提单的定义及作用

1) 海运提单 (bill of lading, B/L) 的定义

海运提单是在海洋运输方式下, 承运人或其代理人向托运人签发的用以证明收到货物, 按一定条款将货物从一地运往另一地, 并把货物交付给目的地收货人的一种运输单据。

2) 海运提单的主要作用

(1) 海运提单是一种海上运输合约的证明。

当托运人将货物交给承运人并委托其把货物运往目的地时, 承运人向托运人签发的提单就表明双方委托关系的存在, 它是双方间的一种契约。

(2) 海运提单是一种承运人收到货物的证明。

海运提单的签发本身就证明承运人已经收到托运人委托运输的货物, 因此, 它是一种收货证明。

(3) 海运提单是一种物权证书。

在海洋运输过程中由于买卖双方处于不同的国家, 卖方不是将货物直接交给买方, 而是经常委托船公司将货物运往国外的买方。卖方向买方交付的则是船公司签发的提单。买方凭提单向船公司提货。因此, 提单所代表的则是一种权利。

2. 海运提单的种类

(1) 根据货物是否已装船划分——已装船提单和收妥备运提单。

① 已装船提单。它表示货物已装船, 船公司对该货物承担全部安全运送的责任。

② 收妥备运提单。它表示船公司已收到货物, 但尚未装船。由于船期无法确定, 故在结算中一般不接受收妥备运提单。

(2) 根据运输方式的不同来划分——直达提单和转船提单。

① 直达提单。它是指货物在运输途中不转船的提单。

② 转船提单。它是指在运输货物的过程中需要经过中途转船或海陆、海空联运方能运抵目的地时, 由承运人一次签发的货物运抵目的地的提单。

(3) 根据提单可否流通来划分——记名提单和指示提单。

① 记名提单, 又称 "收货人抬头提单"。提单注明收货人的名称, 非收货人不得提货, 不能背书转让。这种提单无流通性, 故较少使用。

② 指示提单。在提单抬头处注明 "凭指示" 等字样, 只要经过托运人或收货人的背书便可转让的提单。

(4) 根据提单有无加注条款划分——清洁提单和不清洁提单。

① 清洁提单。它是指货物装船时外表良好, 船公司不在提单上加批注者为清洁提单。实务中, 普遍要求用清洁提单。

② 不清洁提单。它是指船公司在提单上注明货物包装外表缺陷, 如破损、生锈等。

3. 提单的审核

提单的审核主要包括以下内容。

① 海运提单的当事人应严格与信用证的规定一致。

② 提单上的港口、收货地、目的地、船名等应与信用证的要求一致。

③ 提单的唛头与号码应与信用证一致。

④ 提单中的货物描述可以使用统称。

⑤ 提单中的运费表达方式（freight prepaid or freight collect）、货物重量、尺码等应与信用证规定一致。

⑥ 提单的出具日期、出具地点应符合信用证的规定。

⑦ 提单的份数应符合信用证的要求。

21.4.2　商业发票

1. 商业发票的定义及作用

（1）商业发票（commercial invoice）的定义。

商业发票是在货物装运时出口商对进口商所开出的对所售货物作详细说明，并凭以索取货款的价目清单。

（2）商业发票的作用。

① 商业发票是卖方出运商品的总说明，在全部商业单据中起核心作用。

② 商业发票是供进口商核对货物是否与合同相符的依据。

③ 作为出口和进口报关交税的根据。

④ 进、出口方记账的凭证。

⑤ 在规定不用汇票的结算（即期付款交单托收、即期付款信用证等）中，商业发票代替了汇票的作用。

⑥ 在货物发生灭失时，是买方索赔依据之一。

2. 商业发票的主要内容

商业发票主要包含三个部分：发票的首文、发票的本文及发票的结文。

发票的首文包括：发票的号码、发票的出票日期、进口商名称及详细地址、运输方式、装运地点和目的地等。

发票的本文包括：唛头及号码、货物的数量及描述、货物的单价及总金额。

发票的结文包括：卖方（出口商）的名称及买方要求的卖方有权签字人的签字，有时还包括出口商出具的证明或声明。

3. 商业发票的审核

商业发票是各种单据的中心。由于信用证方式下银行的付款条件是单证相符、单单相符，因此商业发票就应与信用证的条款相核对；其他单据应与商业发票相核对。

（1）商业发票的首文部分应与信用证要求的相关内容一致。

① 发票上进口商的名称及地址应与信用证的要求一致。

② 发票的出具日期不应迟于信用证规定的最迟交单日期和信用证的有效日期。

③ 发票上显示的装运方式、装运地点、目的地、装运日期等应与信用证要求的一致。

（2）商业发票的本文部分应与信用证的要求一致，并符合信用证统一惯例的规定。

① 发票的唛头应与信用证的规定一致。

② 发票中货物的描述必须详细，且与信用证的规定一致。如果发票中的货物描述符合信用证的规定且多于信用证的规定，这是可以的。

③ 信用证的数量、金额、单价前面有"about, approximately, circa"或类似词语时，发票数量、金额、单价可以有不超过10%的增减。但需注意的是，"约"字放在哪一项的前面则只适用这一项，不得以此类推。

④ 信用证所规定的货物是以度量衡来计量时，则发票上记载的实际装运数量可在信用证规定数量的基础上有5%的增减，但不得超过信用证的金额。

⑤ 信用证规定的货物如以包装单位或包装个数来计量时，则实际装运没有5%的增减。如信用证不允许分批装运，则必须一次装运信用证规定的准确数量。

⑥ 发票中的贸易条件应与信用证规定的一致，且表述完整。

（3）发票的结文部分应与信用证的规定相符。

① 发票应由信用证中的受益人出具。

② 信用证要求时，受益人应签字。

③ 商业发票在信用证未规定时，一般无须签字。

④ 信用证需要正本发票时，出口商以手写或打字形式出具的发票无须加注"original"即可，但如以影印制作、自动或计算机处理制作及复写形成的发票，须加注"original"方可成为正本。

⑤ 如信用证要求出口商在发票上证实或声明时，出口商出具发票时应加盖公章或签字来满足要求。

21.4.3 保险单据

1. 保险单据的定义及作用

保险单据是指保险公司出具的表明它与被保险人之间权利义务关系的一种证明。

保险单据的作用有以下三个方面。

① 保险单据是一种契约。它表明保险人与被保险人之间达成的契约关系。

② 保险单据是一种承保证明。它的出具说明保险人已经为被保险人投了保，它是一种证明。

③ 保险单据是投保双方日后解决纠纷的依据。

2. 保险单据的审核

保险单据的审核应严格按照信用证的条款和其他单据来进行。

① 保险单据上的发票号码应与发票本身的号码一致。

② 保险单据的唛头及标记应与发票的一致。

③ 保单的包装件数应与发票、提单上的一致。保单上的货物描述可以使用统称，但不得与其他单据相违背。

④ 保单上的承保金额通常不得低于发票金额的110%。如发票中含有佣金或折扣时，则承保金额为"保佣不保扣"后发票金额的110%或以上。

⑤ 保单上的船名、港口应与信用证或提单上的一致。

⑥ 保单上的承保险别、出险条款应与信用证的要求一致。

在实际业务中，海洋运输时的出险条款通常分为：按伦敦协会货物条款（Institute Cargo Clauses, abbreviated to ICC）出具和按中国保险条款（China Insurance Clauses, abbreviated to CIC）出具两种。

如按 ICC 条款出具，则保单的承保险别分为：海险（细分为 A 条款、B 条款和 C 条款）和战争及罢工险。

如按 CIC 条款出具，则承保险别分为：基本险（包括水渍险、平安险和一切险）和附加险（包括一般附加险和特殊附加险）。

⑦ 保险单据的赔付地、赔付货币应与信用证的要求一致。

⑧ 保险单据的出单日期不得迟于提单的日期。

⑨ 保险单据应有保险人签字。

⑩ 保险单据的背面一般应有出口商按照信用证要求的背书。

21.4.4　其他主要单据

1. 装箱单

装箱单（packing list）是指出口商签发的表明所发运货物的规格、数量等全部详细情况的一种单据。它是商业发票的附属单据。

装箱单的内容首先应与发票的内容一致。通常情况下，它的内容比发票的内容更全面、更详细。

装箱单的格式与发票的格式基本一样，但在装箱单上没有金额一栏。装箱单一般不须签字。

装箱单应符合信用证的要求。

2. 产地证

产地证（certificate of origin）是指出口方的政府机构或公证机构出具的证明货物产地的一种证书。

出口商出口货物后向进口商提供产地证，以便于进口商向其本国申请减税或免税。

在实际业务中，产地证主要分为两种：一种为出口国进出口商品检验检疫部门或贸易促进委员会签发的一般产地证；另一种是出口商品检验检疫机构签发的普惠制产地证（Generalized System of Preferences Certificate of Origin, GSP Form A），它是一种发达国家给予发展中国家的具有单边、非互惠性质的优惠措施。

产地证应符合信用证的要求。

3. 检验证书

检验证书（inspection certificate）是指出口商提交的由出口方商品检验检疫部门或进口商认可的公证机构出具的证明货物品质等内容的一种证书。

在实际业务中，由于进出口双方不直接面对面买卖货物，而是出口商委托承运人运输货物。进口商比较担心货物的品质，因此他通常要求出口商出口货物时提交第三方出具的检验证书，以确保自己的利益。

检验证书一般包括买卖双方当事人名称及地址、唛头及号码、货物描述及件数、检验机构对商品出具的意见、单据的签发日期及签字等内容。

检验证书应与信用证的要求一致。

本 章 小 结

1. 国际结算是按照一定的规则、程序并借助结算工具，清偿国际的债权债务和实现资金跨国转移的行为。

2. 流通票据是指以支付一定金额为目的、可以流通转让的有价证券。流通票据通常包括汇票、本票和支票三部分。

3. 国际结算的方式包括汇款、托收和信用证。而汇款又包括电汇、信汇和票汇；托收包括光票托收和跟单托收；信用证按不同的分类方法可进行多种分类。

4. 在国际结算中还需要用到海运提单、商业发票、保险单据等相关单据。

复习思考题

概念题

国际结算　汇票　汇款　光票托收　跟单托收　付款交单　承兑交单　信用证
海运提单　商业发票　保险单

思考题

1. 什么是流通票据？它有哪些特征？

2. 汇票、本票和支票有何异同点？

3. 汇票的必要项目有哪些？汇票的行为有哪些？

4. 汇款方式有哪些种类？

5. 托收方式的交单条件有哪些？

6. 什么是信用证？信用证方式有哪些特点？

7. 信用证有哪些种类？

8. 海运提单、商业发票、保险单据的审核要点有哪些？

第 22 章

国际储备

本章重点提示

通过本章的学习，要求能够掌握国际储备的含义、特点和构成内容，了解国际储备与国际清偿能力的区别，理解国际储备的作用和供求，掌握国际储备的规模管理和结构管理，了解我国的国际储备情况。

22.1 国际储备概述

国际储备是一国综合国力尤其是金融实力的重要表现之一，它直接影响着一国经济发展的总体水平，对一个国家的国际收支状况、汇率稳定及国际贸易的顺利进行都有着深刻的影响力，因此受到各国政府的普遍重视。

22.1.1 国际储备的含义与特点

1. 国际储备的含义

世界银行对国际储备下的定义为"国家货币当局占有的那些在国际收支出现逆差时可以直接或通过有保障的机制兑换成其他资产以稳定该国汇率的资产"。这里将国际储备的含义概括为：国际储备（international reserves）是一国货币当局为弥补国际收支逆差、维持本国货币汇率的稳定及应付各种紧急支付而持有的、为世界各国所普遍接受的资产。

2. 国际储备的特点

一个国家用于国际储备的资产，通常被称作国际储备资产。一般来说，国际储备资产应具备以下 5 个特征。

① 普遍可接受性。国际储备资产应该是能为世界各国在事实上普遍承认和接受的资产。如果该资产不能为世界各国普遍承认和接受，就不能充当国际储备资产。

② 可随时获得性。国际储备资产必须具有充分的流动性，能在其各种形式之间自由兑换，而且各国政府或货币当局能随时无条件地获得并在必要的时候动用这些资产。

③ 官方持有性。国际储备资产必须是一国货币当局持有的并且可以自由支配使用的资产，非官方金融机构、企业和私人持有的黄金和外汇，尽管也属于国际流动资产，但在一般情况下不能在国际收支出现逆差时被政府动用以弥补逆差，因此，不能算作国际储备资产。

④ 稳定性。国际储备资产的内在价值在相对长的一段时间内能够保持相对稳定，抗外界干扰能力强。

⑤ 适应性。国际储备资产的性质和数量必须能适应国际经济活动和国际贸易发展的要求。

3. 国际储备与国际清偿能力

与国际储备相关的另一个概念是国际清偿能力。一个国家的国际清偿能力是指该国无须采取任何影响本国经济正常运行的特别调节措施即能平衡国际收支逆差和维持其汇率的总体能力，是一国官方所能动用的一切外汇资源的总和。它与国际储备之间是既相互联系又相互区别的关系。

从内容上看，国际清偿能力除了包括该国货币当局直接掌握的国际储备资产外，还包括国际金融机构向该国提供的国际信贷及该国商业银行和个人所持有的外汇和借款能力。因此，国际清偿能力中包括了国际储备的内容，但它又不完全限于国际储备，还包括国际储备之外的内容。

从性质上看，作为由一个国家货币当局直接掌握持有的国际储备，其使用是直接的和无条件的，而对于国际储备以外的、并非由货币当局直接持有的国际清偿能力的构成部分的使用，通常都是有条件的。因此，从总体来讲，可以认为一个国家国际清偿能力的使用，是有条件的。

从数量上看，一国的国际清偿能力是该国政府在国际经济活动中所能动用的一切外汇资源的总和，而国际储备只是其中的一个部分。

22.1.2 国际储备的构成

国际储备的构成，是指用于充当国际储备资产的资产种类。在不同的历史时期，充当国际储备资产的资产种类有所不同。发展到今天，主要有四种形式。对于任何一个国家来说，其国际储备中至少包括两项资产，即黄金储备和外汇储备。如果该国是国际货币基金组织的成员国，则其国际储备中还包括在基金组织的储备头寸；如果该国还参与特别提款权的分配，则其国际储备中还包括特别提款权。

1. 黄金储备（gold reserves）

黄金储备是一国政府持有的货币性黄金数量总和。由于在国际支付与清算中，黄金一直以来都被看作是最后的支付手段，尽管自 20 世纪 30 年代起，各国都陆续放弃了金本位制，但黄金的贵金属特性及遍布全球的发达的黄金交易市场，都使得各国政府依然将黄金列为其重要的储备资产之一。黄金储备在国际储备中的比重主要受三个因素的制约：黄金存量、非货币性黄金状况及金价。例如，当黄金存量一定时，如果非货币性黄金量有所增加，则一国的黄金储备会有所减少。如果国际金融市场上的金价普遍下跌，则储备性黄金量会有所上升。值得注意的是，目前全球绝大部分的黄金为发达国家所有，但由于金价随市场供求变化而起伏波动，黄金作为世界货币的职能较之以前已大大缩小。

2. 外汇储备（foreign exchange reserves）

外汇储备是一国政府持有的可自由兑换的外汇资产，是一国国际储备的主体。作为储备货币至少应具备以下几个条件：普遍可接受性、可随时获得性、币值相对稳定性。历史上，储备货币经历了从单一走向多元化的过程。英镑、美元都曾占据主导货币的地位。20 世纪 70 年代以来，储备货币呈现出分散化、多样性的特点。目前，主要的储备币种有美元、日元、英镑、欧元等，其中美元仍为最主要的储备货币。

3. 各成员国在国际货币基金组织的储备头寸（reserve position in the fund）

各成员国在国际货币基金组织的储备头寸又称为普通提款权（general drawing rights）。普通提款权即为国际货币基金组织的成员国在国际货币基金组织中拥有的储备头寸，是国际货币基金组织向其会员国提供的用于弥补会员国国际收支逆差的借款权利。主要包括两部分：一为储备部分，是会员国向国际货币基金组织缴纳的黄金和外汇储备份额，约占成员国认缴总份额的 25%，需要时，可由会员国无条件提用；二为信贷部分，是会员国向国际货币基金组织的贷款，由于会员国向国际货币基金组织缴纳的份额中有 75% 是以本国货币缴纳的，需要提用时，实际上是以本国货币作抵押换回所需要的外汇以弥补国际收支逆差。

4. 特别提款权（special drawing rights，SDRs）

特别提款权是国际货币基金组织于 1969 年创设的，向其成员国提供的一种除普通提款权以外的用于弥补成员国国际收支逆差的提款权利，按成员国认缴的份额进行分配。特别提款权具有以下几个特点。

（1）特别提款权是一种以黄金保值的记账单位，不能直接用于国际贸易支付和结算，也不能直接兑换成黄金。

（2）特别提款权属于国有资产，只能由成员国货币当局持有，并且只能在成员国货币当局和国际货币基金组织（IMF）、国际清算银行（BIS）之间使用。非官方金融机构不得持有和使用。

（3）特别提款权是无附带条件的流动资金，是国际货币基金组织根据各成员国在其分得的配额比例进行分配，各成员国可无条件享受其分配额，无须偿还。

（4）特别提款权使用一揽子货币定值，价值稳定。国际货币基金组织决定自 1974 年 1 月 1 日起，特别提款权定值与黄金脱钩，改用一揽子 16 种货币作为定值标准。但由于这种定值方法在技术上比较复杂。国际货币基金组织决定，从 1980 年 9 月 18 日起改用 5 种货币定值，即美元、德国马克（1991 年以前为西德马克）、日元、法国法郎和英镑，它们的计算权数每 5 年进行一次调整；由于欧元的实施，马克与法郎不复存在，因此特别提款权现由 4 种货币构成，即美元、欧元、英镑和日元。截至 2015 年 5 月 31 日，所有成员国共拥有 SDR 总额为 2 041 亿，其中美国拥有 421 亿 SDR，英国拥有 107 亿 SDR，日本拥有 156 亿 SDR，中国拥有 95 亿 SDR。SDR 货币篮子每五年复审一次，以确保篮子中的货币是在国际交易中具有代表性的货币，并且确保货币构成如实反映所含货币在国际贸易和金融体系中的所占权重。2016 年 10 月旧人民币正式加入国际货币基金组织（IMF）特别提款权（SDRF）货币篮子。

22.1.3　国际储备的作用

国际储备是体现一个国家经济实力的重要标志之一。各国保持国际储备的目的不尽相同，但国际储备的主要作用都是相同的，主要有以下内容。

（1）维持国际支付能力，调节临时性的国际收支不平衡。

当一国国际收支发生困难时，国际储备可以起到一种缓冲作用，使其国内经济在一定程度上免受国际收支变化的冲击；同时，它还可以使该国政府赢得一定的时间，有步骤地进行国际收支的调整。如当一国由于国际价格变化导致出口锐减或因季节性因素及突发事件而造成其临时性国际收支逆差时，可动用国际储备来弥补其逆差而无须采取压缩进口等影响国内经济正常运行的限制性措施。又如，当一个国家的国际收支发生结构性失衡而需要进行紧急的或长期的调整时，国际储备可以缓和调整过程的冲击，从而降低各种调整措施对国内供求均衡所带来的负效应，维持其国内经济的正常运营和稳定发展，或者减轻因采取紧急行动而对经济带来的不利影响。

（2）干预外汇市场，维持本国货币的汇率。

对于实行货币自由兑换的国家来说，它所拥有的外汇储备可以表明其干预外汇市场和维持汇价的能力，各国货币当局可以利用外汇储备通过在外汇市场上抛售其他国家的货币或收购本币影响外汇的供求，从而达到调节市场、稳定汇率的目的。例如，当一国货币的汇率发生剧烈波动从而影响到其经济目标时，该国货币当局就可以动用外汇储备支持本国货币的汇率。再如，一国可以通过调节其国际储备资产的构成来避免国际游资对本国货币的冲击。但是，国际储备要发挥干预市场的作用，必须以本国货币的自由兑换和外汇市场的充分发达为前提条件，并且只能短期内对汇率产生有限的影响。

（3）维持并增强国际上对本国货币的信心。

对于实行货币自由兑换的国家，尤其是对于那些其货币在国际储备体系中占一席之地的发达国家而言，掌握雄厚的国际储备能在心理上和客观上稳定本国货币在国际上的信誉。

（4）国际储备是一国向外举债和偿债能力的保证。

储备资产雄厚是吸引外资流入的一个重要条件，一国拥有的国际储备资产状况是国际金融机构和国际银团提供贷款时评估其国家风险的指标之一。当一国对外贸易状况恶化而又储备不足时，其外部筹资就要受到影响。同时，一国的国际储备状况还可以表明一国的还本付息能力，国际储备是债务国到期还本付息的最可靠的保证。如果一国要争取外国政府贷款、国际金融机构信贷或在国际资本市场上进行融资，其良好的债信和稳定的偿债能力是十分重要的前提条件，而一国能支配的储备资产的数量便是其保证之一。

22.2 国际储备管理

国际储备管理的政策目标，首先，应符合本国经济发展战略的需要，即国际储备的规模、结构及营运策略、措施，应有利于各种生产要素的合理、优化配置，以保持经济适度、稳定增长。其次，要符合"安全性、流动性、营利性"三者合理配置原则。所谓"安全性"，是指尽可能地降低风险和损失；所谓流动性，是指容易变现及完成国际支付；所谓营利性，是指能带来一定的收益。对于储备持有国来说，这三者不可或缺；但在实际运作中，则往往难以同时兼得。若将储备资产大部分存放于短期存款，可保证充分的流动性，也有较好的安全性，但收益率必然较低；若将储备资产作长期投资，收益率可能较高，但是流动性较差，风险也可能较大。因此，各国货币当局应使本国国际储备资产存放取得安全性、流动性和营利性的最佳组合，在保证安全性的前提下，争取以最低的成本，获得尽可能高的效益。

国际储备资产管理的内容可以概括为国际储备资产的规模管理和结构管理两个方面。

22.2.1　国际储备的规模管理

倘若一国的国际储备不足，容易产生支付危机，影响其国内经济增长，甚至会影响世界经济的正常发展；倘若一国的国际储备过多，又会牺牲该国的消费和投资利益，并制约其经济的发展。因此，各国国际储备资产管理的首要内容，便是确定最适度的国际储备量。

1. 国际储备的供给和需求

1）国际储备的供给

从一个国家的角度来讲，国际储备的供给，主要来自以下途径。

（1）国际收支顺差。一国的国际收支出现盈余，意味着该国国际储备存量的增加。假定误差和遗漏项目为零，则有：

$$国际储备的变动额 = 经常项目差额 + 资本项目差额$$

其中，经常项目差额是较为实际和可靠的来源。

（2）国际信贷。一国从国际上取得政府贷款或国际金融机构贷款，以及中央银行之间的互惠信贷等均可充当外汇储备。因而，国际信贷可以通过国际收支发生额引起国际储备的变动，反映在借款国的国际收支平衡表上，是国际储备的增加；反映在贷款国的国际收支平衡表上，则是国际储备的减少。

（3）干预外汇市场所得外汇。这一项主要是针对西方工业国而言，因其货币可以自由兑换且构成国际储备货币体系的组成部分，因此，当一国的货币汇率升势过猛，给国内经济及对外贸易带来不利影响时，该国货币当局就会进入外汇市场抛售本币、收购其他储备货币，由此所得外币一般列入国际储备。

（4）黄金存量。黄金是一国货币当局拥有的货币黄金，黄金储备的增加一般通过两条途径：一是在国内收购黄金并由中央银行储藏；二是进入国际黄金市场购买。

（5）特别提款权的分配。特别提款权是国际货币基金组织分配给成员国的一种国际流通手段，是成员国国际储备的一个构成部分。特别提款权每 5 年分配一次，由于它是由 4 种主要货币制定的，因而其内在价值一直比较稳定，但其分配数量有限。

（6）在国际货币基金组织的储备头寸。储备头寸是一国国际储备的来源之一，但其数额的大小取决于各国的配额，而且其使用还受各种条件的限制。

2）国际储备的需求

对国际储备的需求主要来自以下几个方面。

（1）弥补国际收支逆差。当一国的国际收支发生逆差时，必须动用国际储备平衡逆差，从而导致该国国际储备存量减少。

（2）干预外汇市场，支持本币汇率。当一国货币汇率下跌幅度太大以致影响其货币的国际信誉或对国内经济产生不利的影响时，该国有可能动用其外汇储备购进本币，支持本国货币的汇率，从而导致其外汇储备减少。

（3）突发事件引起的紧急国际支付。它属于对国际储备的临时需要。

（4）国际信贷的保证。即以国际储备充当对外借贷和进行国际融资的信誉保证。

2. 影响国际储备适度规模的因素

一般来说，最适度的国际储备量是一国政府为实现国内经济目标而持有的用于平衡国际收支和维持汇率稳定所必要的黄金和外汇的储备量。但是，由于决定国际储备必要量的因素极其复杂，各国也不可能有一个统一的标准，各国需根据本国的具体情况决定适度储备量。从实际需要考虑，一国国际储备量通常可分为经常储备量与保险储备量。经常储备量，是指保证该国正常经济增长所必需的进口不致因储备不足而受影响的储备量，这是一国国际储备量的下限；保险储备量，是指在一国经济发展最快时，可能出现的外贸量与其他金融支付所需要的国际储备量，这是一国国际储备量的上限。在此上、下限之间，便构成了一国适度国际储备量的区间。

概括来说，要确定国际储备适度规模应考虑以下几方面因素。

（1）经济活动规模的大小。

一国经济活动规模的大小是影响国际储备量的最基本因素之一。如果在一定时期内，一国的经济规模较大，对资金、先进设备和技术的国外引进需求增加，就需要较多的国际储备；反之，则较少。两者之间成正比例关系变化。

（2）经济开放与外贸依存度。

对外开放程度较大和外贸依存度较高的国家，需要的国际储备规模自然也较大。而对外依赖程度越大，使得国内收入扩张引起的对进口需求的相对增长也越快，从另一方面刺激了国际储备需求。

（3）进出口贸易差额的波动幅度。

如果一国的国际进出口贸易差额能达到基本平衡或有出超，则会出现国际收支的平衡或顺差，此时，对国际储备的依赖程度会大大减轻，可相对减少国际储备量；反之，出现入超，发生国际收支逆差，这一时期则应增大国际储备量以调节逆差。

（4）国际收支调节机制的效率。

国际收支自动调节机制通常要受到现金结余、价格水平和实际收入等变量的影响。如果这一机制能高效、顺利运行，国际收支失衡程度越轻，则所需国际储备量越少；反之，就需要持有较多的国际储备。

（5）外汇管制的宽严程度。

在严格的外汇管制条件下，汇率、进口用汇和资本流动将受到管制，也能在一定程度上控制和利用居民的私有外汇，因而较少的国际储备就能满足需求；反之，则需要较多的国际储备量。

（6）外汇政策。

一个国家所采取的外汇政策可分为两种类型：一是稳定汇率政策，目的在于本国货币币值稳定和树立良好的经济发展形象；二是变动汇率政策，即通过改变汇率来调整进出口贸易等。如果一国采取稳定的对外汇率政策，发生国际收支逆差时，就需要有较多的国际储备干预外汇市场，以保持汇率的稳定，从而强化了对国际储备的需求；反之则可相对减少。如果采用汇率贬值政策，就要视其政策效果而定。当该国在受到各种因素的影响下，汇率贬值政策也不能有效地解决国际收支失衡和促进经济的增长时，该国只能主要依靠国际融资。为保证信誉，对国际储备的需求相应扩大。

（7）获得信贷的国际信誉。

如果一国能确保随时从国外融资，则可在一定程度上依靠对外借款来弥补国际收支差额，减轻国际储备的压力，那么国际储备则可少些；反之则要多些。

（8）各国的协调与合作。

如果一国能与其他国家正常开展广泛的经济合作和进行国际的政策协调，其国际贸易活动互惠互利，资本的国际流动顺畅，显然，可以改善国际收支情况，减少对国际储备的需求；反之，对国际储备的需求就会增加。

3. 确定国际储备适度规模的数量指标

确定国际储备规模是由多种因素决定的，仅靠单一指标是很难衡量国际储备是否适度的。目前较为流行的确定适度储备量的通用指标有三个。

（1）国际储备量与进口额的比例。

一国的国际储备应与它的贸易进口额保持一定的比例关系，这种比例一般以 40% 为上限，以 20% 为下限。一般认为，国际储备至少应该能够满足 3 个月的进口需要，这个数额按国际储备存量与全年进口额的比率计算，为 25% 左右，这个水平是国际公认的一般标准。

（2）国际储备量与外债余额的比例。

这是反映一国对外清偿能力和资信的指标之一。一般来说，一国的国际储备越充足，其借用外债的能力就越强；同时，一国的外债越多，需要的国际储备也就越多。一般认为，一国的国际储备应不少于其外债余额 30%。

（3）国际储备与国内生产总值的比例。

在开放经济条件下，各国之间的相互联系更加密切。一般来说，一国经济规模越大，发展速度越快，对外依赖程度越大，因此需要更多的国际储备以满足其发展需要。一般认为，国际储备与国内生产总值的比率，应掌握在 4%～12% 之间。

22.2.2　国际储备的结构管理

从整个世界看，国际储备四个组成部分各自所占的比重是很不均衡的。到目前为止，与基金组织有关的两项储备资产，即储备头寸和特别提款权所占的比重一直很小。而如果按市场价格计算，黄金储备的比重则一直在 40% 以上，再加上外汇储备，两者合计所占比重至少在 90% 以上。可见，在全部国际储备中，占支配地位的只能是黄金储备和外汇储备。这两者之间的比例大小，从根本上决定了整个外汇储备的流动性、安全性和营利性。而且，只有黄金储备和外汇储备是一国的货币当局能够完全彻底地自由掌握和支配的，储备头寸和特别提款权的数量都是由基金组织分配决定，一个国家自己很难将其改变。所以国际储备的结构管理便主要集中在黄金和外汇两项储备资产上。

1. 黄金储备管理

黄金储备的管理可以分为三个方面：对黄金储备数额及其在储备总额中所占比重的控制；对黄金买卖的决策；进行黄金买卖的时机选择。三者之中以数额和比重控制最为重要，后两者都是为它服务的。黄金储备的数量和比重主要取决于黄金的性质。

（1）黄金的安全性。

黄金由于其内在价值相对稳定而且具有相对独立性，因而具有较高的安全性。黄金储备的这种安全性体现在以下两个方面。

① 以黄金作为储备资产可以避免因国际关系发生变化而带来的政治风险。

② 在纸币本位条件下，以黄金作为储备资产可以避免因通货膨胀而遭受贬值的危险。因为黄金价格会随着通货膨胀而相应上升，从而保持原有的实际价值。

黄金的这种安全性也是相对的，它是与其他金融资产相比较而言的。世界局势越是动荡不安，通货膨胀越是严重，金融资产的安全性就越得不到保障，黄金的安全性也就越重要；

反之，如果世界局势较为稳定，通货膨胀并不十分严重，而金融资产的安全性就不会受到严峻挑战，黄金安全性的重要程度也就相对下降。

（2）黄金的流动性。

自 20 世纪 70 年代起，黄金日渐成为一种缺乏流动性的储备资产，不能直接用于国际支付和进入流通，兑现能力较弱，因而其流动性较差。

（3）黄金的营利性。

与外汇相比，黄金缺乏盈利能力，因为它自身不能增值，其价值的增长取决于金价是否上涨及上涨幅度与其储藏费用的比较。

可见，黄金具有较好的安全性，但缺乏流动性与营利性。鉴于黄金所具有的安全性特点，在国际储备中保持适量的黄金储备是完全有必要的。但是，由于黄金的流动性较差，即使在金价上升幅度超过储藏费用的条件下，增加黄金储备虽然有助于增加国际储备总体上的安全性，也必定会降低其流动性。加之黄金价格由于受到多种因素的作用，其变化令人捉摸不定，因此，黄金储备的数量一般不宜作过多地调整，以保持稳定为宜。

2. 外汇储备管理

在浮动汇率制下，由于储备货币汇率和利率的不断波动，因此，与黄金储备相比，外汇储备的安全性要略差一筹。但是，外汇储备使用灵活、方便。外汇作为一种交易货币，可以直接用于各种国际支付，并可根据本国的需要进行区域调拨和币种转换，在必要时还可以直接用于外汇市场干预。而且，作为金融资产的外汇储备，还可以通过利息收入使自己得到增值，加上外汇的保存费用远远低于黄金，因此外汇储备具有无与伦比的流动性和天然的营利性。由于外汇储备在流动性、营利性方面所具有的优势及由此导致的在国际储备中的高比例，使得外汇储备管理成为国际储备结构管理乃至整个国际储备管理中最重要的内容。

1）外汇储备的数量和比例控制

一般来说，在正常情况下，大多数国家选择将其外汇储备数额维持在 3 个月的进口量左右。至于黄金储备与外汇储备的比例，由于前者在安全性上具有优势，后者则具有较强的流动性和营利性，因此，其比例的确定取决于各国不同的国情需要。增大外汇储备的比例可以增加国际储备整体的流动性和营利性，但会降低其安全性。

统计数字表明，如果按市价计算，在发达国家，黄金储备所占的比重和外汇储备所占的比重基本相仿；但在发展中国家，黄金储备的比重却远远低于外汇储备的比重。这种现象的产生取决于两种不同的管理策略。

在发达国家，中央银行通常处于比较超脱的地位，其职责是通过有效的货币政策来实现各项宏观经济目标，这就决定了中央银行是一个管理机构而不是盈利机构。而且，发达国家的国民收入通常都较高，储备资产所带来的区区收益并不为其看重。所以，发达国家的中央银行借助储备资产的结构管理来获取收益的动机并不强烈，却对储备资产的安全性较为重视，因而采取的是一种稳健型的管理策略。

在发展中国家，由于国民收入较低，就必须尽可能充分利用一切盈利机会。持有外汇储备不仅能够生息，而且这种利息收入也是宝贵的外汇来源。同时，发展中国家的低收入又使其无力保持较高的国际储备水平，因此，其国际储备经常发生短缺，由此导致对国际储备流动性的更高的要求。持有外汇虽然风险较大，但却具有较好的流动性和营利性，因此，发展中国家往往采取进取型的管理策略。

2）外汇储备的结构安排

外汇储备的结构安排包括储备货币币种的选择及其在储备中所占比重的确定。选择何种货币作为储备货币主要取决于下列因素：

① 一国对外贸易和其他金融性支付所使用的币种；

② 一国外债的币种构成；

③ 国际货币体系中各主要储备货币的地位，其市场的深度、广度和弹性；

④ 对各种储备货币汇率走势的预测情况；

⑤ 储备货币汇率与利率的比较，汇率与收益率的比较，以及有关国家的货币政策；

⑥ 一国的经济发展目标和经济政策的要求。

至于各种储备货币在总储备中所占的比重，一般来说，世界上大多数国家都是以美元作为其外汇储备构成的主体。20 世纪 70 年代后期以来，虽然美元的地位有所削弱而德国马克和日元的地位不断提高，但由于历史的原因，在国际贸易和国际借贷中仍以美元的使用量为最大，而且美国的货币市场和证券市场居世界之首，又是活跃的国际投资中心，因此美元仍是多数国家最主要的储备货币。其他的储备货币有欧元、日元、英镑、瑞士法郎等。

3）储备资产的投资决策

外汇储备属于金融资产的一种形式，目前，大多数国家采取的是储备货币多元化的策略。这一策略的理论依据是"现代资产组合理论"。现代资产组合理论的核心是：在相同的收益率下，通过把资本投向多种不同的资产的组合投资，可以降低乃至消除投资的非系统性风险，从而降低投资的总风险。

按变现能力划分，储备资产可以分为三类。

一级储备：包括现金和准现金，如活期存款、短期国库券、商业票据等。这类储备的流动性最高但收益最低，风险基本上等于零。

二级储备：主要指中期债券。这类储备的收益高于一级储备，但流动性比一级储备资产差，风险也较大。

三级储备：指各种长期投资工具。这种投资的收益率最高，但流动性最差，风险也最大。中央银行一般在确定一级储备和二级储备的规模后，才考虑将余下部分作长期性投资。

4）对外借款的管理

对用于归还对外借款的储备资产，一般是根据借款期限的长短，把储备资产分别安排在适当期限的投资工具上，从而保证到期贷款的归还，即为每一笔借款安排一笔存款准备，以减少或避免由于储备不足而进行临时性融资抵补所可能带来的利率上升的风险。另外，还可以考虑利用储备资产的期限结构来抵补利率变化的风险，同时根据利率波动情况估计借款和资产的价值，通过调节收益变化保证其净值不变。

22.3 我国的国际储备

22.3.1 我国国际储备的构成及发展变化

1. 我国国际储备的构成

从 1987 年起，我国开始对外公布国际储备状况。我国的国际储备包括以下四个组成部分：黄金储备、外汇储备、在国际货币基金组织的储备头寸及特别提款权。其中外汇储备占整个国际储备的 90% 以上，而黄金储备多年来一直没有太大变化。此外，尽管我国在国际货币基金组织的储备头寸及特别提款权亦有所增加，但增加的幅度不大，外汇储备的增减是影响储备资产总额变动的主要内容。因此，我国国际储备管理的重点应放在外汇储备上。

2. 我国外汇储备的发展变化

改革开放以前，我国对外经济交往很少，在外汇方面实行"量入为出，以收定支，收支平衡，略有节余"的方针，外汇收支基本保持平衡，外汇储备量很小，年平均约为 5 亿美元以下。此时的外汇储备量反映为中央银行的外汇结存账户余额，管理则是由中国人民银行实行集中管理、统一经营。

1986 年，国务院公布了《中华人民共和国银行管理暂行条例》，规定中国人民银行为国家的中央银行，主使行政职能；而将国家的外汇管理工作划归国家外汇管理局，实际上仍由中国人民银行代管。此时我国的外汇储备主要是由两部分组成：一是国家外汇库存；二是中国人民银行的外汇结存。

1994 年，我国对外汇体制进行了重大改革。根据《中国人民银行关于进一步改革外汇管理体制的公告》及《结汇、售汇及付汇管理暂行规定》，我国开始实行汇率并轨，人民币实现了经常项目下有条件的可兑换，从而极大地吸引了外资流入，促进了出口。外汇收入持续增加，外汇储备也迅速增至 1994 年的 516.2 亿美元，我国自此开始实行储备集中管理和相应的经营制度。1996 年 11 月，我国的外汇储备超过 1 000 亿美元，截止到 2006 年 2 月，我国的外汇储备余额为 8 537 亿美元，超过日本的 8 501 亿美元，登上了全球对外储备最大持有国的位置。截至 2018 年 5 月末，我国外汇储备规模为 31 106 亿美元。

22.3.2 我国国际储备的规模和结构管理

1. 我国国际储备管理原则及适度规模

与世界上大多数国家一样，我国的国际储备管理也遵循安全性、流动性、保值和增值性原则，只是在不同的经济发展阶段，管理的侧重点有所不同，但储备规模问题始终是我国国际储备管理工作的中心内容。由于一国的国际储备直接体现了一国的经济实力，一些意见认为，储备资产越多越好。尤其是像我们这样的发展中大国，理应保持较多的国际储备；另一些意见认为，储备资产过多，必然影响到国内的经济发展，而且要承担较高的机会成本及由于汇率变动带来的贬值压力等，所以储备资产应考虑经济规模。具体到我国的情况，建立国际储备的适度规模应考虑以下制约因素：一段时期内国家的经济发展目标；国际收支的总体状况；对外开放的程度；对外举债情况；在国际市场上的融资能力等。

目前国际上广泛采用的以年进口贸易总额的 20%～50% 来估算一国的国际储备量的做法，可以作为参考指标。

2. 我国的外汇储备结构管理

合理配置我国的外汇储备，达到优化组合，保证外汇储备管理原则的实现和外汇储备作用的最大限度发挥，是我国外汇储备结构管理的重要问题。

在坚持储备货币的安排与管理遵循安全保值、兑现灵活、获取收益三条原则和处理好三者关系的前提下，合理安排我国的外汇储备结构还要坚持做到以下几点。

（1）坚持储备货币构成与进口付汇和偿付外债的要求相一致。要根据我国进出口贸易对象及我国外债的货币结构，安排好各种储备货币的比重。要尽量做到与外汇资金的借入、使用、偿还货币币种相一致，保持储备构成合理，防范外汇风险。

（2）外汇储备货币的构成要多样化。要根据主要国际储备货币购买力不断变化的情况，及时调整我国储备货币的币别构成及数量比例，合理组合，始终保持优化状态。

（3）外汇储备资产的投向结构要合理。要既能满足国家日常及急需时对外支付，又能满足获取最大的收益。要计算好一定时期内的对外支付需要量，根据对外支付的时间安排好资金投向。根据对外支付的时间和比重，留足周转金存放于实力强信誉好的国外银行或购买短期的政府国库券，把超过周转数额的资金作为较长期的投资，购买外国政府公债、国库券或可靠、稳定、收益高的有价证券，始终保持外汇储备的合理投向。

（4）外汇储备资产的存放要分散化。储备资产的存放要避免出现过于集中于一两个国家或一两个银行的情况，经常注意观察储备货币发行国、存放银行和国际金融市场的各种变动状况，防止遭受外国政府冻结资金、银行倒闭或发生意外事件的损失。

可见，我国的外汇储备结构管理应在坚持实行储备资产多元化原则基础上，合理配置并不断调整，以达到我国外汇储备结构管理的优化。

本 章 小 结

1. 国际储备是一国货币当局为弥补国际收支逆差、维持本国货币汇率的稳定及应付各种紧急支付而持有的、为世界各国所普遍接受的资产。各国都准备有一定数量的资产作为国际储备，用于调节国际收支，干预外汇市场，以把国际收支不平衡和汇率波动的幅度限制在某一可接受的范围之内，使其不至于对国家经济的正常运行产生不利的影响。充当国际储备的资产必须满足一些特殊条件。

2. 与国际储备相关的另一个概念是国际清偿能力。一个国家的国际清偿能力是指该国无须采取任何影响本国经济正常运行的特别调节措施即能平衡国际收支逆差和维持其汇率的总体能力，是一国官方所能动用的一切外汇资源的总和。它与国际储备之间是既相互联系又相互区别的关系。

3. 国际储备的构成主要有四种形式。对于任何一个国家来说，其国际储备中至少包括两项资产，即黄金储备和外汇储备。如果该国是国际货币基金组织的成员国，则其国际储备中还包括在基金组织的储备头寸；如果该国还参与特别提款权的分配，则其国际储备中还包括特别提款权。

4. 国际储备资产管理的内容可以概括为国际储备资产的规模管理和结构管理两个方面。

5. 一般来说，最适度的国际储备量是一国政府为实现国内经济目标而持有的用于平衡国际收支和维持汇率稳定所必要的黄金和外汇的储备量。从实际需要考虑，一国国际储备量通常可分为经常储备量与保险储备量。经常储备量，是指保证该国正常经济增长所必需的进口不致因储备不足而受影响的储备量，这是一国国际储备量的下限；保险储备量，是指在一国经济发展最快时，可能出现的外贸量与其他金融支付所需要的国际储备量，这是一国国际储备量的上限。此上、下限之间，构成了一国适度国际储备量的区间。

6. 国际储备四个组成部分各自的流动性、安全性和营利性都不同，它们各自在国际储备总额中所占的比重不同，会导致整个国际储备总体体现出不同的流动性、安全性和营利性。货币当局应根据扬长避短的原则不断调整四种不同形式的储备资产的数量组合，实现结构上的最优化，使其发挥最大的效能。由于储备头寸和特别提款权的数量都是由基金组织分配决定，一个国家自己很难将其改变，所以国际储备的结构管理便主要集中在黄金和外汇两项储备资产上。

7. 我国的国际储备由黄金储备、外汇储备、在国际货币基金组织的储备头寸和特别提款权四个部分组成。其中黄金储备、储备头寸和特别提款权的数量在一定时期内是比较稳定的。因此，我国对国际储备的管理便主要体现在有关部门对外汇储备的管理上。

复习思考题

概念题

国际储备　国际清偿能力　黄金储备　外汇储备　储备头寸　特别提款权

思考题

1. 国际储备的构成有哪些内容？
2. 国际储备的作用是什么？
3. 国际储备的供给和需求各有哪些方面？
4. 影响国际储备适度规模的因素有哪些？
5. 外汇储备的结构管理包括哪些方面？
6. 我国应采取哪些措施进行外汇储备管理？

第 23 章
外汇与黄金市场

本章重点提示

通过本章的学习，了解外汇市场的概念、外汇市场的交易层次，理解外汇市场的功能；了解世界上主要外汇市场的情况，掌握我国外汇市场的现状及改革方向；了解世界黄金市场产生与发展的概况，掌握黄金市场的分类和参与者；对影响黄金市场供求与价格的因素有较为清楚的认识；了解黄金市场的交易方式及目前世界主要黄金市场的交易状况。

23.1　外　汇　市　场

23.1.1　外汇市场概述

1. 外汇市场的概念

外汇市场是指由外汇需求者和供给者及买卖的中介者组成的买卖外汇的行为、外汇交易的场所和网络。它是本国货币与外国货币相互兑换的地方，也包括两种或两种以上外国货币的相互兑换。外汇市场是一个无形的"网络式市场"，世界各地的外汇买卖者可以通过电话、电传等通信工具相互联系达成交易。由于全球各地存在时间差，当一国的外汇市场营业结束时，另一国的外汇市场还在营业或已经开市，这样就使外汇买卖可以连续 24 小时在全球不间断地进行。

2. 外汇市场的交易层次

第一层为顾客市场。它由顾客和商业银行组成。顾客分为个人、贸易商、企事业单位等。顾客一般是由于出国旅游、商务贸易、外汇存款等需要与商业银行在柜台上从事外汇买卖。

第二层为银行同业市场。银行每日与顾客外汇交易中出现超买超卖，引起外汇头寸的余缺、外汇库存结构的变化。银行间相互交易可调剂余缺，使双方各自得到满足。

第三层为中央银行与商业银行间的市场。当外汇交易时出现供求失衡，以及其他原因引起某种货币汇率剧烈波动时，中央银行就通过抛售或补进某种外汇进行干预。这就不可避免地要与商业银行发生各种交易。

3. 外汇市场功能

（1）调节外汇供求。

由于顾客与银行间发生外汇买卖，常会出现买入、卖出某种货币在金额上的不一致及银行外汇头寸余缺的问题，因此需要进入外汇市场进行余缺调剂。中央银行利用这个市场抛售或补进外汇以调节市场供求，实现外汇政策目标。

（2）形成外汇价格。

外汇交易的结果，会自发形成外汇市场价格。即使官方制定了汇率，也要以外汇市场供求及市场汇率为依据来进行调整。

（3）转移外汇资金。

由于各国的货币不同，要实现国际货币支付，清偿国际债权债务，就必须借助外汇市场将本国货币兑换成对方可以接受的货币。因此，外汇市场是实现国际支付和外汇资金转移必不可少的条件。

（4）防范汇率风险。

由于外汇市场各种货币汇率的波动会对从事国际贸易支付和资本借贷的一方带来风险损失，市场的交易者可以利用即期或远期外汇买卖及外汇期货、期权交易进行套期保值，规避汇率风险。

（5）增加投机机会。

外汇市场汇率的波动，为投机者利用某种外币汇价的涨落从事投机交易提供了追求风险收益的机会。

（6）提供经济信息。

由于外汇市场集中反映了外汇供求的总体状况，因此通过汇率的变化，可以反映出一些国家的经济状况和利率、通货膨胀走势、货币政策趋势。它是一个重要的国际经济信息来源。

23.1.2 世界主要的外汇市场及发展趋势

1. 世界主要外汇市场

（1）伦敦外汇市场。

伦敦外汇市场历史悠久，是世界上外汇交易量最大的市场。它有外国银行分支机构 600家左右，其中大部分经营或兼营外汇业务。这个市场由英格兰银行指定的外汇银行和批准的外汇经纪人所组成，并分别建有伦敦外汇银行公会和外汇经纪人公会进行自律管理。它是一个无形市场，所有外汇交易都通过电话、电报或电传进行。由于伦敦处于世界时区中心，在一天的营业时间里与世界其他主要外汇市场都能衔接。市场交易的货币几乎包括所有的可兑换货币，以英镑兑美元交易量最大。由于拥有一批高素质的专业人员并配有世界上最先进的技术设施，所以成交速度很快，效率很高。

（2）纽约外汇市场。

纽约外汇市场是随着第二次世界大战后美元地位的提高而发展起来的，交易量居世界第二位。由于美国没有实行外汇管制，几乎所有银行都可以经营外汇业务。银行间外汇交易占最大比重，与进出口贸易相关的外汇交易量较小，外汇交易的相当部分和金融期货市场密切相关。交易通过电话、计算机等通信设施进行，是一个无形市场，其货币结算可通过纽约地区银行同业清算系统和联邦储备银行支付系统进行，既快速又方便。

（3）苏黎世外汇市场。

由于瑞士传统的中立国地位、银行的保密制度及瑞士法郎稳定的币值和自由兑换性，吸引了世界各国资金到来，使苏黎世成为著名的国际外汇交易中心和清算中心，交易量也在2007年居世界第三位。这个市场由瑞士银行、瑞士信贷银行、瑞士联合银行、其他经营国际金融业务的银行、外国银行的分支机构、国际清算银行和瑞士国家银行组成，也是一个无形市场。交易的货币主要是美元。瑞士法郎对美元的汇率是市场的主要汇率，其他汇率以此折算。

（4）东京外汇市场。

东京外汇市场交易量居世界第四、亚洲第一位。市场的主要参与者是外汇指定银行，以美元交易为主，约占交易量的85%以上。由于日元汇率波动大，当汇率影响进出口和国内经济时，日本的中央银行——日本银行就会进入市场，动用代理大藏省管理的外汇特别账户中的资金进行干预。这个市场也是一个用现代化通信设施联结起来的无形市场。

（5）新加坡外汇市场。

新加坡外汇市场外汇交易量居世界第五、亚洲第二位。市场参与者以商业银行为主，银行间交易通过经纪人进行。它也是一个无形市场，所处时区和地理位置比较优越。交易货币以亚洲美元为主。

（6）香港外汇市场。

香港外汇市场交易量居世界第六、亚洲第三位。市场主要参与者是商业银行和财务公司。市场分为传统的港币兑外币市场和20世纪80年代发展起来的美元兑其他货币的市场。交易的货币以美元为主，而兑换非美元货币往往也以美元为媒介。香港外汇市场也是一个无固定交易场所的无形市场，在地理位置和时区上，它刚好能填补纽约市场收市和伦敦市场开市的空隙。

2. 国际外汇市场发展趋势

当前，整个国际外汇市场表现出的趋势是：

① 交易规模迅速扩大，交易手段越来越现代化；
② 全球外汇市场不仅在业务上形成一个一体化的网络，在营业时间上也实现了连续化；
③ 各地外汇市场汇率差异越来越小，套汇更加困难；
④ 外汇交易与资金融通紧密结合；
⑤ 金融创新大大丰富了外汇交易的品种；
⑥ 外汇衍生工具交易活跃，市场风险增大；
⑦ 中央银行重视和加强对外汇市场的干预，但作用不大。

23.1.3　我国的外汇交易市场

我国是一个对外汇严格管制的国家。1979年以前，外汇由国家统收统支，买卖按政府所定汇率，由外汇专业银行——中国银行集中办理，因此不存在外汇市场。改革开放后，为了调动出口企业创汇的积极性，实行了外汇留成制度，1980年开始办理外汇调剂业务，逐步形成和发展了外汇调剂市场。

1. 外汇调剂市场

1988 年，我国外贸推行承包经营责任制，为配合这次改革，国家同意在全国主要城市设立外汇调剂中心，由外管局领导，使外汇调剂范围进一步扩大。当时地方政府留成外汇，华侨、港澳台同胞捐赠外汇也可在调剂中心交易，部分地区还开始办理国内居民个人外汇调剂业务；同时，允许外商投资企业与国营、集体企事业单位进行外汇调剂，并取消调剂限价，按供求实行浮动，随行就市，使全国外汇调剂量从 1988 年的 62.64 亿美元增加到 1992 年的 251 亿美元，在全国设立的外汇调剂中心达 90 多家。

2. 外汇调剂公开市场

1988 年 9 月，上海率先在国内成立外汇调剂公开市场，并制定了相应的制度，主要有以下内容。

① 会员制度。规定只有会员才能在市场拥有席位，参加交易。一类是经国家外汇管理局批准可以经营外汇业务的银行和非银行金融机构，充当经纪商，接受客户委托买卖调剂外汇；另一类是经批准的自营商，是当地国家、集体企事业单位和外商投资企业，可根据自身业务需要买卖调剂外汇。

② 竞价成交。即根据市场供求情况由买卖双方竞价成交，按价格优先、时间优先、数量优先原则逐笔成交。当场成交价只能在开盘价基础上浮动。原规定有浮动幅度，后来取消了。

③ 交割制度。它指在交易成交后，买卖双方必须在规定期限内划拨外汇和人民币进行交割。

外汇调剂公开市场的特点表现在以下几个方面。

① 有形市场。指有具体的交易场所。外汇调剂买卖在场内必须通过会员办理。

② 现汇与额度并存。这里的额度指留成外汇的额度，市场逐步由留成额度交易改为现汇留成交易。

③ 币种限制。外汇调剂的币种只限于美元、欧元、日元、港币对人民币的交易。

④ 即期交易。即市场只买卖即期外汇、即期留成额度。

⑤ 交易对象不广。外汇调剂只在企事业单位间进行，外汇银行只能充当经纪商代客买卖。

⑥ 仍受外汇管制。外汇调剂市场由国家外汇管理局监管，外汇调剂交易必须符合我国外汇管理条例。

3. 外汇交易统一市场

从 1994 年起，我国对汇率制度进行改革，取消了官方汇率和市场汇率并存的双重汇率制，实行了以市场供求为基础的、单一的、有管理的浮动汇率制；同时我国对外汇调剂市场进一步改革，取消了企业外汇留成制，实行结、售汇制，建立了全国计算机联网的统一的银行间外汇市场，做到了汇价、交易规则、交易主体在全国范围内的统一。这个市场由以下几个部分构成。

（1）单位外汇零售市场。

实行结、售汇制。它指取消各类外汇留成、上缴和额度管理制度。境内所有企事业单位、机关、团体的各类外汇收入必须及时调回境内，按规定的范围和银行的牌价，全部结、售给外汇指定银行。在实行结汇制的同时，实行银行售汇制，它指企事业单位、机关、团体不再向中央、地方政府无偿和有偿上缴外汇，取消经常项目经营性国际支付外汇的计划审批，企业、单位凭有效证件可向外汇指定银行购买经营性支付、非经营性的国际支付用外汇。

（2）银行间外汇交易市场。

它是各外汇指定银行及经营外汇业务的其他金融机构相互调剂外汇余缺的市场，为参与外汇交易的银行提供平仓、补仓及清算服务。中央银行对外汇指定银行办理结汇、售汇的周转外汇实行比例管理。这个比例由中央银行根据各外汇指定银行的总资产和结、售汇业务量分别核定。各外汇指定银行所持有的周转外汇，超过比例上限时（买超）必须进入银行间外汇交易市场，将超过限额部分的外汇卖出（平仓）；所持有的周转外汇低于比例下限时（卖超），应通过银行间外汇交易市场购入补足（补仓）。

（3）个人外汇交易市场。

随着居民个人手中外汇的增加，银行对个人开展了购、售汇业务。境内居民因公或因私出境，可凭有关证明材料，按国家外汇管理局规定的标准从银行用人民币购买一定数量的外汇。为使个人手中的外汇达到保值和增值的目的，不少银行也开展了个人实盘外汇买卖业务。居民个人可根据国际外汇市场各种货币汇率的变化，通过银行适时地把一种货币换成另一种货币，用于提取或存储，以赚取汇率、利率差价和获得更高的利息收入。

23.2 黄金市场

23.2.1 黄金市场概述

1. 黄金市场的产生与发展

国际黄金市场是各国集中进行黄金买卖交易的场所，是国际金融市场的一个组成部分。黄金曾具有世界货币职能，是国际最后的支付手段。因此，黄金的生产、储备及买卖一直受到各国的重视。19世纪初，国际上实行金本位制，黄金占据主导地位，英国伦敦成为金条精炼、黄金销售和金币兑换中心，开始执行按日报价制度，正式成为一个组织比较健全的黄金市场。随着第一次世界大战爆发和1929—1933年世界经济危机的到来，金本位制逐渐崩溃，黄金的货币职能削弱，失去了在国际金融市场上的主导地位。第二次世界大战后，确立了美元与黄金挂钩、世界主要国家货币与美元挂钩的布雷顿森林体系，但随着20世纪60年代美元大幅贬值，世界上抛售美元抢购黄金的风潮迭起，黄金开始与美元脱钩。在20世纪90年代，国际货币基金组织推行黄金非货币化，黄金逐渐丧失货币职能，变为普通贵金属商品。其后不久，许多国家放松了黄金管制，促进了世界区域黄金交易中心的发展，黄金交易方式也由现货交易发展到既有现货交易也有期货交易。目前，全球大约有40多个黄金交易市场，起主导作用的是伦敦、纽约、芝加哥、苏黎世、香港五大黄金市场。

2. 黄金市场的分类

国际黄金市场按其作用和影响范围可分为主导性市场和区域性市场。伦敦等五大黄金市场的价格和成交量对其他市场产生很大的影响，属主导性市场，其他区域性市场分布在巴黎、法兰克福、布鲁塞尔、卢森堡及贝鲁特、新加坡、东京等。按交易期限和交易方式，黄金市场可分为现货市场和期货市场，以伦敦、苏黎世市场为代表，主要从事黄金现货交易；

以纽约、芝加哥、香港市场为代表，主要从事黄金期货交易。世界上这两大黄金集团之间的合作十分密切，共同操纵着全球各黄金市场，其中，伦敦市场的黄金交易的报价作用尤为突出。按对市场管制程度不同，黄金市场可分为自由交易市场和限制交易市场。自由交易市场以苏黎世为代表，居民与非居民可以对黄金进行自由买卖；限制交易市场指这个市场只允许居民或者非居民可以对黄金自由买卖，黄金自由输出输入受到限制。

3. 黄金市场的参与者

黄金市场的参与者包括卖方和买方。作为卖方的是产金国的采金企业、出售黄金的集团或个人、黄金投机者及各国的中央银行等；作为买方的有各国中央银行、持保值或投机目的的购买者、黄金投资者，使用黄金作为工业、装饰用途的企业。市场经纪人则是买卖双方的中介人。此外，国际货币基金组织、国际清算银行等也参与黄金的买卖。

4. 黄金的分类、计量、形状

黄金可分为生金和熟金两大类。生金指未经提炼的天然金；熟金是指生金经熔化、提炼后的黄金。黄金的分类详见图 23-1。

- 黄金
  - 生金
    - 砂金
    - 矿金
  - 熟金
    - 纯金
    - 赤金
    - 色金
      - 清色金（含白银）
      - 混色金（含银、铜、铅）
        - 大混金
        - 小混金
        - K 金
        - 金币

图 23-1　黄金分类

黄金的计量分为成色和重量标准。黄金的成色是指它的纯度，一般用千分比表示，也可用百分比表示，还可用“K”或“开”表示。熟金分为纯金、赤金、色金，就是按提炼成色高低来划分的。黄金提炼后纯度在 95% 左右为赤黄色，80% 左右为正黄色，70% 左右为青黄色；“七青、八黄、九五赤”就是人们识别黄金纯度的口诀。黄金的成色分为 24 分，1 分为 1 K（Kazat，开；法文 Carat），纯金为 24 K，1 K 含金量为 4. 166%。计算黄金成色的公式为：成色=K 数×4. 166%，如 24 K 黄金成色=24×4. 166%=99. 98%，18 K 黄金成色=18×4. 166%=74. 99%。“金无足赤”，目前提炼黄金的技术纯度可达 99. 999%，称“五九纯金”，实际交易中最高能达到 99. 99%。黄金饰品上标的 24 K、18 K 等纯度，只能作参考，不能作依据，应以实际成色为准。

黄金重量的基本单位在国际上通用的是金衡盎司，也称“特洛伊”盎司。盎司是英制中的容量单位，又是其重量、质量单位，故又称为英两。金衡盎司是重量、质量盎司中的一种，其折算方法为：

1 金衡盎司=31. 103 477 克=0. 622 07 市两=1. 097 14 常衡盎司=0. 831 010 6 司马两

我国过去习惯用斤、两、钱为单位计量黄金，现用公制单位吨、千克、克计量。由于旧制 1 两=31. 25 克≈1 金衡盎司，所以涉及黄金、白银等金属计量时，也用“两”对外宣示。

专业金商和中央银行交易的黄金，一般是重量 400 盎司、成色为 99. 5% 的大金锭，进入国际金市的大金锭必须有国际公认的检验机构的印记。私人储藏黄金者交易的一般是成色、重量不等的小金条，最常见的是 1 公斤重的金条。除此外，黄金市场还交易各种金币和黄金券。黄金券是一种黄金凭证，持有人可随时向发行银行兑换黄金或其等价的货币。黄金券面额有多种，上有编号和姓名，不准私自转让，但遗失可以挂失。

23.2.2　黄金市场的供求与价格

1. 黄金的供应

黄金市场的供应来源主要有以下几个方面：第一种是经常性供给。世界各产金国的新产金，这类供给是稳定的，经常性的。第二种是诱发性供给。这是由于其他因素激发作用导致的供给，主要是金价上扬，使许多囤金者为获利抛售，或使黄金矿山加速开采。第三种是调节性供给。这是一种阶段性不规则的供给，如产油国因油价低迷，会因收入不足而抛售一些黄金。随着社会的发展，黄金的经济地位和应用方式在不断地发生变化。它的货币职能在下降，在工业和高科技领域方面的应用在逐渐扩大。

黄金供给主要来自于矿产金、旧金回收、央行售金。目前世界的黄金存量大概是 16.3 万吨，每年新生产出来的黄金大约占存量的 1.2%。

国际货币基金组织和各国重要银行在黄金市场上发挥着重要角色。目前世界官方储备大约有 40 000 吨，约占世界黄金存量的 30%。

旧金回收数量一般比较稳定，主要来源于投资性金条、金币、黄金首饰等，大约维持在 850 吨。

中国不但是黄金的最大消费国，还是世界的最大产金国，中国在 2007 年取代南非成为世界第一产金大国。2011 年，中国还是世界独一的黄金产量超越 300 吨的国度。中国的黄金产量在 2010 年的年底上增长了 10 吨。中国的黄金探明储量在世界上排名第三。

2. 黄金的需求

对黄金的需求主要表现在以下三个方面。

（1）官方的储备资产。

从第二次世界大战后到 20 世纪 60 年代，官方黄金储备量上升，70 年代因世界发生抛售美元、抢购黄金风潮，官方黄金储备量有所下降；80 年代开始，各国黄金储备增减变化很小。截至 2017 年 5 月，美国黄金储备量为 8 133.5 吨，德国为 3 377.9 吨，法国为 2 435.9 吨，意大利为 2 451.8 吨，瑞士为 1 040.0 吨，荷兰为 612.5 吨，日本为 765.2 吨，中国 1 842.6 吨。

（2）工业需求。

航空航天、电子电器、牙科、装饰、首饰等行业的发展，都对黄金产生了需求。

（3）私人储藏。

为了保值或投机，世界上不少私人购入金条、金砖、金币、金首饰等储存起来。

这三种需求中，官方储备资产比重呈下降趋势，工业、私人储藏处于上升趋势。

3. 金价变化

第二次世界大战后，布雷顿森林货币体系规定 35 美元兑 1 盎司黄金，黄金价格基本稳定。20 世纪 60 年代末期到 70 年代初期，由于美元大幅贬值，黄金价格上涨。1976 年，《牙买加协定》规定了黄金非货币化，黄金价格进入了完全由市场供求决定的时期，价格开始持续上涨，到 1980 年 1 月，伦敦市场金价曾一度涨到 1 盎司 850 美元的历史最高水平。从那以后，开始逐渐回落，到 1992 年，金价最低降到 1 盎司 328 美元，1998 年跌破 300 美元大关。1999 年 5 月，英国宣布几年内将出售 415 吨黄金储备，导致伦敦市场金价最低到 255 美元。其原因是其收益率低于证券，而储备成本高昂。此外，世界经济处于低通货膨胀期，美元坚挺等也是一个因素。因此，黄金作为储备资产的地位被美元取代也就势所必然了。

影响黄金价格变化的因素有以下三个方面。

① 黄金供求数量的变化。包括各国金矿产量，废料回收量，开采技术，成本变化，工业用金，首饰、装饰用金量需求变化等。

② 经济因素。经济因素对金价的影响有以下几个方面。第一，经济周期的影响。出现经济危机时人们会抛出纸币抢购黄金，使黄金价格上涨；反之，当经济复苏、繁荣时金价会下跌。第二，通货膨胀率与利率的影响。通货膨胀率如低于利率，人们愿意用货币取得投资收益，这会引起金价下跌；如通货膨胀率高于利率，则人们都愿意购买黄金保值，于是会推动金价上涨。第三，石油价格变动的影响。一般来说，如油价上涨，美元就会贬值，从而刺激金价上涨；反之，则会引起金价下跌。第四，汇率变动的影响。某种外汇汇率下跌，就促使人们抛售该种外汇而抢购黄金，从而引起金价上涨。

③ 其他因素。政治局势、突发事件、各国中央银行吞吐和储备黄金政策变动、投机者买卖等因素也可能导致黄金价格发生变化。

23.2.3　黄金市场的交易方式

1. 黄金交易与黄金券交易

按交易对象，可分为金块（条）交易、金币交易与黄金券交易。

（1）金块（条）交易。

国际市场上专业金商和各国中央银行交易的一般是重量为 400 盎司、成色为 99.5% 的大金锭，上面必须有国际公认的检验机构的印记。世界主要产金国南非、俄罗斯、加拿大等国开采的黄金一般以这种形式投放市场。私人藏金交易的对象一般是成色、重量不等的小金条，最常见的是 1 公斤重的金条。客户购入后可自由转换，如储存也可付保管费让金商或银行代为保管。大宗交易一般在存放单上划拨改变所有者，可节约费用，避免运输产生的风险。

（2）金币交易。

金币可分为新金币和旧金币。交易的新金币包括纪念金币，有利私人持有者保值。如纪念金币由于发行量有限，不仅有纪念意义，储存也易增值。由于旧金币稀有，常是古董收藏者的购买对象，其价值可以高于本身含金量实际价值的 30%～40%。

（3）黄金券交易。

黄金券面额有多种，最小的仅 0.5 盎司。购买黄金券投资既可达到保值目的，又可以获取差价收益；而发行黄金券银行可以在有限可供量下扩大黄金交易量，增加收益。

2. 现货、远期、期货和期权交易

按交割期限，可分为现货交易、远期交易、期货交易和期权交易。

（1）现货交易。

现货交易是指黄金在成交后的两个营业日内交割的交易。在伦敦黄金市场，它分为定价交易和报价交易两种。世界其他黄金市场的金价都是参照伦敦市场的定价水平，再根据市场供求状况决定。定价交易的特点是市场提供客户单一交易价，即无买卖差价，由客户自由买卖，金商只提取少量佣金。

（2）远期交易。

远期交易是指黄金买卖双方根据商品的价格签订合同，按约定的期限进行交割的一种交易方式。预约期一般为 3 个月、6 个月、1 年。黄金远期交易的价格是以即期交易价格及相应的货币在欧洲市场的利率和其到期日为基础。远期交易不可撤销，但它可以在任何时候按原来商定的日期通过再买入或卖出相应数量的黄金而结清。在到期日即可得知因金价变动而产生的收益或损失。另外，为保证到期合同的履行，黄金远期交易要缴纳保证金。

（3）期货交易。

期货交易是指买卖双方先签订买卖黄金期货的合同并交付保证金，规定买卖黄金的标准量、价格及到期日，在约定的交割日再进行实际交割。但这种交易一般不真正交货，绝大多数合约在到期前就已对冲掉了。黄金期货交易的标准为 100 金衡盎司，买卖一笔合同的交易量均为 100 金衡盎司，交易与一般商品期货交易相同，采取逐日盯市结算方法。根据所买卖的价格与市场价相比，增减其保证金，这是与远期合同的区别之一，所以它实质上是保证金交易，可为黄金的生产者或使用者提供套期保值工具，也为从事买空、卖空的投机者创造了机会。

（4）期权交易。

期权交易是指买卖双方订立黄金买卖期权合同后，买方支付一笔期权费，就取得了在规定期限内按商定价格买入或卖出标准化数量黄金的权利。到规定期限，买方可根据当时金价，决定是否按合同要求进行买卖或放弃买卖，黄金期权合同分为看涨期权和看跌期权合同。看涨期权的买者交付一定数量期权费后，获得在有效期内按商定价格买入数量标准化的黄金权利，卖者收取了期权费必须承担买者的需求，应随时履行按商定价格卖出数量标准化黄金的义务。看跌期权的买者是交付一定期权费后，获得了在有效期内按商定价格卖出标准化数量黄金的权利，卖者收取了期权费，应随时履行按约定价格买入标准化数量黄金的义务。

23.2.4　世界主要黄金市场

1. 伦敦黄金市场

伦敦黄金市场历史悠久，早在 19 世纪，伦敦就是金条精炼、销售和金币兑换中心。1919 年 9 月，伦敦黄金市场开始实行按日报价制度，形成一个组织比较健全的国际黄金市场。但第二次世界大战爆发后，它一度关闭，在 1954 年 3 月才重新开放，进一步发挥着世界黄金产销、转运、调剂的枢纽作用，交易量达到世界黄金交易总额的 80%。1968 年 3 月，由于美元危机，西欧掀起抢购黄金风暴，伦敦市场金价无法维持，使一部分黄金交易转移到苏黎世市场，其地位受到一定影响。但由于伦敦市场的组织设施比较齐全，从业人员的技术和经营素质较高，它报出的金价仍最具有代表性，对世界黄金价格有很大影响，世界各黄金市场采取的交易方式、交易系统，基本上都由伦敦市场确定。1982 年 4 月 19 日，伦敦市场又成为欧洲第一个黄金期货交易市场。1983 年 3 月开始办理黄金期权业务。

2. 苏黎世黄金市场

第二次世界大战后，瑞士开始重视黄金买卖，金商先从伦敦市场集中购买黄金，再转手批发到各地。瑞士银行法规定，银行吸收存款的50%必须以金块形式存放中央银行，不计利息。这就使设立在瑞士的各家银行不得不保持一定量黄金库存，这部分黄金便形成了市场交易的基础。南非是世界主要产金国，原主销伦敦，由于第二次世界大战爆发后伦敦市场关闭，只有通过苏黎世市场出售黄金，加之瑞士的银行在购买黄金时愿提供价格、信贷优惠，所以，目前南非新产黄金的80%在苏黎世销售。1968年在欧洲抢购黄金风潮中伦敦金市被迫关闭，瑞士的三大银行，即瑞士银行公司、瑞士联合银行、瑞士信贷银行乘机在苏黎世组成了一个黄金总库，办理黄金业务，开始形成了比较完整的黄金市场。1972年后，苏联每年又通过设在苏黎世的银行抛售大量新生产黄金；加之瑞士在国际上享有"政治中立"地位，市场交易自由，且保密性强、存款安全，成了世界"资金避风港"，使购买黄金的资金充裕，利率较低。以上因素使苏黎世成为一个与伦敦形成竞争的国际性黄金市场。

3. 纽约、芝加哥黄金市场

这两地市场主要经营黄金期货业务。1974年12月31日美国政府解除了对黄金交易的禁令后，纽约商品交易所立即开始办理黄金期货交易业务。以100盎司为一手，成色99.5%，期货合约可长达23个月，保证金数额约为交易额的10%。黄金的存放地点必须是持有纽约商品交易所许可证的金库。此外，还有纽约商业交易所也从事400盎司为一手的黄金期货交易。纽约黄金期货市场发展很快，开业初每月买卖数量不超过4万笔，1976年初达50万笔，1979年达650万笔，1981年达成1 040万笔。1980年交易量曾达到8亿盎司，约25 000吨黄金，而当时世界供应量才1 700吨。由于黄金期货交易投机性强，到期交割只占2%左右。芝加哥商业交易所1974年后通过该所设立的"国际货币市场"发展了黄金期货业务，以100盎司为一手，成色99.5%，交割期限最长达18个月，地点为纽约或芝加哥的专门的金库。此外，芝加哥的农产品交易所、美国中西部商品交易所也经营黄金期货业务。

4. 香港黄金市场

香港黄金市场由"香港华人金银业贸易场""香港本地伦敦金市场""香港黄金期货市场"三部分组成。

1）香港华人金银业贸易场

香港华人金银业贸易场成立于1910年，有会员195家，主要由香港标准金条制造商和冶炼商组成，参加者必须是华人，外国人无法进场参与黄金买卖。它的很多交易规则不采用国际惯例，如黄金交易的重量单位仍采用司马两（1司马两=1.203 354金衡盎司，1金衡盎司=0.831 010 6司马两），黄金成色以99%为标准，用港元报价、成交，买卖最低交易单位为100两，最低价格变动为每两1港元，场内行员买卖的信用额度为2 000两，在这范围内免付保证金，之后每手缴付保证金5万港元（即每两500港元）给贸易场。这种黄金现货交易可以看作是没有确定交货期限的期货交易。即场内买卖均以即日平仓结算为原则，但也可以延长期限，但须受议定的息日制约，并支付每手每日的仓储费，这一制度称为议息制度。

2）香港本地伦敦金市场

由于华人交易场排斥外国人，伦敦的五大金商、瑞士的三大银行及美国、德国一些知名金商在香港设立了一个黄金现货市场，称为"伦敦金市场"。这是一个在香港报价、在伦敦交割的黄金现货市场。它是一个由国际金商通过电话、电传、计算机等设备进行联系、买卖的市场。伦敦金市场以 400 盎司黄金为一手，一般每笔交易都在 2 000 盎司，有时多达 4 000 盎司，黄金成色为 99.5%，以美元计价。

3）香港黄金期货市场

香港黄金期货市场是一个按美国芝加哥期货交易方式交易的市场，买卖以粤语报价，用美元结算，也可用港元支付。期货合约以 100 盎司为一手，黄金成色为 99.5%，交割期最长可达 25 个月，交收地是在香港。办理期货交易，客户必须委托香港商品交易所中具有期货黄金上市权的会员进行。要成为会员，必须先购买商品交易的股票，然后再向商品交易监理专员办事处注册成为交易商，还须向交易所申请期金上市权，获准后方可上市自营买卖或代客买卖黄金。参与期货交易的客户受香港的国际商品清算所、香港商品担保公司、政府设立的补偿基金保护。

目前，世界上除以上国际黄金市场外，东京、新加坡、巴黎、卢森堡等也是世界上较为重要的黄金市场。东京 1986 年开放了境外黄金市场业务，发展很快。巴黎黄金市场基本是一个国内市场。卢森堡市场是欧洲唯一对黄金交易免税的市场。

本 章 小 结

1. 外汇市场是集中进行外汇交易的场所或通过现代化的通信手段进行外汇交易的组织系统。外汇市场分为三个层次：第一个层次是顾客市场；第二个层次是银行同业市场；第三个层次是中央银行与商业银行间的市场。

2. 外汇市场具有调节外汇供求、形成外汇价格、转移外汇资金、防范汇率风险、增加投机机会和提供经济信息的功能。

3. 世界上主要的外汇市场包括：伦敦外汇市场、纽约外汇市场、东京外汇市场、苏黎世外汇市场、新加坡外汇市场和香港外汇市场。

4. 我国内地的外汇交易市场，主要有外汇调剂市场、外汇调剂公开市场和外汇交易统一市场。

5. 国际黄金市场是各国集中进行黄金买卖交易的场所，是国际金融市场的一个组成部分。

6. 国际黄金市场分为主导性市场和区域性市场。黄金市场参与者中的卖方是黄金生产国的生产企业、出售黄金的集团或个人、黄金投机者及各国的中央银行等；买方有各国的中央银行、持保值或投机目的的投机者、黄金投资者及使用黄金作为工业、装饰用途的企业。

7. 黄金市场的交易方式按交易对象可分为金块（条）交易、金币交易和黄金券交易；如按交易期限，可分为现货交易、远期交易、期货交易和期权交易。

8. 世界主要的黄金市场包括：伦敦黄金市场，苏黎世黄金市场，纽约、芝加哥黄金市场和香港黄金市场。

复习思考题

概念题

外汇市场　外汇调剂市场　个人外汇交易市场　黄金市场　"五九纯金"　金块交易　黄金券交易

思考题

1. 外汇市场交易分哪些层次？
2. 外汇市场具有哪些功能？
3. 世界上有哪些主要的外汇市场？
4. 试述我国的外汇交易市场。
5. 黄金市场是如何产生的？黄金市场上的参加者有哪些单位和个人？
6. 黄金价格受哪些因素的影响？
7. 黄金市场有哪些交易方式？
8. 世界上有哪些主要的黄金市场？

第 24 章

人民币"入篮"

通过本章学习，了解国际货币基金组织（IMF）执董会批准人民币加入特别提款权（SDR）货币篮子，并决定新的货币篮子将于 2016 年 10 月 1 日正式生效的历史意义；了解特别提款权（SDR）货币篮子的组成情况及人民币"入篮"后的权重地位。

24.1 SDR 的含义及纳入 SDR 的标准

24.1.1 SDR 的含义

SDR（special drawing righ）即特别提款权，亦称"纸黄金"（paper gold），最早发行于 1970 年，是国际货币基金组织根据会员国认缴的份额分配的，可用于偿还国际货币基金组织债务、弥补会员国政府之间国际收支逆差的一种账面资产。它是基金组织分配给会员国的一种使用资金的权利。会员国在发生国际收支逆差时，可用它向基金组织指定的其他会员国换取外汇，以偿付国际收支逆差或偿还基金组织的贷款，还可与黄金、自由兑换货币一样充当国际储备。

24.1.2 纳入 SDR 需要具备的标准

申请纳入 SDR 需要符合两项宽泛标准：一是发行该货币的辖区在国际商品和服务贸易中占有较高权重；二是该货币可"自由使用"，即可广泛用于国际交易的支付并在主要汇率市场上被广泛交易。中国符合第一条标准，人民币是否满足第二条标准仍有一定争议。需要注意的是，与对某种货币是否"自由浮动"或"完全可兑换"的普遍解读相比，"自由使用"的概念要宽松得多，而且对于此项要求并无预设的量化标准或门槛。因此，尽管当前中国资本账户开放还处在发展过程中，但人民币并未明显违反"自由使用"的要求。因此，人民币被顺利纳入 SDR。

24.1.3 纳入 SDR 的货币需定期评审

凡纳入 SDR 的货币按规定需要接受 SDR 每 5 年作一次评审，凡符合条件的均可纳入或留在 SDR，当不符合条件的时候，就要退出 SDR。

我国人民币加入 SDR 是一个里程碑式的事件，意义重大，利在长远，标志着国际社会对中国经济发展和改革开放成果的肯定，特别是对人民币国际化的肯定。

我国人民币加入 SDR，同样不是一劳永逸的。所以，为珍惜这一难得的机遇与成果，加入 SDR 后，我国的金融改革开放的步伐必将还会按照既定方针继续向前推进。

24.2 人民币加入 SDR 是双赢之举

2015 年 11 月 30 日，国际货币基金组织（IMF）宣布将人民币纳入 SDR 篮子之中。

本次 IMF 宣布人民币被纳入 SDR 篮子符合国际社会预期，对中国与世界是一次双赢之举。人民币被纳入 SDR，是对中国经济发展和改革开放所取得成绩的肯定，是人民币国际进程中又一个里程碑事件，有助于推动金融业改革发展和开放型经济新体制的建设，提升中国在国际金融领域的话语权与影响力。同时，人民币加入 SDR，也有助于增强 SDR 的代表性和吸引力，有利于完善国际货币体系，维护全球金融稳定。

（1）人民币被纳入 SDR，是中国经济金融的硕果，也是未来更好发展的助推器。

一方面，在人民币迈向国际化进程中，加入 SDR 无疑使其获得一个重要推动力。人民币成为继美元、欧元、英镑和日元之后加入 SDR 货币篮子的第五种货币，标志着 IMF 对人民币作为可自由使用货币的官方认可，意味着人民币将正式成为 IMF 成员国的官方候选储备货币，有利于推动人民币国际化和资本项目可开放程度；另一方面，人民币被纳入 SDR，对于未来金融业改革和开放型经济新体制的构建意义重大，既有助于促进各项经济金融改革的深化，也有利于推进服务业的发展，推动上海国际金融中心建设，提升我国在国际金融领域的地位和话语权。

（2）人民币加入 SDR，更是当今世界发展的需要，有利于维护国际经济金融稳定。

当今，世界经济形势错综复杂，国际货币金融体系亟待改革。此前不久，联合国贸易和发展会议发布报告称，必须对现有国际货币和金融体系实施全面改革。报告指出，为了实现联合国可持续发展会议设定的全球发展新目标，必须加强金融监管，建立更加稳定和多样化的国际货币体系。人民币加入 SDR 篮子，既可以增强 SDR 的代表性和吸引力，又有助于完善现行国际货币体系，对中国和世界是一个双赢的结果。尤其是在全球主要经济体增长乏力的背景下，中国对世界经济增长的贡献率仍在三成以上，被视为是世界经济增长的动力源，也是维护国际金融市场稳定的"压舱石""稳定器"。

当然，人民币加入 SDR，对中国经济金融改革发展而言，不是结果，更应该是一个新的开始。换言之，人民币加入 SDR 后，中国需要进一步协调推进各项金融改革，为人民币更好地迈向国际化打下更加坚实的基础。既要进一步扩大金融业双向开放，有序实现人民币资本项目可兑换，推动人民币成为可兑换、可自由使用货币，又要积极参与全球治理，以更加包容的姿态参与全球经济金融治理体系，促进国际货币体系和国际金融监管改革，提高中国在全球经济金融治理中的话语权和影响力。

24.3 人民币在 SDR 货币篮子中的权重

人民币在 SDR 货币篮子中的权重为：10.92%。其他，美元、欧元、日元和英镑的权重分别为 41.73%、30.93%、8.33% 和 8.09%，新的 SDR 篮子将于 2016 年 10 月 1 日生效，如图 24-1。

图 24-1 五种货币在 SDR 货币篮子中的权重

24.4 人民币被纳入 SDR 货币篮子后的策略选择

如今，人民币被纳入 SDR 货币篮子，其实只是一种新的开始，并不意味着人民币已经成为完全可自由兑换的国际货币，这条可自由兑换的路，人民币仍需一步一步脚踏实地前行，来不得半点放松，也容不得急功近利、一日千里的跨越，只需一步步根据中国的经济发展状况，积极稳妥地对人民币汇率进行有效管理。

以中国与各国签订货币互换协议为例，这就是一个逐步接受与认可的过程，"水到了才能渠成"，单方面地想人民币一夜之间在全球使用毫无阻力的通畅，这是不切实际的。虽然新货币篮子 2016 年 10 月 1 日生效后，意味着 IMF 188 个成员绝大多数认可人民币作为国际储备货币，并可顺理成章在央行储备中把人民币加入。但真正全部进入各国央行储备货币，人民币要走的路、要做的功课还很多。据了解，目前人民币已被全球 37 个国家（地区）的央行类机构公开纳入外汇储备，占比为 1.9% 左右。

不仅如此，还应当看到，人民币在国际化使用中目前的份额并不大，尽管人民币已成为全球第二大融资货币、第四大支付货币，但当前人民币占国际跨境收支比例仅 2.8% 左右，在世界金融市场交易中使用也并不多。

值得注意的是，此次进入 SDR 货币篮子后，预计人民币在未来国际市场的交易份额会有较快增长。占比相信也会大幅提高，尽管 SDR 并非"真金白银"，只是 IMF 创设的一种账面资产，但其代表的国际地位毋庸置疑。此次 IMF 赋予人民币 10.92% 的权重，排在日元和英镑之前，也充分说明了未来人民币在国际货币市场的巨大空间。10.92% 的权重只是未来五年的权重。相信五年之后，随着人民币被越来越多的国家认可，被越来越多的市场使用，人民币的权重也会更上一层楼。

"不积跬步，无以至千里"，未来，人民币仍需脚踏实地才能真正成为全球可自由兑换的货币从而方便全球人民的使用。

资料选读一

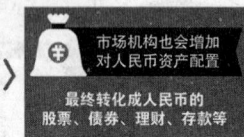

人民币加入SDR 如何影响企业和百姓"钱袋子"？

人民币资产更"值钱"

各国央行将人民币作为储备资产后

市场机构也会增加对人民币资产配置

最终转化成人民币的股票、债券、理财、存款等

对普通百姓而言，人民币资产会因需求提升而更值钱

境外旅游、购物更便利

人民币加入SDR

会使越来越多的国家认可人民币，愿意接收人民币，或者用人民币来广泛地开展各种交易

这样未来中国百姓出国旅游会更加方便，将省去换汇的麻烦并大大降低汇兑成本

企业投资和发展机会更多

企业汇兑的风险将会减少，不需要再为汇率波动频恼，这对企业开展跨境投资、交易、收购、兼并以及购买资源、劳务、技术等活动都比较有利

将提供一个新的业务空间，特别是在服务贸易领域，过去支付律师费、劳务费、咨询费都用美元，但随着人民币使用增多，将提高便利程度

海外购房、理财不是梦

今后境内居民可以更方便地配置海外资产

到国外去投资不动产、股票和债券，直接拿着人民币到国外买房将不再是梦想

新华社发《大巢制图》

图 24-2　人民币加入 SDR 如何影响企业和百姓"钱袋子"？

资料选读二

加入 SDR 将如何影响金融改革开放

近日金融领域最受舆论关注的，非人民币如期加入 SDR 莫属。

11 月 30 日，国际货币基金组织（IMF）执董会决定将人民币纳入特别提款权（SDR）货币篮子，SDR 货币篮子相应扩大至美元、欧元、人民币、日元、英镑 5 种货币，人民币在 SDR 货币篮子中的权重为 10.92%，新的 SDR 篮子将于 2016 年 10 月 1 日生效。

在各方聚焦这一里程碑式事件时，一个随之而来的问题是，人民币加入 SDR 货币篮子，对下一步金融改革将带来怎样的影响？

市场之所以关心这一问题，是因为总有人担心，此前为了能顺利进入 SDR 货币篮子，中国在部分金融领域有意加快了改革开放的步伐，而今，这一目标已经顺利实现，是不是此后相应的金融改革开放力度会减弱、步伐将放缓？

显然，这样的担忧可谓杞人忧天。

人民币加入 SDR，对中国经济金融改革发展而言，绝对不只是一个结果，更应该是一个新的开始，不会使改革开放步伐踟蹰不前，而是全面深化金融改革开放的契机。

对此，从中央到相关部门的态度非常明确。国务院总理李克强 12 月 2 日主持召开国务院常务会议，在听取人民币加入特别提款权情况和下一步金融改革开放相关工作汇报后指出，要以此为契机，进一步深化金融改革开放。央行副行长易纲此前在人民币纳入 SDR 的吹风会上表示，加入 SDR 以后，我们金融改革开放的步伐不会放慢，而且会按照十八届三中全会、十八届五中全会的部署全面地稳步向前推进。此外，财政部副部长朱光耀在美国华盛顿参加相关研讨会时同样表示，中共十八届三中全会为中国金融改革提供了明确指引，人民币加入 SDR 并不代表中国金融改革结束，中国政府将继续推动金融改革。

此前几年，为人民币顺利加入 SDR，中国在稳步推进既定改革开放的同时，也确实推出了一些技术和操作层面的改革和措施。今年以来，一系列加快人民币市场化进程的措施相继出台，包括向境外央行类金融机构开放银行间债券市场和外汇市场；财政部从 10 月份开始每周滚动发行 3 个月期限的国债，以完善收益率曲线；公布外汇储备货币构成、完善人民币汇率中间价报价机制、采纳 IMF 数据公布特殊标准等。这些举措的确为人民币顺利加入 SDR 货币篮子扫除了技术性障碍。

在落实这些技术层面、操作层面举措的同时，各方更应该看到，整个金融业改革开放的步伐，始终是按照此前既定方针在有条不紊地推进。比如近几年，利率市场化改革有序推进，存款利率上限在经过几次上浮调整之后，今年 10 月已经完全放开。再比如人民币国际化进程已经走过 6 年。人民币国际使用呈现较快发展，目前人民币已是全球第二大贸易融资货币、第四大支付货币。在这一过程中，沪港通试点等资本市场双向开放的改革举措相继落地。

正是在一系列改革开放举措的推动下，人民币如期加入 SDR，这是国际社会对中国改革开放成就的认可。但我们更应该看到，中国与国际成熟市场的差距还比较大，金融市场的广度和深度远不及西方发达国家。也正因此，易纲指出，加入 SDR 不是一劳永逸的，不要忘记 SDR 每 5 年做一次审查，一种货币在符合条件的时候可以加入 SDR，当它不符合条件的时候也可以退出 SDR。国际货币基金组织副总裁朱民日前同样强调，人民币在加入 SDR

后，最重要的是将已经进行的改革制度化、体制化，维护在 SDR 中的地位，这是中国加入 SDR 的责任，会影响其他成员国的利益。鉴于此，要巩固人民币作为 SDR 篮子货币的地位，唯有进一步深化改革开放。

实际上，通过扩大对外开放，进一步加速甚至倒逼改革，是一条被实践证明行之有效的基本经验，并且开放也是改革，金融开放自身就是金融改革的组成部分。因此，对于人民币加入 SDR，有观点认为将产生示范效应与倒逼效应，即进一步带动、倒逼相关金融改革开放的深化。

从未来看，哪些方面的改革开放进程将更加受到关注？

对此，上周召开的国务院常务会议有明确部署：完善宏观审慎管理，坚持有管理的浮动汇率制度，保持人民币汇率在合理均衡水平上的基本稳定，妥善化解风险，完善配套制度，有序实现人民币资本项目可兑换。有研究机构表示，人民币加入 SDR 并不意味着中国将在明年实现资本项目完全可兑换，不过中国将继续以加入 SDR 为契机推进资本账户开放和金融领域改革。该观点称，人民币加入 SDR 需满足"可自由使用"标准，而不需要资本项目完全可兑换。不过，中国政府已经并将继续以加入 SDR 为契机和催化剂，推进金融市场改革，包括更灵活的汇率形成机制、推进资本账户开放等。

进一步看，要巩固人民币作为 SDR 篮子货币的地位，除了协调推进各项金融改革开放外，国内其他领域相关配套改革也必不可少，比如国企业改革、要素市场改革、法制建设等。只有统筹协调，有一盘棋思维，才能维护人民币在 SDR 中的地位，降低改革成本和风险。

资料来源：赵洋. 加入 SDR 将如何影响金融改革开放 [N]. 金融时报，2015-12-07.

资料选读三

人民币汇率具备对一篮子货币保持基本稳定的基础

2015 年 12 月 14 日，中国货币网继续刊发特约评论员文章称，2015 年 12 月 11 日，中国外汇交易中心发布 CFETS 人民币汇率指数，引起了国内外各界的广泛讨论。既有转变视角认为今后应从一篮子货币的角度观察人民币汇率的意见，也有继续以双边汇率视角分析认为人民币对美元汇率将打开贬值空间的声音，这反映出过去主要关注人民币对美元双边汇率的习惯及据此形成的评判标准和行为方式根深蒂固，需要继续深入讨论。

第一，我国长期以来一直坚持以市场供求为基础、参考一篮子货币进行调节、有管理的浮动汇率制度。2005 年汇改以来，除了个别阶段我国作为全球负责任大国对汇率的管理略多一些以外，大多数时间人民币汇率都是在这一制度框架下运行的。当然，参考一篮子货币不等于盯住一篮子货币，不是机械地按篮子货币汇率指数的变化来调整人民币汇率，还需要将市场供求关系作为另一重要依据，再加上必要的管理，最终形成灵活浮动的汇率。

第二，观察人民币汇率主要看一篮子货币，但市场需要一定时间逐步适应这一视角。由于不同经济体所处经济周期存在差异，货币环境和贸易条件也不可能完全一致，有时趋势还是反向的，只保持人民币对单一货币汇率基本稳定意味着汇率可能出现扭曲从而导致失衡的积累，不利于增强经济应对外部冲击的弹性。鉴此，中央银行自 2005 年汇改之初就引入了参考一篮子货币进行调节。一直以来，市场上综合性较强的主体也在外汇交易中考虑了一篮子货币的因素，特别是大型商业银行等机构都构建了自己的货币篮子，从而在外汇交易中较多地参考了一篮子货币。但仍有不少机构为简化起见以参考美元为主。今后市场主体不应只盯住美元，而应更多地参考一篮子货币，当然这需要一个过程去适应。

第三，从短期看，人民币对一篮子货币调整的效果已经有所体现。短期内，对单一货币的双边汇率变化很大程度上反映了不同经济体在各自经济周期中所处位置的差异。汇率指数作为一种加权平均汇率，能够更加全面地反映一个货币的价值变化。今年年初至12 月 11 日，CFETS 和参考 BIS 篮子货币的人民币汇率指数分别小幅上涨 1.45% 和2.28%，参考 SDR 篮子货币的人民币汇率指数小幅贬值 0.48%，不同指数表现的细微差异反映了各指数权重的不同。总体来看，今年以来这几个指数都显示人民币对一篮子货币币值基本稳定。

第四，从中长期基本面看，人民币汇率有条件保持在合理均衡水平上的基本稳定。一是尽管我国经济增长正在从高速向中高速换挡，但从全球横向比较看仍属较高水平。二是我国劳动生产率增长仍持续高于其他主要经济体。为我国出口提供了有力支撑，同时大宗商品价格下降有利于节约进口支出，使得我国有条件保持一定规模的贸易顺差。2015 年前 11 个月货物贸易顺差已达 5 391 亿美元。三是人民币加入 SDR 成为储备货币后，境外主体持有的人民币资产规模将逐步增加，市场观察人民币汇率的一个新逻辑正在逐步建立。四是我国外汇储备充裕，财政状况良好，金融体系稳健。因此，保持人民币汇率在合理均衡水平上的基本稳定是有基础的。2015 年 12 月 14 日人民币对美元汇率中间价下跌 137个基点，见图 24-3。

图 24-3　人民币对美元汇率中间价

资料选读四

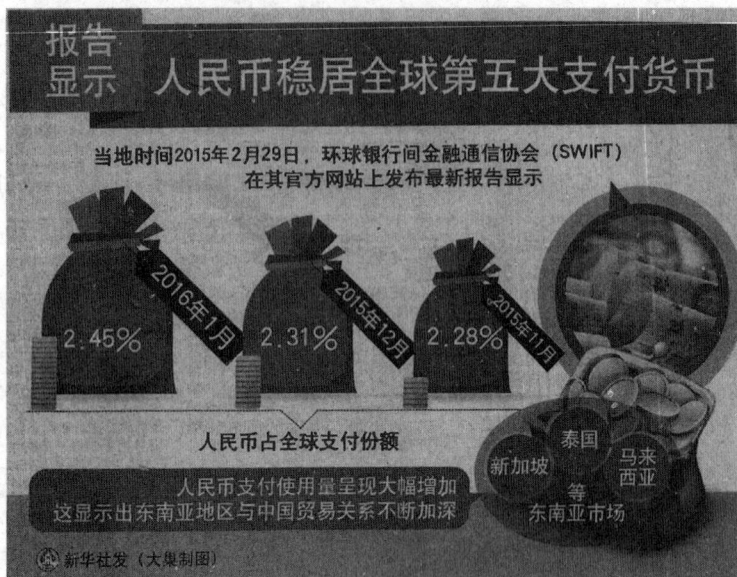

图 24-4　人民币稳居全球第五大支付货币

本 章 小 结

1. 特别提款权（SDR，是 special drawing right 的缩写），亦称"纸黄金"（paper gold），是国际货币基金组织根据会员国认缴的份额分配的，可用于偿还国际货币基金组织债务、弥补会员国政府之间国际收支逆差的一种账面资产。

2. 凡申请纳入 SDR 的一国货币，必须要符合两项标准。即：一是发行该货币的辖区在国际商品和服务贸易中占有较高权重；二是该货币可"自由使用"，即可广泛用于国际交易的支付并在主要汇率市场上被广泛交易。

3. 凡已纳入 SDR 的货币并不是一劳永逸的，需要定期（每 5 年）接受 IMF 的评审。

4. 2015 年 11 月 30 日，国际货币基金组织（IMF）宣布将人民币纳入 SDR 篮子之中并决定新的货币篮子将于 2016 年 10 月 1 日正式生效，其具有重要历史意义，这是我国人民币发展史上具有里程碑价值的重大事件。

5. 人民币加入 SDR 既是 IMF 对中国经济发展和改革开放取得成绩的肯定，亦是增强 SDR 代表性与吸引力重要举措，其有利于完善国际货币体系，维护全球金融稳定。二者是双赢的。

6. 人民币在 SDR 货币篮子中的权重为 10.92%，排位第三。居美元、欧元之后，日元、英镑之前。

7. 人民币虽被纳入 SDR 货币篮子仍需脚踏实地前行。

复习思考题

概念题

SDR　IMF　人民币 "入篮"　货币体系　权重

思考题

1. 何谓 SDR？此概念是何时产生的？有何用途？

2. 一个国家的货币纳入 SDR 需要符合哪些标准？

3. 我国人民币被吸纳入 SDR 为什么说其具有重要历史意义？

4. 为何说人民币被吸纳为 SDR 是国内国际双赢之举？

5. 为什么说人民币被纳入 SDR 之后并不是一劳永逸，而必须要定期（每 5 年）接受 IMF 的评审？

6. 你对人民币被正式纳入 SDR 后的未来发展有何见解？

第 25 章
银行类国际业务选介

本章重点提示

在国际经济迅猛发展的今天，贸易全球化与金融自由化为商业银行国际业务的发展奠定了基础。在中国，经济的持续快速增长、对外贸易的不断扩大以及国外直接投资的大幅增加、为银行国际业务的发展提供了广阔的空间；与此同时，国内市场全方位开放、外资银行的大量进入及同业竞争的日趋激烈，也给银行国际业务提出了挑战。在这种形势下，研究我国商业银行国际业务运作与发展的法律环境，借鉴国外银行较为成熟的操作经验，充分认识国际业务的法律风险，探讨有效控制法律风险的对策，对我国商业银行开拓国际业务，增强国际竞争力具有重要意义。

本章有重点地对介绍了国际贸易融资、国际结算、外汇理财等一些常用的业务品种。

本章对一些常用的一些国际金融业务进行介绍。

25.1　进口押汇业务

25.1.1　商业银行关于进口押汇的定义

进口押汇是国内商业银行已经普遍开展的一项国际贸易融资业务。信用证项下进口押汇，是开证行给予进口商（开证申请人）的一项短期融资便利，即开证申请人在银行给予减免保证金的情况下，委托银行开信用证，在单证相符须对外承担付款责任时，由于申请人的临时资金短缺，无法向银行缴足金额付款资金，经向银行申请并获得批准后，由银行在申请人保留追索权和货权质押（抵押）的前提下代为垫款项给国外进出口商，并在规定期限内由申请人偿还银行押汇贷款及利息的融资业务。

25.1.2　出口押汇业务

出口押汇，作为一项业务品种，基本上在国内各家商业银行均有提供。

出口押汇，包括信用证出口押汇和托收出口押汇。两者的不同之处在于：出口前者银行收款的对象是开证行，收款风险小，只要单、证相符，即可索回货款；后者银行放款的对象是进口商，风险较大。银行在实践中通常倾向于做信用证项下出口押汇。

25.2　国际保理与福费廷业务

我国商业银行已经越来越重视国际保理业务的开展。不容忽视的是，该项业务因其涉及的法律当事人及其权利义务比较复杂，不少银行操作人员对相关的国际惯例和规则熟悉不够，加上我国缺乏专门针对该项业务的法律和监管规章，因此，探讨国际保理业务中银行面临的法律风险甚为必要。

25.2.1　国际保理业务

国际保理，又称为国际付款保理或保付代理。它是指保理商通过收购债权面向出口商提供信用保险或坏账担保、应收账款的代收或受理、贸易融资中至少两种业务的综合性金融服务业务，其核心内容是通过收购债权方式提供出口融资。国际统一私法协会 1988 年制定通过的《国际保理公约》对保理的定义如下：所谓保理，系指卖方（供应商或出口商）与保理商之间存在一种契约关系。根据该契约，卖方（供应商）、出口商将其现在或将来的基于其与买方（债务人）订立的货物销售或服务合同所产生的应收账款转让给保理商，由保理商为其提供下列服务中的至少两项：① 贸易融资。② 销售分户账管理。在卖方叙做保理业务后，保理商会根据卖方的要求，定期/不定期向其提供关于应收账款的回收情况、逾期账款情况、信用额度变化情况、对账单等各种财务和统计报表，协助卖方进行销售管理。③ 应收账款的催收。保理商一般由专业人员和专职律师进行账款追收，保理商会根据应收账款逾期的时间来信函通知、打电话、上门催款直至采取法律手段。④ 信用风险控制与坏账担保。卖方与保理商签订保理协议后，保理商会为债务人核定一个信用额度，并且在协议执行过程中，根据债务人资信情况的变化对信用额度进行调整，对于卖方在核准信用额度内的发货所产生的应收账款，保理商提供 100%的坏账担保。

从国际保理的操作实践来看，保理的具体操作方式甚为丰富，有双保理机制、单保理机制、直接进口保理机制、直接出口保理机制、背对背保理机制等，其中双保理机制最为普遍和重要。就国际保理所涉及的银行当事人及其权利义务体系而言，保理商与出口商之间的关系是整个保理关系中最为基本且重要的组成部分。因为该层关系决定着保理业务能否合法有效地开展，它是出口商通过保理获得融资的关键所在，也是作为保理商的银行从保理业务中获取利益的核心环节。

25.2.2　福费廷业务

20 世纪 50 年代以后，随着国际上资本性货物的卖方市场逐步较为买方市场，进口商不再满足于传统的 3～6 个月的融资期限，从而要求延长付款期限，福费廷融资由此得到进一步的应用。当前福费廷业务已在世界范围内开展，并形成了一个全球性的福费廷二级市场。据资料统计，全世界年均福费廷交易量大约占世界贸易额的 2%。我国开展此项业务最早的银行是中国银行，目前中国工商银行、建设银行、光大银行、招商银行、民生银行等均已不同程度地开办了该项业务。

福费廷（forfaiting，来源于法语的"aforfait"），含"放弃权利"的意思。一般而言，福费廷业务是一种以无追索权形式为出口商贴现远期票据的金融服务。① 福费廷的具体含义可以从如下操作来理解：买卖双方在签订购销合同（一般为进口商收货后远期付款方式）后，出口商备货出运、制好各种交易单据，向银行提出办理福费廷业务的申请，银行审核接受后、扣除其收取的费用，买入客户的交易单据，立即把款项付给出口商，合同约定付款期届满时，充当出口商的角色向进口商收款。

25.3 提货担保与打包放款业务

25.3.1 提货担保

提货担保，又称担保提货，是当正本货运单据未收到，而货物已到达时，客户可向银行申请开立提货担保保函，交给承运单位先予提货，待客户取得正本单据后，再以正本单据换回原提货担保保函。提货担保通常是在进出口海运航程较近情形下，进口商可能接到船务公司或其代理人发出的到货通知单，而货运提单尚未寄到开证行。

提货担保与提单背书的性质有一定的相似之处，后者是指提单的抬头人为银行的情形下，银行在提单背书以便客户提货。提单背书也往往仅限于被申请行开立的信用证项下客户，并且银行一般只在一份正本提单背书。在提单背书申请时，要提交《提单背书申请书》1份；正本提单发票、包装单的复印件1份（提单背书须提交正本提单1份）。正因为提单背书与提货担保有一定的相似之处，一些银行通常将两种业务放在一起规范，如中国银行就有此种倾向。

提货担保对进口方和银行均有一定的积极意义，尤其是对进口方的积极作用尤为突出，具体表现为：① 为进口方降低进口成本和交易风险。进口单位委托办理提货担保，既减轻了进口单位的仓储费用负担，又不至于使其货物因品质发生变化而遭受损失。② 便于进口方及时抓住交易时机，尽快地出售货物或者自己利用进口货物，为其尽快筹集资金偿还银行作为开证行所作出的付款创造条件。

25.3.2 打包放款业务

中国银行所称打包放款业务是指：出口商以收到的信用证正本作为还款凭据和抵押品向银行申请的一种装船前融资，主要用于对生产或收购商品开支及其他费用的资金融通。

25.4 出口信贷业务

25.4.1 出口信贷的概念

出口信贷是指出口国为了支持和扩大本国大型成套设备的出口，通过本国的出口信贷机构（ECA）向出口商银行或出口商提供担保，或给予一定的利息补贴等手段，鼓励本国银

---

① 在国际上一些著名的福费廷专业公司也对此作了界定。如 British American Forfaiting Company 在其"使用进指南"中指出：福费廷是指各种信用票据的购买，这些单据可以包括信用证项下的汇票、本票，或者其他可自由流通的票据，这里的购买是基于无追索权（on a nonrecourse basis）。Nedbank 在其介绍中指出，福费廷是购买出口商的贸易应收账款，这里的贴现放弃了对出口商的追索权。

行对本国出口商提供担保或给予一定的利息补贴等手段，鼓励本国银行对本国出口商和外国进口商或进口方银行提供利率较低的中长期贸易融资。

25.4.2　出口信贷的类型

1. 卖方信贷

通常是指进口商购货后延期支付货款给出口商，出口商为取得资金周转，向出口方银行申请的贷款。出口方银行向出口方提供贷款，支持出口商向外国进口商提供延期付款。

2. 买方信贷

在出口即期交易中，如进口商需要资金融通，由出口方的银行向进口方或进口方的银行提供贷款，用以支持贷款银行本国商品的出口。

出口方银行直接向外国进口厂商（买方）或进口方银行提供的贷款，其附带条件是货款必须用于购买债权国的商品。国家对于本国出口厂商或商业银行向外国进口厂商或银行提供的信贷，由国家设立的专门机构出面担保，即为出口信贷国家担保制。

25.5　银行保函与备用信用证业务

25.5.1　银行保函

1. 银行保函的概念

银行保函是银行应商业交易一方当事人，或某种合约关系一方的请求，以其自身的信誉向商业交易的另一方（受益人）开立的一种书面担保。即银行作为担保人，以保函申请人的债务或义务的履行，向受益人承担赔款责任。委托人和受益人的权利和义务，由双方订立的合同规定，当委托人未能履行共同义务时，受益人可按银行保函的规定向银行索偿。银行则根据保函规定的一定金额、一定期限向受益人承担某种支付责任或经济赔偿责任。

2. 保函的性质

1）从保函与基础合同的关系来看，保函分为独立性保函和从属性保函

从属性保函是将担保责任置于基础交易合同的从属地位，担保人在保函项下所承付的付款责任的成立与否将只能依照基础合同的实际执行情况加以确定，主合同无效，从合同也无效。传统的保函是从属性的，保函是基础合同的一个附属性契约，其法律效力随基础合同存在、变化、灭失。担保人的责任是属于第二性的付款责任，只有当保函的申请人违约，并且不承担违约责任时，保证人才承担保函项下的赔偿责任。

独立性保函则不同，它虽依据基础合同开立，但一经开立，便具有独立的效力，是自足文件，担保人对受举益人的索赔要求是否支付，只依据保函本身的条款。

独立性保函一般都要明确担保人的责任是不可撤销的、无条件的和见索即付的。保函一经开出，未经受益人同意，不能修改或解除其所承担的保函项下的义务；保函项下的赔付只取决于保函本身，而不取决于保函以外的交易事项，银行收到受益人的索赔要求后应立即予以赔付规定的金额。见索即付保函就是独立性保函的典型代表。

2）从银行所承担的付款责任看，保函可分为承担第一性付款责任的保函和承担第二性付款责任的保函

对于承担第一性付款责任的保函其受益人无须事先向申请人追索，当保函项下担保责任

未能履行时，可直接向担保银行追索，由担保银行履行担保责任。对于承担第二性付款责任的保函，当申请人没有完成基础合同所规定的责任时，受益人应先向申请人追索，当申请人未能履行责任时，再向担保人追索。

25.5.2　备用信用证

备用信用证，又称商业票据信用证、担保信用证、履约及投标信用证，是一种特殊形式的光票信用证。备用信用证是开证银行保证在开证申请人未能履行其应履行的义务时，受益人只要按照备用信用证的规定向开证银行开具汇票，并附信用证规定的开证申请人未履行义务的声明或证明文件，开证行即承担付款的责任。由此可见，备用信用证是一种介入商业信用中的银行信用。

除以上介绍的五方面金融机构的国际业务外，还有国际信用证业务、托收业务、外汇汇款业务、银行结售汇业务及外汇金融衍生业务等。

本 章 小 结

随着国际金融市场一体化的深入发展及我国加入世界贸易组织，商业银行业务与制度的创新已经日益受到各界的关注。国际商业银行在金融创新方面的经验和教训对我国商业银行的影响也日益明显。

银行业务的拓展与法律制度的发展是紧密联系的，业务风险与法律风险相伴而生。商业银行要有效地防范业务创新和市场竞争中的各种风险，必须重视法律风险的识别与控制。

近些年来，我国商业银行的国际业务正呈现出良好的发展前景。在业务品种上，从吸收外汇存款，发放外汇贷款，办理结、售汇和国际结算业务，到开展进出口押汇、保理、福费廷等新型贸易融资业务，国际业务品种日益丰富。

在银行运营的外部环境上逐渐规范化、法治化及市场化的环境正在加速我国商业银行与国际接轨的进程。

复习思考题

概念题

进口押汇业务　出口押汇业务　国际保理业务　福费廷业务　提货担保业务　打包放款业务

思考题

1. 出口信贷有哪些类型？
2. 何谓银行保函？
3. 何谓备用信用证？

第七篇

金融风险监管篇

第 26 章

金融风险概述

现代金融企业（包括综合性或专业性银行与非银行金融机构如信托投资公司、证券公司、租赁公司、保险公司等）的经营不可避免地伴随着各种各样的风险。只有对面临的风险认真地加以识别和判断，有效地进行管理和控制，才能确保金融企业稳健地经营和发展。金融企业经常会遇到哪些风险呢？这些风险具有一些什么样的共同的特征？如何对它们进行分类？这些风险又是如何产生和发展起来的？有什么规律？研究它有什么现实意义？以上这些问题是本章讨论的重点内容。

26.1 金融风险的含义、特征和分类

26.1.1 金融风险的含义

金融风险既是一个宏观问题，也是一个微观问题。它可以表现为一种货币制度的解体和货币秩序的崩溃，也可以表现为某家金融机构的挤兑和破产，甚至表现为某笔金融资产的沉淀和损失。因此要了解金融风险，首先有必要了解一下经济风险和保险学中的风险问题。因为金融风险是经济风险中的一个组成部分，与经济风险有着密切的关系。而人们在谈到经济风险时，又常常不自觉地将它与保险事业联系起来，似乎经济风险只是保险学中研究的问题。因此，将三者进行分析比较，找出其中的差别，就更能给金融风险下个较确切的定义。实际上，经济风险问题所涉及的领域比保险风险要广得多，许多微观的和宏观的经济问题都直接或间接地与经济风险有关，但很少与保险风险有关。而金融风险问题，则介于二者之间，它比经济风险所涉及的领域要少，但比保险学中的风险所涉及的领域要多。当然，从主要性能上考察，金融风险偏似于经济风险。

第一，风险的承担者不同。经济风险主要是指商品生产和流通过程中出现的风险。经济风险的承担者是从事经济活动的经济实体，而不是一般的个人或集团。保险风险所涉及的是财产所有者，任何财产（包括个人的健康和生命）所有者都可以成为保险风险的承担者，而无论他是否从事经济活动的实体。而金融风险主要是指货币经营和信用活动过程中出现的风险。金融风险虽然来自多方面的因素，但金融风险的承担者是金融企业自身，而不是其

他的个体。

第二，风险的影响作用不同。经济风险对商品生产经营者的影响是双重的，既有蒙受经济损失的可能，又有获得额外收益的可能。保险的风险影响作用是单一的，即只有损失可能而没有收益机会，风险是损失的代称，保险的功能就是补偿风险带来的损失，减少风险就意味着减少损失。而金融风险，则不仅有消极作用，而且包含有积极因素。因此，金融风险与金融效益成正比，风险越大，效益越多。

第三，风险所涉及的内容不同。由于经济风险可以与经济过程中的各种复杂因素交互作用，使经济系统形成一整套自我调节和自我平衡的规则。因此，经济风险的内容不仅涉及经济主体，而且涉及宏观经济领域的各个经济过程。保险风险则只是一种较为简单的现象，所涉及的内容较之经济风险要狭窄得多。而金融风险，虽然也涉及社会经济运行过程的方方面面，远远大于保险风险所涉及的内容，但较之经济风险而言，却仍限于一定的范围之中。例如，在宏观经济活动中，经济体制、价格体系、对外贸易等方面都是经济风险所涉及的主要内容，而金融风险则只涉及其中的一部分。

第四，研究风险的任务和方法不同。研究经济风险的主要任务并不在于对风险作出数量上的计量，也不在于制定具体的处理风险的条款，而在于如何认识经济风险本身及其在社会经济活动中的作用，并在此基础上相应地调整微观经济和宏观经济的各种利益关系，以寻求经济运行的优化和资源的有效配置。由于不可计量的风险与其他各种经济因素之间的联系和相互制约更为复杂，不可计量的风险在经济风险的研究中占有首要位置，这就决定了研究经济风险的主要方法是科学抽象法和综合分析法。保险学中研究风险的任务是认识和掌握保险业务中风险发生的原因、特点和规律，进而提出防范与治理风险的对策。保险学关于风险的分析主要是为了确定保险的种类和索赔的额度，因此，各种保险费率的计量和承保的范围是保险学中风险分析的最重要的内容。这就决定了保险学中涉及的风险必须是可以计量的风险，即主要运用概率论的方法从数量上确定损失大小的风险。而对金融风险的研究，既包括可以计量的风险，也包括不可计量的风险。一方面金融风险不像保险风险那样，必须全部是可以计量的风险；另一方面，它又不像经济风险那样，把研究不可计量的风险放在首要位置。因此，研究金融风险的方法既注重科学抽象法和综合分析法，也注重概率论和数量统计方法，研究风险的任务，既在于认识金融风险本身及其在社会经济生活中的作用和宏观调控对策，也在于制定出可操作的处理和防范风险的条款和措施。

第五，研究风险的范围和着力点不同。经济风险的研究主要是从理论上对风险问题进行分析，并试图得出一些带有规律性的结论，以此来指导宏观的和微观的经济政策和措施的制定。因此，经济风险的研究并非对某一部门、某一行业的部门经济学的研究，而是对经济风险进行理论分析。保险风险研究只是部门经济学的问题，主要是如何根据保险部门业务上的考虑，提出一些具体的办法和条例。除此之外的问题，它是概不涉及的。而金融风险的研究，既是部门经济学研究的范畴，即需要根据金融部门业务上的实际情况，制定出一套防范风险的具体办法和条例；又不完全是部门经济学研究的范畴，它同样需要从理论上对风险问题进行分析，找出带规律性的结论，以利于从宏观上制定政策和措施。

综合以上与经济风险和保险风险的比较，我们可以对金融风险下这样一个定义：金融风险是指在货币经营和信用活动中，由于各种事先无法预料（即不确定）因素的影响，使金融企业的实际收益与预期收益发生背离，有蒙受经济损失或获得额外收益的机会和可能。需要指出的是，尽管本教材研究的金融风险与经济风险和保险风险在概念上有一定的区别，但在很多方面还是有密切联系的。可以这样认为，保险风险属于金融风险研究中的一部分，而金融风险又属于经济风险研究中的一部分，三者的研究内容属于包容关系，并不是互相排斥的。

26.1.2 金融风险的一般特征

1. 金融风险的一般特征

（1）社会性。金融机构不同于其他行业，自有资金占全部资产的比重一般较小，绝大部分营运资金都是来自存款和借入资金，因而金融机构的特殊地位决定了社会公众与金融机构的关系，是一种依附型、紧密型的债权债务关系。如果金融机构经营不善，无偿债能力，就会导致客户大量挤提存款，损害公众利益，进而危害经济纪律和货币政策的执行。比如难以清偿的呆账大量存在预示着经济纪律的失效，社会公众会认为金融机构不履行债务责任是社会可以接受的，结果会破坏信用体系和经济秩序的稳定。

（2）扩张性。现代金融业的发展，使得各家金融机构紧密相连，互为依存，如同业拆借、清算、票据贴现和再贴现、金融债券发行和认购及信用形式、工具的签发使用等，都是在多家机构间进行的，一家银行发生问题，往往会使整个金融体系运转不灵乃至诱发信用危机。

（3）相对性。金融风险总是相对的，一方发生了损失，总有另一方获得盈利，而不表现为单一方面的损失。我们平时所讲的金融风险，总是从单个的经济主体角度出发来研究看待的，它直接表现为经济主体可能遭受一个事实上的经济损失。但是从一个较大的有时甚至是全球的角度来看，这种损失则是相对的，从整体的角度来看，直接损失可能是不存在的。对于非金融风险而言，无论从个体的角度出发，还是从整体的角度出发，风险带来的损失都是实实在在的。例如，一家远洋运输公司的货轮在运输货物时，由于台风的缘故，遭到沉船的损失。这样，这条船和船上所运输的货物就不复存在，不光成为这家运输公司的损失，从全球的角度来考虑，也遭受了损失——船和货物已不复存在。金融风险则不同，它所带来的损失，有时是观念上的。例如，一家购买定期债券的公司，当利率提高时似乎遇到了利息上的损失，但若并不出售证券，这个损失并未实现。即使由于金融风险所带来的损失已经实现，但从一个大的角度、范围来考虑，有人发生了损失，就有人得到了收益，正如一对正负作用力，二者的合力为零。

（4）可控性。虽然存在经济形势变化和经济情况不确定因素带来的风险，但就微观意义上的某一金融机构而言，并不是说风险就不能抵御和控制，恰恰相反，它们可以采取增加资本金、调整风险性资产来增强抵御风险的能力，并及时以转移、补偿等方式将风险控制在一定的范围和区间内。此外，中央银行监管亦是防范和控制金融风险的重要保证。

（5）周期性。任何金融机构都是在既定的货币政策环境中运营的，而货币政策在周期规律的作用下，有宽松期、紧缩期之分。一般来说，在宽松期、放款、投资及结算等环节的矛盾相对缓和，影响金融机构安全性的因素逐渐减弱，金融风险就小；反之，在紧缩期，金融同业间及金融、经济间的矛盾加剧，影响金融机构安全性的因素逐渐增强，金融风险就大。因此，货币政策宽松期，一般也是金融风险低发期；而货币政策紧缩期，往往也是金融风险多发期，特别是在两种货币政策交替期间，这种反应尤为明显。

（6）不可保性。金融风险在通常情况下是一种不可保的风险。一谈到风险，人们很容易就想到了保险。风险有很多种类，各种风险都会给人们带来损害，保险就是对损害导致的经济损失给予补偿。在现代社会里，从财产保险、人寿保险到各类诸如医疗事故保险等，保险已深入到社会经济生活的各个方面。但并不是所有破坏物质财富和威胁人身安全的风险，保险人都可以承保。因为保险人所承保的风险，一般只能是仅有损失可能而并无获利机会的风险。但对于金融风险而言，大多数的情况并非如此，它既有损失的可能，又有获得的机会。例如，购买股票或黄金的人，可能因股票或黄金价格上涨而赚钱，也可能因股票或黄金价格下跌而亏本，所以对于这种金融风险，保险人是不承保的。

26.2　我国金融风险的特征

鉴于我国国情，我国现阶段的金融风险与发达的市场经济国家相比，具有如下几个特征。

1. 集中性

目前我国企业的融资渠道主要由国家银行这个主渠道构成。从融资方式上看，以间接融资为主。在西方国家，企业融资的渠道是多元的，融资的方式也是多样的，所以金融风险就是分散的，风险承担的主体是多元的。而在我国，金融风险是集中的，金融风险及损失最终由国家承担。

2. 隐蔽性

在西方国家，商业银行若经营不善，就面临着破产、倒闭及被兼并的风险；而在我国，金融企业破产倒闭的风险，长期以隐蔽的形式存在。在西方国家，谁决策谁承担风险，因此，风险承担的主体是明确的；而在我国，即使经营得再差的金融企业，长期以来也不存在风险自担的问题。

3. 累积性

在西方市场经济国家，商业银行的风险达到一定边界（如突发性挤兑等）时，就面临破产、倒闭的风险，因此风险及损失一般不会积累起来。而在我国，基层银行经营不善并不会危及其生存，各种风险及损失可向上级行转嫁，上级行最终可转到总行，各种风险及损失就会逐步积累起来。

4. 行政性及体制性

与西方市场经济国家不同的是，我国金融风险的形成具有行政性及体制性特点。如前所说，西方市场经济国家是谁决策谁承担风险，银行有真正的自主经营性。而我国的银行往往发放一些政策性贷款，明知贷出去的款收不回来仍得贷，银行经营的自主性不强。

26.3　金融风险的分类

根据不同的标准，金融风险可以分为不同的类型。不同类型的金融风险有不同特征。从不同的角度对金融风险进行分类，可以使我们对金融风险有更深刻、更全面的理解。无论是何种类型的风险，本教材主要是从经济学角度出发来考察风险给金融企业带来的经济损失或经济利益的机会或可能性。

1. 根据金融风险本身的性质划分，金融风险可分为静态风险和动态风险

静态风险主要是指自然灾害和意外事故带来的风险。动态风险则主要是指由于金融企业的经营管理状况和市场资金需求变动或经济、金融体制改革等因素引起的风险。这两种类型的金融风险有着明显的差别。

（1）静态风险所造成的后果，金融企业可以通过大数法则加以估计，是可以计量的。因为在金融企业收集的历史资料中，这种风险造成损失的机会尽管对个别企业来说是不确定的，但对整体来说却表现为一个确定的数量。动态风险造成的后果却是难以估计的，因为市场资金需求的变动或经济、金融体制改革的变化引起金融企业经营方面的波动，是很难用历史资料来推算的。

（2）静态风险可能造成的后果主要是经济上的损失，而不会因此获得意外的收益。动态风险可能引起的后果则是双重的，既会给金融企业带来经济上的损失，也可能给金融企业带来额外的收益。

（3）静态风险一般属于不可回避的风险，金融企业在风险面前是处于被动地位的。例如，金融企业可以采取一些措施来防止火灾或盗窃、诈骗、抢劫等，但从长期来看或从大范围来看，火灾或盗窃、诈骗、抢劫等事是无法回避的，总是可能发生的。动态风险常常是可以回避的，金融企业在风险面前处于主动地位。例如，金融企业可以将资金投入到高风险的行业，这样蒙受经济损失的可能性就要大些；金融企业也可以将资金投放到风险较低的行业，这样损失机会相对要少些。在面临动态风险的时候，金融企业如何对待资金投放是有较大选择余地的。

（4）静态风险可能造成的损失可以通过财产保险费或通过金融企业营业外支出的形式计入企业成本。动态风险则不然，由于这种风险的不可计量性和不可保险性，其可能引起的损失是无法直接记入成本的。而且，这种风险本身还意味着可能的收益，因而也没有记入成本的理由。

2. 根据金融风险产生的原因划分，金融风险可分为自然风险、社会风险和经营风险

（1）自然风险是指由于自然因素引起的风险。雷电、火灾、地震等自然灾害都可以使金融企业蒙受经济损失。尽管这些损失对金融企业来说不一定很大，但这些损失常常是无法预计的。

（2）社会风险包括宏观和微观两个方面。宏观上主要是政治动乱、体制变革、社会资金供求发生重大变化等，微观上主要是指盗窃、诈骗、冒领、抢劫或其他事故。宏观和微观都可能使金融企业在经济上受到不同程度的影响，这些影响也是不确定的。

（3）经营风险则是指金融企业在货币经营和信用活动中，由于主观的努力程度和客观的条件变化而引起的风险。这种风险的后果是双重的，既可能使金融企业遭到意外的经济损失，也可能得到额外的收益。经营风险是金融企业最主要的风险。

3. 根据金融风险的主体构成划分，金融风险可分为资产风险、负债风险和中间业务及外汇业务风险等

这种分类是金融风险最常见、最普遍的分类，也是本书重点论述的内容之一。由于资产、负债和中间业务这三种风险的内容和表现形式各不相同，同时，彼此间又相互联系，不可截然分开；而外汇业务风险本身就包含有资产、负债和中间业务三方面的风险，因此，可把四者融为一体。

4. 根据金融风险的表现形态划分，金融风险可分为有形风险和无形风险

金融有形风险，是指看得见、可计划、能预测的风险。如金融企业房屋、车辆、电脑设备等固定资产的有形磨损造成的风险；又如，金融企业贷款中部分逾期贷款、呆账贷款、应收未能收回的部分利息等，也属于有形风险；还有，为了追逐高额利润而有意发放的高风险贷款或长期投资，也属于有形风险。金融无形风险，则是指看不见、不可计量、难以预测和不确定的风险。如突发事故、自然灾害造成的风险；又如，因政治体制变革、国家利率大幅度调整等不以金融企业意志为转移的因素引起的金融风险。一般来讲，有形风险可能引起的后果以单一性为主，即主要是给金融企业资产带来损失；无形风险可能引起的后果则以双重性为主，既可能给金融企业带来经济上的损失，也可能带来额外的收益。当然，这只是相对而言，有形风险引起的后果少数也有双重性，无形风险引起的后果有的也是单一性。

5. 根据金融风险的作用强度划分，金融风险可分为高度风险、中度风险和低度风险

一般地说，金融风险的强度取决于两个因素：一是经济前景的复杂程度；二是可能蒙受损失或获得额外收益的资金数量。金融风险的作用强度是一个相对的概念，要在数量上精确地测定出每一个风险的强度是很困难的，甚至是不可能的。当然，对于静态风险来说，金融企业可以通过大量的历史资料对它作出一定的估算，可能损失的资金的数量越大，可以认为金融风险的强度就越大。但对于动态风险来说，金融企业却无法事先在数量上精确地计算出它可能带来的资金损失和额外收益，只能根据其经济前景的复杂程度和投放资金的数量，大致判断金融风险强度的高低。值得注意的是，从理论上说，在数量上规定金融风险的强度并不很重要，必须在观念上把握高度、中度和低度三种不同类型的金融风险，尽管这种划分很难提出精确的界限，但对分析问题却是很有帮助的。例如，高新技术开发的项目或产品其经济前景十分复杂，失败的可能性极大，这种贷款一般属于高度风险的贷款；而有些行业或项目的经济前景十分明朗，如我国现阶段将交通、能源开发作为国家建设的重点，用于这些方面的贷款可以看成是低度风险的贷款；至于那些比较常见的工商企业贷款，大多数属于中度风险的贷款。

6. 根据金融风险的赔偿对象划分，金融风险可分为赔本风险、赔息风险和赔利风险

赔本风险，是指由某种不利事件引起金融企业经营的货币本金不能回流的可能性。金融企业的货币经营运动，具有双回流性质，一方面是货币的流出，另一方面是货币的回流。只有实现双向回流的货币经营运动，才是完整的运动。实际中，由于多种原因，金融企业有些货币资金不能实现双向回流，本金滞留在运动的某一环节，出现这种情况的可能性，即称之为"赔本风险"。

金融企业对货币资金的投入，除本金外还包括三个方面：一是金融企业支付的本金利息，即称之为本金低标成本；二是金融企业为筹措本金而支付的费用，即称之为本金费用；三是金融企业为本金投入支付的费用，即称之为经营费用。本金低标成本、本金费用、经营费用，构成金融企业的全部货币经营成本。这样，金融企业经营投入成本，即由本金与货币经营成本构成。但在实际经营过程中，呈现在经营表面的仅仅是金融企业投入的本金，营运货币即存在一个事实上的差额——本金面值与本金实际值的不一致。在其他因素不变的情况下，只有本金与货币经营成本同时回流，才是实际意义上的"保值"回流。在货币经营中，事实上存在"本回利不回"的可能性，这种可能性我们称之为"赔息风险"。

"赔利风险"是指由于某种不利事件引起金融企业货币资金不能达到预期的正常增值回流的可能性。金融企业经营货币资金，直接目的是获取最大限度的利润。经营货币资金前金融企业对可能获取的最大限度的利润，有一个基本的估算，这种估算的基础，是经营自身存在的盈利可能。如果经营顺利，预期盈利即转为实际盈利。如果由于某种不利事件的发生或其他原因，使货币资金增值实际额小于可达到的预期增值额，这种预期盈利与实际盈利的差额，实质上也是一种经营风险，只不过不像赔本、赔息那样明显而已。

7. 根据金融风险的个体标的划分，金融风险可以分为以下种类

根据金融风险的个体标的划分，金融风险可以分为国际投资风险、外汇资金业务风险、信用风险、利率风险、证券业务风险、金融期货业务风险、金融信托风险、金融租赁风险、房地产投资业务风险、保险业务风险和国家风险等。这些个体标的所包含的具体风险将分别在本教材"实务篇"的有关章节中论述。

26.4　金融风险的产生、发展及其原因

26.4.1　金融风险产生的条件

金融风险是一个历史范畴。我们从前面关于金融风险的定义中便可以看出，产生金融风险的原因在于金融企业从事货币经营和信用活动的不确定性。但是，这种不确定性必须引起实际收益与预期收益的背离，使金融企业有蒙受经济损失或获得额外收益的可能，金融风险才能发生。因此，我们可以这样认为，货币经营和信用活动中的不确定性是风险产生的必要条件，而实际收益与预期收益的背离则是金融风险产生的充分条件。

货币经营和信用活动中的不确定性是始终存在的。无论社会发展到什么阶段，对于金融企业来说，不确定性总是其从事货币经营和信用活动时面临的十分现实的问题。当然，在不同的经济条件下，不确定性对货币经营和信用活动的影响以及金融企业克服不确定性的能力有着极大的差别，但无论如何，货币经营和信用活动中的不确定性总是不能排除的。

金融企业前景的不确定性虽然始终存在，但要出现预期收益和实际收益相背离却需要一定的经济条件。因此金融企业在从事货币经营活动之前能够对可能获得的收益作一番预测，这本身就表明社会经济已发展到了一定的高度。这时金融企业已不再将自己的劳动仅仅作为私人劳动来对待，而是作为社会劳动的一部分来看待了。因为所谓预期收益实际是指金融企业根据一定的社会要求为自己的经营活动规定的一种价值目标。显然，只有在达到这一目标的过程中才会出现预期收益与实际收益相背离的可能，才谈得上金融风险的存在。

上面所分析的仅是金融风险产生的一般条件或直接条件，实质上，金融风险产生的前提条件或根本条件，在于它是商品货币经济的必然产物，是金融业发展内在矛盾的必然结果。从逻辑关系或理论上讲，没有商品货币经济的产生和发展，就不能有金融业的产生；没有金融业的产生，就无从谈起金融风险。由此可见，金融风险是商品货币经济的特殊现象，是商品货币经济发展到一定程度的必然产物。从实际情况考察，在原始社会的自然经济中，由于不存在商品生产和商品交换，无疑不会有货币和金融企业，更没有金融风险。在封建社会的简单商品生产中，虽然这时已有了商品市场，但市场的范围狭小，可交换的产品比较简单，货币的职能未能充分地体现，只有高利贷性质的借贷行为，并未形成真正的银行，故也无从

谈起金融风险。只有在发达的商品货币经济条件下，随着社会分工的细密化，商品生产的扩大化，市场范围的普及化，货币职能的完善化，金融企业便应运而生，但由于初期银行业务范围小，手续简单，风险也少。随着借贷行为的扩大和发展，特别是随着资本主义社会的逐步形成，新兴的资产阶级为了反对高利贷的剥削，为了发展社会生产力，而开始创建股份制银行，在此基础上，金融风险也随之而来，且明显加大。

　　商品货币经济的发展是金融风险产生的前提条件和根本原因，这表现在两个方面：一方面如上所述，没有商品货币经济的发展，就不可能产生金融业，没有金融业也就无从谈起金融风险。另一方面，没有商品货币经济的发展，即使金融业产生了，也不会有风险。因为金融风险的直接引起者是商品生产者和商品交换者（部分是金融企业贷款人），金融风险的最终决定者是商品货币市场。也就是说，金融风险产生的直接原因，是贷款人不能按时、如期归还本金和利息，而贷款人一般是商品生产者和交换者，他们之所以不能按时如数还本付息，主要是他们的劳动产品或经营商品未能在市场上实现其价值。商品货币市场这只无形的手扼杀了部分金融企业贷款人的劳动成果，并把这种损失转嫁给金融企业，从而给金融企业带来了风险。

　　金融风险的产生，同时也是金融业自身发展内在矛盾的必然结果。金融业的产生，并不等于就是金融风险的产生，如果金融业产生了，但它不求利润，不求发展，只求资金的绝对安全，只发放无风险的贷款，只吸收无风险的贷款，那么金融业的风险就十分微小，甚至没有。然而，这是不可能的。金融业产生了，必然要求发展，求利润，必然要不断拓展业务，不断扩大经营品种和范围，与此同时，就不可避免地出现这样或那样的风险了。事实上，金融企业为了求发展，为了在同业竞争中取胜，往往把预期收益想象得较高，千方百计甚至不考虑实际可能地去扩大业务，结果必然使风险产生并且加剧。

26.4.2　金融风险的发展演变

　　人类社会一直在发展变化着，在不同的社会历史时期，金融业的性质、职能是不尽相同的，金融风险的程度和表现形式及内容也是不一样的，它和其他经济风险一样，也有一个发展演变的过程。

　　前资本主义时期的金融企业，是具有高利贷性质的信用机构。这一时期的金融企业，从表面上看风险较小。这一时期的金融业务比较简单，功能狭小，主要是服务于商业和结算，办理货币兑换，接受货币存款，进行划拨结算和适度发放贷款。这种货币兑换、保管、支付和汇兑等业务，对金融企业来讲，既有利又安全；接受货币存款，较之放款而言利息很低，风险很小；进行划拨结算，即银行在对方客户的账簿上把款项从这一个账户转到另一个账户上，这对银行来讲也几乎不存在多少风险，已于发放贷款，由于当时金融企业发行信用货币的职能没有建立起来，故发放的贷款是以金融企业自有资金或吸收的存款作保证直接贷出的，没有派生贷款，这样的贷款可以说是适度的，可以相对减少金融企业的风险。但从实质上分析，早期金融企业的风险是很大的。贷款利息过高，贷款人必然难以承受，难以还本付息。贷款对象主要是封建贵族和小生产者。统治阶级使用贷款是为了满足寄生生活的需要，购买奢侈品以及支付战争费用；而农民和手工业者告贷是为了日常的消费需要和支付债务。由于贷款不是用于社会再生产，不能增加社会财富，不能推进社会生产力的发展，故不论从整体上讲还是就单个贷款而言，金融风险均是难以避免的。

资本主义初期的金融企业即银行，其业务经营比较单纯，主要办理工商企业短期抵押放款、票据贴现等业务，大多限于企业间融通短期商业性资金，保证企业再生产活动能正常进行。由于这种贷款是在工商企业购进商品或物资时发放，在商品销售或产销完成时收回，并且有商业票据作为担保，因而具有明显的自偿性贷款的特征。这表现为贷款偿还期限短、流动性高、安全性大、风险性小、金融企业能稳定地取得一定的利润。随着资本主义商品经济的发展，社会经济日趋货币化和信用化，对资金的需求也越来越多样化，金融业在服务领域、经营业务、活动范围、功能作用等方面都有了充分的发展，与此同时，金融风险也随之增大。

资本主义金融企业的风险，最主要的是体现在周期性货币信用危机上，即由周期性生产危机或严重的经济、政治事件引起的货币和信用领域的大动荡。资本主义金融企业有两种不同的货币信用危机，一是周期性货币信用危机，它是"各种一般生产和商业危机"的征兆与表现；二是特殊危机，"这种危机的运动中心是货币资本，因此它的直接范围是银行、交易所和财政。"[1]

产生于经济危机的典型的周期性货币信用危机，首先表现为信用缩减和利率提高。随着资本周转的缓慢，一方面借贷资本在逐步减少，另一方面为了支付消费品贷款、债务和工资，而对货币贷款的需求却在不断增多。企业债务增加，但金融企业不能满足其对信用的要求，主要原因是为了防范风险：① 在发生货币信用危机时，从信用机构提取存款经常是大量的；② 企业主不能按时偿还贷款，而如遇破产时，他们就没有偿还能力；③ 在经济不稳定的情况下，金融企业担心受到损失而不愿增加长期投资的资本。取得贷款的种种困难造成生产缩减，生产缩减使金融企业收回贷款更加困难，从而使不少企业和金融企业破产。

特殊的货币信用危机是在货币和信用领域中因受严重的经济政治事件、自然灾害和战争的破坏影响发生的。尽管特殊的货币信用危机通常是在没有发生经济危机的情况下发生的，但是特殊的货币信用危机对金融风险的影响有时往往更为严重。如战争引起的货币信用危机，它迫使银行存款被大量提取，利率猛提，人们纷纷抛售有价证券，有价证券行市暴跌，不少金融企业只好关闭。此外，立法也促使货币信用危机尖锐化。例如，根据国家官方黄金储备发行银行券的硬性限制（1844 年比尔条例），加剧了 1847 年、1857 年、1866 年的"货币饥荒"。

19 世纪末到 20 世纪初，各国都出现了一些巨大的银行，它们集中着绝大部分货币资本、银行业务和职员，占据了借贷资本的统治地位。它们不仅依靠扩大同大客户的业务和吸引存款者来攫取巨额利润，不断扩大其规模，更重要的是通过与同业的尖锐竞争，通过排挤、吞并其他中小银行及其他金融企业来壮大自己的资本实力。中小银行及其他金融企业之所以被排挤，是因为他们在危机期间缺乏足够的准备金，不能偿付其客户的债务而遭到破产。如 1921 年至 1923 年，美国有 21 396 家中小银行倒闭。从世界范围来看，20 世纪 40 年代前被兼并的对象主要是中小银行，从 20 世纪 50 年代开始，许多大型信用机构也被兼并，其结果是出现了一些实力雄厚的银行垄断组织，如第一花旗银行（20 世纪 50 年代中期居世界第三位），汉诺威制造商信托公司（同期居世界第四位）；英国、意大利、日本也出现了大银行合并的情况，如英国五大银行之一的西敏寺银行 1968 年同国民省银行合并，组成一

---

① 中央编译局．马克思恩格斯全集：第 23 卷．北京：人民出版社，1972．

个新的银行巨头国民西敏寺银行（在英国银行业中一直占据第二位）。20 世纪 80 年代末和 90 年代初，国际清算银行在《巴塞尔协议》中规定，到 1995 年，银行经营国际性业务的资本与风险资产比例必须在 8% 以上。这对那些志在国际业务大展拳脚的银行来讲，压力甚大，因为世界银行业在 20 世纪 80 年代末陷入困境，到 20 世纪 90 年代初，大部分世界性大银行都达不到这一资本充足率。为了达到新的资本规定的比率，不少国家中的大银行进行合并，如 1991 年美国有化学银行和汉化银行等 8 家大中银行两两合并，合并后的 4 家银行资产都超过 1 000 亿美元；1992 年英国汇丰银行和朱特兰银行合并，合并后汇丰银行公司的一级资本比上年增加 57%，由上年居世界银行第 33 位跃升为第 10 位。

在社会主义条件下，作为商品货币经济发展的伴随物——金融风险是否会消除？我们的回答是，它不仅不会消除，而且还将对经济生活产生越来越重要的影响，使企业和社会不能不对金融风险问题日益关注。因社会主义金融企业在进行货币经营和信用活动中仍存在不确定性，许多无法预料的变化仍然存在，故对金融企业的预期与金融企业现实的发展状况还有一定的差距，金融风险不可能避免。当然，社会主义经济制度的建立有可能更好地在一定范围内运用各种手段对金融企业经营过程进行控制和调节，从而相应地减轻不确定性对金融企业发展的影响，但要完全排除这种影响是不可能的。

社会主义金融企业的风险发展过程一般来讲，经历了三个时期。一是高度计划经济时期。这一时期就金融企业本身来讲，风险是较小的，因为金融企业本身没有什么经营自主权，贷款的发放、资金的营运和货币的供给，全由国家统一计划安排，金融企业出现风险，直接由国家负担。二是计划经济与市场经济相结合时期。这一时期金融企业的风险特别多，因为这一时期是双轨制，计划经济与市场经济对撞，必须引起社会各个方面的风险增多。金融风险来自内部和外部两个方面。一方面，金融企业自身在进行变革，从业务范围、经营方式、管理手段等方面开始摆脱单一计划经济体制的束缚，但金融市场体系又未形成，特别是同业竞争激烈，使得金融企业对货币经营中的不确定性更难以把握，难免出现这样或那样的风险；另一方面，由于两种体制的交替，使得社会经济生活趋于多样化，社会经济运行日益复杂化，而金融企业与社会经济生活有着千丝万缕的关系，社会经济生活给金融企业带来了更多的风险。三是市场经济时期。市场经济是比较完善和发达的商品经济，市场经济是商品货币经济发展的较高阶段和必然结果。由于这一时期在我国才刚刚开始，金融企业和社会各方面要有一个较长时期的适应过程；同时，在向市场经济转轨过程中必然要与世界市场经济接轨，会遇到方方面面的困难和阻力，故金融风险在较长一段时期内仍将严重存在。尽管如此，但可以断言，随着社会主义市场经济体系的建立和不断发展完善，金融风险将逐步规范化且将日益减少，但仍不可消除。

26.4.3 金融风险产生的原因

1. 追逐高额收益必然出现金融风险

收益与风险，从外延上讲，是相互对立的两个方面，但从内涵上考察，两者却又紧密相连，相互作用，彼消此长，表现为收益越高，风险越大；反之，收益越低，风险也越小。一般来讲，金融企业的风险可以定义为金融企业的收益的不确定性程度。金融企业收益越高，各种事先无法预料的因素就越多，不确定性程度越高，金融风险也就越大。比如，银行贷款给生产正常的企业，由于一般不会出现什么风险，故其年贷款利率为 10%，而贷款给开发新产品的企业，年贷款利率则可能达 15% 或 20%，甚至更高。这是因为，新产品不一定会一帆风顺地生产出来，在生产过程中有可能失败，新企业由此而倒闭，银行贷款也会随之丧失；就算新产品生产出来了，人们对新产品有个认识、熟悉的过程，不等于一生产出来人们就会购买，新产品更有可能积压，产品积压过多过久，不说新企业就是老企业也有可能破产，而企业破产银行则背债。由此可见，对这种不确定因素较多、风险较大的企业贷款，如果和正常效益好的企业规定一样的贷款利率，那么，谁家银行也不会愿意干。只有提高利率，高利诱惑，才会有为了追逐高额收益的银行敢于承担风险而给予贷款。社会平均利润发挥作用的结果，必然使得只有承担高度风险的金融企业才更有可能获取高额收益，金融企业往往要承担更多更大的风险。收益与风险成正比，追逐高额收益更易出现金融风险，这是金融风险的一个最基本的规律。

2. 经营管理不善必然导致金融风险

一般来讲，每家金融企业都具有各自不同、多少不一的特点和优势。但是，如果某家银行不善于经营，过于强调自身的特色和优势，总是因循守旧固守一方，不根据形势需要开拓新业务，不为发展而进行合理竞争；或者走向另一极端，不切实际、不自量力地盲目竞争，一刀切办成"百货公司"，只要见到哪里有"油水"，不管"油水"是多还是少，是浮在上面还是沉在里面，是长期有还是暂时有，而丢掉"根据地"，一味冲上去打捞，那么，这样的经营方针必然会带来大的风险。同时，如果自身管理不严，措施不力，对贷款不进行贷前调查、贷中审查、贷后检查的"三查"制度和审贷分离制度，凭个人经验、长官意志或人情关系发放贷款，对贷款发放后贷款对象的情况发生了变化也不过问和及时作出处理，得过且过任其发展，那么，这种贷款即使是正确的，风险度也必然很大。总之，因经营不善和管理不严而产生的风险，是我国及世界各国金融风险中最多的风险和最常见的规律。如 1995 年 2 月 27 日英国中央银行宣布该国巴林银行倒闭，其主要原因就是因经营管理和经营决策失误而造成的。

3. 社会环境发生重大变化，直接制约着金融风险

这主要体现在三个方面：一是政治方面。如战争爆发，战争年代金融企业必然风险多，这是不言而喻的；在和平年代，如果国家政策、法规变化大，体制变革过于频繁，政局不稳，人心不定，金融业难免会受到极大的冲击和制约，金融风险无疑相应增多。反之，政局稳定、政策明朗，人心所向，坚持法治，金融风险就会相应减少。比如，1995 年初墨西哥因政局不稳、社会危机及贸易连年逆差等原因，造成比索贬值，利率过高，银行支付乏力，面临倒闭。二是经济方面，这是社会环境中对金融风险制约度最大、最直接的因素。比如，全国乃至全世界出现了恶性通货膨胀，那么整个金融风险就必然严重；一个国家或地区的经济不景气，经济实力不强或经济衰退现象严重，那么这个国家或地区金融机构的风险就要相应多于其他国家和地区的金融机构。反之亦然。再细分，如果某行业或某企业因特殊原因发生了新的重大变化，或是产品不景气，出现了危机，或是出现了前所未有意想不到的好转，获得了大丰收，那么经营这些行业或企业的金融部门，其风险度也必然增大，或许比原预期值要差得多，也或许有意想不到的收获。三是科技。总体来讲，科技发展了，社会进步了，整个金融风险就会相应减少。具体到某一新科技的出现，新科技成果得到了普及推广，产生了重大的社会经济效益，那么，经营这一新科技贷款的金融企业，就会得到很大的收益；反之，加果新科技失败了，负责经营这一新科技贷

款的金融企业就会亏本乃至破产。

4. 自然灾害、突发事件的出现，也会影响金融风险

自然灾害以及突发事件对金融风险的影响，表现在两个方面：一是直接影响，即金融企业是直接受害者。比如发生了火灾、水灾、电灾（主要指雷电损坏了财产及未安全用电出现了事故）及抢劫案、盗窃案、诈骗案等。这些灾害直接侵害着金融企业的财产，从而增加了金融企业的风险。比如 1994 年 6、7 月间，我国广西、广东、湖南等地遭到了特大洪灾的袭击，不少银行尤其是储蓄所被洪水淹盖，银行直接经济损失近亿元。二是间接影响，即金融企业是非直接受害者。但从某种意义上讲，间接影响比直接影响对金融风险的影响更为严重。这也是金融风险区别于其他行业风险的重要特征。因为金融企业是经营货币这一特殊商品的特殊行业，金融企业的货币贷放给了商品生产者和商品流通者，不仅贷款对象受到自然灾害和突发事件比金融企业更多、更普遍、更严重，更重要的是因这些灾害造成的经济损失，很大部分转动金融企业身上，即不能按期如数归还贷款本息，有的甚至完全无钱还本付息，其结果必然增大金融风险。

5. 不同发展水平的国家，金融风险侧重面不同

大多数第三世界国家的金融企业，不管是国有还是私有的，贷款主要对象是工商企业和个体劳动者，也有不少的扶贫救济贷款和少数的高层人物享受贷款，金融企业的风险主要来自工商企业和个体劳动者的生产经营状况。对于高新科技开发方面的贷款，往往很少过问，因为高新科技开发需要的资金多，风险又大，金融企业难以承受。这主要是由于生产力水平低和金融企业资本实力差所决定的。发达国家的银行则不然，由于它们有雄厚的资本，为了追逐高额利润，除了给正常的企业贷款外，特别注重对高新科技开发方面的贷款。尽管高新科技开发贷款需要的资本多，风险又大，但一旦成功，往往会得到巨大的收益，是一般贷款回报率的数倍乃至数十倍，这样毫无疑问会大大地提高贷款银行的知名度，增强其在同业竞争中的能力和地位。因此，不少的金融企业都有一种"明知山有虎，偏向虎山行"的心理，敢于和乐于承担高新科技开发贷款。比如美国，尽管支持高新科技开发贷款项目的成功率只有 20%，但至今仍有许多金融企业争放这项贷款。由此可见，发达国家的金融风险除正常工商企业贷款外，很大部分也往往来自于高新科技开发的成功与失败。

6. 在现代社会中，一国的金融风险既随国际金融市场的波动而变化，又影响国际金融市场的波动

当今国际贸易交往迅速发展扩大，各国经济往来更加密切；与此同时，各国银行的国际金融业务迅速增多，国际金融市场对各国银行业的影响日益明显加强。随着现代社会的发展和各国经济、金融往来合作的加强，随着《巴塞尔协议》及其影响的深入、扩展和国际银行惯例在各国银行中的普及、提高，国际金融市场对各国银行的影响将更为强烈。由此派生出，一方面，一国金融业的风险不仅受本国经济和金融市场的影响，而且还要受世界经济特别是受国际金融市场的影响，受外汇波动的影响，这种影响程度随着社会的发展和经济、金融国际化的加强将日趋明显。另一方面，一国金融业的风险，不仅影响本国的经济和金融市场，也要影响世界经济和国际金融市场。如 1995 年 2 月 27 日巴林银行倒闭，当即在亚洲、欧洲和美洲等地区引起金融界一连串强烈的波动。1995 年 2 月 27 日，东京股市英镑兑马克的汇率跌至历史最低点，伦敦的股票市场出现了暴跌，纽约的道·琼斯指数当天也下降了29 个百分点。

26.5　金融风险管理的目标与内容

金融风险管理是指金融企业为实现自身的经营目标，在业务经营过程中，运用现代管理方法对其业务风险进行识别、衡量和处理的活动，以及金融管理当局为实现金融、经济稳定健康发展的要求，对金融企业风险实施的外部监管活动的总称。

26.5.1　金融企业风险管理的目标

金融企业风险管理的目标，对个别金融企业来说，是为了保障其自身经营的安全，包括防范风险的发展，防患于未然；风险发生之后亡羊补牢的补救措施，使之不致危及金融企业的生存，促进盈利目标的实现。从整个社会的角度来看，则是为了保证整个金融企业系统的正常运转，维持社会经济金融秩序的稳定，以利国民经济的健康发展。后者可称为金融企业风险管理的宏观目标，或者说是社会目标。

1. 金融企业风险管理的企业目标

以盈利为目的是金融企业商业性的集中体现，金融企业盈利的多少是衡量它对社会所做贡献的尺度，是金融企业经营管理水平高低的最终表现。可以说，金融企业作为一个工商企业，它的一切经营管理措施无一不是围绕着可获取最大盈利而实施的，风险管理作为金融企业经营管理的一个方面，其宗旨也是显而易见的，只不过，风险管理是从另一个角度为金融企业获得盈利做出贡献。

从理论上讲，金融企业作为一个经营货币信贷业务的经济实体，它的经营活动同时受到两种机制的巨大影响和约束。一是利益刺激机制。没有哪一家金融企业的管理者不为获取最大利润而费尽心机，利益刺激机制是金融企业扩张信用的内在动力，唯有扩大业务范围，争取更多的客户，盈利才能增加。但这样却又带来潜在的各种风险，有时不但没有扩大利润，原有的利润反而受到侵蚀。二是风险的约束机制。金融企业是用别人的存款作为资金来源进行放款，这就涉及负债经营与资产运用的营利性、安全性和流动性能否得到兼顾的问题。在金融市场存在许多不确定性的情况下，银行放款或多或少潜伏着清偿力危机，一旦贷款收不回来或不能如期收回，那么金融企业就会在存款者提出提款要求时不能兑现，而这正是损害金融企业信誉的致命一击。一旦让其他存款者得知向该金融企业提现有困难，就会失去对它的信任，迅速到这里进行挤提，这就意味着金融企业清偿能力的彻底丧失，陷入破产的危机。因此，金融企业不会仅仅为了盈利而把贷款规模放得太大，而是先考虑到市场的风险，慎重地选择贷款对象，适当控制贷款规模，防止出现呆账，以保证贷款安全。在此前提下，尽可能充分利用有限资金，获取最大盈利。

如果撤去风险管理这道防线，金融企业的盈利将会大大减少，一笔贷款坏账损失，可能需要若干笔业务的盈利来弥补；如果不顾及风险因素，导致挤提发生，则金融企业的盈利会丧失殆尽。风险管理从安全的角度促进了金融企业盈利目标的实现。

2. 金融企业风险管理的社会目标

金融企业风险管理的社会目标是指在保障金融企业系统的正常周转，保证存款人的利益的前提下，为国民经济的稳健发展创造良好的金融环境。

作为金融企业，关注的往往是它本身的生存与发展，它拼命扩展自己的资产负债规模，追求最大限度的利润。微观地考察每一家金融企业，它们都有同样的想法，结果，它们之间彼此展开了激烈的竞争。竞争能够促使金融企业提高工作效率，为顾客提供廉价优质的服务。但竞争的剧烈程度必须受到控制，以免金融企业由于竞争过于激烈而时常发生倒闭，这就需要一个权威的机构来管理整个金融系统的风险，以实现金融企业风险管理的社会目标。

下面从对历史实例的分析中，可以看出对整个金融系统进行风险管理，实现其社会目标的重要性。

1837年，美国密执安州采取"自由银行"政策，这是19世纪初叶美国银行业发展史上的一件大事。1837年《密执安条例》建立了一种制度，规定只要具备一定条件，任何人都可以申领银行执照。第二年，纽约州通过了类似的法律，其后不久其余大多数州都这样办，社会上兴起了一股利用新银行去捞一把的热潮。当时，关于设立银行的条件规定得不很严格，执行起来更是很松，许多银行没有多少现款就开业，只有在银行检察官前来检查时，才借些钱来装饰门面。结果，银行的数目迅速上升。1834年美国银行总数为500家，1840年增加到900家，到1921年，全美国营业的银行超过3万家。

这种自由银行制度并不美妙，整个20世纪20年代，银行倒闭之风不断，到20世纪30年代大经济危机时，整个银行制度趋于崩溃。

美国社会经济是建立在确认自由竞争企业制度的信念的基础上的。在美国，有一种由来已久的信念，认为竞争和经营企业的自由，是大多数行业得以建立的基础。自由银行制度的灾难，使美国人认识到，银行业是个例外。在银行业，不能通过竞争的力量做到有效地分配各种资源，而必须实行管理，这种管理是针对商业银行存在倒闭风险而实行的。

为了扭转银行大量破产的趋势（当时银行破产百分比之高，为美国银行史上所罕见），美国于1933年和1935年通过了"银行条例"，同时期许多州也通过了"银行法案"。1935年"银行条例"的最重要的条款是结束了自由银行制度。20世纪30年代的"银行法案"对商业银行的限制是针对现实风险的，其中一个特点是禁止对活期存款付息，以及限制定期存款利率。采取这种步骤的原因，至少有一部分是认为银行为了支付过多利息会产生较大的经营风险。

的确，许多行业允许企业自由进入，鼓励企业之间的竞争。因为如果竞争的压力强大得足以迫使一些效率低的厂商关门，这便是优胜劣汰之必然。效率高的厂商经营得好，产品价格低廉，有盈利，就能够生存下去。但金融企业的进入（允许开业）是受到限制的，政府也并不鼓励金融企业间过于激烈的竞争。为了领取开业执照经营金融业务，筹建中的金融企业必须向主管机关证明这家金融企业的设立有利于为公众服务，并且可以赚钱。金融企业之所以与一般企业有区别，是因为金融企业遭受风险倒闭和一般企业倒闭，其后果大不一样。金融企业倒闭使社会上受到的损失，比实行限制竞争政策的低效率所付出的代价大得多。其他行业倒闭，受损失的只是企业主，金融企业倒闭则所有存款人都受损失，并且影响债务的清偿。

金融业具有巨大的动员资金的杠杆力量，也是使金融企业倒闭问题不同于其他行业的原因。一家企业倒闭，受损失的是向企业提供大部分资金的企业主。但是金融企业经营业务时，其资本额只相当于资产总额的5%～10%（《巴塞尔协议》规定银行资本应占风险资产总额的8%），这样可能使金融企业要冒点风险——资金运用得好，股东可大赚其钱，运用不好时，损失则大部分要落到存款户头上。

资金力量薄弱的金融企业，即使在决定投资政策时公正合理，结果也可能失败。因为未来是不确定的，什么样的事情都可能发生，我们必须防范一切可能的风险。

除了客观原因外，人谋不臧也是必须进行外部管理的原因。有些金融企业人员缺乏才干；即使有些精明的、能够大赚其钱的行家，在投资时由于一时的偶然失误，也往往会使金融企业倒闭。事实上有许多陷入困难境地的金融企业人员就是属于后一种类型。

以上种种，都表明对金融系统进行管理，避免金融危机的发生十分必要。概括起来，有以下两个原因和理由。

（1）从金融企业在国民经济中的地位来看。

金融企业在国民经济中是一个特殊的部门，作为一个系统，它掌握和控制着整个社会绝大部分的流动资金和货币供应。它所经营的是一种特殊的商品——货币，它经营交易的对象不管是面向公司、企业，还是面向个人，牵涉的面都很广泛。金融风险的爆发对国民经济的震动十分剧烈，那是真正的"牵一发而动全身"。

（2）从金融企业经营的特点来看。

现代金融企业都是用别人的钱经营信用业务，其资金来源中，自有资金只占很少一部分，如果不顾经营风险而滥放滥贷，就会导致金融企业清偿能力的丧失。存款户的存款利益得不到保障，将引起社会问题。

但得注意的是，金融企业作为企业有一种内在扩张的冲动，这种冲动有时是违背社会目标的，所以金融企业风险管理社会目标的实现，有赖于外力的作用，即中央银行等金融监管机构的督导，这是不可或缺的。

26.5.2　金融企业风险管理的内容

金融企业风险管理的内容主要包括：第一，资产流动性管理；第二，资产安全性管理；第三，资本充足性管理等。

众所周知，金融企业是一个经营信用的中介机构，是借者的集中和贷者的集中，金融企业居间发挥调剂功能。存款者希望能够随时可以提款，如果金融企业资金调度不灵，流动性风险发生，存款者不再存款，金融企业的业务功能将丧失殆尽。所以，保持足够的流动性是金融企业风险管理的首要内容。

金融企业吸收存款是为了进行运用，资金运用是关键。虽然风险不可避免，但采取各种措施，能够将这种风险大大降低。尽量降低资产运用中的风险正是金融企业风险管理的又一重要内容。实际上，如果资产的安全性遭到严重破坏，流动性必然要发生问题。资产安全是保持流动性长期充足的必要条件。

一般来讲，某一家金融企业风险管理的主要内容就是以上两项。但金融企业作为一个系统，其系统的风险管理是由外部权威机构进行的，如中央银行、货币监管局等。这样来看金融企业的风险管理，其内容必须包括资本金充足的管理。金融企业家们倾向于用比较少的资本来维持正常营业，因为，根据风险与收益的比例关系，如果金融企业资本积聚到超过需要的程度，股东的收益可能不必要地降低；但是站在社会的角度来看，金融企业资本的多少，决定了它最终承受风险的能力。为了以防万一，必须要求金融企业保持充足的资本，这样才能在风险爆发时维持金融系统的稳定。所以，资本充足管理也是金融企业风险管理的重要内容。

1. 资产流动性管理

资金的流动性包括对社会资金需求的估计及提供足够准备金以满足社会对资金的需求。图 26-1 和图 26-3 表示金融企业必须随时满足准备足够存款提取和贷款申请的需要。从图 26-2 和图 26-3 中可以看到，当不能满足这些需要时，在示意的资产负债表上就留下缺口。估计这些缺口的大小，并为满足缺口需要筹集资金，这是流动性管理的任务。

图 26-1　起初的资产负债表

图 26-2　存款的提取

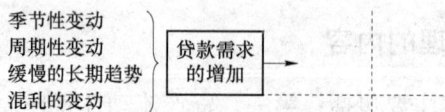

图 26-3　贷款需求的增加

如果满足流动性需要所采取的是无计划的方法（被迫出售长期证券或向同业拆借），则金融企业股东的利益可能受到损害。由于流动性计划不同，出现的缺口无法填补，不能满足存款者的提款需要，或者不能向合法的借款人提供贷款，这就可能造成流动性风险。作为一个金融企业而不能满足存款人的提款要求，会受到金融管理当局的严厉制裁。事态发展到极点时，将可能被接管或者停业清理；贷款资金不足，也会损害与顾客的关系，可能造成银行市场份额的持久减少，这也是一种风险。

2. 资产安全性管理

金融企业最重要的职能，就是用它筹集的资金发放贷款。信贷业务的重要性，来源于它的三个目的：第一，金融企业的职责是满足社区的借款需要；第二，通过向信用可靠的借款人发放贷款，建立和加强与顾客的关系；第三，发放贷款是金融企业收入的主要来源。

贷款业务影响金融企业的风险结构与收益，从而对金融企业盈利产生很大影响。发放贷款资金，可以提高金融企业的预期盈利率。同时，新增加的贷款也会增加金融企业的结构性风险。因此，在发放一笔贷款时，对贷款的风险和收益两个方面都必须作慎重考虑。应注意，以利润最大化的标准来衡量贷款的发放时，这两个因素必须同时考虑。

由于对贷款的风险管理不力造成信贷资产的恶化，这不仅会侵蚀金融企业的盈利，而且会降低金融企业资金的流动性。

金融企业的资产安全性管理是针对不同的贷款申请者的，不同的贷款申请者可能会有不同的风险特征。所以，有必要评估与每一个贷款申请者相关的风险，以便把它列入大致的风险等级里，最终作贷款与否的决定，而且必须反映贷款的总收益与预计的风险水平。

发放贷款以后，必须随时对借款人的用款情况作调查，随时帮助处理出现的各种危及贷款安全的事件。这也是安全性管理的内容。

3. 资本充足性管理

虽然金融企业资本是次于存款作为金融企业资金的一个来源，但它在保护存款人利益和保持金融企业业务的持续发展方面，起着重要作用。金融企业的资本实力应足够雄厚，以保护存款人和其他债权人不受损失，激励公众的信心。但是资本也不要太多，如果资本积聚到超过需要的程度，金融企业的利益可能会不必要的降低。

站在风险管理的角度考察金融企业的资本充足性，是为了避免金融企业无力偿付的风险。无力偿付风险是指在某一时点，金融企业有不能偿还它到期债务的可能性，或者换句话说，就是金融企业的负债总值超过金融企业资产总值的可能性。我们将用下图向读者说明金融企业无力偿付风险的概念。图 26-4 为原来的资产负债表。图 26-5 中，金融企业的生息资产出现了亏损，但是，这些损失由产权资本承受了。金融企业的规模缩小了，但仍然开业。图 26-6 表明，损失超过了股权资本总额，如果没有外力的干预，这家金融企业不再是一个有活力的营业机构。

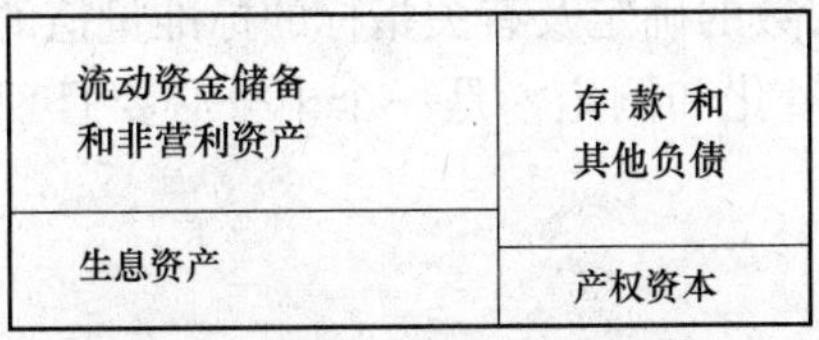

图 26-4　原来的资产负债表

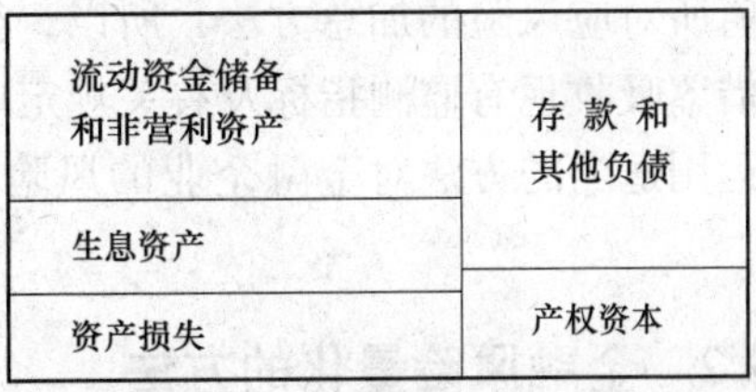

图 26-5　出现亏损但能偿付

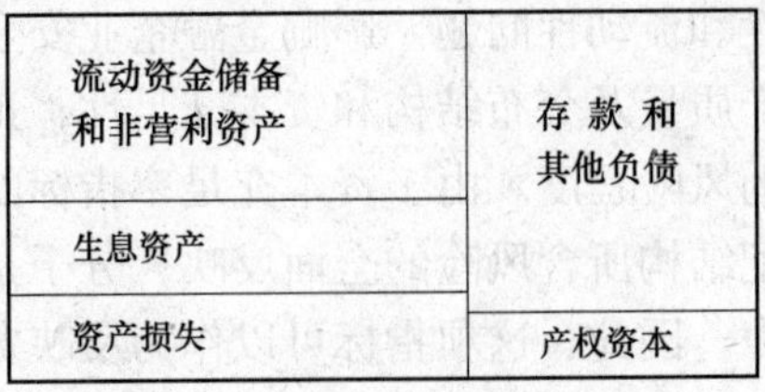

图 26-6　出现亏损且无力偿付

金融企业资本充足性管理就是为了避免无力偿付风险的发生。

26.6 金融风险的量化

26.6.1 金融风险量化的必要性

金融风险的量化问题，是中央银行控制金融风险的一项基础性工作。对中央银行来说，金融风险的量化，要解决两个方面的问题：一是金融风险的程度问题，即金融监管的对象——金融企业到底面临着多大的金融风险。因为中央银行只有对金融企业的风险做到心中有"度"，才能量"度"而行地采取针对性措施。二是金融风险的量化，要能使中央银行对不同金融机构的风险进行比较，以便于根据金融企业风险程度差别而实施分类管理。对此，金融风险的量化就是要求对金融企业的风险状况作出一个综合性的量度评估。

从目前我国金融理论界和实务界的实际来看，金融风险的量化问题并未引起足够的重视。尽管中央银行在其所颁布的有关商业银行资产负债比例管理的暂行监控指标及关于资本成分和资产风险权数的暂行规定中，对有关风险指标及其风险权数进行了设定，根据这些指标也能在一定程度上对金融企业的风险状况作出一定的判断，但是，由于这些监控指标及其规定侧重于风险的预防和控制，它只是作为对金融机构资产负债比例的一种目标性要求和约束，并没有从中央银行把握金融企业风险程度的角度提出测定风险的具体的量化标准。我们从这些规定及指标中也很难得出金融企业风险程度的总体判断和量化概念，并很难对不同金融企业的风险情况进行比较。因为在众多的金融指标中，甲金融企业可能有一部分指标优于乙金融企业，而乙金融企业可能有另一部分金融指标优于甲金融企业。在这种情况下，由于现有规定对不同指标的标值大小及其所对应的风险参数没有很明确的规定，更没有不同金融指标值所对应风险的加总方法，所以，很难对甲乙两企业在风险程度上进行比较。因此，如何在借鉴吸收现有监测指标及有关规定中关于风险权数的确定及有关指标的标准量值的基础上，运用适当的方法对金融企业的风险进行具体的量化和测定，是一个十分必要且现实的问题。

26.6.2 金融风险量化的方法

由于金融企业在自己的经营活动中可能面临着多种多样的风险，而不同类型的风险又具有不同的特征，因此，风险的量化方法也不是唯一的。作为中央银行，它所关心的金融风险主要是金融企业经营的安全性和流动性问题。影响金融企业安全性和流动性的主要因素，是金融企业的资产流动性、资产质量及分布结构和资本充足性，正是这三个因素的共同作用和相互制约，决定了金融企业的风险程度。由于资本充足率指标的分母是加权风险资产，加权风险资产是资产质量及其分配结构所含风险的全面反映；分子是资本项，反映了金融企业不同资本规模下的风险抵御能力。因此，这项指标可以作为反映资产风险和资本风险的综合指标，我们称这一指标为资本充足率风险指标。故此，我们可以把金融企业的风险度定为流动性风险与资本充足率风险之和。即：

金融风险度＝流动性风险系数＋资本充足率风险系数

因而，从中央银行金融监管的角度对金融企业风险的量化，主要就是对金融企业的流动性风险、资本充足率风险的量化。怎样对这两大风险进行量化呢？

其实，对这两大风险值的量化可以从保险业对人寿、财产等保险对象的风险估算方法中得到启发。我们知道保险业是一种经营风险的产业，它的经营完全建立在对保险对象风险可能性的认识，即通过大数定理和统计分析对不同保险项目的风险损失概率进行分析研究的基础上，通过制定不同保险项目统一的风险参数，来确定不同保险项目的保险费率。同理，在不同的流动性、不同的资产质量、不同的资本状态下，金融企业所面临的风险也具有不同的风险损失和概率特征。金融业产生以来，从成千上万家银行的历史和现实资料的分析中，我们完全可以找出不同资产质量、不同流动性、不同资本充足率下银行的风险损失概率，这些概率可以成为我们分析现有金融企业风险状况的重要参考指标。因此，我们认为，由中央银行根据中外银行的历史资料进行统计分析，并参照国外银行的有关参数，制定统一的流动性、资本充足率等指标的风险参数，不失为量化有关金融风险的一种较好方法。

按此设想，我们可对流动性风险和资本充足率风险的量化进行如下分析。

1. 流动性风险的量化

流动性风险就是由于金融企业资产负债比例过度、资产负债长短期结构搭配失衡、资产流动性不足所可能导致的支付危机和挤提风潮。流动性是指流动资产与流动负债之比。流动资产是能随时变现应付负债兑现要求的资产，如现金、中央银行存款、国库券；公开上市的股票、债券、基金、同业拆放及其他可变现的资产。流动性负债是随时要求兑现的负债，如活期存款、到期定期存款、同业拆放等。一般来说，在不同的流动性比率下，具有不同的流动性风险，流动性比率越高，说明金融企业的流动性资金来源越多，金融企业承担的流动性风险越小；反过来，流动性比率越低，说明金融企业能作为准备的清偿流动性资产不足，流动性风险就大。反映在流动性风险权数的确定中，应是流动性比率越高，流动性风险权数越小；反之，流动性风险权数越大。根据世界大多数国家对流动性比率的法定要求，流动性比率的最低标准为 25%（即 0.25）。因而，我们不妨把流动性比率为 0.25 的风险参数定为 0.1，当低于这个标准值时，风险参数随流动性比率下降而增大。

2. 资本充足率风险的量化

资本风险是指资产质量恶化、资产呆滞、资产受损、资本金不足等所引起的资不抵债、破产倒闭的风险。资本充足率是反映金融企业资本状况和资产质量的综合指标，它是指资本总额与加权风险资产总额的比例。所谓资本是指金融企业能用于负债清偿的所有者权益，具体包括实收资本、资本公积、盈余公积、未分配利润及附属资本——呆账准备金。加权风险资产是指金融企业的资产项目与对应风险权数的乘积。有关资产风险权数，中国人民银行在1994 年 2 月 15 日颁布的《中国人民银行资本成分及风险权数的暂行规定》中已有规定，但其中把信用放款及其他一些资产项目的负险权数定为 1，这意味着把所有的信用放款都看成是风险资产。事实上，信用放款等资产尽管风险很高，但不会有百分之一百的风险，有一部分信用放款是没有风险，能及时收回的。对此，应做适当的调整。另外，应根据贷款对象的信用状况，增加不同信用级别企业的风险权数，以便于根据放款对象的信用等级去评估资产的风险。

3. 对金融风险量化的评析

根据《巴塞尔协议》及我国资产负债比例管理的规定，资本充足率不得低于 8%。一般认为，当资本充足率大于 8% 时，金融企业的资本能抵御风险资产的损失，因此，我们把 8% 的资本充足率所对应的风险参数定为零，而随着资本充足率的下降，它所对应的风险参数则上升。

由于金融风险是一种损失的可能,其量值单位应该用概率值表示,即金融风险发生的概率。这样,金融风险的量值范围应落在 0 与 1 之间,即最大值为 1,最小值为零。当金融风险量值为零时,表示金融企业经营平稳,不存在经营风险;当取值为 1 时,即表示金融企业存在流动性不足、资本金不够、资产风险过大、导致破产倒闭的风险。但由于金融企业是一种货币信用活动,以信用为基础的中介产业,在自己承担社会负债的同时,又以债权人身份将资金不断地贷放出去。信用关系中的不确定性,决定了金融企业总是离不开风险。因此,一般来说,金融风险的量化值总是大于零,而不会等于零。同理,金融企业的流动性风险和资本充足率风险的量值也应落在 0 与 1 之间。这样一来,等于流动性风险与资产风险之和的金融风险就有可能大于 1,这明显是不符合金融风险的取值条件的。对此,我们取权数来解决这个问题。假设流动性风险与资本充足率风险对金融企业具有同样的影响,对两者取权数为 0.5。这样,金融风险度就等于流动性风险参数与资本充足率风险参数分别乘以权数 0.5 之后的和,即:

金融风险度 = 0.5×流动性风险值 + 0.5×资本充足率风险值

根据金融企业风险程度的差别,我们可以把金融企业分成三个等级,即低度风险企业、中度风险企业、高度风险企业。

根据金融企业风险程度的差别,中央银行可以有针对性地采取措施。对金融企业的金融风险进行分类管理,如对低度风险企业,央行监管可以适当放宽;而对中度风险企业则以预防为主;对高度风险企业,则应严密监测和严格监管。重在化解和处理金融风险,并采取金融拯救措施,以防止影响扩大化。

以上只是提出了我国金融风险的量化思路,有关的风险参数也不是经过统计分析得出,只是按照有关资料大致确定的。但是,根据保险风险及保险费率的确定原理,金融风险也是可以被量化和统计测定的。作为中央银行,应该有专门的职能部门和专职人员,对金融风险的量化及评估进行研究监测,就像保险业中的精算师一样,有自己的金融风险评估专家。

本 章 小 结

1. 金融风险既是一个宏观问题也是一个微观问题。它既可以表现为一种货币制度的解体和货币秩序的崩溃,也可以表现为某家金融机构的挤兑和破产,甚至表现为某笔金融资产的沉淀和损失。

2. 金融风险具有自身独特的一些特征,即表现为:社会性、扩张性、相对性、可控性、周期性、不可保性等特征。在我国鉴于现在的国情则突出表现在集中性、隐蔽性、累积性、行政性及体制性等方面。

3. 金融风险,运用现代管理的方法是可以识别衡量和处理的。关键是要懂得、掌握金融风险量化的方法。

第 27 章
金融风险的控制方法及策略

对金融风险的管理者来说，所面临的一个重要问题是如何寻求有效的方法来处理风险，从而进入风险管理的实质性步骤。一般而言，风险管理有两条基本途径。其一，通过实施各种风险控制方法，力图在损失发生之前，消除各种隐患，减少损失产生的原因及实质性因素；力图在损失发生之时，积极实施抢救与补救措施，将损失的严重后果减少到最低限度。其二，当风险事件出现后，运用风险财务方法，对损失的严重后果及时实施经济补偿，促其迅速恢复。风险管理的两种方法中，前者为风险控制方法，后者为财务方法。二者相互补充，有机配合，构成风险管理的两大政策工具和重要的环节。

27.1 金融风险控制方法之一——避免风险

27.1.1 避免风险的积极意义

避免风险（risk avoidance）是指考虑到风险损失的存在或有可能发生，主动放弃和拒绝实施某项可能引起风险损失的方案。就风险管理的一般意义而言，避免风险是一种最彻底地处理风险的方法。通过避免风险的方法，能够在风险事件发生之前完全消除某一特定风险可能造成的种种损失，而其他任何方式只能减少损失发生的概率或损失的严重程度，或对损失发生后及时予以经济补偿，这些工具都不如采用避免风险工具那样透彻。避免风险是尽可能对所有会出现风险的事业和活动避而远之，对风险损失直接设法回避，这不失为最简单易行、全面、彻底的处理方法，而且较为经济安全，保险系数很大。

27.1.2 避免风险的局限性

虽然避免风险的方法具有积极的作用，但应清楚地看到它的种种局限性。其一，避免风险只有在人们对风险事件的存在与发生，对损失的严重性完全有把握的基础上才具有积极的意义。所以，避免风险带有消极防御的性质。其二，避免风险的方法可能不太现实。采用风险回避能使金融企业信贷资产遭受损失的可能性降为零，却同时也使获利的可能性降为零，所以，从金融企业经营风险与效益的关系来看，金融企业单纯地回避风险是不现实的，也是不可取的。因为避免风险就是要人们停止或放弃某项计划，使金融企业正常的经营活动陷于停顿。其三，并不是所有的风险都能够通过风险回避来进行处理。如信贷资金运动过程中潜在的各种经济风险、市场风险都是难以回避的。从某种意义上说，避免旧的风险会产生新的风险。一般来说，只有在某些迫不得已的情况下才使用风险回避。

诚然，避免风险具有种种局限性，但仍不失为一种处置风险的恰当的方式。尤其是当风险损失无法转嫁，保险人不予承保，虽可采取自担风险的方法，但又损失过大或采用其他风险管理对策所需成本相当大时才采用。在此情形下采用避免风险策略比较恰当。在风险管理中，避免风险的一个基本方法就是放弃和终止某项投资计划的实施。

27.1.3 风险回避的主要策略

1. 采用避重就轻的投资选择原则

所谓采用避重就轻的投资选择原则，即在对各种可供选择的投资项目进行权衡时注重期望值、离散度、变异系数、盈亏平衡点所显示的风险大小，选择风险小的项目，力求避免风险过大的投资。风险分析的常用方法有概率分析法、盈亏平衡分析法等。

概率分析中，通常采用期望值、离散度和变异系数等来进行分析。

期望值指各个随机变量以其各自的概率进行加权平均所得到的平均数。期望值是一个衡量决策是否最优的极有价值的准则。其计算公式为：

$$E(X) = \sum_{i=1}^{n} X_i P(X_i)$$

式中：$E(X)$ 为期望值；X 为随机变量；$X_i (i=1,2,3,\cdots,n)$ 为 X 可能取的值；$P(X_i)$ 为 X 取值 X_i 的概率。

在进行风险估计时，还必须考虑随机变量对期望值可能发生的偏离程度。偏离程度的大小，反映了随机变量在期望值附近的集中程度。一般来说，偏离程度越大，随机变量的准确性就越难定，风险也就越大，期望值的意义也就越小。

偏离程度的大小可用方差和相应的标准差来衡量。计算公式为：

$$V(x) = \sum_{i=1}^{n} (x_i^2 p_i) - E^2(x)$$

式中：$V(x)$ 为某项目的方差；X_i 为在不同自然状态下的损益值；P_i 为各损益值相应的概率；$E(x)$ 为该项目的期望值。

标准差的计算公式为：

$$\sigma = \sqrt{V(x)}$$

实际中，可能出现分布的期望值不同，而其离散度即标准差相同的情况。这时就需要用一个新指标，即单位盈利风险（通常称之为变异系数）来进行分析，用 CV 表示，其计算公式为：

$$CV = \sigma / E$$

例如：有两个投资项目 A、B，$\sigma(A) = \sigma(B) = 3\,000$ 元，但两者的期望值不同。

$$E(A) = 10\,000 \text{ 元}, \quad E(B) = 50\,000 \text{ 元},$$

$$CV(A) = 3\,000/10\,000 = 0.3, \quad CV(B) = 3\,000/50\,000 = 0.06。$$

CV 值越大，表示风险程度越大。

选择风险回避对策时，要防止投资只看利率和收益率的高低，而不注意风险的大小的倾向。采用变异系数可在兼顾二者的前提下优先考虑风险因素。

2. 采用适当的币种选择原则

货币选择是国际经济交往中防范外汇风险的最普遍、最基本的方法。货币选择的一般原则有以下几种。

1）选择可自由兑换的货币作为结算货币

选择可自由兑换的货币，不但有利于外汇资金的调拨和运用，而且有助于转移外汇汇率的风险，即可以根据汇率变化的趋势或外汇资金的需要，进行兑换与转移。主要的国际货币有美元、日元、英镑、欧元等。

2）采用"收硬付软""借软贷硬"的币种选择原则

采用这一原则，即对将要收入或构成债权的项目选用汇价稳定趋升的"硬"货币，对将要支付或构成债务的项目选用汇价明显趋跌的"软"货币。这样选择货币，不仅可以避免汇率风险带来的损失，而且还可能得到汇率变动所带来的利益。但这是以对汇率动向预测十分准确可靠为前提的，在实际工作中要做到这一点比较困难。这是因为：各种货币之间的"软"或"硬"是相对的，不是一成不变的，特别是在中、长期支付的活动中，汇率的预测更是困难；交易双方都想选择对自己有利的货币，双方必然要进行讨价还价；货币的选择往往是与贸易条件和该货币利息率的高低紧密相连的。因此，在选择货币时，要根据实际的交易情况，权衡利弊得失，制定出相应的策略。一般情况下，较为可行的办法是采用软硬货币搭配的方式，由交易双方分担风险。

3）采用扬长避短、趋利避害的债务互换策略

采用扬长避短、趋利避害的债务互换策略，即两个或多个债务人利用各自不同的相对优势，通过金融中介机构互相交换所需支付债务本息的币种或利率种类与水准，达到彼此取长补短，各得其所地避开风险的目的。主要的互换业务有利率互换和货币互换两种。

（1）利率互换，是指交易双方之间的一项安排，即二者有互补的需要，将双方的同一种利率债务进行对双方互利的交换。通过利率互换，可将其已有资产或负债转变成另一种利率的资产或负债。这种互换方法可在固定利率和浮动利率之间互换，也可在不同的浮动利率之间进行互换。通过利率互换，可以预防利率变动的风险。

（2）货币互换，是指交易双方之间的一项安排，即双方有互补的需要，将不同货币的债务或投资进行互利的变换。如一家公司能够举借固定利率人民币贷款，同时，希望能够以更优惠的利率举借美元贷款；而国内一家外资企业愿意获得人民币贷款，但它能够获得优惠的固定利率美元贷款，那么，这二者各自在能够获得最优惠条件的市场上举借贷款，然后安排互换双方的债务，相互将优势转送给对方。这种安排在经济上是有益的，双方各自利用它在某一市场上的"相对有利地位"，以较低利息获得它所需要的货币的贷款。通过货币互换，可以降低筹资成本，也就在一定程度上降低了利率变动所造成的风险。

4）采用信贷资产结构短期化的策略

所谓采用信贷资产结构短期化的策略，即降低资产的平均期限或提高短期资产的比重，以增强流动性应付信用风险，利用利率敏感性来调整资产负债或利用利率定价来处理市场风险。

27.2　金融风险控制方法之二——损失控制

27.2.1　损失控制的含义

损失控制是一种非常重要的风险控制方法。损失控制的基本内涵是指在损失发生前全面

地消除其发生的根源，并力求减少致损事故发生的概率，在损失发生后减轻损失的严重程度，所以，损失控制的基本点是预防损失发生和减少损失的严重程度。损失控制是风险管理中最积极主动的处置风险的方法，它可以克服回避风险的种种局限性。损失控制的目的在于积极改善风险本身的特性（如风险发生的概率和损失程度），并使其为机构所接受。

信贷资产的损失控制，是指金融企业在经营过程中，既正视风险的客观存在，又从发挥信贷资金营运的最大效益出发，采取各种有效措施控制风险的不利影响。例如，尽量降低每一笔贷款的风险以达到降低全部贷款的风险目的；通过减少大额贷款，增加小额贷款，扩大贷款行业面、品种面等方式，分散每笔贷款风险；制定防止和控制风险损失的一些规定，积极推行抵押、担保等贷款方式，实行风险贷款利率、严格贷款的"三查"制度，协助企业挖掘资金潜力，节约使用资金等，这些都是风险控制的有效措施。

27.2.2　损失控制的分类

其一，根据损失控制的目的区分，损失控制可分为损失预防与损失减轻两种。损失预防是指通过强化风险管理，在事前采取措施，阻止风险的发生。主要是要求在决策阶段，加强贷款管理程序、管理方式、管理方法的科学化等，重点强调贷款"三查"制度，将可能发生的风险降低到最低限度，其目的在于减少或消除损失发生的机会。它是损失发生前的控制。在信贷中，严格审查企业的自有资本，如对自有资金不足拟定比例的贷款项目不予贷款，对企业自有资金不足的限期补足等，都是防范信贷风险损失的措施。而损失减轻的措施则主要是降低损失的潜在可能性。它是损失发生时和发生后的控制工具。

其二，根据风险控制措施的作用时间区分，损失控制可分为损失发生前、损失发生时、损失发生后三个不同阶段的损失控制。损失预防是损失发生前的控制工具，而损失减轻则是损失发生时与损失发生后的控制工具。

27.2.3　金融风险控制的主要策略

1. 风险准备策略

所谓风险准备策略就是对风险设置多层预防线。金融企业经营安全的根本基础是保持足够的自有资本，充足的自有资本是防止重大风险冲击的最终保证。从风险预防角度考虑，金融企业经营资本必须具备相当规模。金融企业资本具有以下几方面的作用：一是满足中央银行金融管理控制的要求。由于金融企业经营活动直接关系到广大居民的利益和国民经济的运转，因此，各国政府普遍对金融机构实行了严格的资本管理控制，金融企业必须首先具备足够的资金，才能被允许开业。二是填补日常周转中偶发性的资金短缺，在日常营运过程中，金融企业可用自有资金来应付突发性偶然事件，如挤兑、告贷等。三是亏损或破产时保护存款者和债权人利益。贷款坏账、经营亏损和其他重大事故造成金融企业资产的损失，是经常可能发生的。一旦发生，首先要用当年收益抵补；收益不够，则用资本补偿。四是维持公众对金融企业的信心。良好的金融企业声誉是维持公众信心的重要基础，而充足的资本又是金融企业声誉赖以树立的基本物质条件。

金融企业抵御风险的措施是在资产份额中保持一定的准备金。现金和在中央银行的存款是基本的准备金，也叫作第一线准备。现金主要用于客户取现和银行本身日常开支。在中央银行的存款，即按规定比率提缴的存款准备金，主要作为中央银行控制货币、执行政策的支点或基础。这一法定准备金一般是不能被金融企业当作风险防范资金来使用的，因此，金融企业常常需要保持某些超额准备金以备不时之需。

由于金融企业的第一线准备金是不生利资产，保留过多成本太高，因此金融企业还应当将某些流动性较大的盈利资产充当第二、第三线准备，如短期政府债券、短期贷款、可转让的定期贷款等。

另外，金融企业还需建立专项准备金，如贷款坏账准备金、资本损失准备金等。前者专门补偿贷款本金的损失，后者补偿因灾害、失窃、通货贬值等原因造成的损失。

2. 风险消缩策略

（1）套头交易（hedging）。

套头交易又叫套期保值或对冲交易，即在发生一笔即期或远期交易的时候，同时做一笔远期或即期的同额相反交易，这样，在汇率变动一旦同预期相反时，前一笔损失后一笔得益，或前一笔得益后一笔损失，二者总能相互抵消。

（2）调换转移（switch）。

调换转移，即在进行某项业务时，可分别在期限、证券种类、发行地点或交易对象某一方面，做一笔方向相反的业务，价值金额可以是对应的，也可以是不对应的，通过这种逆向式策略来缩小风险。

（3）期货交易（futures）。

期货交易，即当前达成成交合约并按当前利率或汇率指定在以后某个时间结算的方式，无论利率汇率变动产生怎样的风险和收益，交易双方均不承受。

（4）期权交易（option）。

期权交易，即交易双方按约定的利率或汇率就将来某个时间决定是否买卖某种证券或外汇的选择权达成的交易契约。如期权买方给卖方付一笔保险费，但在有效期或约定日可以按商定价格购买证券或外汇，也可自动放弃不卖，这叫看涨期权；反之，卖方期权叫作看跌期权，也要付一笔保险费。这种交易方式将整笔证券外汇买卖的可能损失，约缩为只占其极小比例的保险费风险。

3. 风险分散策略

对风险采取分散策略，是普遍应用的一种手法，其基本途径是实现资产结构多样化，即尽可能选择多种多样的、彼此相关系数极小的资产进行搭配，使高风险资产的风险向低风险资产扩散，以降低整个资产组合的风险程度。

风险分散可分为内部分散和外部分散两种。外部分散是指金融企业通过同外部合作，将自身所承担的风险分摊到外部去，从而减小自身的风险损失额。银团贷款是一种典型的信贷资产风险外部分散方式。内部分散是指金融企业调整信贷资产结构，实现资产结构多样化。多样化首先是指资产特征的多样化，如在资产形态、种类、品名、期限、利率、风险、税收、政府管制诸方面，都力求各有差异。多样化也指受信对象的多样化。既有企业、事业单位，也有政府；既有大型企业，也有中小企业；既有国有企业，也有股份制和三资企业。此外，还要兼顾到各行各业和各地区。多样化也意味着分量化，即不将大部分资金贷给一个企业或投向一种证券，单项资产在总资产中的份额必须限于极小的比例。我国银行信贷资产结构单一，贷款占到90%以上，而西方商业银行贷款只占其整个金融资产的40%～60%，大量的资产表现为债券、股票等有价证券和同业拆放、投资等。实现金融企业资产多元化有利于分散风险。分散性策略量的界限应该是：风险最小而效益最高。所谓风险最小，是指即使一笔信贷资产所参与的生产或流通过程遭到中断，信贷资产也还可以通过其他途径得以归还；所谓效益最高，是就整体而言的，而不是针对某一笔具体信贷资产来说的。

4. 风险的补偿策略

风险损失无论如何总是有可能发生的，因此，对这种将有的或既有的损失，需要一种补偿策略。

弥补信贷资产损失的措施主要有：一是建立信贷风险准备金提留制度。风险准备金按信贷资金总额的一定比例从贷款收益中提留，某些风险性大的贷款项目按其贷款总额的一定比例提取。提取信贷风险准备金既要考虑企业的承受能力，又要兼顾准备金数量的要求，否则，基金将不具备足够的抗御风险的能力。风险准备金主要用于弥补信贷资产损失。商业银行应设立专门管理机构，建立一套严密的财务、会计和审计制度，对准备金实行专户管理。二是建立信用保证保险制度，建立由政府、金融企业和企业组成的"借款企业贷款担保基金"协会，以解决企业"找保难"的问题。基金来源由企业按销售收入或留利的一定比例提取，各自出资一定比例，然后以这笔资金为基础，并结合具体收支状况，按一定的倍数，办理债务担保业务，即当会员借入贷款时，可向基金协会提出委托债务担保的申请，经协会审查同意转交贷款机构后，即对此项债务承担保证还债之责。一旦出现贷款损失，则由基金补偿。同时，对发放的大额固定资产和流动资金贷款，要求企业参加保险。企业应根据其生产经营特点，选择责任保险、财产保险、人身保险等种类。银行应督促企业参加保险，把是否参加保险作为发放贷款的条件，同时，对风险特别大，又确属经济发展需要支持的项目，可向保险公司申请进行再保险。出口企业需要参加出口信用保险，以避免出口收汇带来的风险。

27.3　金融风险管理的财务方法之一——风险转嫁

金融风险管理的目的不仅在于通过各种风险控制方法，减少损失发生的概率，尽可能地将损失发生的后果降低到最低限度；而且还在于当损失不可避免时，如何运用各种风险财务方法及时提供经济补偿。事实上，由于人们对风险的认识受种种因素的制约，防范损失的种种措施具有较大的局限性，因而相当数量的损失仍不可避免地会出现。如何有效地运用各种风险财务工具，及时、有效地为金融企业提供损失后的经济补偿，是金融企业风险管理的另一重点。金融企业风险处理的财务方法主要有风险转嫁、自担风险和保险等形式。本节主要介绍风险转嫁这一财务方法。

27.3.1　转嫁风险的含义

转嫁风险（transfer risk）是指有意识地将损失或与损失有关的财务后果转嫁出去的方式。其目的是将可能由自己承担的风险损失，转由其他人来承担。风险转嫁可通过以下途径来实现：一是将担有风险的财产或活动转移给其他人；二是将风险及损失的有关财务后果转嫁出去。转嫁风险作为一种处置风险的方法，有利于风险回避、损失控制和保险。当转嫁风险是指将产生风险的有关活动转移出去时，它与风险回避密切相关，或者可以说它是风险回避的一种特殊形式。但风险转嫁与风险回避也有一定区别，表现在：风险回避是停止或放弃某些计划或活动，于是风险不会存在、也不会发生；但风险转嫁，风险及其引起损失的活动仍然存在，只是转嫁给另一些人来承担，对全社会而言，损失的后果仍然存在。风险转嫁与损失控制的区别表现在：后者旨在采取积极防御与抢救措施，以减少损失出现的可能性和损失的后果；而风险转嫁只是将损失机会与损失后果转移给他人承担，即绕开风险而行。因此，与损失控制相比较，风险转嫁是一种消极的损失控制。风险转嫁与保险的相同点是将损失发生的有关财务后果转移给他人，但风险转嫁不具备保险转嫁的特征，如无保险基金、保险公司和大量风险单位的集合，风险转嫁的存在，主要是当某些特定的风险并不需要保险，或在保险无法提供的前提下，也能将风险及其损失后果转移出去，构成一种风险财务工具。

由于金融风险中，最重要的是商业银行的信贷资产风险，本节主要结合信贷资产风险来探讨风险转嫁这一财务处理方法。

信贷资产风险转嫁是指商业银行在发放贷款提供信贷时，为避免那些无法防范的因素带来的损失，而将其风险向他人转嫁的一种方法。其风险转嫁的形式，大致可分为：① 时间上的转移，如提取各种风险基金，对非规则性的风险实行商业性保险，进行金融期货期权交易等；② 空间上的转移，如对大宗信贷业务实行银团贷款，建立联保机构等。

27.3.2　商业银行信贷资产风险转嫁的内容

商业银行信贷资产风险的转嫁包含以下内容。

（1）向企业自身转嫁。

具体措施是：保证各有关贷款企业补充自有流动资金制度的贯彻执行，对自有流动资金未达到规定比例的项目不予贷款，促使企业自有资金成为企业生产经营的第一道风险屏障，减少银行信贷资产的风险性。

（2）推行企业股份制向股东转嫁风险。

推行企业股份制将有利于我国直接投资主体多元化的发展，减少银行信用的信贷风险。目前，我国企业扩大再生产的资金来源，主要是银行信贷。运用银行信贷来维持经济的发展，使银行"超负荷"经营，难以顾及资产负债优化组合要求。从一定意义上讲，我国社会经济的发展是依靠信贷资金的超量注入维持的。其直接后果，就是企业对银行的依赖和信贷资金的沉淀损失风险加剧。推行企业股份制，有计划地通过发行股票向社会筹集资金，可以使银行从对企业资金"统包"的窘境中解脱出来，根据资产优化的要求，按照贷款原则向企业注入信贷资金，从而使信贷风险降到最低程度。

（3）向担保抵押单位转嫁。

采用担保抵押方式是银行转嫁信贷风险最常用的方法。用抵押、担保贷款的方式办理银行贷款，能最大限度地减少信贷资金风险。其要求是：所有贷款均须有单位作担保，当贷款出现风险损失时，由担保单位负连带责任予以代偿，同时对大部分贷款实行抵押，将风险损失转嫁给借款人，当风险损失出现时以抵押物的拍卖所得冲抵。在实际工作中采取以下方法：① 对受市场影响大，不确定因素多的三资企业、乡镇企业、个体企业、私营企业应以抵押方式为主；② 对国有企业一般以担保贷款方式为主，担保人必须具备独立的法人资格；③ 对风险较大的项目实行双向保证制，即对贷款企业办理抵押贷款的同时，还办理对贷款企业的担保手续，以提高贷款的安全系数。此外，为了确保贷款抵押、担保的合法性，还应采取以下办法：一是对贷款的抵押品逐步实行以有价证券为主，减少实物抵押；二是对以实物作抵押的单位先进行清产核资，后办理抵押手续；三是签订抵押协议时，合理计算抵押品的有效价值，准确核定抵押品的法律实效期。

（4）向其他金融机构转嫁。

首先，对所有的贷款企业都要求其向保险公司投保，将风险损失转嫁给保险机构；其次，银行还可以从发放贷款的利息中让渡出一部分，以保险费的形式发付给保险公司，由保险公司承担全部或部分损失责任。最后，对数额巨大的贷款项目要组织银团贷款，这样也将贷款风险部分地转嫁出去。

27.4　金融风险管理的财务方法之二——自留风险

27.4.1　自留风险的含义

自留风险（retention）亦叫自担风险或保留风险，是一种由企业或单位自行承担损失发生后财务后果的方式。自留风险是一种行之有效的、逐渐引起重视的风险财务处理方法。采用自留风险并不是因为没有其他方式来处置面临的风险，而是在可以通过其他方式如保险处置风险时，出于经济可行的考虑而主动自留风险。

自担风险是一种独特的财务技术。自担风险不同于其他处置风险的方法。自担风险不是一种风险控制工具，它直接不同于避免风险而是明知有风险发生仍然自己承担损失后果。它不同于损失控制，不是专门进行预防与抢救，而是在财力上作出计划与准备。自留风险也区别于转嫁风险，前者无论主动或被动都是由自己承担，后者则力求在一定条件下将风险转嫁出去。自担风险是一种处置残余风险的方式，对于一些遗留下来的风险损失，通过主动或被动的方式，由自己承担或保留。

在银行信贷经营中，自担风险是指当某种风险不能避免或因冒该风险可能获得较大利润时，银行本身将这种风险保留下来，以自身的财力来负担未来可能产生的信贷资产风险损失。它是一种较为普遍的风险处理方法，可以与除风险回避以外的任何风险管理对策共同使用。

信贷资产风险的自留包括两方面的内容：一是承担信贷资产风险；二是自保信贷资产风险。二者都是银行以自身财力来补偿信贷资产的风险损失。其区别主要在于自保风险需要建立一笔信贷资产风险损失准备金，当信贷资产风险损失发生时，以该基金的一部分抵补信贷资产损失，以确保信贷资金周转；承担信贷资产风险损失则不需要建立风险损失准备，而是在损失发生时，直接将损失摊入成本。自我承担有两种类型：一类是消极的或非计划性的自我承担；另一类是积极的或有计划的自我承担。风险自留并没有消除和降低贷款风险，只是增加了银行承担风险的压力。

自我保险是积极的或计划性自我承担的一种特例。它是银行本身通过预测其所拥有的风险损失发生的概率与程度，并根据银行本身的财务能力预先提取基金以弥补风险所致损失的一种计划性自我承担。

27.4.2　自我保险的具体内容

1. 将发生的损失计入成本

在金融企业被分成许多单独经济核算的单位的情况下，将风险代价计入成本有两种选择：一是作为总开支的一部分；二是由各经济核算单位各自作预算解决。

2. 建立和使用内部意外的损失基金

建立和使用内部意外的损失基金，其中心内容是：每年从金融企业的利润中提取一定比例，建立风险准备金，金融企业发生风险损失时可得到补偿。

27.4.3　金融企业自担风险需要注意的问题

1. 费用

自我承担风险肯定会增加一定的风险管理成本，如果这种成本的增加小于采用其他管理方法导致的成本增加，则宜采用风险的自我承担。

2. 期望损失

是否采用风险的自我承担，与风险的期望损失的大小及这种损失的可测性密切相关。谁也不会对一个损失程度比可能收益大得多的风险采取自我承担的办法加以处理。

3. 机会成本

如预付的保险费与支付实际发生的风险损失费在时间上有一定的时间间隔，倘若时间间隔允许金融企业利用尚未支付的损失费用来获取较好的报酬，那么即使保险费低于实际发生的损失费用，该企业也应选择自我承担的方法来对付风险。

4. 有效性

在其他风险管理技术处理无效时，只能采用自我承担。

27.5　金融风险管理的财务方法之三——保险

27.5.1　信贷保险的含义

保险是一种将保险标的所遭受的财务损失后果转嫁给保险人承担的风险财务方法，也是风险管理中非常重要的风险财务方法。保险作为一种分散风险、补偿损失的手段，已成为现代经济生活中不可缺少的部分。因此，建立适合我国国情的银行信贷保证保险制度，是加强银行信贷风险管理的有效途径。信贷保险制度是以银行交纳保险费的形式，由保险机构向银行提供信贷担保，在贷款企业不能按期归还银行贷款本息时，根据保险公司规定的保险责任，给予经济补偿的一种形式。

27.5.2　信贷保险的可行性

1. 信用保险所承保的风险——信用风险，符合"可保风险"条件

首先，符合"大量的同质的风险存在，而仅有少数人遭受损失"的原则。信用保险的"保险标的"是企业不愿履行债务偿还而引起银行信贷资金的损失。

其次，符合"危险事故必须是属于偶然的或不可预料"的原则。银行发放贷款是希望

能按时收回，但在信贷资金运动过程中，或因企业经营不善，或因市场发生变化，或因政策性因素的影响，一些企业到期无能力归还贷款本息，造成贷款逾期，甚至形成呆滞贷款，使银行的信贷资金受到损失。一般来讲，这些信贷风险事故的发生，在贷款发放前是未知的，也难以预测信贷风险在什么时候发生，所以可以确认：信用保险所承保的风险事故，是属于偶然的和不可预测的。

最后，符合"损失必须是确定的或可以测定"的原则。具体地说，信贷风险发生后，造成信贷风险的原因、时间和损失金额具有确定性。

2. 银行和企业都欢迎开办信用保险业务

现实中，由于主观和客观两方面因素的影响，使银行信用风险增加。对于主观因素造成的风险，银行可以通过加强信贷监督等措施进行防范，但对于客观因素造成的风险，银行希望通过投保，以交纳保险费为代价，将这部分风险转移给保险公司承担。

信用保险是一个应开拓的新险种。信用保险是通过把同类、同性质风险的贷款项目的保费集中起来，分担其中少数贷款项目可能遭受的损失，保证信贷资金的安全。虽然开拓这一险种费用高，风险大，但只要认真开展调查研究，掌握数据资料，科学制定条款，合理拟订费率，开展信用保险也不是不可能的。

27.5.3 信贷保险的原则

1. 宏观性

银行体系都有自身的风险防范机制，如贷款"三查"、担保和抵押、逾期加罚息、建立风险准备金等，但这些措施都难以避免由个别银行经营的特殊性及整个经济环境的变化而导致的金融危机。信贷保险就是要从国民经济全局考虑，建立一种宏观层的社会保险制度，以避免金融、经济动荡。

2. 政策性

信贷保险是为全社会保险，考虑的应是全社会的利益。信贷保险应帮助一些基础产业部门和新兴产业部门，从政策上促进产业结构的优化。

3. 管理性

信贷保险的目的是着重事前的风险防范，而不仅是事后的风险补偿。信贷保险既要保护被保险人的利益，又要避免由此而引起的被保险人的风险行为，保证资金的正常、健康运行。因此，信贷保险不能全额保险，不能使保险人丧失风险压力。

4. 信用保险的机构和业务

信用保险机构的设置，根据我国的实际情况，可以考虑的方案：一是由我国的保险公司开办银行信贷保险业务；二是借鉴国外金融业通行的办法，由国家建立信用保证协会，所有商业银行均应参加信用保险，并遵守协会有关规定，接受协会检查。

业务管理应实行保证保险，即由债务人交保险费，保险公司或保证协会向债权人提供履行偿付义务的保证。具体设计有以下几方面内容。

第一，所有商业银行都必须参加信贷保险。

第二，参加信贷保险的银行必须具备三个条件：① 资本金充足；② 资产质量合格；③ 建立风险准备金。

第三，参加信贷保险的银行必须定期向保险公司报送财务报表，并接受其定期审查和突击检查。

第四，保险公司或保证协会要及时对银行提出风险警告，并督促银行采取整改措施。

第五，参加贷款信用保险的银行，必须以其所有信用放款参加保险，并代保险公司从贷款中扣收保险费。保险费率可依贷款风险程度，由保险公司和银行共同核定。

第六，被保险贷款出现呆账，由保险公司代企业向银行支付。保险公司有权优先从以后企业经营收入中或在企业破产清偿中收回代为支付的保险金额。

本 章 小 结

避免金融风险，是金融监控的首要目标。避免风险是尽力能对所有会出现风险的事件和活动避而远之，对风险损失直接设法回避，这不失为最简单易行、全面、彻底的处理方法，而且较为经济安全，保险系数很大。在风险管理中，应注意策略，学会运用风险的控制方法。

金融风险管理的财务方法之一——风险转嫁；方法之二——自留风险；方法之三——保险等。

复习思考题

概念题

金融风险　套头交易　调换转移　期货交易　期权交易

思考题

1. 金融风险控制的方法主要有哪些？
2. 何谓"转嫁风险"？何谓"自留风险"？
3. 何谓"信贷保险"？信贷保险应坚持哪些原则？

第 28 章
金融风险的外部监管

金融企业风险监管一般分为外部监督和内部控制两个方面。本章着重介绍金融企业风险外部监督管理的方法及措施。

金融企业风险的外部监管，系指来自金融企业自身以外的监督与管理。有行业系统的监督管理，有国家对金融部门的监督管理，也有其他具有独立性的监管当局的管理。

28.1 金融企业风险外部监管的一般理论与方法

28.1.1 金融企业风险外部监管的目的

西方国家都十分重视对商业银行及其他金融企业的监督管理，一般都建立了严格的外部监管制度。之所以如此，是有其背景的。1929—1933 年的世界经济危机中，大批银行包括一些最大的商业银行（如德国的达姆施达特国民银行）破产，货币制度崩溃，国际信用瓦解，给西方国家的经济带来极大震荡。这使各国政府认识到商业银行及其他金融企业不同于一般的经济组织，它的经营活动具有很大的风险性，且对国民经济影响至深。政府要想稳定通货，保证经济增长，就必须将商业银行及其他金融企业的活动置于有关当局的严格监督和管理之下。1931 年德意志联邦银行面对经济危机、信用动摇、利率猛涨、黄金资本外流、银行倒闭的风潮，发布了对商业银行管理的紧急法令，严格控制银行经营活动。1933 年和1935 年美国先后两次通过银行法案，加强了联邦储备体系对商业银行的控制，以扭转大量破产的趋势。1935 年瑞士和比利时先后通过银行法，对商业银行的监管得到了完善和加强。1941 年法国通过了关于建立银行监督机构的法令。其他各国也纷纷先后建立了相应的商业银行外部监管制度。第二次世界大战后，西方国家推行国家垄断资本主义，加强了对国民经济的宏观干预，更需要对商业银行及其他金融企业进行监督管理。20 世纪 70 年代以来，随着西方金融当局对金融管制放宽的同时，为保障金融企业能稳健经营与维持整个银行制度的稳定，西方金融监管当局仍未放松对金融企业的外部监管，只是监管的方式、方法得到了不断的完善。

概括起来，加强对金融企业外部监管的目的主要包括以下三点。

（1）保证金融企业经营的安全。

金融企业经营的特点之一是负债经营，其资金来源中，自有资本只占很少一部分，如果过分追逐利润，不顾经营风险和滥放滥贷，就会导致金融企业清偿能力丧失，出现金融企业倒闭，引起信用危机，从而影响经济及金融的稳定与发展。因此，保证金融企业经营安全、防止金融企业倒闭、维护存款人利益和金融稳定是实施金融企业外部监管的首要目的。

（2）保证金融企业之间的平等竞争。

金融企业是在激烈的竞争中经营的。平等合理的竞争有利于金融企业提高服务质量和工作效益，促进业务的发展，因此，平等竞争是受到政府鼓励的。然而，盲目的竞争、非法的竞争、不平等的竞争又会导致金融企业的破产倒闭，造成金融企业间的大量兼并，形成金融业的垄断。因此，必须通过对金融企业的外部监管，创造一个合法的、平等的竞争条件，防止垄断，使金融业在合理合法的竞争中，为社会提供高效率的融资机制，提供多样化的服务，为经济的发展创造一个良好的金融条件。

（3）保证货币政策的贯彻执行。

金融当局运用各种货币政策工具推行自己的政策意向，实现货币政策目标时，是以金融企业的业务经营活动为其中介而传导的。但是，金融企业是以利润最大化为目标而自主经营的企业。金融当局的政策意向往往会与金融企业的业务经营活动不相一致，这时货币政策就不能有效地推行，难以达到预期的效果。因此，必须通过严格的监管活动，限制金融企业从事与宏观货币政策不相符的经营活动，才能保证货币政策的顺利实施。

28.1.2　金融企业风险外部监管的原则

1. 不干涉内部管理的原则

金融监管当局为实现上述目的，当然需要实施严格的监督和管理措施，但并不是说可以对金融企业任意发号施令。实践证明，外部监管应真正体现外部性，而不能直接干预金融企业内部经营管理。否则，会把金融企业的经营活动搞僵，降低金融企业的工作效率，而且，僵化的金融企业也会使金融当局的货币政策贯彻受阻。因此，西方各国对金融企业的监督管理都普遍奉行不干涉其内部管理的原则。只要各金融企业的经营活动符合规定的范围、种类和可承担的风险程度，并依法经营，金融当局就不应做过多的干涉。

2. 公正独立的原则

所谓公正原则，就是监督当局处于超然地位，在监管金融企业的过程中，依法办事，绝不偏袒任何一家金融企业。所谓独立原则，就是监管当局不受任何干扰和压力，独立自主地行使金融监督和管理的权力。公正独立原则是监管当局正确、有效地实施金融企业外部监督的重要条件。

28.1.3　金融企业风险外部监管的主体

前面谈了金融企业外部监管的目的和原则，那么究竟谁来履行监管的职权呢？西方国家一般都设有专门机构对金融企业进行监管，通常有三个主体：一是中央银行，二是财政部，三是其他具有独立性的监管当局。

由于各国金融体制的不同，因而金融企业外部监管机构的具体设置上亦不尽相同，主要有如下几种情况。

第一，由中央银行负责对商业银行及其他金融企业进行监管，如英国的英格兰银行。

第二，在单独设立的金融决策机构领导下，由中央银行对商业银行及其他金融企业进行监管，如意大利银行就是在部际信贷储蓄委员会的领导下，对银行进行监督管理的。

第三，中央银行与另一监督机构密切配合对商业银行及其他金融企业进行监管，如联邦德国的联邦银行就是与联邦银行监督局密切配合共同对商业银行进行监管的。

第四，由财政部设专门机构进行监管，如日本大藏省专门设有银行局和国际金融局，加拿大专门设有银行总监；此外，奥地利、西班牙等国也是这种模式。

第五，由几个机构联合进行监管，如法国对银行的监管就是由财政部、国家信贷委员会、法兰西银行和银行管理委员会四个机构共同负责。

第六，由几个机构分别进行监管，如美国，除了各州有银行监管当局外，在联邦一级就有六个机构分别对不同的银行和金融机构进行监管，它们是：财政部货币监理局，负责检查国民银行；联邦储备委员会，主要负责管理参加联邦储备体系的州立会员银行和银行持股公司，此外它对国民银行也实行一定的监管；联邦存款保险公司，负责监督所有投保的商业银行，其宗旨是防止个别银行的信用危机扩散到其他银行；证券交易委员会，监督银行的证券交易活动；联邦住宅贷款银行委员会，监督所有储蓄金融机构；司法部负责审查商业银行的合并。

一国金融企业的外部监管是否有效，决定于法律赋予金融监管当局监管的范围、内容、方法和权力。无论中央银行、财政部，还是其他专门监管机构；无论是独家监管，还是多家监管，并不是主要问题。虽然国际金融界一直在讨论金融监管主体应是中央银行还是另外某个独立机构，但事实上很难提出一个被各国广泛接受的模式。

28.1.4　金融企业风险外部监管的方法

在依据有关金融法规的基础上，金融企业的监管主体需要采取适当的方法进行具体的管理和监督。监管的方法虽然随金融体制、业务特点及经济形势的发展而变化，但较之监管内容要相对稳定得多。概括起来，金融企业监管的方法主要有以下几种。

（1）事先检查筛选法。

这种方法主要是对金融企业建立前进行严格的审查和注册登记。金融监管当局对申请注册登记的金融企业的地址、规模、股东人数、资本、经营管理水平、竞争力及未来收益等方面进行严格的审查，防止出现管理水平和效益低下的金融企业，以减小金融业的风险性。

（2）金融企业定期报告分析法。

各国一般都依法拟定银行等金融机构的定期报告制度。这些报告提供了货币供应和未偿还信贷总额的关键数据及有关金融企业财务状况的资料，如资产负债表、损益表和意外负债等。对这些报告进行认真分析是金融企业外部监管的重要方法。通常采用趋势分析和对比分析的方法。前者是对同一金融企业不同时期比率分析比较，以观察一定时期该项比率的变化趋势；后者则是指不同金融企业间的资本充足程度、资本质量、收益及流动资金等方面的对比。

（3）现场检查法。

这种方法最先盛行于美国，随后被日本、西欧和第三世界国家广泛采用。所谓现场检查就是监管当局派出检查小组，到各金融企业实地检查。主要检查资本充足状况、资产质量、管理质量、清偿能力、收入和盈利状况等，以全面而综合地估价某一金融企业的业务经营活动。在检查中，有关人员要判断金融企业活动是否安全、稳健和合法；检查金融企业每项业务活动的政策、做法和程序；判断金融企业内外部管理的情况；评价贷款、投资及其他资产的质量；检查存款与其他负债及其构成状况，判断金融企业资本是否充足；评估管理机构的能力和胜任程度等。

（4）自我管理法。

这种方法强调银行等金融机构在自觉自愿的基础上进行自我约束和自我管理。自我管理法在英国较常用，英格兰银行把审查银行账目看成是对例外情况采取的措施，它更强调同各银行高级管理人员的协商和诱导。

（5）内外部审计相结合法。

审计又称稽核，是一种监督审查的系统方法。很多国家的公司法要求企业定期由国家注册审计师审查账目报表。内部审计的审计师是金融企业聘请的，他的责任是向股东大会负责，审查重点是金融企业的盈利；外部审计是由国家审计机关或金融企业管理当局实行的，审查的重点是金融企业的风险与安全。值得注意能是，必须建立外部的审计制度，并与内部审计相互协调。

（6）事后处理法。

当金融监管当局发现某一金融企业的经营不符合金融法规规定，经营管理状况出现妨碍稳健经营的倾向或有害公众利益的行为时，就应按不同情况采取相应措施。这些措施包括：

第一，及时提醒金融企业高级管理人员对出现的问题引起注意；

第二，命令金融企业调整、撤销某项业务政策或措施；

第三，采取上述措施不明显时，可以同时采取八项措施，如警告、罚款、停止对其融资等，将经营管理状况公布于众，并任命专门小组或委员会监管；

第四，命令其停止全部或部分经营业务；

第五，停业整顿；

第六，撤销其董事或监事；

第七，吊销营业执照等。

28.2　金融企业风险外部监管的措施

西方国家金融监管当局对金融企业的监管措施尽管多种多样，但归纳起来不外乎以下三大类：为保障金融企业稳健经营而制订的预防性监管措施；为保护存款人利益和维护金融业稳定的存款保险制度；对发生清偿能力困难的金融企业提供的紧急援救。

28.2.1　预防性监管措施

预防性的监督管理是各国金融企业外部监管措施中的主体。它采取积极主动的预防策略，是金融管理当局最经常、业务量最大的工作。

1. 金融企业开业的管制

所有西方国家对金融企业的监管都是从登记注册开始的。任何金融企业开业必须向主管当局提出申请，经过严格审查批准后才能开始营业。各国对金融企业开业规定的条件及要求的程度不尽一致，但大体包括如下几项：第一，必须有足够的自有资本；第二，确属经济发展需要，有利于社会利益和竞争；第三，具有合格的金融业务管理人员；第四，具有组织章程，一般要求金融企业按股份公司形式组建；第五，规定经营范围；第六，参加保险；第七，接受监督管理；第八，有固定的经营场所等。不接受或不符合此类规定者，不予注册。

2. 金融企业资本充足性的管制

除金融企业在开业时必须有规定的资本数量之外，通常还要求保持金融企业正常经营和健康发展所必需的资本比率条件。这些比率从不同角度反映金融企业的风险抵御能力。

（1）基本资本比率。

基本资本比率，即金融企业全部资本与金融企业总资产的比率。它可用以衡量某金融企业对贷款损失的保护程度，以及金融企业经营是否稳健。这里的全部资本包括：自有资本、储备、净收益或实交资本、股份溢价，次级资本（房地产）、坏账准备金储备等。由于各国历史、经济结构、总风险状况及监管方式与程度不同，对该比率的规定有一定差异，但一般是在5%左右，如美国银行为5%～6%，英国银行为6%，日本银行为3%～4%。

（2）资本与存款负债的比率。

这是同基本资本比率相对的一种资本充足条件，反映了以资产管理为主或是以负债管理为主的两种不同的管理策略。有些国家规定资本对存款的比率大约为10%，如日本银行管理当局规定该比率至少应保持在10%以上。

（3）资本与风险资产的比率。

该指标反映的资本充足条件重点是为了防备风险资产的损失。这一比率大体应介于5%～10%之间。在测定风险资产与资本比率时，资产应分成不同的风险类别。

（4）坏账准备金与贷款总额的比率。

随着各国银行坏账风险的不断增长，许多国家金融主管当局纷纷要求商业银行增加特别准备金即坏账准备金。

（5）综合性资本充足条件。

美国是实行综合性资本充足条件的典型国家。货币当局将按下述各项对资本进行估价：风险资产的数量；劣等资产的数量；银行发展的经验、计划；管理部门的能力；检查收入趋势和股息支付比率，以估计净收益对资本增长的预期贡献。为此划分了主要资本和次要资本：主要资本包括普通股、永久优先股盈余、未分配利润、应变储备、其他资本准备金等；次要资本包括有限期的优先股、无担保票据和证券等。次要资本应不多于主要资本的50%。

3. 金融企业资产流动性的管制

要使金融企业的资金能灵活周转和能随时满足客户提取存款或要求贷款的需要，金融企业必须要保持相当一部分现金和随时可以在市场上变现的资产（如国库券等），也就是说这部分资产具有较高或很高的流动性，如果某家金融企业的大部分资产投放在诸如房地产、长期贷款或长期债券等流动性很差的资产上，那么这家金融企业就可能随时会面临资金周转不灵的危险，甚至可能导致这家金融企业倒闭。因此，对金融企业资产流动性的管制是金融监管当局防止金融企业倒闭的一项极其重要的管制措施。

日本大藏省规定，普通银行保持流动性资产不得低于其总存款的30%。银行1年以上的中长期贷款的40%必须由该行1年以上的中长期存款和其他负债来作为保证。法国对流动性资产与短期负债也订有明确的比率，任何银行的流动性资产（即现金、3个月以下的银行同业存款、可贴现的票据和随时可以出售的证券）在任何时候都不得低于该行短期负债（即期和3个月以内到期的负债）的60%。此外，法国还对商业银行发放中长期贷款加以严格的限制。它的原则是：银行发放中长期贷款必须要有中长期的资金来源作为担保；如果银行没有中长期的资金来源，银行就不能发放中长期贷款。法国明确规定，银行资本加储蓄存款加两年以上的银行同业借款（这些为长期资金来源）在任何时候不得低于该行中长期贷款的 80%。

4. 金融企业业务活动的限制

金融企业业务活动限制也就是对银行等金融机构的业务范围进行界定。这是各国金融制度中关于业务分工模式选择的重要问题，大体涉及以下内容：长期金融业务和短期金融业务的选择限制；直接金融与间接金融的选择限制；银行业务和非银行业务的选择限制；金融机构与工商企业持股和人事结合的限制等。

世界上大多数国家的金融企业，在相当长的时间内，其业务活动受到严格的限制。如美国、日本、英国、加拿大及大多数发展中国家，严格划分了商业银行的界限。美国自 20 世纪 30 年代以来就对商业银行的业务严加限制。首先，把商业银行与储蓄机构的业务分开，商业银行主要从事短期资金融通业务，储蓄机构从事长期住宅抵押贷款；其次，商业银行不得从事房地产贷款和持有企业股票。1980 年后，美国对商业银行与储蓄机构彼此的业务有所放宽，二者之间的业务可以适当交叉。但商业银行不得持有工商企业的股票和债券。日本的银行自第二次世界大战以来，即有严格的分工界限，商业银行只从事短期资金融通业务，长期资金融通业务由信托银行和长期信用银行办理；证券买卖业务由证券公司经营。1981 年后，由于日本银行法允许商业银行从事证券买卖业务，使商业银行与证券公司业务专业分工界限已有所缩小。最后，美国和日本还严禁商业银行从事担保业务。新加坡对商业银行的业务也有较严格的限制，规定商业银行不得从事投资银行业务；不得从事批发或零售贸易；可以持有非银行公司的股票，但持有额不得超过该行资本的 40%；银行财产投资（自己的银行大楼除外）不得超过其资本的 40% 等。

以德国、瑞士、奥地利等国为代表的欧洲大陆国家一般对银行业务没有严格的限制，特别是上述三国实行的是全能银行制。在这些国家里，商业银行可以从事全面的金融业务，即可以从事长短期资金融通业务、证券、信托、外汇及个人收付等业务，甚至可持有工商企业的股票。

关于职能分离银行制与全能银行制的利弊得失，一直存在争论。但商业银行本身的发展已经表明，由于商业银行的发展、市场的扩大、银行业之间竞争的激烈等原因，特别是随着 20 世纪 80 年代以来西方国家对银行业务的逐渐放开，传统的金融业务分工界限正逐渐被打破，各国的商业银行都有一种向大银行、综合性银行发展的趋势。因此，银行业务活动的限制这一监管措施在未来具有较大的不确定性。

5. 对单一贷款的管制

对个别借款者的贷款过分集中，是大多数银行危机发生的经常原因。西方金融管理当局为了使银行贷款分散风险，确保银行的安全性，都严格规定银行对个别借款者的借款数额不能超过银行资本的一定比率。例如，美国规定商业银行对任何单一客户的贷款不得超过该行资本的 10%；日本规定任何银行对单一借款人的贷款不得超过银行资本的比率是：商业银行为 20%，长期信用银行和信托银行为 30%，东京银行（日本的外汇专业银行）为 40%；比利时规定对每个客户的贷款不得超过银行资本的 20%；德国对单一贷款和巨额贷款规定得最具体，任何银行对单一客户的贷款超过该行资本的 15% 时，银行应立即向金融主管当局报告，任何一笔单一贷款不得超过该行资本的 75%，5 笔最大的贷款不得超过银行资本的 3 倍，所有对单一借款人的巨额贷款不得超过银行资本的 8 倍。

6. 向银行有关的人员贷款的限制

西方金融监管当局对银行向与该行有关的人员发放贷款一般限制都很严。例如，在美国，银行不得以优惠条件及价格为其董事及职员买卖证券，对他们的存款不能给予优惠利率。银行不得以优惠条件向其董事及职员提供超过 5 000 美元的贷款、经银行董事会批准，可给予本行任一高级职员一笔不超过 30 000 美元的贷款，一笔总额不超过 10 000 美元的子女教育贷款。德国规定，非经银行所有经理一致同意，银行不得对与银行有关的人员（如经理、合伙人、董事、监察、职员等）发放贷款，对银行职工、职工子女或职工代理人发放不超过该职工 1 个月工资的贷款不在此限制之列。

7. 对外汇交易的限制

金融企业从事外汇交易所面临的风险通常比从事本币业务面临的风险大得多，因此不少西方国家对金融企业从事外汇交易加以严格限制。对外汇交易的监管，一方面是为了估计某一金融企业抵御汇率变化风险的能力，以免由于外汇风险的过分集中而造成经营亏损，从而危及金融企业的安全；另一方面，外汇交易对一国的国际收支、外汇储备和外债会产生直接的影响，显然也需要加以监督管理。例如，英国规定每家银行每笔外汇交易的净额不得超过该行资本的 10%，全部外汇交易的净额不得超过该行资本的 15%。

8. 管理评价

对于金融企业的安全和发展来说，管理水平与资本和资产的质量、收益等是同等重要的。金融监管当局对金融企业管理水平的评价在金融企业外部监管中的重要性，已被大多数国家所承认。当然，管理水平的评价只能在综合分析一系列指标以后，在现场检查的基础上做出。尤其要判断金融企业内部与外部的一体化管理，判断管理机构的能力与胜任程度、内部组织结构、人际关系、决策过程和效率及工作程序等。

9. 限制贷款的国家风险

20 世纪 80 年代一些国家因国际储备不足或外债偿还期过于集中发生过债务危机。国际银行贷款中的国家风险对各国金融管理当局的管理提出了一系列新课题。所谓贷款的国家风险是指与外国政府直接关联的国际贷款风险。它一般可以分为两种：一种是借款国政府或政府机构不能按期归还银行贷款；另一种是某些国家的企业可能由于本国外汇短缺而无法还债。此外还有一种国家风险，即在订有记账贸易外汇支付协定的国家间，当一方的账户出现巨额顺差，而对方又无法按规定以自由外汇或黄金偿还时，就形成顺差国对逆差国的强迫性贷款，这也成为一种特殊形式的贷款国家风险。贷款的国家风险，可因一国对外负债的绝对量过大，外汇储备的绝对量短缺而引起；也可因外汇的相对短缺而形成，即一国对外负债总额虽然不大，但在较短的时间内，集中了很大一笔债务，形成外汇资金周转不灵。

贷款的国家风险已构成主要国家大商业银行或国家银行监管当局面临的重大问题。限制贷款的国家风险，各国主要采取综合处理的监测方法：第一，制定明确的衡量标准和监测程序，以分散风险；第二，要求商业银行就一国债权定期向金融管理机关提出报告，便于制订正确的对外信贷决策；第三，建立特别准备制度，保持充分的资金实力以应付意外性事件；第四，确定对收费账目的监督规章，目的在于对国际贷款所征收的费用收入方面，设立会计处理规则，以使国际贷款不受到特别利益的人为刺激和鼓励；第五，加强国家风险管理的国际合作。

28.2.2　存款保险制度

1. 存款保险制度的含义与类型

存款保险制度是指为了维护存款者的利益，维护金融体系的安全和稳定，规定各吸收存款的金融机构将其存款到存款保险公司投保，以便在非常情况下，由存款保险公司对金融机构支付必要的保险金的一种制度。

存款保险制度是在 20 世纪 30 年代世界经济大危机之后出现的。1933 年，美国紧急银行法针对在经济大危机中大批银行存款被挤提，银行纷纷破产的情况，决定成立联邦存款保险公司和联邦储蓄贷款保险公司，开创了现代银行存款保险制度的先河。之后，大多数西方国家都通过不同形式，陆续建立了适合本国情况的存款保险制度。例如，日本在 1971 年开始建立存款保险制度，由日本政府、日本银行和银行界共同集资组成，对所有日本的银行和其在海外的分支机构中的所有居民和非居民的日元存款予以保险，外国银行在日本的分支机构的日元存款、所有外币存款及银行间的同业存款不在保险之列。参加投保的银行每年交付等于其投保存款总额 0.008% 的保险费。德国在政府的支持下，商业银行、储蓄银行和信用社也先后各自建立起自己的存款保险制度。德国通过联邦银行业协会对商业银行建立了存款保险基金。

到目前，西方国家已实行的存款保险制度，从组织形式上看，有以下三种类型。

第一，由官方建立存款保险机构，如美国、英国、加拿大等国。

第二，由官方与银行界共同建立存款保险机构，如日本、比利时等国。

第三，在官方支持下，由银行业自己建立存款保险机构，如德国、法国、荷兰等国。

2. 存款保险制度的内容

一般来说，存款保险制度包括了以下几方面的内容。

1）存款保险的目的

存款保险的基本目的在于维护存款者利益和维护金融业的安全与稳定。维护存款者利益，就是在金融机构不能支付存款的情况下。由存款保险机构对金融机构支付必要的保险金；维护金融业的安全与稳定，就是除了对金融机构支付必要的保险金外，还要对面临破产倒闭的金融机构提供必要的资金支付或对金融机构的合并和营业转让等给予适当的资金援助。

2）存款保险的对象

实行存款保险的国家，大多以银行所在的空间地域来确定其保险对象，即领土论原则。根据这一原则，参加存款保险的银行包括本国的银行及外国银行在本国的分支机构或附属机构，而不包括本国银行在国外的分支机构。但也有例外，如德国和日本就把本国银行在国外的机构包括在内，而比利时和日本排除了外国银行在本国的分支机构。

3）存款保险的标的和存款损失的赔偿

存款保险的标的一般包括本国货币存款和外币存款，但也有一些国家不保险外币存款。大多数国家都排除了银行间同业存款、某些定期存款和可转让大额定期存单存款等。对于存款保险标的范围内的存款，在数量上都规定有存款保险额度的最高控制点，其原因是在估计银行风险时，避免大额存款者比小额存款者地位更优越，而且小额存款者数量众多，更具有普遍性。这个最高控制点因各国经济发达程度、居民储蓄状况和存款保险制度完善程度不同而异，如美国为10万美元，日本为1000万日元，加拿大为2万加元。

大多数国家法律规定，对于在最高控制点内的损失给予100%的赔偿，而有的国家则要求存款者承担损失的一部分。例如，瑞士规定在2万瑞士法郎以内的损失赔偿100%，2万~3万瑞士法郎赔偿75%，3万~7.5万瑞士法郎赔偿50%。

4）存款保险费

投保的商业银行及其他金融企业必须按投保存款额向存款保险公司支付一定的保险费。如美国，最初的保险费率为0.083%，后来不断提高，1996年底提高到0.23%，而且无论银行经营风险水平如何，均按同一费率收取。近年来，对于保险费率不加区别地按同一比例收取的方式有所异议，认为这不利于抑制商业银行的经营风险，不利于鼓励那些经营稳健的银行。1991年11月，通过了银行改革法案，要求联邦存款保险公司在1994年底以前提出一套按风险程度收取保险费的存款保险制度，即按不同风险将投保银行及其他金融企业分成若干个等级，对经营风险较大的投保银行及其他金融企业收取较高的保险费；反之，对经营风险损失小的投保银行及其他金融企业则按较低的保险费率收取保险费。至今仍按此制度办理。

3. 存款保险制度的局限性

存款保险制度为整个商业银行体系设立了又一道安全防线，提高了银行体系的信誉和稳定性。存款保险公司对投保的商业银行具有许多监督管理权，具有事先检查和事后监督双重稳定的特性。但是，存款保险制度仍有一定的局限性，表现在以下三个方面。

其一，参加保险的只是部分存款，而不是全部存款，存款人的利益并没有完全得到保障。

其二，存款保险与其他保险不同。一般保险中，各种灾害的发生是分散的；而商业银行倒闭的现象则往往是在特定时期集中发生，在这种情况下，银行的安全性就会失去保障。

其三，存款保险公司的保费投入大部分投资于各种有价证券，尽管其流动性较高，而一旦出现经济危机，其流动性必然下降，造成资金周转不灵，使存款保险公司丧失支付能力。

28.2.3 紧急援助

在各国的金融监管措施体系中，预防性的管理是经常性的监管活动，也是最有效的安全措施。存款保险制度则是一种辅助的、备用的安全稳定器。而中央银行或有关金融管理当局对发生清偿能力困难的金融企业提供紧急援救，可以视为维护金融企业安全的最后一道防线。

1. 紧急援助的原因

一般说来，任何金融企业在其经营过程中都可能遇到临时性的资金周转困难，这时，金融企业可以通过向同业拆借、向金融市场筹措、向中央银行再贴现或自己发行定期存款单等方式取得资金。但是，当金融企业发生带有长期性的清偿能力困难时，如果中央银行或其他金融管理当局不出面加以维持的话，这家金融企业就可能被迫停业清偿，宣告破产。在这种情况下，中央银行与其他金融管理当局一般都通过提供紧急援助措施，帮助他们渡过难关。为什么要这样做呢？原因在于以下两方面。

第一，金融企业是社会经济的枢纽，银行是金融体系的主体，银行的安全是社会最敏感的问题之一，往往影响到社会心理和经济稳定。因此对发生危险的银行进行紧急援助，具有稳定金融形势、稳定经济发展、维护社会稳定的作用。

第二，中央银行肩负实施货币政策的重大任务，商业银行是货币政策实施的中介，因而维护银行的安全，创造一个安定、高效率的金融环境，是货币政策取得有效性的前提条件。加之银行危机具有很强的扩散性，一家银行倒闭可能导致其他银行危机的连锁反应，因此，中央银行和其他金融管理当局对有倒闭危险的银行不得不采取紧急援助，而不可能见死不救。

2. 紧急援助的措施

当金融企业的安全出现问题时，中央银行和其他金融管理当局通常采取下列措施，实行紧急援助。

第一，由中央银行直接提供低利贷款。这时中央银行以最后贷款人的身份出现，最受金融企业欢迎，具有立竿见影的效果。因为威胁金融企业安全的核心问题是支付能力的丧失，提供贷款就能解决这一问题。

第二，由存款保险机构提供资金，以帮助有问题的银行渡过难关。

第三，组织大银行救助小银行。出现银行安全问题时，小银行往往居多数，此时，中央银行出面，或联合几家大银行集资救助（如 1973 年英格兰银行采用该办法挽救了 20 多家经营房地产信贷的银行），或者安排大银行向中小银行贷款，或者按一定条件让大银行兼并小银行。

第四，由政府出面援助。这包括：政府对发生安全问题的金融企业（一般是大、中银行）大量存款；金融企业收归政府经营，全部债务由政府清偿，股票由政府保值。

不同国家在具体实施紧急援助方面做法不尽相同。在美国，当银行发生长期的清偿能力危机时，主要是联邦存款保险公司通过发放紧急贷款或建议银行合并等方式来解决；在意大利，当预计某家银行破产或无力偿还债务时，意大利银行按低利率贷款给兼并该破产银行的银行；在日本，对商业银行较长期的资金援助，由日本银行提供，有时要求银行提供抵押品，日本银行作为最后贷款人，原则上提供日元贷款，有时也向国外借入美元转贷给商业银行；在英国，英格兰银行对商业银行提供的紧急援助方式有：提供紧急贷款，与大清算银行联合采取行动，对发生困难的银行提供借款担保，在必要时接管发生困难的银行。

28.3 金融企业风险外部稽核

28.3.1 金融企业外部稽核的含义及特点

稽核又称为审计。它依稽查、审核的主体不同可分为内部稽核和外部稽核。金融企业外部稽核是指国家审计机关、金融管理当局的专门机构，以业务、会计、统计资料为依据，以法律、法规和金融、经济方针政策为准绳，运用行政和经济手段对金融企业的业务经营、财务收支、会计账务的真实性、合法性、完善性和效益性进行稽查、审核的一种经济监督行为。

金融企业外部稽核是金融企业外部监管的一种专门的、重要的方式方法。它既不同于一般的业务检查，又不同于金融企业的内部稽核，它明显具有政策性强、涉及面广、监督形式严密、检查活动相对独立等特点。

1. 综合性

这是指金融企业外部稽核的内容有较强的综合性。它包括有关方针、政策、法律、法规的贯彻执行情况，以及业务、效益、财务和风险状况等。

2. 权威性

外部稽核部门按照国家法律规定行使稽查审核权，稽核的结果和决定具有相当的权威性和法律效力，被稽核的金融企业必须执行，否则要受到法律制裁。

3. 独立性

许多国家的外部稽核机构既是金融管理当局的一个组成部分，又独立于其他行政部门，在组织上和职能上具有相对的独立性，以保证稽核机关和稽核人员根据国家法律和规章制度正常开展检查工作。

4. 公正性

行使稽核职权的机关和人员是独立于被稽核的金融企业之外的，他们不涉及被检查事项的利害关系。因此他们在稽核过程中，能客观地观察和分析问题，做出公正的结论和决定。

28.3.2 金融企业外部稽核的职能及组织形式

1. 金融企业外部稽核的职能作用

（1）监督检查职能。

监督检查是外部稽核最基本的职能，也是构成外部稽核的基本要素。金融企业外部稽核的首要任务就是监督检查国家各项经济、金融方针政策的贯彻执行，并通过监督检查来确保金融企业业务活动在国家金融法规、制度的范围内正常进行，从而维护良好的金融秩序，促进经济的稳定发展。可见，监督检查职能贯穿于外部稽核活动的始终。

（2）预防职能。

从金融企业风险管理的角度讲，金融企业外部稽核的目的在于维持金融企业的安全和健康发展，预防或减少由于各种风险对金融企业乃至社会经济可能造成的各种损害，及时发现和制止金融企业的冒险性行为，维持金融业的稳定发展。

（3）评价鉴证职能。

评价鉴证职能是监督检查职能的延伸，是在监督检查的基础上产生的。所谓评价鉴证，就是通过对金融企业业务、财务活动情况的检查，综合归纳其成绩和存在的问题，对被稽核的金融企业的经营管理能力、业务活动的合理合法性等做出公正、客观的评价，或者对其反应的业务和财务活动资料、数据真伪做出鉴证。

2. 金融企业外部稽核的组织形式

从当今各国的情况来看，金融企业外部监管的组织形式大致有以下几种。

其一，金融管理当局不设立单独的专门稽核人员，而是利用自己的金融监督管理人员。例如，加拿大银行检查当局，定期派检查员对商业银行进行稽核。

其二，金融管理最高当局任命自己的专门稽核员。例如，比利时就是采用这一形式的典型。比利时银行委员会任命自己的银行稽核员，在金融管理中发挥着特殊的作用。银行稽核员受比利时银行委员会监督，常驻各金融机构。

其三，金融管理当局设立自己的银行检查团，进行定期或不定期金融稽核。例如，法国银行管理委员会依赖法兰西银行的检查团进行现场检查，确定内部管制程度和检查资产质量；香港银行监督机构有 24 个银行检查组，定期检查本地银行和外国银行分支行。

其四，由各银行确定稽核员，但有相当独立性，他们对金融管理当局负责。例如，瑞士的银行稽核员由各银行任命，但由瑞士联邦银行委员会发给执照。稽核员实际上是金融管理当局的受托管理者。

28.3.3　金融企业外部稽核的方式和方法

1. 金融企业外部稽核的方式

金融企业外部稽核的方式很多，可以从不同角度来划分。从外部稽核涉及的内部范围上看，可分为全国稽核和专项稽核；从实施稽核的地点上看，可分为现场稽核和非现场稽核；从实施稽核的时间要求上看，可分为定期稽核和非定期稽核；从稽核行为发生的先后上看，可分为事前稽核和事后稽核；从稽核的组织形式上看，可分为独立稽核和会同稽核等。

1）全面稽核与专项稽核

全面稽核也称详细稽核，是指对金融企业一定时期内发生的全部业务活动及由此引起的财务活动、账务活动等进行比较详细的检查。它不仅要对被稽核金融企业的全部会计凭证、账簿、报表进行稽核，而且要对从计划的编制、执行到结束的全部业务活动及其经济效益情况进行稽核，并做出综合性评价。

专项稽核也称专题稽核、局部稽核，是按照特定的目的和要求，对被稽核金融企业的某一项或某个方面的业务活动情况进行稽核，或针对某个问题专门进行稽核。

全面稽核与专项稽核就是从稽核内容所涉及的范围而言的。前者具有内容全、范围广、综合性强等特点；后者则涉及面小、目标集中、要求明确、针对性强，便于查深查透，较好地解决某些突出的问题。当然，全面稽核也不是无重点的普查，而应根据被稽核金融企业的具体情况，将侧重点放在某一项或某方面的业务上，既全面又有重点地进行检查。

2）现场稽核与非现场稽核

现场稽核是指稽核部门派出稽核组前往被稽核的金融企业，在被稽核金融企业进行稽核。由于现场稽核是就地进行，便于向被稽核金融企业及有关人员了解、核实、质询具体情况和问题，因而具有数据准确、事实确凿、资料信息全面、工作方便等优点；但同时，由于要求稽核人员进入被稽核单位现场，因而需要投入的人力、物力大，在金融机构众多、业务量大；而稽核机构和稽核人员少的情况下，现场稽核难以经常实施。

非现场稽核又称报送稽核，它是相对于现场稽核而言的，即稽核部门根据工作需要，规定或通知被稽核单位将指定的报表和有关资料送往稽核部门进行稽核。它较之现场稽核具有反应迅速、及时、准确、连续等特点，能较完整地反映被稽核单位业务经营状况；同时它也能为现场稽核提供信息，使现场稽核重点突出、有的放矢。

3）定期稽核与不定期稽核

定期稽核是按照稽核工作计划，每隔一定时期，如按年、季对某金融企业这一时期的工作进行稽核。它的特点是经常性、连续性，可以及时发现问题，而且由于有关数据前后衔接，便于分析，有利于对被稽核的单位作出依据充分的客观评价。定期稽核一般是全面稽核，但也可以根据不同时期的具体情况而有所侧重。

不定期稽核是相对于定期稽核而言的，即对稽核的时间要求不作具体规定，事先也不确定稽核的周期，而是根据工作的需要，对某一专题或某一个别单位进行临时性稽核。这种稽核一般以专项稽核为多，有时也是全面稽核。

4）事前稽核与事后稽核

事前稽核是对被稽核金融企业在其业务活动开始之前就可能发生的偏差或漏洞进行稽核。这种方法主要是通过参与计划的编制，参与制度和措施的拟定、修改，参与被稽核单位事前的某些工作进行监督检查；以防患于未然，保证决策的正确、合理、有效、避免失误。

事后稽核是在被稽核金融企业的业务活动发生之后，对活动过程和结果进行检查、评价，肯定成绩，揭发弊端，消除隐患，纠正偏差。

5）独立稽核与会同稽核

独立稽核是指金融主管当局的稽核部门单独组织进行的稽核。

会同稽核是指金融主管当局稽核部门会同审计、监察或被稽核单位的上级主管部门等联合组成稽核组，对某些专业性强、涉及面广的重大问题进行的稽核。

2. 金融企业外部稽核的方法

（1）审阅法。

审阅法是通过审核各种凭证、账簿、报表、合同、契约等，确认会计核算和财务收支的真实性、正确性、合法性、完整性的一种方法，它是稽核工作中使用最广泛、最基本、最常用的技术方法。

（2）核对法。

核对法就是对有关账目、数据的准确性、平衡性进行核实、查对的方法，包括账证的核对、账账的核对、账表的核对、表与表的核对等内容。在稽核工作中，必须划定时期，对业务、账务和财务进行静态稽核，确定其余额是否平衡。衔接、相符，相关数字是否对立，有无错、漏问题，然后再据以深入查证。

（3）盘点法与观察法。

盘点法与观察法是实地稽核检查的两种方法。前者是通过实地盘点库存现金、外币、有价证券及其他财产物资来核对账款、账实是否相符；后者则是通过实地观察业务操作来检查各项规定、制度、办法的执行情况。观察法主要是针对一些不能从账表、凭证等资料中了解情况或不能完全掌握情况的稽核项目，而采用实地观察的方法实施稽核。

（4）查询法。

查询法是指在稽核过程中对一些不能从内部凭证、账表、资料作出验证的问题，必须向外部单位、个人或联行进行调查了解、征询意见和核实情况的方法，如向外部核对存贷账户余额、各项经济事实、联行结算账务等。采用查询法时，应由稽核人员直接办理，被稽核银行的有关人员应当回避。

（5）比较分析法。

比较分析法是运用经济数据中相同项目、相同内容的数字进行对比分析来发现各种数据的异常变动，进而发现问题、查明原因的一种方法，如计划与实际比较、本期与上期比较、内容结构比较、绝对数比较、相对数比较等。

（6）顺查法与逆查法。

顺查法是按照业务活动的处理顺序，由经济事实到凭证、记账、报表的顺序依次进行稽核的方法；逆查法则与此顺序相反，它是先从检查、审核会计报表开始而后逆向查至经济事实，按业务处理的反顺序进行稽核的方法。前者一般在了解情况、发现问题后使用，以查清问题的发生、发展到结束的详细过程，有利于搞清每一个环节的情况和原因；后者一般是在总括检查时使用，特点是从总括到明细，从一般到具体，易于抓住主要问题。在实际工作中，顺查与逆查同上述其他方法一起结合起来灵活运用。

（7）详查法与抽查法。

这是依据稽核的工作量及详细程度来区别的两种方法。详查法即对被稽核的项目进行详细审查。由于金融企业业务量大，在稽核工作中，除对重点项目或已发现有问题的项目使用外，一般因限于人力和时间，不经常采用详查法。抽查法是在被稽核的项目中选取某一段时间或某一部分业务量进行稽核的方法，它也称为抽样法，包括随机抽样法和判断抽样法。

28.3.4　金融企业外部稽核的程序

金融企业外部稽核是一项政策性很强的工作，必须按一定的程序，有组织、有步骤地进行。一般来说，稽核程序应分为准备、实施和终结三阶段。

1. 准备阶段

准备阶段是实施稽核之前所进行的一系列准备工作的过程。这一阶段需做好以下几方面的工作。

（1）组织准备。

在确定稽核对象之后，组成稽核组，指定工作负责人。

（2）资料准备。

主要收集有关政策、法规等稽核依据；查阅前次稽核报告、稽核结论和处理决定及内部稽核部门近期的稽核报告；审阅与本次稽核有关的业务报表、财务报表及其他资料；了解被稽核单位的基本情况等。

（3）制订稽核方案。

方案的具体内容包括稽核对象，稽核内容、目的、范围和重点，稽核时限、方式、步骤和稽核组成员及需要的统计表格等。经稽核组讨论修订后应报总稽核审批。

（4）制发稽核通知书。

在稽核方案被批准后，应向被稽核单位发出稽核通知书，通知本次稽核的时间及有关内容，向其提出有关的具体要求。

2. 实施阶段

实施阶段是具体进行检查工作的过程，是执行稽核的关键阶段。这一阶段要做好以下工作。

第一，说清来意听取汇报。稽核组到达被稽核单位后，立即出示稽核证件，说明稽核目的、任务、要求和需要协助的事项；听取被稽核单位根据稽核要求所作的全面汇报或专题汇报，同时对有关问题进行必要的质询。

第二，根据掌握的情况，拟定开展稽核检查的有关业务活动。

第三，稽核检查有关资料和业务活动，要根据不同对象运用不同的稽核方法。对于发现的问题，一定要认真查清，详细准确地记录，掌握必要的证明材料，形成工作原始底稿，作为编写稽核报告的依据和稽核工作档案资料。对可能造成严重损失或影响被稽核金融企业安全的问题，应要求其立即纠正；对确有必要进行外部调查的事项，应找外部有关单位和个人查询，印证有关问题的准确性。

第四，按类别和性质对有关资料及数据进行整理、归类、分析、鉴定，实事求是地肯定问题的性质、产生的原因及有关人员的责任。

3. 终结阶段

这一阶段的工作具体包括以下几方面。

第一，总结稽核实施阶段的工作，检查有无忽略的资料或其他遗漏。

第二，编写稽核报表，稽核报告由稽核组负责人签章，并征求被稽核单位意见，被稽核单位须在限期内提出书面意见。

第三，稽核报告经稽核组通过后，送上级稽核机关或金融主管当局审查批准。

第四，对稽核中发现的问题，稽核部门或主管当局应分别情况，作出处理决定，并通知被稽核单位和有关部门执行。对情节严重的个人应进行经济的、行政的、法律的制裁。

第五，被稽核单位对稽核决定如有异议，可在规定的期限向上级稽核机关或主管当局申请复审。复审期间，原稽核决定照常执行。

第六，建立稽核档案，并妥善保管和注意保密。

本 章 小 结

1. 金融风险的外部监管一般分为外部监督和内部控制。

2. 金融风险外部监管通常有三个主体：一是中央银行；二是财政部；三是其他具有独立性的监管当局。

3. 金融风险外部监管的方法，有事先检查筛选法；金融企业定期报告分析法；现场检查法；自我管理法；内外部审计相结合法；事后处理法。

4. 金融风险外部监管的措施，主要有：金融企业开业的管制；金融企业资本充足性的管制；金融企业资产流动性的管制；金融企业业务活动的限制；对单一贷款的管制；向银行有关的人员贷款的限制等。

5. 金融企业风险的外部稽核。其特点表现在：综合性、权威性、独立性、公正性。金融企业外部稽核的职能表现为监督检查职能、预防职能、评价鉴证职能。金融企业外部稽核的方式有：全面稽核与专项稽核；现场稽核与非现场稽核；定期稽核与不定期稽核；事前稽核与事后稽核；独立稽核与会同稽核。金融企业外部稽核的方法有：审阅法、核对法、盘点法与观察法、查询法、比较分析法、顺查法与逆查法、详查法与抽查法等。

复习思考题

概念题

金融风险外部监管　存款保险制度　全面稽核

思考题

1. 何谓金融风险外部监管？金融风险外部监管的主体机构有哪些？
2. 金融风险外部监管采用哪些主要方法？
3. 对金融企业资本充足性如何进行监管？
4. 何谓对金融企业的紧急援助？紧急援助的措施有哪些？
5. 对金融企业进行外部稽核，具有哪些特点？

参 考 文 献

[1] 马克思. 资本论. 北京：人民出版社，1975.

[2] 弗里德曼. 货币分析的理论框架. 台北：黎明文化事业公司，1974.

[3] 米什金. 货币金融学. 郑艳文，荆国勇，译. 4 版. 北京：中国人民大学出版社，2011.

[4] 黄达. 货币银行学. 北京：中国人民大学出版社，2000.

[5] 黄达. 金融学. 2 版. 北京：中国人民大学出版社，2009.

[6] 曹龙骐. 金融学. 北京：高等教育出版社，2003.

[7] 刘立平. 现代货币银行学. 合肥：中国科学技术大学出版社，2003.

[8] 张亦春. 金融市场学. 北京：高等教育出版社，1999.

[9] 凌江怀. 货币金融学. 北京：中国经济出版社，2002.

[10] 孔祥毅. 金融理论教程. 北京：中国金融出版社，2003.

[11] 李健. 金融学. 北京：中央广播电视大学出版社，2004.

[12] 王广谦. 中央银行学. 北京：高等教育出版社，1999.

[13] 苏宗祥. 国际结算. 3 版. 北京：中国金融出版社，2004.

[14] 闫屹，杨丽. 国际金融. 北京：人民邮电出版社，2003.

[15] 王爱俭. 国际金融概论. 北京：中国金融出版社，2002.

[16] 刘金章，刘凤林. 货币. 哈尔滨：黑龙江人民出版社，1984.

[17] 刘金章. 涉外金融实务指南. 沈阳：辽宁人民出版社，1990.

[18] 刘金章，赵洪林. 现代商业银行通论. 北京：中国金融出版社，1995.

[19] 刘金章. 金融风险管理综论. 北京：中国金融出版社，1998.

[20] 刘金章，王晓炜. 现代投资银行综论. 北京：中国金融出版社，2000.

[21] 刘金章. 保险学教程. 2 版. 北京：中国金融出版社，2003.

[22] 刘金章，王晓炜. 现代保险辞典. 北京：中国金融出版社，2004.

[23] 刘金章. 现代股票经济通论. 北京：经济管理出版社，1996.

[24] 邓超. 金融理论与实务. 长沙：湖南人民出版社，2002.

[25] 王兆星，吴国祥，陈世河. 金融市场学. 北京：中国金融出版社，2004.

[26] 孟昊. 国际金融理论与实务，北京：人民邮电出版社，2010.

[27] 刘伟. 现代金融学. 北京：人民邮电出版社，2014.

编 后 语

当本教材修订即将画上句号之时，笔者想起本教材的称谓是否更改的问题。因教材进行修改期间，曾有些熟知的朋友建议：此教材应改称为："金融学"或"现代金融学"……笔者考虑本教材是针对金融类专业中应用型金融人才培养而编写的。它既注重金融基础理论的解读，更突出了金融实务技能的传授。因此，这部教材还是有别于目前图书市场上林林总总的"金融学""货币金融学""货币银行学"等教材的。同时，"现代金融理论与实务"，这样一个直白而通俗的书名，可能更会吸引一些对金融知识初学者的注意力及学习阅读的兴趣。使他们不会因对"金融学"有些陌生的词语和深奥的理论浅尝辄止而远离……

笔者谨愿这部《现代金融理论与实务》（第 2 版）教材，能成为引领初学者步入"金融殿堂"的向导，并成为伴其终生金融理财的无声参谋顾问！

编 者

2016 年 3 月